中国社会科学院学部委员专题文集
ZHONGGUOSHEHUIKEXUEYUAN XUEBUWEIYUAN ZHUANTI WENJI

明代立法研究

杨一凡 ◎ 著

中国社会科学出版社

图书在版编目(CIP)数据

明代立法研究／杨一凡著．—北京：中国社会科学出版社，2013.8
（中国社会科学院学部委员专题文集）
ISBN 978-7-5161-2717-9

Ⅰ.①明… Ⅱ.①杨… Ⅲ.①立法—研究—中国—明代 Ⅳ.①D929.48

中国版本图书馆 CIP 数据核字（2013）第 112727 号

出 版 人	赵剑英
责任编辑	孔继萍
责任校对	韩海超
责任印制	戴 宽

出　　版	中国社会科学出版社
社　　址	北京鼓楼西大街甲 158 号（邮编 100720）
网　　址	http://www.csspw.cn
	中文域名：中国社科网　010-64070619
发 行 部	010-84083685
门 市 部	010-84029450
经　　销	新华书店及其他书店

印刷装订	环球印刷（北京）有限公司
版　　次	2013 年 8 月第 1 版
印　　次	2013 年 8 月第 1 次印刷

开　　本	710×1000　1/16
印　　张	25.75
插　　页	2
字　　数	409 千字
定　　价	78.00 元

凡购买中国社会科学出版社图书，如有质量问题请与本社联系调换
电话：010-64009791
版权所有　侵权必究

《中国社会科学院学部委员专题文集》编辑委员会

主任　王伟光

委员　（按姓氏笔画排序）

　　　王伟光　刘庆柱　江蓝生　李　扬
　　　李培林　张蕴岭　陈佳贵　卓新平
　　　郝时远　赵剑英　晋保平　程恩富
　　　蔡　昉

统筹　郝时远

助理　曹宏举　薛增朝

编务　田　文　黄　英

前　言

　　哲学社会科学是人们认识世界、改造世界的重要工具，是推动历史发展和社会进步的重要力量。哲学社会科学的研究能力和成果是综合国力的重要组成部分。在全面建设小康社会、开创中国特色社会主义事业新局面、实现中华民族伟大复兴的历史进程中，哲学社会科学具有不可替代的作用。繁荣发展哲学社会科学事关党和国家事业发展的全局，对建设和形成有中国特色、中国风格、中国气派的哲学社会科学事业，具有重大的现实意义和深远的历史意义。

　　中国社会科学院在贯彻落实党中央《关于进一步繁荣发展哲学社会科学的意见》的进程中，根据党中央关于把中国社会科学院建设成为马克思主义的坚强阵地、中国哲学社会科学最高殿堂、党中央和国务院重要的思想库和智囊团的职能定位，努力推进学术研究制度、科研管理体制的改革和创新，2006年建立的中国社会科学院学部即是践行"三个定位"、改革创新的产物。

　　中国社会科学院学部是一项学术制度，是在中国社会科学院党组领导下依据《中国社会科学院学部章程》运行的高端学术组织，常设领导机构为学部主席团，设立文哲、历史、经济、国际研究、社会政法、马克思主义研究学部。学部委员是中国社会科学院的最高学术称号，为终生荣誉。2010年中国社会科学院学部主席团主持进行了学部委员增选、荣誉学部委员增补，现有学部委员57名（含已故）、荣誉学部委员133名（含已故），均为中国社会科学院学养深厚、贡献突出、成就卓著的学者。编辑出版《中国社会科学院学部委员专题文集》，即是从一个侧面展示这些学者治学之道的重要举措。

　　《中国社会科学院学部委员专题文集》（下称《专题文集》），是中国社会科学院学部主席团主持编辑的学术论著汇集，作者均为中国社会科学院学部委员、荣誉学部委员，内容集中反映学部委员、荣誉学部委员在相关学科、专业方向中的专题性研究成果。《专题文集》体现了著作者在科学研究实践中长期关注的某一专业方向或研究主题，历时动态地展现了著作者在这一专题中不断深化的研究路径和学术心得，从中不难体味治学道路之铢积寸累、循序渐进、与时俱进、未有穷期的孜孜以求，感知学问有道之修养理论、注重实证、坚持真理、服务社会的学者责任。

2011年，中国社会科学院启动了哲学社会科学创新工程，中国社会科学院学部作为实施创新工程的重要学术平台，需要在聚集高端人才、发挥精英才智、推出优质成果、引领学术风尚等方面起到强化创新意识、激发创新动力、推进创新实践的作用。因此，中国社会科学院学部主席团编辑出版这套《专题文集》，不仅在于展示"过去"，更重要的是面对现实和展望未来。

这套《专题文集》列为中国社会科学院创新工程学术出版资助项目，体现了中国社会科学院对学部工作的高度重视和对这套《专题文集》给予的学术评价。在这套《专题文集》付梓之际，我们感谢各位学部委员、荣誉学部委员对《专题文集》征集给予的支持，感谢学部工作局及相关同志为此所做的组织协调工作，特别要感谢中国社会科学出版社为这套《专题文集》的面世做出的努力。

《中国社会科学院学部委员专题文集》编辑委员会
2012年8月

目　　录

序言 …………………………………………………………………（1）
洪武《大明律》考 …………………………………………………（1）
《大诰》考 …………………………………………………………（45）
洪武朝峻令、重刑禁例和法外用刑补考 ………………………（109）
明代《问刑条例》的修订 …………………………………………（137）
明代三部代表性刑事法律文献与统治集团的立法思想 ………（152）
明代重要法律典籍版本考述 ……………………………………（213）
明代的则例 ………………………………………………………（263）
明代榜例考 ………………………………………………………（299）
明代地方性法规编纂要略 ………………………………………（345）
主要科研成果目录 ………………………………………………（394）

序　言

本书收入笔者研究明代立法的论文9篇。《洪武〈大明律〉考》、《洪武朝峻令、重刑禁例和法外用刑补考》、《明代〈问刑条例〉的修订》、《明代三部代表性刑事法律文献与统治集团的立法思想》、《明代的则例》、《明代榜例考》6篇已发表过，收入论文集时作了一些文字的修订，按照《学部委员专题文集》的统一体例，对原文的脚注进行了处理。为了更方便读者查阅引文，在脚注中尽量用新刊印的古籍标明文献出处。《明代地方性法规编纂要略》是我的新作；《〈大诰〉考》中前五部分是对1988年前旧作的缩写，第六部分是近期研究的成果；《明代重要法律典籍版本考述》是在几篇阐述明代法律典籍版本成果的基础上重新编写而成。

中国古代法律体系以元代为分界线，经历了由以律令为基本法律形式的法律体系向以律例为基本法律形式的法律体系的演变。明代统治者经过长期的立法实践，到明代中叶时，建立起以《会典》为"大经大法"，以律和重要的单行行政、问刑条例为"常法"，以则例、事例、榜例为补充法的完整的法律体系。在这一法律体系中，典、律、令、例等法律形式并存，"例"是功能最为广泛的法律形式，不仅《会典》以编例为主要内容，典、律外的立法成果及法律确认的行为规范，大多是以例的形式表述的。明代建立的以例为主要立法形式的法律体系，与前代各朝比较，具有法律形式简约、包容量大、功能分明的优点，因而为清代所沿袭。本书收入的论文，均以明代各种基本法律形式及其表述的立法成果为主要研究对象。

在明代法律体系中，《大明律》、《大诰》、《问刑条例》是刑事法律的代表。洪武三十年（1397年）所定《大明律》是明朝的基本刑法，曾在明一代通行。《问刑条例》是明中后期最重要的刑事立法，从弘治朝开始，与律并行达 140 余年之久。《大诰》是明初朱元璋制定的一部以惩治奸顽、推行教化为编纂宗旨的特殊刑法，因刑罚酷烈著称于世，曾对明初法制产生过重要影响。本书中的《洪武〈大明律〉考》、《〈大诰〉考》、《明代〈问刑条例〉的修订》、《明代三部代表性刑事法律文献与统治集团的立法思想》4 篇论文，对于这三部代表性刑事法律及其立法思想进行了探讨。

在明代法律体系中，行政、经济、刑事、民事、军政、学校管理诸方面法律并存，朝廷立法与地方立法并存，国家"常法"与"权制之法"并存。就明代立法的数量和内容而言，是以行政类法律为主，刑事法律只占很小一部分。明代的行政、经济和社会生活管理诸方面的法律制度的完善，经历了逐步发展的过程。洪武年间，法制初创，法律形式比较杂乱，有令、制书、例、格、式、榜文等多种；洪武朝以后，统治者把"条例"作为表述精心修订的、具有"常法"地位的单行行政条例的法律形式。本书收入的《洪武朝峻令、重刑禁例和法外用刑补考》，是对明太祖朱元璋"以重典治乱世"历史条件下颁行苛法峻令及法外用刑情况的考证。《明代重要法律典籍版本考述》，是对以典、令、例等形式表述的 50 余种明代基本法律及法律汇编文献版本的考述，其中绝大多数是对单行行政条例版本的介绍，把该文收入本书的目的，是为了让读者对明代法律特别是重要的行政类法律文献有更多的了解。

长期以来，学界对明代法律的研究，主要限于刑事法律制度方面，对于明代则例、榜例和地方性法规基本没有涉及。则例是明代例的基本形式之一，主要用以表述与钱物和朝廷财政收入、支给管理方面有关标准、数额等差的法律规定，它是明代经济立法的基本形式，在当时各地情况千差万别和国家未制定统一的经济法典的条件下，对于调整社会经济关系和保证国家经济正常运转发挥了重大作用。在中国法律史上，榜例作为国家确定的法律形式始于明初，它作为以"直接面向民众公布"为特色的官方文书，具有晓示事项、公布法律、教化百姓等功能，在明一代广泛使用。明代的立法除朝廷立法外，地方立法也取得了重大成就。从秦汉至元代，地方法制建设长期缓慢发展，直到明代中叶，随着社会经济的发展、督抚制的普遍实施和"适时立法"指导思想的确立，地方立法空前活跃，条约成为地方性法规的重要立法形式，古代地方法制建设从此进入了比较成熟的阶段。本书收入的《明代的则例》、《明代榜例考》、《明代地方性法规编纂要略》三文，对于明代立法研究中尚未引起充分关注的这几个领域进行了探索。

明代法律文献资料浩瀚，本书收入的论文，仅是对明代一些代表性法律典籍的研究。由于篇幅所限，有些已发表的论文没有收入，有关明令、事例、《明会典》研究的文稿因不够成熟也未收入。要全面和比较客观地揭示明代的法律体系和法制的面貌，还需学界同人坚持不懈地继续探讨。笔者的这几篇拙论，是这一领域探讨中的一己之见，仅供读者参阅。愿这本论文集的出版，能够对明代法制研究有所裨益。

杨一凡
2013年7月

洪武《大明律》考

《大明律》是明初最重要的刑事立法，其精神虽本唐律，然多有创新，故它不仅通行于明世，且内容多为清律所沿袭。在中国立法史上，明律占有重要的地位。

数百年来，注释、研究明律的中国学者和外国学者不乏其人。本文拟在前人研究的基础上，对有关明律研究中的疑义和尚未引起人们注意的问题作些考察。

一 定律三十年始末考

《明史·刑法志》对《大明律》的编纂过程作了这样的概括："盖太祖之于律令也，草创于吴元年，更定于洪武六年，整齐于二十二年，至三十年始颁示天下。日久而虑精，一代法始定。中外决狱，一准三十年所颁。"① 这个概括大体上是接近史实的。今人在阐述定律始末时，也多是引《刑法志》为据。然因《刑法志》所记过于简略，一些著述又失于考证，据此又推断出不少新的结论：有的把定律、修律与颁行混为一谈，致使所说颁律时间多有错误；有的认为明律以六部分类，始于洪武二十二年律，并说这是由于洪武十三年（1380年）胡惟庸党案后废丞相官职、改由六部分掌中书省职权所致；有的认为洪武三十年（1397年）前，"《大明律》还没有完全成文颁行"，根本谈不上实施；有的忽视了明一代律例体例的变化，以明代后期和清代所刻洪武三十年律为据阐述洪武法制。所有这些推论，使本来就不清晰的明律编纂过程变得更加模糊。因此，有必要依据

---

① 《明史》卷93《刑法一》，中华书局1974年版，第2284页。

现存史料，对定律始末作一考述。

明律从草创到定型，历时30年之久。要准确地讲，其间大大小小的改律次数到底是多少，还有待于学者们进一步研究。不过，据现存史料可以肯定，在洪武年间，对《大明律》大的修订不会少于5次。洪武元年律、七年律、九年律、二十二年律、三十年律，便是这几次修律的结晶。

（一）洪武元年律

朱元璋是一位注意学习前代治国经验的政治家，早在元至正二十四年（1364年）春他自立为吴王起，就很重视立法工作。他说，"今元政弛极，豪杰蜂起，皆不知修法度以明军政"，"建国之初，先正纲纪"。① 此年二月，"平武昌，即议律令"。吴元年（1367年）十月，他命左丞相李善长为律令总裁官，参政知事杨宪、傅瓛、御史中丞刘基、翰林学士陶安等20人为议律官，要求按照"法贵简当，使人易晓"的原则制定律、令。当此之时，太祖"每御西楼，召诸臣赐坐，从容讲论律义。十二月，书成"。② "凡为令一百四十五条：吏令二十，户令二十四，礼令十七，兵令十一，刑令七十一，工令二。律准唐之旧而增损之，计二百八十五条：吏律十八，户律六十三，礼律十四，兵律三十二，刑律一百五十，工律八。"③ "又恐小民不能周知，命大理卿周桢等取所定律、令，自礼乐、制度、钱粮、选法之外，凡民间所行事宜，类聚成编，训释其义，颁之郡县，名曰《律令直解》。"④

明代官修史书在记述吴元年所草创律、令时，多是把"律令"二字连在一起。今人标点《明史》者，也未用顿号把"律"与"令"加以区别。长期以来，围绕这一法典的名称、编纂形式、颁行时间等，众说纷纭，称"吴元年律令"或"吴元年律"、"吴元年令"者有之，称"洪武元年律令"或"洪武元年律"、"洪武元年令"者亦有之。还有一种观点，认为明开国之初，只制定了《大明令》而未制律。如清人孙承泽云："洪武元

---

① （清）谷应泰：《明史纪事本末》卷14，中华书局1977年版，第189页。
② 《明史》卷93《刑法一》，中华书局1974年版，第2280页。
③ 《明太祖实录》卷28。
④ 《明史》卷93《刑法一》，中华书局1974年版，第2280页。

年，即为《大明令》，颁行天下，盖与汉高祖初入关约法三章、唐高祖入京师约法十二条同一意也。至六年，始命刑部尚书刘惟谦等造律文……夫律者，刑之法也；令者，法之意也。法具，则意寓于其中。方草创之初，未暇详其曲折，故明示以其意所在，令是也。平定之后，既已备其制度，故详载其法之所存，律是也。"①

对于上述疑义，好在《大明令》明刻本尚在，再参阅《实录》等史籍记载，有些问题已迎刃而解。检国内外现存《大明令》刻本，就条目而言，各书与《实录》、《刑法志》所记无差。各书首均刊有明太祖洪武元年（1368年）正月十八日圣旨，其义云："朕惟律令者，治天下之法也。令以教之于先，律以齐之于后……天下果能遵令而不蹈于律，刑措之效，亦不难致。兹命颁行四方，惟尔臣庶，体予至意。"②从《大明令》刻本及《实录》所记可知：其一，律与令有别。《大明令》以记载诸司制度为主，无具体的刑罚规定，其作用在于定制以明法意，而当时司法审判中依据的主要是律。因此，无论当时律与令二者是分别以单刻本行世，还是将二者合刻行世，律与令是各自成体系，并非条文混合编在一起。《刑法志》所云"律令者"，实是《大明律》与《大明令》的合称。孙承泽谓洪武元年未制律之说，与《实录》所记不符，应以《实录》为准。其二，明初律、令虽草创于吴元年，据《〈大明令〉序》，正式颁行则在洪武元年正月，即朱元璋当皇帝之后，故吴元年所定律应称为洪武元年律为妥。其三，从洪武元年律的编纂体例看，已是以六部分类，即分为吏律、户律、礼律、兵律、刑律、工律。这种变化，很可能是受了《元典章》的影响。《元典章》分诏令、圣政、朝纲、台纲、吏部、户部、礼部、兵部、刑部、工部十目类编。元朝地方官吏这样做，显然是为了掌握和执行法律的方便。《大明律》以六部分类，"以类附编"，想是出于同样的目的，即以使"在外理刑官初入仕者"，"知所遵守"。③沈家本先生把《明律》以六类分目归结为胡惟庸党案后废中书省、改归六部的结果，说："考律书之篇目，

---

① （清）孙承泽：《春明梦余录》卷44，北京古籍出版社1992年版，第899页。
② 《大明令》，收入刘海年、杨一凡主编《中国珍稀法律典籍集成》乙编第1册，科学出版社1994年版，第3页。
③ 《明太祖实录》卷197。

自李悝造《法经》六篇……北齐定为十二篇，隋《开皇律》稍变通之，唐宋下迄明初，皆遵用其篇目。盖六部本属中书，故律书未尝以六部分。迄洪武十三年惩胡惟庸乱政，罢中书省而政归六部，律目亦因之而改。"①此论与史实相悖。其四，关于洪武元年律的内容、刑罚的轻重，因时间久远，尚难详考。然据《明太祖实录》卷二八上，该律系"准唐之旧而增损之"。《明史·刑法志》："始，太祖惩元纵弛之后，刑用重典，然特取决一时，非以为则。后屡诏厘正，至三十年始申画一之制。"朱元璋本人在论及洪武元年所颁律、令时，也认为"尚有轻重失宜，有乖中典"。② 由此可见，洪武元年律的制定是以唐律为蓝本，在其律文中，有一些刑罚苛重的条款。

(二) 洪武七年律

洪武七年律是在不断修订洪武元年律的基础上，吸取唐律的有关条款以及旧令改律和因事制律而成。它是明开国后一部条款最多、体例"一遵唐旧"的律典。

据史载，明太祖朱元璋认为急促而就的洪武元年律"轻重失宜"，"是以临御以来，屡诏大臣更定新律"。③ 洪武元年（1368年）八月，即洪武元年律颁行半年之后，就"命儒臣四人同刑部官讲唐律，日写二十条取进，止择其可者从之。其或轻重失宜，则亲为损益，务求至当"。④ "六年八月，更定亲属相容隐律"。⑤ 六年（1373年）冬十一月，"诏刑部尚书刘惟谦详定《大明律》。……每成一篇，辄缮写以进。上命揭于西庑之壁，亲加裁定。"⑥ "明年二月，书成。"⑦ "翰林学士宋濂为表以进，命颁行天下。"⑧

---

① （清）沈家本：《历代刑法考》，中华书局1985年版，第2209页。
② 《明太祖实录》卷34。
③ （明）陈子龙等选辑：《明经世文编》卷1《进大明律表》，中华书局1987年版，第4—5页。
④ 《明太祖实录》卷34。
⑤ 《明太祖实录》卷84。
⑥ 《明太祖实录》卷86。
⑦ （明）陈子龙等选辑：《明经世文编》卷1《进大明律表》，中华书局1987年版，第5页。
⑧ 《明太祖实录》卷86。

洪武七年律"篇目一准之于唐，曰名例，曰卫禁，曰职制，曰户婚，曰厩库，曰擅兴，曰贼盗，曰斗讼，曰诈伪，曰杂律，曰捕亡，曰断狱。采用已颁旧律二百八十八条，续律百二十八条，旧令改律三十六条，因事制律三十一条，掇《唐律》以补遗一百二十三条，合六百有六，分为三十卷"。① 《明史·刑法志》云："明初，丞相李善长等言：'历代之律，皆以汉《九章》为宗，至唐始集其成。今制宜遵唐旧。'太祖从其言。"洪武七年律，便是按照"一遵唐旧"的精神修订的，致使在编纂体例上，较之洪武元年律发生了倒退，其律文不仅比洪武元年律多出321条，比唐律也多出104条，这与朱元璋原先提出的"法贵简当"主张也大相径庭。

七年律的刑罚，仍效仿唐律为"五刑"制。据《明太祖实录》简称《实录》卷八六："其刑五：一曰笞刑五，自一十至五十，每一十为一等加减；二曰杖刑五，自六十至一百，每一十为一等加减；三曰徒刑五，徒一年杖六十，一年半杖七十，二年杖八十，二年半杖九十，三年杖一百，自一年至三年为五等，每杖一十及半年为一等加减；四曰流刑三，二千里杖一百，二千五百里杖一百，三千里杖一百，自二千里至三千里为三等，每五百里为一等加减；五曰死刑二，绞、斩。"这些规定，与洪武三十年律相同。较之唐律亦基本一样，只是在徒流二刑下，附加有杖刑而已。

（二）洪武九年律与洪武十八九年行用律

朱元璋认为，立法定制，"当适时宜"，"当计远患"，"必欲有利于天下，可贻于后世"。② 从这一指导思想出发，自开国之初起，他便实行了"常经之律"与"权宜之法"并行的双轨法制。一方面，他不断发布榜文禁例，"用重典以惩一时"；另一方面，为了传帝位于万世而不败，他一心要为子孙制定一个"百世通行"、"贵存中道"的成法。为此，洪武七年律颁布后，他仍不满意，继续诏令儒臣对其进行修订。

《明史·刑法志》对洪武九年（1376年）至二十一年（1388年）期间修律的情况记述得十分简单，仅仅提到洪武九年"厘正十有二条"和

---

① （明）陈子龙等选辑：《明经世文编》卷1《进大明律表》，中华书局1987年版，第5页。
② 《明太祖实录》卷163。

"十六年命尚书开济定诈伪律条"两事，然后便直接论及洪武二十二年律。这一记载上的疏漏，导致了今人认为明律以六部分类和设条目460条始于二十二年律。然而，查《实录》有关洪武九年律数目的记载，使人不能不对这一传统看法产生怀疑。尚若再检现存的洪武十八九年行用的明律版本，就会发现，朱元璋君臣对于明律从体例的变革和篇目的定型，最迟在洪武中期就实现了。洪武二十二年（1389年）修律的功绩，并非体例上的新创，而是在前一律典的基础上充实了内容，较前更加准确和规范化了。

对于洪武九年律，《明太祖实录》卷一一〇记："洪武九年冬十月辛酉，上览《大明律》，谓中书左丞相胡惟庸、御史大夫汪广洋曰：'古者风俗厚而禁纲疏，后世人心漓而刑法密，是以圣王贵宽而不贵急，务简而不务烦。国家立法，贵得中道，然后可以服人心而传后世……今观律条，犹有议拟未当者，卿等可详议更定，务合中正，仍具存革者以闻。于是惟庸、广洋等复详加考订厘正者凡十有三条，余如故，凡四百四十六条。'"

《实录》于此处记得含混不清，到底洪武九年律总共446条呢？还是年律合计459条呢？至于《明史·艺文志》所记则更为含混："大明律三十卷，洪武六年命刑部尚书刘惟谦详定，篇目皆准唐律，合六百有六条。九年，复厘正十有三条，余如故。"会使人误认为洪武九年律仍为606条，只不过厘正了其中的13条。显然，考察洪武九年律的条数时，应以《实录》所记为基础加以分析为妥。

中国台湾学者黄彰健先生在《明洪武永乐朝的榜文峻令》[①]一文中认为，洪武九年律为459条。理据是：十八九年行用的明律为460条，因其中的朝参牙牌律系洪武十六年（1383年）九月新增，[②]故九年律正好是459条。按照黄氏的观点，十八九年行用的明律，实际上是九年律，只不过后来增加了一个条目或个别的内容罢了。笔者以为，这一推断是有道理的。

洪武十八九年行用的明律原文，记载于《律解辩疑》一书中。此书为

---

① 黄彰健：《明清史研究丛稿》卷2，台湾商务印书馆1977年版，第237—286页。
② 《明太祖实录》卷156。

洪武时何广所著，中国国家图书馆现藏有此书缩微件。书首有洪武丙寅（十九年）春正月望日松江何广自序，书末有洪武丙寅春二月四日明邵敬后序。何广自序云：本书是对洪武时《大明律》的疏议解疑。检《明太祖实录》，这一律典中"若奸义女者加一等"的规定，系洪武十七年（1384年）十二月庚戌所定，[①] 故笔者认为，此律起码在洪武十八年（1385年）初至十九年（1386年）初之间曾被行用，为行文方便，称其为十八九年行用律。

洪武九年律与十八九年行用律是否为同一法典，尚须进一步挖掘史料证实。可以肯定的是，在洪武二十二年律颁行前，确实存在一个与其体例、篇目相同的律典。

黄彰健先生在《〈律解辩疑〉、〈大明律直解〉及〈明律集解附例〉三书所载明律之比较研究》[②] 一文中，曾对这三律的异同作过对比和论证。比较的结果表明：（1）它们均系 30 卷、460 条，篇目名称相同；（2）十八九年行用律与三十年律篇目顺序完全一致，而二十二年律中"共犯罪分首从"、"处决叛军"、"杀害军人"、"本条别有罪名"、"断罪无正条"、"军民约会词讼"、"伪造印信历日"等条的排列顺序与此二律相异；（3）十八九年行用律的一些律文包含的节数（大多见于末尾的有关节中）要比二十二年律和三十年律为少，也就是说，其内容不如后者完善；（4）三律中律文意思相同、量刑标准一致然个别文字相异者有数百处，少数条目中也有将正文作注、注作正文的情况；（5）十八九年行用律同其他二律内容互有较大损益或者量刑标准轻重不一的仅有 7 条，即"老小废疾收赎"、"飞报军情"、"谋反大逆"、"官吏受财"、"诈为制书"、"诈传诏旨"、"亲属相奸"。这证明，早在洪武中期，明律的体例和篇目已经确定。

（四）洪武二十二年律

《实录》、《明史·刑法志》对洪武年间修律的记述，以二十二年律为最详。据《明太祖实录》卷一九七：洪武二十二年（1389年）八月，"更

---

① 《明太祖实录》卷169。
② 黄彰健：《明清史研究丛稿》卷2，台湾商务印书馆1977年版，第238页。

定《大明律》。先是刑部奏言：'比年律条增损不一，在外理刑官及初入仕者不能尽知，致令断狱失当。请编类颁行，俾知所遵守。'遂命翰林院同刑部官，取比年所增者，参考折中以类编附"。也就是说，把近年来已奏准的新定律条，凡认为"精当"者，以类编入原有的律条之中。

与洪武十八九年行用律相比较，可知修定二十二年律时，除了对一些篇目的前后顺序有所变动和修饰了部分律文词句外，主要的更定之处是：参阅唐律，减轻了"老少废疾收赎"、"谋反大逆"、"诈为制书"、"诈传诏旨"、"官吏受财"五条的有关刑罚。如"谋反大逆"，十八九年行用律规定，对犯此类罪者，"父、子孙凡年八十以下，十五以上，不分笃废残疾者皆斩。祖伯叔兄弟及本宗缌麻以上亲，年八十以下，十五以上，不分笃废残疾者皆绞"①。二十二年律改为"父、子年十六以上皆绞……男夫年八十及笃疾，妇人年六十及废疾，并免缘坐之罪。伯叔父、兄弟之子，不限籍之异同，皆流三千里安置。"②又如《诈为制书》条，十八九年行用律规定："凡诈为制书及增减者，皆斩。未施行者，绞。"③ 二十二年律改为"凡诈为制书者，斩。为从者，杖一百流三千里。未施行者，减一等"，并在该条末尾增加了"若有规避，事重者，从重论。其当该官司知而听行，各与同罪。不知者，不坐"一节④，使法网更加严密。《明史·刑法志》云：修订二十二年律时，"太孙请更定五条以上，太祖览而善之"⑤。这个记载是可信的。

在二十二年律书首，列有二刑图和八礼图。所谓二刑图，一种是"五刑之图"。笞、杖、徒、流、死五种刑罚被称为"五刑之正"，其处刑等差及加减标准列入图中。"充军、凌迟非五刑之正，故图不列"。第二种是

---

① （明）何广：《律解辩疑》卷18《刑律·贼盗·谋反大逆》，见杨一凡、田涛编《中国珍稀法律典籍续编》第4册，黑龙江人民出版社2002年版，第173页。
② [朝鲜]金祗：《大明律直解》卷18《刑律·贼盗·谋反大逆》，《中国珍稀法律典籍集成》乙编第1册，第548页。
③ （明）何广：《律解辩疑》卷24《刑律·诈伪·诈为制书》，《中国珍稀法律典籍续编》第4册，第252页。
④ [朝鲜]金祗：《大明律直解》卷18《刑律·诈伪·诈为制书》，《中国珍稀法律典籍集成》乙编第1册，第599页。
⑤ 《明史》卷93《刑法一》，中华书局1974年版，第2283页。

"狱具之刑"。规定了笞、杖、讯杖、枷、杻、索、镣七种狱具的制作材料、大小、重量及犯人受刑部位等。所谓"八礼图",也称"丧服图",计有"丧服总图"、"本宗九族五服之图"、"妻为夫族服图"、"妾为家长族服之图"、"出嫁女为本宗降服之图"、"外亲服图"、"妻亲服图"、"三父八母服图"八种。按照丧服图,"族亲有犯,视服等差定刑之轻重。其因礼以起义者,养母、继母、慈母皆服三年。殴杀之,与殴杀嫡母同罪。兄弟妻皆服小功。互为容隐者,罪得递减。舅姑之服皆斩衰三年,殴杀骂詈者,与夫殴杀骂詈之律同。姨之子、舅之子、姑之子皆缌麻,是曰表兄弟,不得相为婚姻"。为何要在律首设"八礼图"呢?朱元璋解释说:"重礼也。"也就是说,明律的实施,要"一准乎礼以为出入"①。

《实录》、《明史·刑法志》都把"改名例律冠于篇首",作为二十二年(1389年)改律的一个重要变化予以记载,恐怕是作者的误记。其实,《实录》在记洪武七年律时,已将名例列于篇首,② 刘惟谦、宋濂在洪武七年初所写《进大明律表》中亦说:七年律"篇目一准于唐,曰名例,曰卫禁……"现存的洪武十八九年行用律版本,也是把名例律刻于篇首。《实录》在记此事时前后矛盾,清初修《明史》时,洪武中期所行用的明律已难觅见,故《刑法志》作者沿袭《实录》,误记当在所难免。

二十二年律的颁行,进一步从体例、篇目、内容、刑罚到律文的规范化诸方面为三十年律的定制奠定了基础。明太祖朱元璋对此律也较满意,故颁行后曾经稳定了一个时期。《明史·刑法志》说:"二十五年,刑部言,律条与条例不同者宜更定。太祖以条例特一时权宜,定律不可改,不从。"又据,《明实录》卷二三六:洪武二十八年二月,"刑部臣奏:'律条与律例不同者,宜更定,俾所司遵守。'上曰:'法令者,防民之具,辅治之术耳,有经有权。律者,常经也。条例者,一时之权宜也。朕御天下将三十年,命有司定律久矣,何用更定。'"故直到洪武二十八年(1395年)二月,修改二十二年律和更定新律事尚未着手进行。

---

① 以上见《明史》卷93《刑法一》,中华书局1974年版,第2282—2283页。
② 《明太祖实录》卷86。

（五）洪武三十年律

被明王朝奉为"一代大法"的《大明律》，即指此律而言。据明太祖朱元璋写的《御制大明律序》，该律颁行于洪武三十年（1397年）五月。

同洪武二十二年律比较，洪武三十年律除附有《律诰》147条（详见本书第二部分）外，律的正文也有一些修改，主要是：调整了二十二年律的《名例律》和《刑律》中少数条目的排列顺序，并按十八九年行用律的编排顺序予以恢复，加重了对"谋反大逆"、"诈为制书"、"诈传诏旨"、"官吏受财"、"老小废疾收赎"条的刑罚；删掉了"亲属相奸"条中关于"若奸义女者加一等"的规定；为了革除"官吏不分事务缓急，动辄乘驿，或假以营私，致驿夫劳弊，船马损乏"①的弊端，在"飞报军情"条取消了在外府、州官"一具实封，俱至御前开拆"的旧制，对各衙门官员飞报军情事宜及程序作了严密的规定，对数十处律文不当处进行了改动和润色。

洪武三十年所颁《大明律》律文，其篇名和内容如下：

名例律，一卷47条。包括五刑、十恶、八议、公私罪、累犯、共犯、常赦不原、收赎、给没赃物、自首、二罪俱发、加减罪例和处理各色人等的犯罪原则。名例系刑名和法例的总称，为吏、户、礼、兵、刑、工六律的总纲。与唐律相比较，明律《名例律》对定罪量刑的诸原则有很多新发展，如：扩大了数罪并罚的范围，严格了应议者及其亲属犯罪的议请范围和程序，简化了官吏犯罪的辅助处罚手段，就"犯罪得累减"作了新的规定，有关公私罪、共同犯罪、故意和过失犯罪以及比附类推方面的规定也较唐律更加完善和严密。

吏律，是有关惩治官吏违犯职守和办事规程方面的刑罚规定，分《职制》与《公式》两卷，共33条。《职制》是关于官吏职司的规定，计15条。《公式》是官吏应遵循的办事规程，计18条。明律在整饬吏治方面较前代要严，特别引人注目的是，《吏律》中设立了"奸党"专条，严禁臣下结党和内外官勾结，违者严惩。

---

① 《明太祖实录》卷203。

户律，共7卷95条，其中户役（户籍、赋役）15条，田宅（欺隐田粮、买卖田宅、田地管理）11条，婚姻（婚姻制度）18条，仓库（仓库管理）24条，课程（犯私盐、私茶、私矾及匿税）19条，钱债（债务、据别人寄存财物为己有、非法取得遗失物品）3条，市廛（市场管理）5条。适应当时商品货币关系的发展和社会经济的新变化，明律《户律》突出了惩处违犯赋税差役制度行为的立法。如果说唐律把"占田过限"作为惩治重点的话，明律的侧重在于"帑项钱粮"，并在刑罚上往往较唐律苛重。明律中有关"钞法"、"钱法"、"盐法"、"私茶"、"匿税"、"钱债"的规定，甚有时代的特色。

礼律，关于违犯礼制的刑罚的规定，分《祭祀》、《仪制》两卷，共26条。《祭祀》系祭天地、社稷、神祇等内容，计6条。《仪制》是关于合和御药、管理御用车马衣物、朝贺、奏对失序、上书、欺凌长官及官民服舍等方面违犯仪制的刑罚规定，计20条。明律《礼律》，基本沿袭唐律，有些条款较唐律处刑为轻。

兵律，主要由唐律各篇中有关兵事的条款合并而成，共5卷75条。其中，宫卫（宫廷警卫）19条，军政（调发官军、指挥作战、军需和军器管理等）20条，关津（关津管理、警卫）7条，厩牧（官有马牛的牧养、管理）11条，邮驿（递送公文）18条。明律《兵律》内容虽多承唐律而来，刑罚也互为轻重，但对军人犯罪的范围比唐律规定得更为广泛详尽。

刑律，关于其他各篇以外的刑事犯罪的处罚以及诉讼、捕亡、断狱原则及制度的规定，共11卷171条。其中，贼盗28条，人命20条，斗殴22条，骂詈8条，诉讼12条，受赃11条，诈伪12条，犯奸10条，杂犯11条，捕亡8条，断狱29条。在此篇中，明律贯彻了严"贼盗"罪、人伦罪的精神，扩大了"谋反大逆"、"谋叛"罪的株连范围，对于"恶逆"及"强盗"、"造妖书妖言"、"诬告"、"诈为制书"等方面的重罪处刑较唐律要严，谓之"重其重罪"。而对于风俗教化方面的犯罪，如和奸、重婚、亲属相盗等，则处刑较唐律要宽，谓之"轻其轻罪"。

工律，分《营造》与《河防》两卷，共13条。《营造》是关于非法造作、虚费工力采取木石而不堪用、造作过限、有司官吏不按规定在公房办公等方面的刑罚规定，计9条。《河防》是关于盗决河防、失时不修堤防、侵占街道、不适时修理桥梁道路等方面的刑罚规定，计4条。

洪武三十年律是明初多次修律的结晶，也是一部"日久而虑精"的法典。明太祖朱元璋对保持这部刑律的稳定性极其重视，把它作为"不可更改"的成法，"令子孙守之，群臣有稍议更改，即坐以变乱祖制之罪"①。此律自颁行之日起直至明末，除万历十三年合刻颁行《大明律附例》时改动55字外，② 未有变更。虽然在嘉靖朝以后，将《问刑条例》附于律后，形成了律例合编体例，但460条律文作为明王朝基本刑事法律规范的地位一直未曾动摇。

二 《大明律》与《律诰》关系考

我们今天所看到的《大明律》，系洪武三十年（1397年）五月所颁行。对于这一点，学术界的看法是一致的。然而，如果认真研究一下《明史·刑法志》就会发现，《明史·刑法志》并未明确记载洪武三十年颁行《大明律》之事，而书之为"三十年作《大明律诰》成"。这是怎么回事呢？是属于偶然的笔误吗？显然不是。因为《明史·刑法志》的这个记载是据《明太祖实录》而来。《明太祖实录》为明初官修史书，百般斟酌，颁律如此大事，岂能马虎到弄错名称？如果我们再认真推敲一下《御制大明律序》以及洪武三十年五月颁布明律时朱元璋的谕文，也会发现律序与谕文有不尽吻合之处。

《明太祖实录》卷二五三载：

> 洪武三十年五月，甲寅，《大明律诰》成。上御午门，谕群臣曰：朕有天下，仿古为治，明礼以导民，定律以绳顽，刊著为令，行之已久。然而犯者犹众，故于听政之暇，作《大诰》昭示民间，使知趋吉避凶之道。古人谓刑为祥刑，岂非欲民并生于天地间哉？然法在有

---

① 《明史》卷93《刑法一》，中华书局1974年版，第2279页。
② （明）舒化：《进新刻〈大明律附例〉题稿》，明万历十三年刊《大明律例》本。

司，民不周知，故命刑官，取《大诰》条目，撮其要略，附载于《律》。凡榜文禁例悉除之，除谋逆并《律诰》该载外，其杂犯大小之罪，悉依赎罪之例论断。今编次成书，刊布中外，令天下知所遵守。刑期无刑，庶称朕恤民之意。①

《大明律》卷首三十年五月《御制大明律序》云：

> 朕有天下，仿古为治，明礼以导民，定律以绳顽，刊著为令，行之已久。奈何犯者相继，由是出五刑酷法以治之。欲民畏而不犯，作《大诰》以昭示民间，使知所趋避，又有年矣。然法在有司，民不周知。特敕六部、都察院官，将《大诰》内条目，撮其要略，附载于《律》。其递年一切榜文禁例，尽行革去。今后法司只依《律》与《大诰》议罪。合黥刺者，除党逆家属并《律》该载外，其余有犯，并不黥刺。杂犯死罪并徒、流、迁徙、笞、杖等刑，悉照今定《赎罪条例》科断。编写成书，刊布中外，使臣民知所遵守。

《御制大明律序》与《实录》所载"上谕"，讲的同是洪武三十年五月事，文字上稍有出入，盖属于史臣删改润色所致，人们不难理解。问题在于它们对有关法典的名称记载不一，《实录》说三十年五月颁行的是《大明律诰》，律序则说是《大明律》。《实录》为官修史书，不会随意改变律名的。那么，这个《大明律诰》是什么东西呢？它同《大明律》是什么关系呢？两处记载均云，"取《大诰》条目，撮其要略，附载于《律》"，这又作何解释？《大诰》为洪武年间峻令，若附于律，处刑岂不是要大大加重，导致律、诰量刑上轻重失宜？另外，"附载于律"的《大诰》条目，是作为一个独立的条例出现呢？还是像后来的《大明律附例》那样，总冠以《大明律》的名义，实际上作为律的一个组成部分呢？这些都是值得弄清楚的。

---

① 《明太祖实录》卷253，着重号为笔者所加，下同。

黄彰健先生在《大明律诰考》①一文中，对洪武三十年（1397年）颁行的《律诰》进行了系统考证。他把丁氏八千卷楼旧藏明刊黑口本《大明律》②、明嘉靖重刊张楷《律条疏议》、清同治十年（1871年）重刊弘治《兴化府志》三书所载《律诰》进行了比较，并在此基础上就《律诰》的版本、内容、性质与明律和其他法律的关系进行了研究，其重要观点是：（1）《律诰》系条例，附律而行。"洪武三十年所颁《大明律》，其全书仍名《大明律》，而《实录》则着重此条例之附律，故书'大明律诰成'。《实录》与《御制大明律序》所记，这样看来，并不冲突。"③（2）洪武末年制定《真犯死罪杂犯死罪》条例、"三十年条例"在前，《律诰》颁行在后。（3）《律诰》中的《杂犯死罪》律九条被后来沿用，但该条例中"较律为重者，恐亦不许引用"④，"弘治十年所奏定《真犯死罪杂犯死罪》，已将《律诰》修正，故现存弘治以后的明律刊本，除《律条疏议》嘉靖重刊本以外，即均未附有《律诰》"。⑤

笔者赞同黄彰健先生的看法。这里，就《律诰》与《大明律》的关系及对明初法制的影响作进一步的论述。

丁氏八千卷楼旧藏明刊黑口本《大明律》，有助于我们了解洪武三十年所颁《大明律》的面貌，对《御制大明律序》所说的"将《大诰》内条目，撮其要略，附载于《律》"这句话有了新的理解。从这部《大明律》把《律诰》刻于上卷即名例、吏律、户律、礼律之后，而不是附于书末这一点看，此文献并非官刻本，很可能是私家所刻。但把三部载有《律诰》条例的文献结合研究，可以对洪武三十年五月所颁《大明律》的原貌作下述概括：（1）《大明律》由律的正文和《律诰》两部分组成，律的正文为460条，后面所附《律诰》为147条。（2）147条《律诰》条目，内容是关于准赎死罪和不准赎死罪的规定，其中包括不准赎死罪律、不准

---

① 黄彰健：《明清史研究丛稿》卷2，台湾商务印书馆1977年版，第155—207页。
② 黄彰健在《大明律诰考》中说："民国三十五年史语所迁回南京，我在江苏省立国学图书馆得见丁氏八千卷楼旧藏明刊黑口本《大明律》30卷。该本又分上下2卷，即名例律、吏律、户律、礼律为上卷，兵律、刑律、工律为下卷。在上卷末即附有'钦定律诰该载'。"
③ 黄彰健：《明清史研究丛稿》卷2，台湾商务印书馆1977年版，第168页。
④ 同上书，第190页。
⑤ 同上书，第201页。

赎死罪诰、准赎死罪律、准赎死罪诰四部分。（3）所谓"取《大诰》条目，撮其要略，附于律后"，指的是将《律诰》条例中的36个《大诰》条目附于律文之后，而不是录《大诰》原文，附于明律正文相近的条款之后。（4）这种包括《律诰》条目在内的《大明律》，与今天我们看到的、仅仅包括律之正文460条的《大明律》而言，它是采取律例合编的体例，《律诰》是《大明律》的有机组成部分。

弄清了洪武三十年《大明律》的内容及有关情况，我们对《御制大明律序》和《实录》在律、诰名称记载上所出现的差异就容易理解了。《实录》和《明史》之所以记载为"三十年作《大明律诰》成"，而不直书为"《大明律》成"，这是因为，律的正文早已于洪武二十二年（1389年）基本裁定，三十年（1397年）制定的主要是《钦定律诰》。《实录》记事，着眼于当时实际所做的主要事情，因而忽略了《大明律》。于是，在颁行《大明律》这个问题上，《实录》与《御制大明律序》的有关记载，就出现了内容大体相同而"名称"相异的矛盾。

《律诰》既然被包括在洪武三十年《大明律》内，那么，它对律典正文和当时的刑罚产生了什么样的影响呢？我们把《律诰》147条与明律正文进行全面比较之后，便清楚地看到，《律诰》使当时行用的《大明律》变得比较严酷。这主要表现在两个方面：

第一，使明律的罪名更加完备，法网更加严密。《律诰》的所有条目，都属于真犯死罪和杂犯死罪的范围，是着重用来明确、补充、完善明律有关死罪处刑的条款的。《钦定律诰》不准赎死罪共124条，[①] 其中属于《律》的条目111条（不准赎死罪102条，准赎死罪9条），全部出自明律正文中的死刑条目。撮取《诰》的条目共36条（不准赎死罪12条，准赎死罪24条），都是从原《大诰》峻令中选摘来的。

在《律诰》有关《诰》条目中，《律》正文有其内容者计8条：《朋奸欺罔》、《说事过钱》、《诡名告状》、《医人卖毒药》、《滥设吏卒》、《长解卖囚》、《居处僭分》、《有司不许听事》。这些条款原都是律文中某一条款的一部分，在《大诰》中均列为专条，予以强调。其中有些条款所包含

---

① 按以下文律102条，加诰12条共得114条，此可能是"一"误刻为"二"所致。

的内容要比律文广泛得多。如：《有司不许听事》，在律的正文中，附属《擅勾属官》条下，内容为："若擅勾属官，拘唤吏典听事及差占推官、司狱、各州县首领官，因而妨废公务者，笞四十。"①立意在于"防止官吏荒废公务"。在《大诰》中则规定，"凡诸衙门，如十二布政司，不许教府、州、县官吏听事，府不许教州官吏听事，州不许教县官听事，县不许教民间里甲听事"，因"听事之名，实贪赃之巨祸"，②立意却在于惩办"贪赃"。又如《医人卖毒药》条，律文中笼统写为"因事故用药杀人者斩"，③《大诰》则具体化为"卖毒药毒人枭令"，强调对此类犯罪要加重处刑。

在《律诰》中，属于新增设的法律条款以及条目与律文相近，然又增加了新内容者共28条。新增加的条款有《戴刑肆贪》、《逸夫》、《官吏下乡》、《寰中士夫不为君用》、《阻挡乡民除恶》等11条，其内容主要是惩办贪官，镇压散布对朝廷不满言论的人，打击"游民"、"闲民"。与律文相近而又增加新内容的共17条，其目的完全是为了严密法网。如明律《滥设官吏》条规定"凡内外各衙门，官有额定员数而多余添设者，当该官吏一人杖一百，每三人加一等，罪止杖一百，徒三年。若吏典、知印、承差、祗候、禁子、弓兵人等额外滥充者，杖一百，迁徙。"④在《律诰》中，则增设了《滥设吏卒》、《市民为吏卒》、《闲民同恶》、《妄立干办》4条，规定"不许用市井之民为吏卒"，违者"治以死罪"，⑤"一切闲民，信从有司，非是朝廷设立应当官役名色，而与私下擅称名色，与不才官吏，同恶相济，虐害吾民者，族诛"，⑥重点在于防止官民勾结。又如《揽纳税粮》条，《大诰》此条内容则扩充为"诸色物件"，范围大大增加。再如《冒解罪人》条，明律正文无专设条款，只在《应捕人追捕罪人》、《徒流人逃》等条中规定：应捕人承差追捕罪囚受财故纵者，或主

---

① 《大明律》卷2《吏律·职制·擅勾属官》，明正德十六年刊胡琼《大明律集解》本。
② 《御制大诰续编·有司不许听事第十一》，清华大学藏洪武内府刻本。
③ 《大明律》卷19《刑律·人命·庸医杀伤人》。
④ 《大明律》卷2《吏律·职制·滥设官吏》。
⑤ 《御制大诰续编·市民不许为吏卒第七十五》。
⑥ 《御制大诰续编·闲民同恶第六十二》。

守或解押人故纵徒、流、迁徙囚逃脱者，"各与囚同罪"。《大诰》则设立专条："所在有司官吏，上司着令勾解罪人，往往卖放正身，将同姓名良善解发，今后若此，该吏处以重刑。"① 如此等等，都起到了完善律条、严密法网的作用。

第二，《律诰》附于律的正文之后，使整个《大明律》的用刑明显加重。这里，我们不妨依照《律诰》内容的排列顺序，即不准赎死罪律、不准赎死罪诰、准赎死罪律、准赎死罪诰四个部分分别加以考察。

1. 不准赎死罪律

这部分共102条：（1）十恶；（2）强盗；（3）劫囚；（4）强奸；（5）诈伪；（6）厌镇蛊毒；（7）失误军机；（8）朦胧启奏；（9）拒捕伤人；（10）诈传诏旨；（11）变乱成法……②（101）死囚令人自杀，若招服罪，而囚之子孙为祖父母、父母，及奴婢、雇工人为家长者；（102）官司差人追征钱粮，勾摄公事，及捕获罪人，聚众中途打夺，因而伤人及杀人，聚至十人为首。这些条目一准明律正文。其中有99条从内容到处刑均与律的正文相同，较律加重者共3条。第59条"妻妾夫亡改嫁，骂故夫祖父母、父母"，处死；③ 依明律正文，"大丧而身自嫁娶者，杖一百"，④ "骂故夫之祖父母、父母者，并与骂舅、姑罪同"，⑤ 是不能处死的。第82条"监临之官，因公事于人虚怯去处，非法殴打致死"，处死；⑥ 按律文《决罚不如法》条，其"罪止杖一百，徒三年，追埋葬银一十两"，⑦ 也不至于致死罪。第89条"军官军人从军征讨，私逃还家，及逃

---

① 《御制大诰·冒解罪人第四十》。
② 此部分死罪同明律条目，故略。
③ 见（明）张楷撰《律条疏议》书末附《律诰该载》，明嘉靖二十三年黄巖符验重刊本，收入杨一凡编《中国律学文献》第1辑第3册，黑龙江人民出版社2004年影印本，第714页。又见《兴化府志·刑纪》。
④ 《大明律》卷6《户律·婚姻·居丧嫁娶》。
⑤ 《大明律》卷21《刑律·骂詈·妻妾骂故夫父母》。
⑥ 见（明）张楷撰《律条疏议》书末附《律诰该载》，明嘉靖二十三年黄巖符验重刊本，收入《中国律学文献》第1辑第3册，第715页，又见《兴化府志·刑纪》。
⑦ 《大明律》卷28《刑律·断狱·决罚不如法》。

往他所者，初犯即坐"；① 依律《从征守御官军逃》条，"初犯杖一百，仍发出征"，② 也并不处死。此 3 条，《律诰》的处刑要比《律》正文的处刑规定大大加重。

2. 不准赎死罪诰

这部分共 12 条，除了 3 条与律的相近条款量刑相同外，其他 9 条均比律文用刑加重（见表 1）。

表1　　　　　　　　不准赎死罪诰与明律相近条款处刑比较

《大诰》条目	处刑	依律相近条款应处刑	比较结论
朋奸欺罔	不准赎死罪	依律"奸党"条，斩	二者相同
诡名告状	不准赎死罪	依律"投匿名文书告人罪"条，绞	二者相同
医人卖毒药	不准赎死罪	依律"庸医杀伤人"条，斩	二者相同
说事过钱	不准赎死罪	依律"官吏受财"条，罪止杖一百，迁徙；有赃者计赃从重论	较律文重
代人告状	不准赎死罪	依律"教唆词讼"条，受雇诬告与自诬同，按所诬罪轻重科断	较律文重
空引偷军	不准赎死罪	依律"知情藏匿罪人"条，减罪人罪一等	较律文重
臣民倚法为奸	不准赎死罪	依律按罪轻重科断	较律文重
妄立干办等名	不准赎死罪	依律"滥设官吏"条，罪止杖一百，迁徙	较律文重
戴刑肆贪	不准赎死罪	无此条	新设重刑
秀才断指诽谤	不准赎死罪	无此条	新设重刑
寰中士夫不为君用	不准赎死罪	无此条	新设重刑
阻当者民赴京	不准赎死罪	无此条	新设重刑

3. 准赎死罪律

这部分共 9 条：(1) 军官犯死罪，不请旨论功上议；(2) 内府交纳余剩金帛，擅将出外；(3) 官吏受赃过满；(4) 若冢先穿陷，及未殡埋，开棺椁见尸；(5) 盗仓库钱粮；(6) 盗内府财物；(7) 诈称冤枉，借用

---

① 见（明）张楷撰《律条疏议》书末附《律诰该载》，明嘉靖二十三年黄巌符验重刊本，收入《中国律学文献》第 1 辑第 3 册，第 709 页，又见《兴化府志·刑纪》。

② 《大明律》卷 14《兵律·军政·从征守御官军逃》。

印信封皮；(8) 递送逃军妻女出京城；(9) 冲入仪仗，并诉事不实。这些条目全部见之于律的正文，就其死罪性质而论，《律》与《律诰》二者相同。但《律诰》中的这9条死罪是可以赎罪的，所以，它较律的正文处刑稍轻。

4. 准赎死罪诰

这部分共24条，和原来《大诰》的酷刑相比，罪名已由死罪改为准赎死罪，刑罚已有所减轻。但是，其量刑仍均比律的相近条款为重（见表2）。

表2　　　　准赎死罪诰与明律相近条款处刑比较

《大诰》条目	处刑（附一些条款内容说明）	依律相近条款应处刑	比较结论
居处僭分	准赎死罪	依律"服舍违式"条，有官杖一百，罢不叙；无官笞五十	较律文重
闲民同恶	（指闲民信从有司，擅称名色，与官吏同恶害民）准赎死罪	依律"滥设官吏"条，杖八十，再犯迁徙，有所规避者从重论	较律文重
擅差职官	（指擅差仓库、巡检等官离职办事）准赎死罪	依律"擅勾属官"条，笞四十	较律文重
揽纳户	准赎死罪	依律"揽纳税粮"条，杖六十	较律文重
冒解罪人	（指卖放罪人正身，故将平人解发）准赎死罪	依律"应捕人追捕罪人"条，受财纵囚与囚同罪	较律文重
滥设吏卒	准赎死罪	依律"滥设官吏"条，罪止杖一百，迁徙	较律文重
长解卖囚	准赎死罪	依律"徒流人逃"条，故纵与囚同罪，受财者，计赃，以枉法从重论	较律文重
官民有犯	（指官民有犯罪者，买重作轻，买轻诬重，或尽行买免）准赎死罪	依律"官司出入人罪"条，除故入人罪至死者，均不处死刑	较律文重
市民为吏卒	准赎死罪	依律"滥设官吏"条，罪止杖一百，迁徙	较律文重
经该不解物	准赎死罪	依律"转解官物"条，杖八十，不如法损失者坐赃论	较律文重
僧道不务祖风	准赎死罪	依律"僧道娶妻"、"僧道拜父母"条，处杖刑，还俗	较律文重
有司不许听事	准赎死罪	依律"擅勾属官"条，笞四十	较律文重

续表

《大诰》条目	处刑（附一些条款内容说明）	依律相近条款应处刑	比较结论
不对关防勘合	准赎死罪	依律"私越冒度关津"条，罪止杖一百	较律文重
庆节和买	（指以庆节为由和买民物不给钱）准赎死罪	依律应计赃科罪	较律文重
钱钞贯文	（指故意混乱钱钞数目）准赎死罪	依律应计赃科罪	较律文重
造作买办	（指有司承办朝廷诸色造作，向下属或小民指名要物，实不与价）准赎死罪	依律应计赃科罪	较律文重
关隘骗民	准赎死罪	无此条。应计赃科罪	较律文重
鱼课扰民	准赎死罪	无此条。应计赃科罪	较律文重
路费则例	（指官员在朝廷已定的赴京路费之外，又借进纳诸色钱钞并朝觐之名科敛）准赎死罪	无此条。应计赃科罪	较律文重
逸夫	准赎死罪	无此条。类比律文"荒芜田地"条，罪止杖八十	较律文重
官吏下乡	准赎死罪	无此条	较律文重
阻当乡民除患	准赎死罪	无此条	较律文重
有司逼民奏保	（犯罪事觉，逼着民奏保）准赎死罪	无此条	较律文重
结交安置人	（指交结已被迁徙安置的罪犯）准赎死罪	无此条	较律文重

综观《律诰》条例，除了与律量刑相同的条款外，较律文处刑减轻者是"准赎死罪"9条，这些条款的死罪性质不变，但允许免去死罪，工役终身。较律处刑为重者共36条，其中律的条目3条，《大诰》条目33条。

在《律诰》条例中，收有36个《大诰》条目，虽然其刑罚已较《大诰》峻令有较大幅度的减轻，但除3条与律处刑相同外，其他条目的处刑仍比《大明律》苛重。按明代的法律制度，各种刑事立法必须符合律意，刑罚不得与律发生冲突。法司办案也必须依《大明律》决断，要求量刑轻重适宜，不得妄引与律文相冲突的条例为判案的依据。然《律诰》中的不少条目的量刑，与《大明律》相近条款的规定明显发生冲突。比如，《大明律》中也有"滥设官吏"专条，明确规定："凡内外各衙门，官有额定员数，而多余添设者，当该官吏一人杖一百，每三人加一等，罪止杖一百，徒三年。若吏典、知印、承差、祗候、禁子、弓兵人等，额外滥充者，杖一百，迁徙。"《大明律》卷二《吏律·职制》"滥设官吏"条。依照明律，滥设吏卒的最高刑罚为杖一百，迁徙，而《律诰》却加重为准赎死罪。又如，《大明律》"服舍违式"条规定："凡官民房舍军服器物之类，各有等第。若违式僭用，有官者，杖一百，罢职不叙。无官者，笞五十，罪坐家长。"《大明律》卷一二《礼律·仪制》"服舍违式"条。依照明律，"居住僭分"只是处以笞、杖刑，而《律诰》却加重为准赎死罪。列入《律诰》中《大诰》条目的处刑，类似这样与明律相近的条款量刑苛重的条目比比皆是。另外，《律诰》中的一些《大诰》条目，如《律诰》中的"断指诽谤"为"不准赎死罪"，"揽纳户"等为"杂犯死罪"，也与洪武二十六年（1393年）颁行的《充军》条例中的同一条目的量刑不尽一致。《充军》条例曾在洪武后期至弘治十三年（1500年）间实行。这样，《律诰》条例的规定又与《充军》条例的量刑相冲突。

洪武三十年《大明律》出现的"轻重失宜"，在今天看来可能令人难以置信。然详考洪武朝史实，这正是当时法制的弊病。明王朝开国之初，就曾颁布了律令，但朱元璋常常出于一时的政治需要，又屡次颁布了很多与律文互相矛盾的诏令、榜文和条例。洪武十八年至二十年所颁《大诰》，大多是律外用刑，朱元璋却把36条《大诰》条目列入《律诰》，放入《大明律》内，并把《律诰》列为"成法"，诏曰"今后法司只依《律》与《大诰》议罪"。又"令子孙守之。群臣有稍议更改，即坐以变乱祖制之罪"。[①]《律诰》既为"成法"，它就与那些只属于"一时之权宜"的条例不同，取得了实际上的"常经"的特殊地位。他的这种做法，本意在于防止后世"变乱成法"，但他没有妥善地考虑《律》和《律诰》这两种总括于《大明律》中的成法，尚有轻重失宜之处，这又造成了人为的混乱。

弘治十年（1497年）颁行《真犯死罪杂犯死罪》条例后，《律诰》条例被废止不用。从洪武三十年（1397年）到弘治十年的100年中，特别是在宣德朝以后，在各朝强调用律"不许深文"的情况下，《律诰》条例中刑罚苛重、与律文或其他法律相冲突的条款，在司法审判中很难得到援

[①] 《明史》卷93《刑法一》，中华书局1974年版，第2279页。

用。虽然如此，由于这一时期《律诰》条例没有宣布明确被废除，它对《大明律》实施仍然产生了较大的消极影响。

三 明律与唐律及元代法律之比较

洪武年间，明太祖朱元璋在大力推行"重典治国"方针的同时，曾多次诏令儒臣，按照"轻重适宜"、"贵存中道"的精神修订《大明律》。洪武三十年律作为多年修律的结晶，被朱元璋奉为符合"酌中制以垂后世"要求的律典颁示天下，并明令"中外决狱，一准三十年所颁"。①

毫无疑义，《律诰》附于洪武三十年律后，使这一律典带有重刑色彩。但若就"一代定法"即460条律文而言，应该说，大体上是适应当时朱明王朝的统治需要的，其刑罚远比洪武间颁行的许多榜文禁例要轻，把它称为"中制"性质的法典是有其道理的。那么，是否能够说它的量刑规定没有受到朱元璋的重典政策的影响呢？显然不能下这样的结论。如果把明律与前代法律加以比较研究，就不难看出，它在许多方面的量刑是"较前代往往加重"。②

（一）明、唐律之比较

先把明律与唐律作一比较。在中国法制史上，唐律是承前启后，被誉为"最为易明得当"的法典，后代律学家亦多赞颂不绝。沈家本说"历代之律存于今者唯《唐律》，而古今律之得其中者亦唯《唐律》"。③ 杨鸿烈称赞说："唐律是中国现存历代法典的模型。"④ 唐代以来，法学家们在衡量各朝律条量刑的轻重时，大多以唐律为标准。《大明律》是"遵唐律之旧"发展而来。因此，把唐律与明律进行对比研究，辨别其用刑轻重，较为妥当。清末薛允升曾编著《唐明律合编》一书，"尝取唐、明律之彼

---

① 《明史》卷93《刑法一》，中华书局1974年版，第2284页。
② 同上书，第2285页。
③ （清）沈家本：《历代刑法考》，中华书局1985年版，第1365页。
④ 杨鸿烈：《中国法律发达史》，商务印书馆1929年版，第344页。

此参差轻重互异者，逐条疏证"。① 薛氏在此书中评论《大明律》时，未能顾及明、唐二律制定的历史条件，对唐律一概褒扬，对明律一概贬斥，使人有偏颇之感。但他关于二律量刑轻重的结论基本上还是正确的，这就是明律与唐律的量刑相比较，是"轻其轻罪，重其重罪"。一般来说，对于不直接威胁君主统治的"典礼及风俗教化之事，唐律大多较明律为重"。对于直接同维护君主专制统治、维护朝廷经济利益、镇压人民反抗有关的法律，即"贼盗及有关帑项钱粮等事，则明律又较唐律为重"。要弄清这一差别，须将其具有代表性的律条作一比较。下面，我们列表具体说明（见表3）。

表3　　　　　　　　　　　明律与唐律之比较

律条名称	明　　律	唐　　律	比较结论
刑名	在笞、杖、徒、流、死（死刑二：绞、斩）五刑之外，尚有凌迟刑和刺字之法 徒流刑加杖，徒有总徒四年，准徒五年，流有安置、迁徙、口外为民、充军	笞、杖、徒、流、死五刑，死刑为绞、斩 徒流刑不加杖	明重于唐
谋反大逆	凡谋反及大逆，但共谋者，不分首从皆凌迟处死 祖父、父、子、孙、兄弟及同居之人，不分异姓及伯叔父、兄弟之子，不限籍之同异，年十六以上，不论笃疾、废疾皆斩	谋反及大逆者，不分首从皆斩，连带处死范围，除父子年十六以上者外，其他人可不处死 谋反"词理不能动众，威力不足率人者"，本人斩，父子、母女、妻妾可不处死 笃疾、废疾者亦免	明重于唐
谋叛	凡谋叛，但共谋者，不分首从皆斩妻妾、子女付给功臣之家为奴，财产并入官 父母、祖孙、兄弟不限籍之同异，皆流二千里安置	诸谋叛者绞 已上道者皆斩 妻、子流二千里	明重于唐
强盗	已行而不得财者杖一百流三千里，得财者不分首从皆斩	不得财者徒二年；得财者十疋以上及伤人者绞，杀人者斩	明重于唐

――――――――――
① （清）薛允升：《唐明律合编》书首载徐世昌《唐明律合编》序，民国十一年徐氏退耕堂刻本。

续表

律条名称	明　律	唐　律	比较结论
造、传妖书、妖言	凡造谶纬妖书、妖言及传用惑众者皆斩 私藏妖书者杖一百徒三年	造、传妖书妖言者绞 私藏妖书徒二年	明重于唐
劫囚	皆斩	劫者满流，伤及劫死囚者绞，杀人者斩	明重于唐
谋杀人	凡谋杀人，造意者斩，从而加功者绞，不加功者杖一百流三千里 已伤人，造意者绞，从而加功者杖一百流三千里 若因而得财，不分首从论，皆斩	诸谋杀人者徒三年 已伤者绞 已杀者斩	明重于唐
谋杀期亲尊长	谋杀者皆斩 已杀者凌迟处死 谋杀缌麻以上尊长者杖一百流二千里，伤绞，已杀者斩	谋杀期亲尊长皆斩 谋杀缌麻以上尊长者，流二千里，伤者绞，已杀者斩	略　同
谋杀制使及本管长官	谋杀者杖一百流二千里，伤者绞，已杀者斩	诸谋者流二千里 伤者绞，死者斩	略　同
投匿名文书告人罪	绞	流二千里	明重于唐
诬告	诬告人笞罪者，加所诬罪二等 诬告人徒流罪者，加所诬罪三等，罪至杖一百，流三千里 诬告至死罪，已决者反坐以死，未决者杖一百，流三千里 反坐之外又有赔偿赎罪之法	诬告凡人反坐，不加等 无赔偿赎罪规定	明重于唐
窃盗	不得财，笞五十，免刺 得财者，一贯以下杖六十，五十贯杖六十，徒一年；一百二十贯，罪止杖一百，流三千里	不得财笞五十 得财者一尺杖六十，五疋徒一年，五十疋加役流	略　同
盗大祀神御物	皆斩	流二千五百里	明重于唐
盗制书和各衙门印信	皆斩	徒二年	明重于唐
盗陵园内树木	杖一百，徒三年	徒二年半	明重于唐
弃毁制书印信	皆斩	准盗论；亡失及误毁者各减二等	明重于唐
诈为制书	斩	绞	明重于唐

续表

律条名称	明　律	唐　律	比较结论
私越冒度关津	私度杖八十，越度杖九十；越缘边关寨杖一百，徒三年；出外境者绞	私度关者徒一年 越度徒一年半 越缘边关寨徒二年 出外境除私自夹带、出买禁兵器外，罪至徒流	互为轻重
官吏犯赃	有禄人： 枉法赃（各主者通算全科），八十贯绞 不枉法赃（各主者通算，折半科罪），一百二十贯以上，罪止杖一百，流三千里 无禄人： 枉法一百二十贯绞 不枉法一百二十贯以上，罪止杖一百流三千里	诸坐赃致罪者，一尺笞二十，一疋加一等，十疋徒一年，十疋加一等，罪止徒三年 诸监临主司爱财枉法者，十五疋绞 不枉法者，三十疋加流役 无禄人枉法二十疋绞，不枉法，四十疋加役流	略　同（计赃方法不同）
奸党诸条	皆斩	无专条	明重于唐
漏泄军情大事	泄漏给敌人者斩 近侍官员泄机密重事于人者斩；常事，杖一百，罢职不叙	诸泄漏大事，应密者绞；非大事，勿论	明重于唐
事应奏不奏	军官犯罪或论功，不奏者绞 文职有犯，不奏杖一百，有所规避从重论	诸事不奏杖八十	明重于唐
常人盗仓库钱粮	不得财杖六十，免刺 得财不分首从并赃论罪，刺字，八十贯绞	无专条	明重于唐
赋役不均	当该官吏各杖一百	杖六十	明重于唐
收粮违限	税粮违限，欠粮人户、提调部粮官、吏典及分催里长，以十分为率，一分不足杖六十，每一分加一等，罪至杖一百 违限一年以上者，人户、里长杖一百迁徙；粮官、吏典处绞	诸部内输课税之物，违期不充者，以十分论 一分笞四十，一分加一等 户主不充者，笞四十	明重于唐
私铸铜钱	私铸者绞，匠人罪同	流三千里	明重于唐
转解官物	转解安置不如法致有损失者，坐赃论；侵欺者计赃以监守自盗论	杖一百	明重于唐
违犯盐法	贩私盐者杖一百，徒二年，财产入官，拒捕者斩	无专条	明重于唐

　　从表3中可看出，有关"贼盗及帑项钱粮等事"方面的主要律条，

明律大多比唐律为重，它体现了明王朝力图强化对人民控制的意志。还应指出，为达到同一目的，明律扩大了一些罪名所包括的内容，增加了不少为唐律所没有且处刑很重的条款。为了重惩"贼盗"，明律增设了刺字和"起除刺字"之法及"盗贼窝主"、"白昼抢夺"等专条，规定，"凡强盗窝主，造意，身虽不行，但分赃者，斩"；"共谋者，行而不分赃及分赃而不行，皆斩"。① "凡盗贼曾经刺字者，俱发原籍，收充警迹。该徒者，役满充警。该流者，于流所充警。若有起除原刺字样者，杖六十，补刺。"② 为了增加国家财政收入，强迫百姓给国家服役和缴纳赋税，明代创立了黄册、鱼鳞册制度，还增设了若干严密控制人户的法律。规定"欺隐田粮、脱漏版籍者"除受笞、杖刑外，"其田入官，所隐税粮，依数征纳"。③ 军民、工匠、杂户"冒诈脱免避重就轻者，杖八十"，"诈称各卫军人不当军民差役者，杖一百，发边远充军"。④ "凡客商匿税，及卖酒醋之家不纳课程者，笞五十。物货酒醋一半入官。"⑤ "凡伪造宝钞，不分首从及窝主，若知情行使者，皆斩，财产并入官。"⑥ 私犯盐、茶"拒捕者斩"，"官司差人追征钱粮、勾摄公事及捕获罪人，聚众中途打夺者，杖一百，流三千里。因而伤人者，绞。杀人及聚至十人为首者，斩。下手致命者，绞。为从各减一等"⑦ 等，从而全面加强了对人民的经济控制和人身束缚。鉴于唐、宋几朝内外官勾结，皇权旁落的教训，明律专设了"奸党"律条，规定："凡奸邪进谗言左使杀人者，斩。若犯罪律该处死，其大臣小官巧言谏免暗邀人心者，亦斩。若在朝官员交结朋党，紊乱朝政者，皆斩。妻子为奴，财产入官。若刑部及大小各衙门官吏不执法律，听从上司主使出入人罪者，罪亦如之。"⑧ 明律严禁交结近侍官员，《交结近侍官员》条规定："凡诸衙门官吏，若与内官及

---

① 《大明律》卷18《刑律·贼盗·贼盗窝主》。
② 同上。
③ 《大明律》卷5《户律·田宅·欺隐田粮》。
④ 《大明律》卷4《户律·户役·人户以籍为定》。
⑤ 《大明律》卷8《户律·课程·匿税》。
⑥ 《大明律》卷24《刑律·诈伪·伪造宝钞》。
⑦ 《大明律》卷18《刑律·贼盗·劫囚》。
⑧ 《大明律》卷2《吏律·职制·奸党》。

近侍人员互相交结,漏泄事情,夤缘作弊,而符同奏启者,皆斩。"① 为了防止大臣结党擅权,《大臣专擅选官》条规定:"凡除授官员,须从朝廷选用。若大臣专擅选用者,斩。若大臣亲戚,非奉特旨,不许除授官职。违者,罪亦如之。"②《文官不许封公侯》条规定:"凡文官非有大功勋于国家,而所司朦胧奏请辄封侯爵者,当该官吏及受封之人,皆斩。"③《上言大臣德政》条规定:"凡诸司衙门官吏及士庶人等,若有上言宰执大臣美政才德者,即是奸党。务要鞠问,穷究来历明白,犯人处斩,妻子为奴,财产入官。"④ 这些也都是唐律所没有的。明律以重刑惩治臣民,反映了君主专制统治已发展到了极端。

和唐律相比较,明律在"典礼及风俗教化"方面用刑稍轻,这并不意味着立法者轻视礼教的作用。明代时,经济和社会矛盾都有了新的发展,民众也较前代进一步觉醒。他们反抗专制统治的斗争也日渐高涨,在这种条件下,统治者推行的"教化"政策,收效有限,于是便加强镇压的一手,反映在法律上,就是所谓"贼盗及帑项钱粮方面"用刑的加重。因此,全面地考察明律,从总的方面衡量,明律要比唐律处刑为重。

(二) 明律与元代法律之比较

再把明律与元代法律加以比较。元、明两代,时间相接,元代法律对明律有很大影响。明律是在吸取元代法制纵弛的教训之后制定出来的。明律中的不少条文,是直接吸取或稍加损益元代法律条文而来。要了解明律量刑之轻重及成因,就不能不对元、明两代法律进行比较研究。

元代因事立法,法令极为繁杂。据《元史·刑法志》:元世祖平宋后,"始定新律,颁之有司,号曰《至元新格》。仁宗之时,又以格例条画有关于风纪者,类集成书,号曰《风宪宏纲》。至英宗时,复命宰执儒臣取

---

① 《大明律》卷2《吏律·职制·交结近侍官员》。
② 《大明律》卷2《吏律·职制·大臣专擅选官》。
③ 《大明律》卷2《吏律·职制·文官不许封公侯》。
④ 《大明律》卷2《吏律·职制·上言大臣德政》。

前书而加损益焉，书成，号曰《大元通制》，其书之大纲有三：一曰诏制，二曰条格，三曰断例。凡诏制为条九十有四，条格为条一千一百五十有一，断例为条七百十有七，大概纂集世祖以来法制事例而已。"[1] 这便是元代法典编纂的概况。我们今日所能看到的元代法律，散于《元典章》及《通制条格》之中，集成于《元史·刑法志》，大约有一千余条。这些律条，其中有相当数量的行政法，加之刑法松弛，很多法律只有禁令而不科刑罚。据此，笔者在将明律与元代的千余条法律逐一对照研究的基础上，选择元代法律中有明确量刑标准且用刑最重的那些条款，从三个方面与明律作一比较说明。

1. 贼盗及帑项钱粮方面

明律与元代法律比较，在"十恶"和政治性"贼盗"的用刑上大致相同。但是，对仅仅涉及钱粮、非政治性"盗贼"的"犯罪"，明律大多比元代法律人为加重，有关帑项钱粮方面的其他律条的量刑，多数罪名量刑也是明律比元代法律为重。这一特点的形成，同当时的政治斗争形势和统治集团的政策有着紧密的关系。蒙古贵族凭借军事力量征服了各族人民建立元政权后，出于维护其民族统治的需要，对各族人民，特别是汉族人民实行高压政策，就不能不把保持社会政治秩序的稳定作为重要目标。反映在法律上，就是强化、加重对政治性"盗贼"的处刑。至于"帑项钱粮"诸事，元王朝为了缓和社会矛盾，取得占有大量钱粮、土地的各族地主的支持，采用了招抚和"安业力农"的政策，因而这方面处刑较轻。到了明初，由于元末政治的腐败和多年战争的破坏，各种社会危机都大大加剧，流民问题十分严重，国家在经济上也很困难。明王朝"矫元旧弊"，全面加强了对人民的控制，元时打击政治性"盗贼"的重刑被全部继承了下来，同时又非常注意用超经济的刑罚手段确保国家的财政收入。于是，对这方面用刑的加重就是必然的了。

2. 典礼和风俗教化方面

明律与元代法律的另一个差异之处，是明律沿袭了唐律"以准乎礼为出入"的原则，法律渗透了极为浓厚的儒教精神，关于维护封建伦理道

---

[1] 《元史》卷102《刑法一》，中华书局1983年版，第2603—2604页。

德、等级制度的法律规定十分完善严密。元律则不然。元朝贵族受汉族传统的封建礼教影响相对要少，对封建的伦理道德缺乏坚强的信念。为了统治人数众多的汉人、南人，他们不得不"遵用汉法"，但在处理礼与刑的关系上，往往忽视礼教的作用，这就造成在典礼、风俗教化方面的刑罚较为宽弛（见表4）。

表4　　　　　典礼和风俗教化方面明律与元律之比较

律条内容	明　律	元　律	比较结论
强盗得财	不分首从皆斩	不持杖、不伤人得财徒二年，至四十贯为首者绞，余人各徒三年 持杖、不伤人得财徒三年，至二十贯为首者死，余人流远	明律为重
强盗不得财	杖一百，流三千里	不持杖，不伤人，不得财徒一年半 持杖，不伤人，不得财徒二年半	明律为重
盗窃得财	罪止杖一百流三千里	罪止徒三年	明律为重
收粮违限	违者杖六十，罪止杖一百 违限一年以上，里长、人户杖一百，迁徙；吏典处绞	违者笞四十，再犯杖八十	明律为重
脱漏户口	家长杖八十至一百，附籍当差	论罪，无具体科罚规定	明律为重
常人盗仓库钱粮	八十贯绞	五百贯以上流	明律为重
使用度量衡作弊	杖六十	笞五十七	明律为重
仓库多收税粮斛面	杖六十，重者坐赃论，罪止杖一百	笞五十七	明律为重
贩私盐	杖一百、徒三年，财产入官	杖七十，徒二年，财产一半入官	明律为重
盗贼窝主	共谋者、行者皆斩	减强盗从贼一等	明律为重
贩私茶	杖一百，徒三年，财产入官	杖七十，茶没收	明律为重
贩私盐拒捕	斩	远流	明律为重
逃税	笞五十，物货一半入官	笞五十，所贩货物一半没收入官	相同
致祭祀典神祇失误	杖一百	禁止，无科罚规定	明律为重
奴骂家长	绞	杖一〇七，居役二年	明律为重
良人殴杀人奴婢	伤者减凡人一等，若死及故杀者绞	杖一〇七，征烧埋银五十两	明律为重
殴制使	杖一百，徒三年，折伤者绞	以殴伤法论罪，记过	明律为重

续表

律条内容	明　律	元　律	比较结论
诸司属官殴本管上司	同上	笞四十七，解职记过	明律为重
良男娶奴婢为婚	杖九十，离异	允许，子为"良人"	明律为重
良女与奴为婚	杖八十，离异	允许，女身份为奴婢	明律为重
居父母丧忘哀成婚	杖一百，离之	杖八十七、离之	明律为重
同姓为婚	杖六十，离异	无规定	明律为重
有妻复娶妻	杖九十，离异	笞四十七，离之	明律为重
僧道娶妻	杖八十，僧还俗，离异	杖六十七，僧还俗，离异	明律为重
父母在别居异财	杖一百	论罪（父母许可时允许）	明律为重
典雇妻女	受财将妻妾典雇与人为妻妾者，杖八十；典雇女者，杖六十	禁止典雇妻女。已典雇之女，愿以婚嫁之礼为妻妾者，听	明律为重
和　奸	杖八十；有夫杖九十	杖七十七；有夫者，八十七	明律为重
奴与主妾奸	绞	各杖九十七	明律为重
兄与弟妻奸	绞	杖一百〇七，奸夫远流	明律为重
居父母丧，欺奸父妾	斩	各杖九十七，妇人归宗	明律为重
强　奸	绞	强奸有夫妇人死，无夫妇人杖一百〇七	明律为重
男妇诬执翁奸	斩	男妇虚执翁奸已成，有司已加翁拷掠，男妇招虚者，处死 虚执翁奸未成，已加翁拷掠，男妇招虚者，杖一〇七，发付夫家，从其嫁卖	明律为重
主奸奴妻	无规定	不坐	相同

如此等等，有关典礼"风俗教化"方面的法律，明律普遍比元代法律处刑要重。譬如，关于良民与贱民通婚，明律是严厉禁止的。元代法律却极为宽大，规定良男与婢女结婚，所生子女仍是"良民"；良女自愿与奴结婚，所生子女为奴。良男私通奴婢，所生子女被确认为奴而归还主人；奴私通良女，所生子女仍是"良民"，被认为是异籍当差。这些都是唐宋以来所没有的。又如"有妻复娶妻"，明律严加取缔，违者必须离异。元

代在法律上，对有妻复娶罪也有"笞四十七，离之"①的规定，但从《元典章》和《通制条格》的判决实例看，有时也给予特别的许可。至于"同姓不婚"，明律是绝对禁止的，而元律没什么规定，这当然不是偶然的遗忘，而是朝廷故意放纵而有意识地删掉了。其他如"父母在别居异财"、"弟收继嫂"这些被明律认为"不孝"、"不道"严加处刑的行为，元代的法律却是相对许可的。这些反乎儒家传统观念的规定，在我们今天看来，是一种削弱封建等级束缚、承认个人自由权利的表现，在朱元璋看来，却是失之宽大"而不知检"的法律了。

3. 惩治官吏犯罪方面

明律对官吏犯罪的处刑相对比较严酷，而元代为了赋予蒙古贵族更多的特权，为了笼络汉族地主，在法律上对官吏特别宽大。《元史·刑法志·职制》、《元典章》及《人元通制》的职制门下，大多数条文都是申明应该怎么做，不应该怎么做，用"禁止"、"罪之"字样代替具体刑罚的规定，这种模棱两可的规定，事实上只不过是具文而已。少数有明确刑罚标准的条款，与明律相比在量刑轻重上也很悬殊（见表5）。

表5　　　　　　　　惩治官吏犯罪方面明律与元律之比较

律条内容	明　律	元　律	比较结论
官吏枉法犯赃	八十贯绞	一百贯以上杖一〇七，除名不叙	明律为重
官吏不枉法犯赃	一百二十贯以上，罪止流三千里	三百贯以上杖一〇七，除名不叙	明律为重
漏泄军情大事	斩	论罪，无具体科罚规定	明律为重
监守自盗	四十贯斩	三百贯处死	明律为重
官员恐吓取财	准盗窃论加一等，不得财，杖刑	不得财笞二十七，得财者计赃从重科罪	明律为重
私役部民夫匠	一名笞四十，罪止杖八十	笞二十七、记过	明律为重
遗失印信	杖九十，徒二年半	寻获者罚俸一月，不获者申礼部别铸，原掌印官解职坐罪，非获原印不得给由求叙	明律为重

---

① 《元史》卷103《刑法二》，中华书局1983年版，第2643页。

续表

律条内容	明　律	元　律	比较结论
职官亲死不奔丧	杖一百，罢职不叙	杖六十七，降职二等，杂职叙	明律为重
服舍违式	有官者杖一百，罢职不叙	解现任，期年后降一等叙	明律为重
监临官与所监临囚人妻奸	杖一百，徒三年	杖九十七，除名	明律为重
流外官越受民词讼	杖八十	首领官笞二十七、记过	明律为重
告反逆不理	杖一百，徒三年	杖六十七，解见任，殿三年，杂职叙	明律为重
滥权故禁平人	杖八十，致死者绞	正官笞十七，记过 致死者，笞三十七，期年后叙	明律为重
故纵徒、流人逃	故纵徒、流、迁徙囚人，主守、押解人、提调官及长押官，与囚同罪	杖六十七，解现职，降先职一品叙用，记过	明律为重
凌虐罪囚	狱卒非理在禁，凌虐、殴伤罪囚，依凡斗伤论，致死者绞。司狱官典及提牢官知而不举者，与同罪；至死者，减一等	狱卒殴死罪囚，为首者杖一〇七，为从者减一等	明律为重
检核灾荒不实	杖一百，罢职役不叙。受财者，计赃以枉法从重论	五百顷以上笞三十七	明律为重
失时不修堤防	提调官吏各笞五十，造成损失者杖六十，致伤人命者杖八十	本郡官吏罚俸一月，县官各笞二十七，典官各一十七，并记过名	明律为重

运用类似的方法，将明律与现存的千余条元代法律的相应或相近的有关规定进行比较，便可看到，除了少数条款（如民间私藏兵器等）元律重于明律和有关政治性"贼盗"、"杀人"的条款元、明律相同外，元代法律的绝大多数条款都比明律量刑要轻。一些关于礼教、职制方面的刑法，则轻到了甚至是违法不罚的程度。《元史·刑法志》说："元之刑法，其得在仁厚，其失在乎缓弛而不知检也。"又说："此其君臣之间，唯知轻典之为尚。"[①] 便是指这种情况而言。

这里，我们关于明律在量刑方面总体上说较元代法律加重的结论，

---

① 《元史》卷102《刑法一》，中华书局1983年版，第2604页。

主要是从法律条文比较的角度得出的。至于法律的实行，情况则要复杂得多。元朝是刚刚从奴隶制转为封建制的王朝，刑法的运用上极为"纵弛"。整个元代，没有一部像《唐律》或《大明律》这样的"常法"，只是"取所行一时之例为条格而已"，"天下所奉以行者，有例可缓，无法可守，官吏因得以并缘为欺"，①"任意不任法"。这样，尽管元代对官吏犯罪的处理十分宽大，但对各族人民，特别是汉人、南人的压迫十分残酷。以严刑峻法控制臣民，是中国历史上各朝的共同特征，元代也是一样。明代在这方面也并不比元代好些。应该看到，愈是到古代社会后期，对臣民反抗朝廷行为的处刑有愈来愈加重的趋势，远的不说，以唐、宋、元、明四代而论，在严刑治民方面，宋重于唐，元重于唐、宋，明重于以前各代。所以说，元代法律对人民残酷与明律在立法上重于元代法律的结论并不矛盾。

至于宋代法律，也不及明律用刑之重。《明史·刑法志》说：大抵明律"宽厚不如宋"。这些都是切合实际的，用不着特别考证。

有比较才有鉴别。对比考察的结果表明，从总体上看，《大明律》比唐、宋、元法律量刑有所加重。

四　律典施行考

明初，在朱元璋对臣民实行"猛烈之治"和大搞法外用刑的情况下，《大明律》的实施状况如何呢？有人认为，由于朱元璋大搞法外用刑，明初没有什么法制可言，当时的律典也不过是"一纸空文"。② 这种观点是值得商榷的。因为它不但与史籍中记载的当时依律断案的大量事例相矛盾，也无法对洪武年间不断完善明律的做法作出科学的解释。

应该承认，朱元璋于洪武年间颁行的种种苛法峻令，确实对明律的实施造成了很大的干扰和冲击。他人肆诛戮官民，也极大地影响了明初法律

---

① （明）陈帮瞻：《元史纪事本末》卷11《律令之定》，中华书局1976年版，第84页。
② 从明、清人的一些野史笔记，到近人所写《明代特务政治》、《明太祖与中国专制制度》等，都持这种看法。在近几年的有关法学论文中，也能看到这一观点。

机制的正常运转。但也要看到，当时的律外用刑和依律行法都是同一定的历史条件相联系，是在特定的条件和范围内实行的：（1）从所颁布的苛法峻令的内容和涉及的罪名看，多是针对为明律所不载的新的犯罪行为而设置的，或者是为了突出打击重点，用以补充、明确甚至加重明律有关条款的处刑规定。洪武年间颁行的四编《大诰》、《律诰》条例、《充军》条例和诸多榜文禁例，均属此种性质。这些苛法峻令的推行，其产生的"代律"、"破律"作用是局部的。（2）从朱元璋法外用刑的情况看，一方面，他从巩固朱明政权的需要出发，任情用法，刑罚之残酷、杀人之多是历史上罕见的；另一方面，他又要求各级官吏严格依律执法，规定"凡特旨临时处决罪名，不著为律令者，大小衙门不得引比为例。若辄引比律，致令罪有轻重者，以故入人罪论"。[①] 在"或有毫发出法度，悖礼义，朝按而暮罪之"[②] 的情势下，执法官律外用刑的问题相对较少。（3）从朱元璋大搞律外用刑的时间看，大多发生在镇压较大规模的人民反抗或统治集团内部斗争激化的"非常时期"。如洪武十五年、十八年、二十三年、二十六年，朱元璋屡兴大狱诛戮臣民，在洪武十八年前后的几年中，又倡导以《大诰》酷刑惩治臣民，在这些时间内，律典的实施受到巨大破坏。然从洪武元年到十三年以及洪武二十七年到三十一年总共十八年中，统治集团内部法外用刑的情况较少，也就是说，在洪武年间的大多数时间中，在一般正常的情况下，虽然朱明政权很重视榜文禁例的作用，但还是相对实施了明律的。

在一般正常的情况下，洪武律是如何实行的呢？尽管当时的立法频繁多变，但是，如果我们对有关洪武法制的史料、案例进行综合整理、分析，便能从纷乱变幻的法律实施状况中，看到一个最主要的基本的史实，这就是：凡是涉及统治集团根本利害安危的那些重要条款，特别是"十恶"和真犯死罪，明初基本上都比较坚决地实行了。

"十恶"（即谋反、谋大逆、谋叛、恶逆、不道、大不敬、不孝、不睦、不义、内乱十种大罪）和真犯死罪，是洪武律令中量刑最重的一些条

[①] 《大明令》，见《中国珍稀法律典籍集成》乙编第1册，第44页。
[②] （明）方孝孺：《逊志斋集》卷14，北京大学图书馆藏明正德十五年顾璘刻本。

款。洪武间的几次颁律，均仿照唐律，把"十恶"列入名例律，置于篇首，作为必须严惩的重罪，同时，各律典中也均有若干属于真犯死罪的罪名。洪武二十六年，朱元璋在颁布的"真犯死罪"罪名中，把洪武律中的真犯死罪概括为41种：

（1）十恶；（2）变乱成法；（3）朦胧奏启；（4）弃毁制书印信；（5）漏泄军情大事；（6）强占良家妻女；（7）背夫在逃改嫁；（8）收父祖妾及伯叔母嫂弟妇；（9）拒捕；（10）失误军机；（11）杀伤来降人及逼勒逃窜；（12）激变良民，失陷城池；（13）造妖书妖言；（14）强盗；（15）盘诘奸细；（16）盗制书印信；（17）诬执翁奸；（18）劫囚；（19）白昼抢夺伤人；（20）发冢见尸；（21）略人略卖人因而伤人；（22）谋故斗殴等项杀人；（23）威逼期亲尊长致死；（24）奴婢殴骂家长；（25）妻妾殴夫笃疾；（26）强奸；（27）奸家长妻女；（28）窃盗三犯；（29）诈伪；（30）诬告故入人死罪已决；（31）告谋逆不受理，以致攻陷城池；（32）罪囚反禁在逃；（33）故禁故勘平人致死；（34）放火故烧人房屋盗财物者；（35）邀取实封公文；（36）从军征讨私逃再犯；（37）秋粮违限一年以上不足；（38）三犯逃军；（39）师巫假降邪神及妄称弥勒佛会，（40）军人私出外境掳掠伤人，（41）死囚之子孙为父母等自杀。①

检洪武十八九年行用的明律、二十二年律、三十年律，可知上述41种真犯死罪罪名，均系从明律条文中引来。又据前文《定律三十年始末考》考证，洪武九年律除少"朝参牙牌律"条外，内容与洪武十八九年行用的明律基本相同，由此也可推知，起码从洪武九年（1376年）始，明律条文中就已包含了上述的真犯死罪的全部罪名。至于洪武元年律、七年律的内容，因典籍失传，尚难详考。不讨，考察《大明令》和洪武初处理的案例及其他记载，则可断定真犯死罪的一些主要罪名在当时颁行的律

---

① 《皇明制书》卷5《诸司职掌·刑部》，又见万历《明会典》卷173《罪名一》。

典中就有了。如朱元璋于洪武元年（1368年）八月发布的《初元大赦天下诏》就规定，"谋反、大逆、子孙谋杀祖父母父母、妻妾杀夫、奴婢杀本主、故谋杀人、强盗、蛊毒魇魅"如律"不赦"。[①]又据《明史·刑法志》：洪武七年律"篇目一准于唐"，而上述真犯死罪罪名大多在唐律中已有。所有这些都可说明，洪武年间颁行的几个典律，部分地或全部地包括了真犯死罪的罪名。

有什么依据可以断定有关"十恶"和真犯死罪的律条在洪武年间得到了比较坚决的实行呢？

首先，在洪武年间榜文禁例、诏令多变的情势下，"十恶"和真犯死罪的罪名和量刑保持了相对的稳定性、连续性，不仅每次修律极少变通，就是当时颁行的其他法律也基本上是沿袭而未轻易改动。如果我们把现存的洪武间颁行的三个律典和洪武二十六年、三十年颁布的三个条例及其他诏令加以比较，就可看出，除4条外，这些条款一直没有变更过。被变动的4条中，属于修律中改动的1条，即对"谋反大逆"罪的株连范围及连株者的处刑，二十二年律较十八九年行用的明律有所减轻，而三十年律较二十二年律有所加重。属于"以条例修正律的刑罚"者3条，而且均是洪武三十年初进行的。即洪武三十年初所定条例，改"变乱成法"、"秋粮违限一年以上"两条死罪为"工役终身"；洪武三十年五月《钦定律诰》则又将这两条重新改为"真犯死罪"，但又改"发冢见尸"一条为"杂犯死罪"。可见，在洪武期间，这些条款曾一直被统治者视为是不变的"成法"。

其次，洪武年间发布的"赦宥"、"矜恤"诏令，也可以从另一个侧面证明，凡属"十恶"和真犯死罪的重刑条款，一直得到了较坚决的实行。朱元璋是一个很注意统治术的皇帝，在推行重典过程中，他采取了宽猛并济的策略。在刑罚上，采取了生命刑与财产刑相结合的办法，设立了赎罪法规。据《明会要》："明律颇严，凡朝廷有所矜恤，限于律而不得伸者，一寓之于赎例，所以济法之太重也。又国家得时藉其入以佐

---

① （明）傅凤翔辑：《皇明诏令》卷1《初元大赦天下诏》，收入《中国珍稀法律典籍集成》乙编第3册，科学出版社1994年版，第13页。又见《明太祖实录》卷34。

缓急，而实边、足储、赈荒、官府颁给诸大费，往往取给于赃赎二者。"① 很清楚，明王朝设立赎刑的目的，一是以力役、钱财赎罪，解决国家边防、经济所需，二是以赎之"宽"，济刑律之"猛"。洪武时法律规定，罪人得以力役赎罪，徒流按年限，笞杖计日月（也有以钱、俸赎罪之规定，洪武时多不行），并把那些非十恶、强盗、对国家利益影响不大的一类死罪定为杂犯死罪，拘役终身。但是，对于"十恶"和真犯死罪，却是不允许赎罪的。这一类内容的诏令，洪武年间曾颁布过多次：

"洪武十四年五月，刑部奏决重刑，帝谕之曰：'……自今凡十恶非常赦所原者，则云重刑。其余杂犯死罪许听收赎者，毋概言也。'"②

洪武"十四年九月辛丑，帝敕刑部尚书胡祯等曰：'……今天下已安。有司不能宣明教化，使民无犯；及有小过，加以苛刑，朕甚闵焉。自今惟十恶真犯者决之如律，其余杂犯死罪，皆减死论。'"③

洪武十六年（1383年）正月，帝"命刑部：凡十恶真犯死罪者，处决如律；余徒流笞杖者，令代农民力役，以赎其罪……杂犯死罪者罚戍边"④。

洪武二十三年（1390年），"十二月，己未朔，谕刑部尚书杨靖：犯十恶并杀人论死，余皆输粟北边自赎，力不及者，或二人三人并输，令还家备资以行"⑤。

洪武三十年（1397年）六月，明太祖谕刑部官曰："实犯死罪以下，悉如律；其杂犯死者准赎。"⑥

由此可见，坚决打击"十恶"和真犯死罪，是洪武时的一贯政策。当然，在个别时候也出现过例外。比如，洪武"十五年正月乙丑，（明太祖）谕刑官曰：'方春万物发生，而无知之民乃有犯法至死者。虽有决不

---

① （清）龙文彬：《明会要》卷67《刑四》，中华书局1956年版，第1282页。
② （明）陈仁锡：《皇明世法录》卷5《恤刑》，台湾学生书局1965年影印本，第128页。
③ （清）龙文彬：《明会要》卷64《刑一》，中华书局1956年版，第1235—1236页。
④ 《明太祖实录》卷151。
⑤ （明）谈迁：《国榷》卷9，中华书局1988年版，第714页。
⑥ 《明太祖实录》卷253。

待时之律，然于朕心有所不忍。其犯大辟者，减死论。'"① 可谓宽大为怀，可是，不久就纠正了。据《续通典》云，十五年（1382年）八月，礼部议："自今犯十恶、奸盗、诈伪，干犯名义、有伤风俗及犯罪止徒者，书于亭，以示惩戒。"第二年正月，明太祖又重申了"十恶"和真犯死罪"处决如律"、不准赎罪的旨意，真犯死罪不准赎罪的法律基本上未曾中断实行。

"十恶"和真犯死罪危及朱明政权的根本利益和统治秩序，因而遇大赦亦不宥。在古代社会中，为了显示君主的生杀权威，使万民知畏而感恩戴服，统治者根据政治需要，实行"大赦"。明初以重典治世，大赦较前代大大减少。但是，大赦对"十恶"和真犯死罪，即"笞罪以上，俱各不原"，而"其余讹误过失，因人致罪者，悉宥之"。② 洪武年间，先后"大赦天下"五次：第一次为洪武元年（1368年）八月，第二次为七年（1374年）十一月，第三次为十三年（1380年）五月，第四次为十四年（1381年）三月，第五次为十七年（1384年）三月，各次大赦都坚持了"十恶"与真犯死罪常赦不原的原则。

再次，考洪武年间的大量案例，也可以证实，朱元璋对"十恶"和真犯死罪的有关法律规定是基本实行了的。从《明实录》、《大明会典》、《明通鉴》、《国榷》、《明朝小史》、《明史》等十多种史籍中收集到朱元璋执法案例共227件，其中属于真犯死罪条目的案件共101件，具体是：

谋叛、谋大逆罪72件；

大不敬罪4件；

造妖书妖言、师巫假降邪神及妄称弥勒佛罪6件；

杀人罪2件；

朦胧奏启罪2件；

按兵不救、失误军机罪3件；

纵强盗罪2件；

诈伪、诬告罪8件；

---

① （清）孙承泽：《春明梦余录》卷44，北京古籍出版社1992年版，第903页。
② （明）朱国祯：《皇明大训记》，北京大学图书馆藏明崇祯五年刻本。

军人私出外境掳掠伤人罪 1 件；

从军征讨私逃再犯罪 1 件。

对这些案件，朱元璋均是依真犯死罪律条的规定处刑的。同时，在明初官修文书中，我们收集到洪武年间减免刑案例 107 件。其中，有关平民的案件共 31 件，基本上属于误失和轻微犯罪，属于官吏的案件共 76 个，案情较为复杂（见表 6、表 7）。

表 6　　　　　　　　朱元璋减免罪囚案情分析（一）

罪名 项目	结党	杀人	欺官隐粮	误官禁卖物	私部役民	因无急路事引	受赃	受贿	贩私盐	误杀人	误失	冤案	越诉	总计
总计	1	2	1	2	1	2	6	2	2	2	7	7	1	36
官吏犯罪	1	2	1		1		6	2	1	1		3		18
平民犯罪				2		2			1	1	7	4	1	18

表 7　　　　　　　　朱元璋减免罪囚案情分析（二）

罪名 项目	征不粮到误一期年	轻微犯罪	因人连坐	祭祀不敬	应召违期	误出入人罪	匿税	奏事有出入	毁案牍	误盗官物	诬告不及死人	其他	不详	总计
总计	2	8	1	1	1	1	1	3	1	2	2	4	44	71
官吏犯罪		6	1	1	1	1		3	1		2	4	38	58
平民犯罪	2	2					1			2			6	13

在以上案件中，除了两个案件明显属于真犯死罪，朱元璋以"议功"免除其死罪外，其他减免者均不属"十恶"和真犯死罪之列。可见，在正常情况下，洪武时对触犯"十恶"和真犯死罪律条者，基本上是依法裁决的。

应该特别指出，明王朝把"贼盗"类犯罪视为最大的威胁，对有关"贼盗"的律条执行得最彻底，处刑也最重，据《明会典》，洪武二年（1369 年）制定捕盗赏银条例，规定："凡常人捕获强盗一名，盗窃二名，各赏银二十两；强盗五名以上，盗窃十名以上，各与一官。"明律把"贼

"盗"列为重点打击对象，犯者严惩不贷。明太祖时，对"贼盗"从不宽容，不用招抚一手，所有"作乱"反抗的所谓"强盗"，不管是"预谋"，还是已行，不分罪行轻重、原因如何，只要被朝廷"捕获"，就处以死刑。有关这类所谓依律处死的案件很多，笔者收集到的约60余件。现摘其主要者于后：①

洪武元年（1368年）八月，温州南溪人董孟怡聚众起事，先谕散其党，执孟怡等3人杀之。

洪武二年（1369年）十一月间，"真州王昭明等十八人谋为不轨，捕问，皆已伏辜，命戮明"。

洪武三年（1370年）八月间，海南陈志仁、林公望"谋为不轨"，捕逮之，斩林公望、陈志仁等。

洪武五年（1372年）四月间，广东亡卒王福可"聚逋逃为盗"，捕获后，被斩首者15人。

洪武五年九月间，南海有名"黑鬼"者聚众起事，被擒捕370余人，尽杀之。

洪武六年（1373年）二月间，湖广兴山县"盗"仵某自称参政，立"伪大王"刘保保。捕之，斩刘保保、仵某等。

洪武六年四月间，湖广罗田县王佛儿因称弥勒佛聚众，被斩之。

洪武八年（1375年）九月间，陕西亡卒常德林"相聚为盗"，捕斩之。

洪武十年（1377年）正月间，广西融州盗潘宥"作乱"，捕斩之。

洪武十二年（1379年）三月间，广东潮州海阳县民朱得原"偕号惑众"，被诛。

洪武十四年（1381年）八月间，四川广安州山民因称弥勒佛聚众，捕斩之。

洪武十四年十一月间，潮州府程乡县"盗窃发"，被诛者40余人。

洪武十五年（1382年）正月间，潮州府海阳县曹名用聚300人反抗朝廷，300人"悉诛之"。

---

① "贼盗"案史料从《明实录》、《国榷》、《明通鉴》等书收集而来。

洪武十七年（1384年）五月间，广西北流县民李从周以术聚众，谋起事，被械至京师诛之。

洪武十九年（1386年）五月间，福建僧人彭玉琳与新淦县民杨文等70余人"谋乱"，械至京师，70余人皆诛之。

洪武十九年五月间，程乡县民钟文远"谋乱"，捕至京，诛钟。

洪武二十年（1387年）六月间，惠州博罗县山民起事，捕为首者应仲叶等11人，械至京师诛之。

洪武二十三年（1390年）二月间，广东惠州龙川县民苏文山等"作乱"，械文山及妻至京，磔文山丁市。

洪武二十三年二月间，河南乌撒卫军士马四儿纠合朱黄头等6人，"妄言""劫掠"，将黄头等械至京斩之。

洪武二十四年（1391年）五月间，袁州分宜县民"以左道惑众"。捕至京，诛之。

洪武二十四年九月间，浙江宁波府有僧称白莲教宗聚众，诛之。

洪武二十六年（1393年）正月间，靖州会同县山民王汉"率众为乱"，械500余人至京，斩其首，余发戍东胜州。

洪武二十六年十一月间，东莞民何迪因侄儿犯罪，畏株连而"谋反"。械至京，诛之。

洪武二十八年（1395年）四月间，道州邓华仔率众"浦赋"起事，械至京，被诛者29人。

洪武三十年（1397年）九月间，陕西汉中府沔县高福兴等"作乱"，捕获其党汪伯工、陈妙贵、刘普成等，"悉诛之"。

洪武间对"贼盗"犯罪严惩不贷的事实，与统治集团内部乱法坏法的事实形成了鲜明对照，它说明朱元璋在立法和执法过程中，继承和贯彻了"王者之政，莫急于盗、贼"这一传统的治国指导思想。

"十恶"和真犯死罪条款之所以在明初能够得到比较坚决的推行，主要是因为这些条款的执行关系到统治者的根本利益，也与当时这些条款很少变更，保持法令的稳定性、连续性有很大关系。然而，除"十恶"和真犯死罪外，洪武间由于屡颁例、令，相当多的法律规定处在变动之中。那么，这些处于变动中的法令，它们的实施情况如何呢？据现有的史料显示，在律、例、令三者并行的情况下，作为"常经"的有关律文往往难以正常执行，常常被例、令所代替，而例、令作为"治乱世"的一时"权宜"之法，其量刑又往往较律文为重。

例、令代律而行的这个特点，在经济和军事方面的法规上表现最为明显。以盐、茶法为例。盐、茶法本系元代法律中的重刑条款，明初沿袭用之。洪武元年（1368年）所颁律中已有盐、茶法规定，之后不久又定盐、茶法。《明史》云：洪武三年（1370年）定开中盐例。规定："卖盐有定所，刊诸铜版，犯私盐者罪至死，伪造引者如之。盐与引离，即以私盐论。"① 又规定："凡犯私茶者，与私盐同罪。"②《明会典》载：洪武初有关盐、茶法规定："各场窑丁等除正额盐外，将煎到余盐夹带出场及私煎货卖者，绞。百夫长知情故纵或通同货卖者，同罪。两邻知私煎盐货不首，杖一百，充军。凡守御官巡检司巡获私盐，俱发有司归问，犯人绞，有军器者斩。"③ 犯私茶与私盐一体治罪。盐法、茶法则明确规定犯私盐、茶者处死，这都比洪武《大明律》犯私盐、茶"徒三年"的处刑为重。

洪武年间，盐、茶法不仅在量刑上例重于律，而且在实行时也基本上是依例不依律的。如《明实录》载：洪武六年（1373年）正月，"江西民坐私盐，法当死"便是一例。④ 洪武二十四年（1391年）九月间，嘉兴府通判庞安获私卖盐者，户部"依例而行"，庞安上书力辩，说"律者万世之常法，例者一时之旨意"，户部"依例而行"是"坏万世之法"。虽然此案最后终于"诏论从律"，也反映了在实行盐、茶法上当时重例不重律的现实。洪武"三十年六月，驸马都尉欧阳伦赐死。时禁私茶，伦檄陕西布政司起车五十辆，贩茶河州。伦家人周保纵暴，驱迫有司，为兰县河桥巡检司吏所发。上怒，并布政司官论死，没其茶"⑤。这一处刑，显然也是依例未依律的。

---

① 《明史》卷80《食货四》，中华书局1974年版，第1935—1936页。
② 同上书，第1947页。
③ （明）申时行等重修：《明会典》卷34《户部二十一·课程三·盐法三》，中华书局1989年影印本，第239页。
④ 《明太祖实录》卷78。
⑤ （明）谈迁：《国榷》卷10，中华书局1988年版，第776—777页。

再以逃军初犯罪为例。洪武年间规定逃军再犯、三犯为"真犯死罪"。就是对逃军初犯，处刑也很严酷。《明史·兵志》云："起吴元年十月，至洪武三年十一月，军士逃亡者四万七千九百余。于是下追捕之令，立法惩戒。"① 十六年（1383年）和二十一年（1388年），曾进行过两次大规模清军，大肆逮捕缺伍士卒。为了防止军士逃亡，明王朝屡颁"逃军"诏令，致使法令十分混乱。考洪武初律文，只有"从军征讨私逃再犯"、"三犯逃军"罪处死，而逃军初犯并不处死。② 但后来发布的有关诏令，大多把"逃军初犯"加重为死罪。比如，洪武二十二年（1389年）令："各处逃军隐藏转送者全家充军，官吏纵容者处死。"③ 三十年初条例曾定逃军为工役终身，然同年五月所颁《律诰》条例则改为："军官军人从军征讨，私逃还家，及逃往他所者，初犯即坐"，以死刑论。④ 三十年（1397年）《大明律》规定："逃军初犯杖一百，乃发出征。"洪武年间"逃军初犯"的处刑变化如此频繁，这是与当时军士逃亡及政府反逃亡的斗争形势有密切联系的。就量刑的轻重而论，当时的例、令均要比三十年《大明律》苛刻，比洪武初律文处刑要重。从史实看，在当时例、令多变的情况下，实际上只能是例、令代律而行。

类似私犯盐茶、逃军初犯这样律、例、令前后矛盾多变的条目，还有脱漏户籍、诡寄田粮、乡饮酒礼、私自下海等不少条款。在司法实践中，有关例、令的法律效力也胜于律文，在社会生活中也程度不同地发挥了作用。这种现象的出现，是当时所颁的一些律文不能适应国家的统治需要而度时立法的结果。

综上所述，可以看出，洪武时期明律的实行情况是复杂而有规律可循的。概括来说，有以下三点：（1）从时局变化方面分析，在统治集团内部矛盾白热化和发生较大规模农民起义的"非常时期"，统治者是只看

---

① 《明史》卷92《兵四》，中华书局1974年版，第2255页。
② 见本文所引真犯死罪41条。
③ （清）雷梦麟原编，（清）蒋廷锡等校勘重编：《古今图书集成·详刑典》卷28，上海中华书局1934年影印本。
④ 见（明）张楷撰《律条疏议》书末附《律诰该载》，明嘉靖二十三年黄巖符验重刊本，收入《中国律学文献》第1辑第2册，第709页，又见《兴化府志·刑纪》。

重屠刀而不执行什么法律的。在社会秩序相对稳定、正常的局势下,法律则不同程度地得到了实施。(2)从法律的连续性、稳定性上分析,那些关系到王朝安危、律文较长时间保持相对连续性不变的条款,如"十恶"和真犯死罪,实行得较好。而那些变动频繁,律、例、令内容不一致的有关法律规定,大多是以例、令代律而行。(3)从法律对不同对象惩处力度的差别上分析,对于打击"奸民"的法律规定,统治者总是上下一致竭力推行的;反过来,要在统治集团内部严格地依法办事,就很困难了。当然,在明初统治集团内部的执法问题上,也是不尽相同的,在朱元璋以严刑整饬吏治的历史背景下,地方官吏的执法比朝廷要好。

(原载杨一凡主编《中国法制史考证》甲编第6册,中国社会科学出版社2002年版)

《大诰》考

明太祖朱元璋于洪武十八年（1385年）至二十年（1387年）间，先后发布了名为《御制大诰》的文告三编，即《御制大诰》（本书简称《初编》）、《御制大诰续编》（本书简称《续编》）、《御制大诰三编》（本书简称《三编》）。洪武二十年十二月，他又为诸管军衙门颁行了《大诰武臣》（本书简称《武臣》）。《武臣》与前三编诰文，在颁行之初，实为两书。由于二者均系朱元璋亲自编纂或据本人口述记录而成，都以"大诰"冠其书名，颁行的宗旨和内容贯串的基本精神又都是对臣民"明刑弼教"、"惩戒奸顽"，且前三编颁行之初，是分别以单刻本刊印，故在明代时，就有把《武臣》同前三编放在一起的刻本行世。近人所谓《大诰》者，有的是专指前三编，有的则把四编诰文视为一体。本书为了比较全面地阐明《大诰》的内容、特色、历史作用及朱元璋的政治法律思想，充分揭示明初"重典之治"的本来面目，把《武臣》和前三编融贯起来加以考察。书中有关《大诰》的评述，也当指包括《武臣》在内的四编诰文而言。

四编《大诰》是研究明初法制和当时社会的政治、经济、军事情况的珍贵文献。此书所述，在有关明代的官修史籍中很难找到。《明太祖实录》为尊者讳，对《大诰》的具体内容极少涉及。清初修《明史》时，《刑法志》的编者未见及《大诰》原文，故对它的条目总数的记叙相去甚远。不仅如此，即使在记述明一代法制的诸野史笔记中，也未有像《大诰》所载详细者。加之它是由明太祖直叙当世之事，儒臣们很少润色，故史料的可靠性较高。所以，研究明初社会及其法制，《大诰》是不可缺少的重要史料。

关于《大诰》的研究，在我国已有一百年左右的历史。自清末到20

世纪 20 年代,它就引起了一些著名学者和法学家的关注,并写有五篇文章,即沈家本先生写了《明大诰峻令考》、《大诰跋》和《书明大诰后》①三文,王国维先生写了《书影明内府刻本大诰后》,②邓嗣禹先生写了《明大诰与明初之政治社会》。③在此之后 40 余年中,许多学者在其著述中也曾涉及《大诰》,然未见有专门性的研究文章问世。直到 20 世纪 80 年代初,学术界对它的研究又重新活跃起来,已先后有几篇论文发表,提出了许多好的见解。但是,总的来说,这些研究还是局限于某一个侧面,对这一重要法律文献所反映和涉及的一系列有关明初法制的重大问题,尚未作系统的探讨,特别是对有关《大诰》的许多疑义,仍未得到回答。为此,有必要对史籍记载的不确之处和在《大诰》研究中的存疑作些考证,意在抛砖引玉,以期推进《大诰》研究的进一步深入开展。

一 明《大诰》的颁行时间和条目内容考

《明太祖实录》和《明史·刑法志》等明代史籍记述《大诰》的最大失误之处,是对它的颁行时间、条目和内容的张冠李戴。后人著述中论及《大诰》者,又多以《实录》、《明史》为据,故这是研究《大诰》首先必须澄清的问题。

(一)《实录》在记述《大诰》颁行时间上的张冠李戴

关于四编《大诰》的颁行时间,《明太祖实录》云:"洪武十八年冬十月己丑朔,《御制大诰》成,颁示天下";④"洪武十九年三月辛未,《御制大诰续编》成,颁示天下";⑤"洪武十九年十二月癸巳,《御制大诰三

---

① (清)沈家本:《历代刑法考》,中华书局 1985 年版,第 1899—1947、2260—2261、2281—2282 页。
② 《王国维遗书》卷 3,上海古籍书店 1983 年影印本。
③ 《燕京学报》1926 年第 20 期。
④ 《明太祖实录》卷 176。
⑤ 《明太祖实录》卷 177。

编》成，颁示天下"；①"洪武二十年十二月，是月，《大诰武臣》……颁之中外"；② 明代其他史籍记载的四编《大诰》颁行时期，均同《实录》。然若细心阅读诰文或加以考证，可知除《武臣》外，诸史所记《大诰》前三编的颁行时间均为不确。《实录》所记，系以各编书首序为准，但这实际上是朱元璋作序的日期，并非颁行时间。

中国台湾学者黄彰健先生在《明洪武永乐朝的榜文峻令》一文中，③曾经列举例证，指出史书对明《大诰》颁行时间的记载是错误的。可惜，这一见解并未引起我国大陆一些法律史学者的注意。这里，我想引用更多一些材料，对《大诰》前三编的颁行时间加以考证。

1. 《初编》的颁行时间

此编书尾所附左赞善刘三吾写的《大诰后序》，时间是十月十五日，较明太祖自序日期十月一日已晚半月。该编《户部行移不实》条，尚记有洪武十八年十月十八日明太祖稽考户部"沉滞公文"事。④ 又据《御制大诰三编序》："朕才疏德薄，控驭之道竭矣。遂于洪武十八年冬十一月，首出《大诰》前编，以示臣民。"故《初编》颁行时间应是洪武十八年十一月。

2. 《续编》的颁行时间

此编书首有洪武十九年（1386年）三月十五日明太祖自序，诸史以此为颁行时间。但是，《诰文》中辑录的案例，起码有6件是在这之后发生的。如《追问下蕃》条云：前军断事等官吏施德庄、杨耀、乔方等，于洪武十九年四月初四日，问泉州卫指挥张杰等私下蕃事，身受赃私。《纵囚越关》条云："洪武十九年四月初十日，苏州府管下七县地方，捉拿黥面文身、髡发在逃囚徒一十三名，无黥刺一十九名，逃吏二十五名，逃军六名。"这几个条目记载的案例，均为洪武十九年四月事。又据《续编》后附明太祖洪武十九年冬十一月二十五日谕，其中有"条成二《诰》，颁示中外……《诰》行既久"的话，

---

① 《明太祖实录》卷179。
② 《明太祖实录》卷187。
③ 黄彰健：《明洪武永乐朝的榜文峻令》，《历史语言研究所集刊》第46本，1975年10月。
④ 《初编·户部行移不实第六十七》。

可推断此编颁行的时间在该年十一月之前的几月中，似应以洪武十九年年中为妥。

3.《三编》的颁行时间

此编书首有洪武十九年冬十二月望日（十五日）明太祖自序。书末附刘三吾所作《大诰三编后序》的时间为洪武十九年十二月二十五日，皆较《实录》记述的洪武十九年十二月癸巳（十一日）要晚。又据该编《排陷大臣》条：洪武二十年正月二十九日，北平道监察御史何哲、任辉、齐肃唤使宋绍三具状诬陷大臣，正月三十日，明太祖亲自审向告人宋绍三。之后，又命锦衣卫着要御史何哲等，"朕为之亲问，略见情伪"，后将何哲、任辉等凌迟处死。鉴于何哲等被凌迟处死时间不会在二十年二月之前，《三编》详记此案，表明它的颁行时间最早也应是二十年二月。

（二）《明史·刑法志》"其目十条"说之误

《明史·刑法志》云：

> 《大诰》者，太祖患民狃元习，徇私灭公，戾日滋。十八年采辑官民过犯，条为《大诰》。其目十条：曰揽纳户，曰安保过付，曰诡寄田粮，曰民人经该不解物，曰洒派抛荒田土，曰倚法为奸，曰空引偷军，曰黥刺在逃，曰官吏长解卖囚，曰寰中士夫不为君用。

《刑法志》将此"十条"说成明太祖于洪武十八年所编，已大为错谬。检四编《大诰》，只有《揽纳户》、《安保过付》、《诡寄田粮》3条出于十八年颁行的《初编》，而《民人经该不解物》、《洒派抛荒田土》两条出自十九年所颁《续编》；《倚法为奸》、《空引偷军》、《黥刺在逃》、《官吏长解卖囚》、《寰中士夫不为君用》5条出自二十年所颁《三编》。

那么，能否把这"十条"概括为四编《大诰》的基本内容呢？无论是从全书的总条目讲，还是从内容的分类看，都得不出这样的结论。

四编《大诰》总计236个条目,其中《初编》74条,《续编》87条,《三编》43条,《武臣》32条。就全书《诰》文内容的整体结构而言,它是由案例、峻令和明太祖的"训诫"三个方面的内容组成的。即:

一是撮洪武年间,特别是洪武十八年至二十年间的"官民过犯"案件之要,用以"警戒愚顽"。在明《大诰》的236个条目中,记有具体案例者为156个,其中《初编》38个,《续编》49个,《三编》37个,《武臣》32个。无案例的条目为80个。

二是设置了一些新的重刑法令,用以严密法网。据统计,这类峻令有60多种。其编纂形式,有些是设立专条,表述得十分明确;有些则夹杂于冗琐的《诰》文之中。

三是在许多条目中,间杂明太祖对臣民的"训诫",其主要内容是向人们讲述"趋吉避凶之道",宣传他的"明刑弼教"和"重典治世"的思想和法律主张。

就每个条目而论,上述三个方面的内容,有些条目是三者齐备,有些只有其中两项。许多条目中所述事理或峻令,语言前后重复,然具体案例各不相同。

如果以罪名或案件性质分类,四编《大诰》中所列罪名,涉及当时法律中的受赃、职制、公式、户役、田宅、婚姻、仓库、课程、钱债、市廛、祭祀、仪制、军政、关津、厩牧、邮驿、贼盗、人命、斗殴、诉讼、诈伪、犯奸、杂犯、捕亡、断狱、营造等各个方面。至于具体罪名,更是五花八门,当时社会生活中的各种犯罪现象,大多涉及了。

若从朱元璋刑用重典的对象分类,《大诰》条目大致可分为两种情况。一是打击贪官污吏,这是《大诰》禁令的主要矛头所向,故此类条目数在全书中居于首位,有关严惩官吏贪赃枉法、科敛害民的案例也最多。二是惩治"奸民",其中着重打击的是豪强富户和无业游民。关于这一点,剖析各编的条目分布情况便可一目了然(见表1)。

表1　　　　　　四编《大诰》中治官、治民条目分类统计

内容\编目	各编条目总数（条）	整饬吏治和打击贪官污吏 专条数（条）	占该编总条目数的百分比（%）	治民和打击"奸民" 富户及粮长专条（条）	平民 专条数（条）	占该编条目数的百分比（%）	惩治官民共同犯罪的条目数（条）	其他（条）
初编	74	53	72	6	8	11	6	
续编	87	52	60	8	15	17	12	治僧道1条
三编	43	18	42	4	11	26	8	
武臣	32	32（军官）	100					治儒士2条
总计	236	155	66	18	34	14	26	3

这里需要指出，《大诰》禁令的惩治对象，既以贪官污吏为重点，同时其打击矛头也是针对一切"不从朕教"的臣民的。从表1中不难看出，在前三编《大诰》中，惩治"奸民"的条目在每编条目总数中所占的比重，《续编》高于《初编》，《三编》又高于《续编》，它反映了朱元璋对"治民"问题愈益重视的意向。

考察《大诰》条目的各种内容分类，《刑法志》的"十条"之说概不能成立。那么，此"十条"是否指《大诰》于律外新设的峻令？或者如沈家本先生曾怀疑的那样："殆即所谓取《大诰》条目撮其要略，附载于律者欤？"① 对于上述疑义，查记载洪武三十年（1397年）《大明律》的有关史籍即可明辨。事实上，附入律后的并非《大诰》原文，而是《钦定律诰》条例，其中《大诰》条目被列入者计36条。《刑法志》所说"十条"，只有《揽纳户》、《民人经该不解物》、《倚法为奸》、《空引偷军》、《官吏长解卖囚》、《寰中士夫不为君用》6条被收入《律诰》。② 至于《大诰》于律外新设的峻令，有数十条之多，且有诸如《逸夫》、《阻挡者民赴京》、《官吏下乡》、《秀才断指诽谤》等许多体现朱元璋重典之治的代表性条目，远非"十条"所能概括。

---

① （清）沈家本：《历代刑法考》，中华书局1985年版，第2261页。
② （明）张楷：《律条疏议》，见杨一凡编《中国律学文献》第1辑第3册，黑龙江人民出版社2004年影印本，第707—718页，又见本文《明〈大诰〉的法律效力》。

当然，《明史·刑法志》记述《大诰》之误，也是事出有因。查阅《诸司职掌》和《大明会典》均记有洪武末《应合抄劄·大诰》罪名10条，同《刑法志》所述一字不差。可知造成《刑法志》记载失误的原因，是由于清初修《明史》时，因其编者未见及《大诰》原文，将二者混淆所致。

二　诰文渊源考

朱元璋编纂的四编《大诰》，融案例、峻令和他对臣下的"训诫"于一体，其"训诫"文多冗长，重复杂乱，实际上是他结合"当世事"阐发儒家伦理学说，渲染他的"明刑弼教"的思想，劝导臣民"忠君、孝亲、治人、修己"而已，在理论上并没有重大突破。而书中采辑的案例和新设的峻令，是在朱元璋指导下编纂而成，颇有时代特色。这些案例发生于何时？峻令是以什么为依据制定的？这是研究《诰》文渊源最重要的问题。

《大诰》收录的"官民过犯"案例极其丰富。据史载，朱元璋编纂此书时，并非是凡案皆录，而是按照"取当世事之善可为法、恶可为戒"[①]的原则，针对时弊有目的、有选择地采辑的。所谓"当世事"，虽然整个洪武年间都可视为"当世"，据笔者考察，《大诰》所记案例，基本上都是记各编颁行前近期内明太祖亲自处理的案件。

在四编《大诰》记有案例的156个条目中，明确记有案例时间的为33个，其中除少数条目连带说到洪武十八年前的事外，几乎都是洪武十八年后处理的案件。四编《大诰》中未明确记案例时间的条目居多，但是，若参阅有关史籍加以考证，或分析案情背景，仍可对61个条目中案件发生或处理的大体时间予以确定。以上两个方面合在一起，可以大体确定案例时间的条目总数为94个。

从这94个条目看，除个别条目记述的案件是在洪武十七年（1384年）五月以后处理的外，基本上都发生在洪武十八年至二十年间。《大

[①]　《明太祖实录》卷179。

诰》各编所记案例时间的具体情况是：在《初编》记有案例时间的38个条目中，能够确定时间者为18个，除两条外，可以断定其他16个条目记述的均属于该编颁行当年即洪武十八年处理或发觉的案件。在《续编》记有案例的49个条目中，能够确定时间者为34个，除少数条目连带说到洪武十八年前的事外，均系洪武十八、十九年案例，其中大多数条目记述的是《初编》颁行后新处理的案件。在《三编》记有案例时间的37个条目中，能够确定时间的条目为27个，也基本上是发生在洪武十八年至二十年间的案例，且绝大多数案例发生在《初编》或《续编》颁行之后。在《武臣》中记有案例的32个条目中，能够确定案例时间的为15个，除一条外，也均记述的是洪武二十年发生的案件。

现将各编能够确定时间的案例列表述后（见表2）。

表2　　　同一犯罪《大诰》处刑与明律相近条款量刑比较

编目	案例名称	处理或发觉案件的时间	确认案例时间的依据
初编6	洪洞县有司故违不理军人唐闰山妄告妻室案	洪武十七年五月至十八年三月间	据初编《刑部追问妄取军属》和《尚书王时诽谤》条，王时不行明坐军人唐闰山妄告妻室之罪，将欲勾问时，又诽谤御史唐铎。故本案当与王时案（案件时间见下栏）同一时期发露
初编8	刑部尚书王时诽谤案	洪武十七年五月至十八年三月间	据《实录》卷一六二：谏议大夫唐铎坐事于洪武十七年五月降为监察御史。又据《实录》卷一七二：唐铎于洪武十八年三月升为都察院右副都御史。此案为唐铎任监察御史时审理
初编9	县官王廉、苏良等科敛害民案	洪武十八年正月后	本案因造赋役册科敛坐罪。据《国榷》卷八：明太祖于洪武十八年正月命"郡县第民户上下中三则，编赋役册"
初编12	应天等五州府税粮作弊案	洪武十八年三月	《诰》文言：此案是五州府官"与户部郭桓等"通同作弊。据《国榷》卷八：郭桓案起于洪武十八年三月，"株累天下官吏"
初编14	庐州府夏税案	洪武十八年六月	《诰》文有记载
初编23	郭桓卖放浙西秋粮案	洪武十八年三月	据《实录》卷一七二：洪武十八年三月，"户部侍郎郭桓坐盗官粮诛"
初编25	开州追赃案	洪武十八年三月后	此案系因追郭桓案所"寄借赃钞"时，帖下乡村，逼民人代赔而坐罪

续表

编目	案例名称	处理或发觉案件的时间	确认案例时间的依据
初编26	天下诸司"系狱者万数"案	洪武十八年三月	系因郭桓贪污案发而被株连
初编42	太平等五府重科马草案	洪武十八年三月	《诰》文载，此案亦为郭桓罪状
初编49	承运库官范朝宗偷盗金银案	洪武十八年三月	《诰》文载，此案系同郭桓通同作弊，亦因郭桓案发而被株连
初编49	广惠库官张裕妄支宝钞案	洪武十八年三月	同上
初编50	扬州鱼课案	洪武十八年三月	同上
初编53	仓库拆仓移廒案	洪武十八年三月后	《诰》文载，此系郭桓案发之后事
初编56	皂隶宋重八越礼犯分案	洪武十八年九月	《诰》文有记载
初编63	丹徒县民安告水火案	洪武十八年	《诰》文有记载
初编67	户部行移公文不实案	洪武十八年十月十八日	《诰》文记十月十八日户部尚书茹太素等人行移公文不实，未书年份。据《明史》卷一三九：茹太素于洪武十八年九月擢户部尚书，故此年当为洪武十八年
初编68	御史汪麟等藏匿锦衣卫力士支常册案	洪武十八年三月后	《诰》文中有"郭桓死而未朽"句
初编69	攒典康名远等盗支仓粮案	洪武十八年八、九月	《诰》文记康名远于郭桓案起时已被墨面文身，挑筋去膝盖，又云此案在之后"不逾半年"而发
初编71	教官妄言案	洪武十八年十月	《诰》文有记载
续编2	松江逸民为害案	洪武十九年	《诰》文有记载
续编9	指挥毕寅等不悛案	洪武十八年后	《诰》文有记载
续编10	陈寿六如《诰》擒害民县吏案	《初编》颁行后	《诰》文有记载
续编17	无为州同知李汝中下乡扰民案	洪武十八、十九年	《诰》文有记载
续编20	粮长张镠孙等妄告叔舅案	洪武十八年八月后	据《皇明诏令》卷二：洪武十五年四月革罢粮长。又据《实录》卷一七四：洪武十八年八月复设粮长
续编21	粮长金仲芳等科敛案	《初编》颁行后	《诰》文中有金仲芳"不遵《大诰》"句
续编22	粮长瞿仲亮害民案	洪武十八年八月后	同《续编》第20条注
续编24	工部侍郎韩铎等14人贪赃案	洪武十八年九月	《诰》文有记载

续表

编目	案例名称	处理或发觉案件的时间	确认案例时间的依据
续编26	县丞姜礼教人受赃案	洪武十九年	据《明通鉴》卷一〇："十九年逮官吏积年为民害者。"《诰》文言：姜礼"作积年民害拿至法司"
续编31	浙江按察使陶晟枉禁知县凌汉案	洪武十八年七月	《诰》文记此案为洪武十八年事，并言处死陶晟，然未言月份。据《实录》卷一七四：洪武十八年七月"浙江按察使陶晟坐罪死"
续编32	宝钞提举司官吏冯良等20名匿钞作弊案	洪武十八年十二月后	《诰》文有记载
续编38	指挥赵兴胜匿奸卖引案	洪武十八年夏	《诰》文有记载
续编42	刑部官吏胡宁等受财纵囚代办公务案	洪武十九年三月十四日	《诰》文有记载
续编43	刑部官吏王进等故更囚名案	洪武十九年三月后	《诰》文记此案发生在胡宁案后
续编44	官吏施德庄等贪赃枉法案	洪武十九年四月	《诰》文有记载
初编46	粮长唐谦妄奏水灾案	洪武十八年八月后	见《续编》第20条注。《诰》文中记有唐谦妄奏洪武十八年水灾事
续编47	粮长邾阿仍等害民案	洪武十八年八月后	见《续编》第20条注。《诰》文中有"朕命有司召粮长面听宣谕"句，此为洪武十八年八月事
续编49	知县成薳奇乱政案	洪武十九年三月后	据《明通鉴》卷九：洪武十九年三月，明太祖曾"遣使敕劳苏州府常熟知县成薳奇。"
续编50	朝臣100人贪赃枉法案	洪武十九年三月后	《诰》文中有"此辈皆系洪武十八年新诛奸恶贪婪之后……继踵而为非"句，即说这些官员是洪武十八年三月郭桓贪污案后被诛
续编51	诸司进商税文册渎职案	洪武十九年	《诰》文有记载
续编55	苏州府差胡达等起解官物虚出实收案	洪武十八年	《诰》文有记载
续编57	吉州知州游尚志科敛害民案	洪武十九年	《诰》文有记载
续编58	河泊所官张让昏乱掌钞案	《续编》颁行前不久	《诰》文中有"今会稽等县河泊所官张让，故生刁诈"句，盖此案发生在朱元璋编纂《续编》前不久
续编60	郑州知州康伯泰等贪污赈济水灾钞案	洪武十九年二月后	《诰》文记此为十九年事，未书月份。据《明通鉴》卷九：洪武十九年二月，诏赈河南水灾。康伯泰贪污赈济水灾钞案当在这之后发生

续表

编目	案例名称	处理或发觉案件的时间	确认案例时间的依据
续编63	苏州知府张亨不对关防勘合案	洪武十九年	《续编·容留滥设》条记有张亨于洪武十九年容留在逃黥刺之吏事，尚未云处死。本条中记将张亨枭令，故本案不会发生在洪武十九年前
续编66	苏州府管下七县捉拿逃囚、逃吏、逃军案	洪武十九年四月十日	《诰》文有记载
续编67	弓兵马德旺等阻当耆民赴京案	洪武十九年三月二十九日	《诰》文有记载
续编73	知县李皋等容留滥设案	洪武十九年	《诰》文有记载
续编74	苏、松两府市井之民交结官府、帮闲在官案	洪武十九年四月七日	据《南京刑部志》卷三洪武十九年四月七日，都察院奉圣旨前去苏州，捉拿属于此案的帮闲在官之人
续编79	民罗辅诽谤案	洪武十九年	《诰》文有记载
续编81	力士周金保等8名受财脱放罪囚案	《续编》颁行前近期	《诰》文中有"近年以来，起取民间有力壮士充校尉"句，周金保在此期间被充当力士
续编82	县丞欧阳祥可诈取财物案	《初编》颁行前不久	《诰》文中有"今山东胶水县丞欧阳祥可不鉴前非"句，盖此案发生在朱元璋颁行《大诰》后至编纂《续编》前
续编83	进士秦升等受赃妄奏水灾案	洪武十八年十二月后	据《实录》卷一七六：秦升于洪武十八年十二月十八日始任户部试侍郎。《诰》文中有"彼时秦升已升户部左侍郎"句，《诰》文云处死秦升，故此案发生时间当在其后。
续编84	进士、行人141名受赃妄奏水灾案	洪武十八年八月后至《续编》颁行前	见《续编》第20条注。本编《水灾不及赈济》条记有粮长贿赂诸进士、行人事
三编1	民人乱法诸案	《初编》或《续编》颁行后	所载诸案冠以"恃倚《诰》文，非理对抗"的罪名
三编1	开州同知郭惟一监死一家4人案	《初编》或《续编》颁行后	《诰》文中记有郭惟一不敬不遵《大诰》事
三编1	知县郑礼南凌蔑上司案	洪武十八年	《诰》文有记载
三编1	粮长於友党弊案	洪武十九年	《诰》文有记载
三编2	进士刘辐、凌辂、向宝、孙蕡、张山、王朴、张翥、赵泰等多人不悛案	《续编》颁行后	《续编·查踏水灾》条曾记诸进士诬词妄奏水灾事，未言治其罪。《三编》书其"屡犯"，并追述《续编》所载事
三编2	官员谌克贞、何屿、杜用、阎文等不悛案	《初编》或《续编》颁行后	皆因违《诰》坐罪

续表

编目	案例名称	处理或发觉案件的时间	确认案例时间的依据
三编 4	常州府同知王复春、青州知府陈希文下乡科敛案	《续编》颁行后	官吏下乡为《续编》所禁。王复春、陈希文亦因违《诰》坐罪
三编 6	镇江坊甲违《诰》纵韦栋等 18 人为恶案	洪武十八年七月至十九年七月间	据《实录》卷一七四：韦栋等于洪武十八年七月曾诣阙保举"当就逮"县官。又据《南京刑部志》卷三：洪武十九年七月十一日，都察院奉旨专为镇江坊甲坐视"奸顽"事发布榜文
三编 7	李茂实胡党案	洪武十九年	《诰》文有记载
三编 8	陆和仲胡党案	洪武十八年八月后	《诰》文记有（洪武十八年）明太祖面谕粮长事，据《明太祖实录》卷一七四：此事为该年八月，本案发生在其后
三编 9	指挥林贤胡党案	洪武十九年十月二十五日	《诰》文有记载
三编 10	儒士夏伯启叔侄刖指案	《续编》颁行后	据《明史·刑法志》：寰中士夫不为君用之科，借此案而设。此峻令不写进《续编》而设于《三编》，以此案发生较晚
三编 12	新淦县民杨文（德）相从彭玉琳造反案	洪武十九年五月	据《实录》卷一七八：彭玉琳、杨文（德）等于洪武十九年五月戊辰被杀
三编 13	苏州人才姚叔闰、王谔不行赴官被诛案	《续编》颁行后	同夏伯启条注
三编 14	耆民刘汶兴等 13 人妄举有司案	《续编》颁行后	系因违《诰》坐罪。《诰》文记典吏李继业于前二《诰》颁行后，逼刘汶兴妄举主簿宋虺事
三编 15	冯睿累贪不悛案	《续编》颁行后	《续编·江西解课》条，曾彰其非为，然未治罪
三编 16	苏、松、嘉、湖、浙东、江东、江西民隐藏逃囚案	《续编》颁行后	明太祖于《续编·纵囚越关》条明令对纵囚在逃者治罪。该条记本案为《大诰》颁行后发生，此处《大诰》当指《续编》
三编 17	县官汪铎求免于民案	《初编》或《续编》颁行后	汪铎因耆民绑缚其赴京而求免。绑缚害民官吏赴京系《大诰》新设峻令
三编 18	民 307 户递送潘富案	洪武十八年至《三编》颁行前	《诰》文记案情始于洪武十八年，未记结案时间
三编 20	巡阑吴庆夫科敛害民案	《三编》颁行前	《诰》文有"今吴庆夫如此生事搅扰"句，故此案当为明太祖编此条前不久发生
三编 21	知县吕贞受财阻滞"见丁著业"号令案	《续编》颁行后	系因违《续编·互知丁业》条禁令而坐罪
三编 23	安庆解课案	洪武十九年三月	《诰》文有记载

续表

编目	案例名称	处理或发觉案件的时间	确认案例时间的依据
三编 25	富户王子信扰害乡民案	洪武十九年六月五日	《诰》文有记载
三编 26	民刘二、军丁王九儿等14人私牙骗民案	《续编》颁行后	系由违《诰》治罪。《诰》文有"《续编》颁行,明彰禁治"、刘二等"违令而不从教"句
三编 29	礼部郎中王锡等匿藏《大诰》案	《初编》或《续编》颁行后	因妨碍《大诰》传播而坐罪
三编 30	工匠顶替案	洪武十九年四月后	此案系人匠未认真执行工匠轮班制度而坐罪。据《实录》卷一七七:工匠轮班制创建于洪武十九年四月
三编 32	杨均育诡名告状案	《初编》或《续编》颁行后	杨均育因诬告他人为积年老吏和逃军而坐罪。捉拿害民该吏为明太祖于《大诰》中倡导,洪武十九年曾风行一时
三编 33	官员夏达可等逼民奏保案	《续编》颁行后	诰文记此案是"前颁二《诰》"后发生
三编 36	民刘以能牌唤不至案	《续编》颁行后	诰文有"前《诰》所云,三牌不止,方许遣人捉拿"句,此为《续编·遣牌唤民》条规定
三编 37	知县潘行朋奸匿党案	洪武十九年五月后	潘行因匿民罗本中"造反之情"坐罪。罗本中罪名是设谋与反抗朝廷的彭玉琳取得联系,但因彭玉琳被官军抓获未能成行。据《实录》卷一七八:彭玉琳于洪武十九年五月被诛。故发觉此案当在彭玉琳被杀后
三编 40	北平道监察御史何哲、什辉等排陷大臣案	洪武二十年正月以后	《诰》文明太祖于洪武二十年正月三十日,曾审理此案告人,之后又亲自审问何哲等。何哲等被处死当在正月以后
武臣 1	陈州指挥胡班等冒支官粮案	洪武二十年	《诰》文中有"自洪武元年……到今屯种二十年了"句
武臣 2	郑国公常茂砍伤来降人案	洪武二十年九月	据《明史》卷一二五:《诰》文所述案情发生于洪武二十年征北过程中。又据《实录》卷一八五:洪武二十年九月,"郑国公常茂坐前惊溃房众罪当诛,上念其父开平王之功,释之,安置于广西之龙州"
武臣 3	广西都指挥耿良肆贪害民案	洪武二十年六月	据《实录》卷一八二:耿良因犯有"不法二十余事",于洪武二十年六月被降为驯象卫指挥佥事。《诰》文记耿良不法事"二十八招",坐以死罪。《实录》不言处死耿良,应是编修此书史臣的曲笔
武臣 6	浙江都指挥储杰旷职案	《武臣》颁行前不久	据《明史》卷三一四:洪武十八年始置金齿卫指挥使司。《诰》文说将储杰"贬去金齿",故此案发生在洪武十八年后

续表

编目	案例名称	处理或发觉案件的时间	确认案例时间的依据
武臣14	百户王斌等打死军人案	洪武二十年	《诰》文言此条因"撑驾征北船只"而起。据《国榷》卷八：洪武二十年正月，明太祖令宋国公冯胜率军征北
武臣20	千户李原等防倭作弊案	洪武二十年	据《明通鉴》卷九：洪武十九年十二月始建议防倭。此案发生其后
武臣4—32	《武臣》其他26个条目中所载诸案	《武臣》颁行前近期	明太祖于洪武二十年十二月作《大诰武臣序》。序中云："如今做总兵官，贪财杀降，科敛出征头目。守卫管军指挥、千百户、镇抚、旗首人等，如此害军。"意指《武臣》中诸案发生在近期。又，在这26个条目中，记有烧坏《大诰》的条目一个，明太祖云案件发生在"今日"、"而今"的条目8个

分析表2不难看出，明太祖编纂四编《大诰》，是以采辑近期发生的案件为主，其苦心在于使它们能够对臣民发挥更为现实的"警戒"作用。因此，那些尚不知发生或处理时间的案例，我估计大多也是洪武十八年后的事。同时，从后一编着重记述的是前一编颁行后发生的案件这一点看，朱元璋编纂后三编《大诰》，不仅是为了完善《大诰》峻令和进一步申明自己的"明刑弼教"思想，还有推动前一编《大诰》贯彻实施的明显意图。

明《大诰》中新设的峻令，其法律渊源主要是两类情况：

一是据当时已颁行的、为律条所未载的一些敕令、榜文修订。如，朱元璋在《初编·乡饮酒礼第五十八》中规定："乡饮酒礼，叙长幼，论贤良，别奸顽，异罪人……奸顽不由其主，紊乱正席，全家移出化外。"这条峻令是在洪武五年（1372年）到十六年（1383年）三次发布的有关诏令基础上修订而成。洪武五年四月，明太祖诏有司定乡饮酒礼，明令"以年最长者为正宾，余以齿序坐"[①]。洪武十四年（1381年）二月，"命礼部申明乡饮酒礼"，增加了"其有违条犯法之人列于外坐，同类者成席，不许杂于善良之中"的规定。[②] 洪武十六年，又诏令颁行乡饮酒礼图式，规定："如有过犯之人，不行赴饮，及强坐众宾之上者，即系顽民，主席及诸人首

---

① 《明太祖实录》卷73。
② 《明太祖实录》卷135。

告，迁徙边远住坐，① 其主席者及众宾，推让有犯人在上座，同罪。"②《诰》文中所述，便是集这些诏令之大成，删繁就简而定。又如，《续编·互知丁业第三》中规定："凡民邻里，互相知丁，互知务业。……见《诰》仍有逸夫，里甲坐视，邻里亲戚不拿，其逸夫者，或于公门中，或在市间里，有犯非为，捕获到官，逸民处死；里甲四邻，化外之迁。"此条峻令是采洪武十九年四月发布的榜文。其榜文曰："尔户部即榜谕天下，其令四民，务在各守本业。医卜者土著，不许远游。凡出入作息，乡邻必互知之。其有不事生业而游惰者，及舍匿他境游民者，皆迁之远方。"③

二是从强化君主专制统治的需要出发，针对当时的所谓"犯罪"设立的新的峻令。譬如，允许"民拿下乡官吏"的法令，④ 是在朱元璋禁止官吏下乡，而官吏又"每每故违不止"⑤ 的情况下制定的，意在借助民众的力量，监视和制约官吏，保证朱元璋所颁禁令的实行。《三编》中设置"民拿害民该吏……敢有阻挡者，其家族诛"⑥ 峻令的背景是：朱元璋在《初编》中，曾大力号召"耆民奏有司善恶"，⑦ 明令"敢有邀截阻挡者，枭令"，⑧ 然而，这些命令受到各级官吏的抵制，阻挡赴京耆民的事件屡屡发生，他对此极为愤慨，决定用更苛刻的刑法"逼成有司以为美官"。⑨于是，便把《阻挡民拿害民官吏》罪的刑罚由"枭令"加重为"族株"。至于"寰中士夫不为君用"之法，是由于朱元璋早就对一些文人儒士不愿意同新王朝合作的态度忿忿不满，恰好又出现了广信府贵溪县儒士夏伯启叔侄断指不仕⑩和苏州人才姚叔闰、王谔"不行赴京，以就官位"⑪ 这两

---

① 住坐，即居住，明初语言。
② （明）申时行等重修：《大明会典》卷79《礼部三十七·乡饮酒礼》，中华书局1989年影印本，第456页。
③ 《明太祖实录》卷177。
④ 《续编·民拿下乡官吏第十八》。
⑤ 《续编·官吏下乡第十七》。
⑥ 《三编·民拿害民该吏第三十四》。
⑦ 《初编·耆民奏有司善恶第四十五》。
⑧ 《初编·乡民除患第五十九》。
⑨ 《三编·民拿害民该吏第三十四》。
⑩ 《三编·秀才剁指第十》。
⑪ 《三编·苏州人才第十三》。

个典型，便借故大加发挥，设立了这条奇法峻令，对那些不屈从朱明王朝的文人横加打击，"以绝狂夫愚夫仿效之风"。①

总之，《大诰》中所设峻令，皆有所源，无一不是同当时的时局以及朱元璋的政治法律主张有直接关系，无一不是朱元璋坚持推行重典政策的产物。

三 律外用刑考

四编《大诰》作为一种具有教育作用和法律效力的特种刑法，同前代刑事法典比较，有三个最鲜明的特色：一曰"明刑弼教"，二曰律外用刑，三曰重典治吏。"明刑弼教"是律外用刑、重典治吏的出发点和思想基础，律外用刑、重典治吏是"明刑弼教"的基本措施和重要内容。三者融为一体，构成朱元璋重典治国方针的核心，共同体现了《大诰》的基本精神。在本节中，我们仅就《大诰》中记述的朱元璋律外用刑的情况作些考证。

所谓"律外用刑"，是指君主置当时的律典于不顾，在法定刑之外随意扩大刑名、刑种或采用各种残酷的刑罚处置人犯，滥行诛戮。在《大诰》中，朱元璋公然把律外用刑合理化，倡导对臣民治以种种苛刑峻法，这在中国历史上是少见的。

同洪武十八年后行用的明律比较，《大诰》记载的朱元璋的律外用刑，有三个特点：

（一）以诏令形式确认诸多酷刑，公然把律外用刑合理化、神圣化

依照明律，其刑罚种类主要为笞、杖、徒、流、死（绞、斩）五刑。五刑之外，又有赎刑、迁徙、充军和对"谋反"（谋危社稷）、"谋大逆"（毁坏宗庙山陵及宫阙）、子孙杀祖父母或父母、妻妾杀夫、奴婢杀主人等一类"恶逆"罪犯的凌迟刑。《大诰》中的酷刑远比明律要多，计有族诛、凌迟、极刑、枭令、弃市、斩、死罪、墨面文身挑筋去指、墨面文身挑筋去膝盖、剁指、断手、刖足、阉割为奴、斩趾枷令、常枷号令、枷项

---

① 《三编·秀才剁指第十》。

游历、重刑、免死发广西拿象、人口迁化外、迁、充军、徒、全家抄没、戴罪还职、戴罪充书吏、戴罪读书、免罪工役及砌城准工等30余种，大多较明律为严，又多为明律所未设。

四编《大诰》中采辑的"官民过犯"案例，既是朱元璋"明刑弼教"的教材，也是他大搞律外用刑的真实记载。为了儆之以威，使人知惧而不敢犯法，朱元璋提倡用各种"酷刑"折磨"罪犯"。例如，金华府县官张惟一"故纵皂隶王讨孙等殴打舍人，事觉，皂隶断手"。① 御史王式文等徇情妄出绍兴府余姚县吏叶邑妄告他人之罪，被墨面文身，挑筋去指。② 应天府上元、江宁两县民刘二、军丁王儿儿等14名，暗出京师百里地，私立牙行，恃强阻客，被"常枷号令，至死而后已"。③ 平阳守御千户所千户彭友文、谢成二人"两个月不支与行粮"，饿死军人一百人，朱元璋便命令另外一百军人将其乱枪杀死。④ 医人王允坚因卖毒药与人犯罪，在枭令前，先命其吞服毒药，待至毒发，"身不自宁，手搔上下，摩腹四顾，眼神张惶"之时，再用"粪清插凉水"之法解毒，使之痛苦数番，方才施刑。⑤ 所有这些，都是律外滥设之刑，其残忍程度，令人触目惊心。

《大诰》中所列刑罚，不只种类多，手段残忍，而且往往株连甚众。据粗略统计，《大诰》中记载的一次杀人或处刑数十人以上的案例就有近40起。还有几起重大的案件，朱元璋未曾陈述死者数字，然每案杀人之多当在数百、数千乃至万数以上。如《初编·伪钞第四十八》云："宝钞通行天下，便民交易。其两浙、江东西，民有伪造者甚，惟句容县。杨馒头本人起意，县民合谋者数多。……捕获到官，自京至于句容，其途九十里，所枭之尸相望。"又如，《初编·朝臣优劣第二十六》说："洪武十八年，户部试侍郎郭桓事觉发露，天下诸司，尽皆赃罪，系狱者数万，尽皆拟罪。"《三编·逃囚第十六》进一步补充说："其贪婪之徒，闻桓之奸，如水之趋下，半年间，弊若蜂起，杀身亡家者，人不计其数。出五刑以治

---

① 《初编·皂隶殴舍人第十八》。
② 《初编·奸吏建言第三十三》。
③ 《三编·私牙骗民第二十六》。
④ 《武臣·千户彭友文等饿死军人第五》。
⑤ 《三编·医人卖毒药第二十二》。

之，挑筋、剁指、刖足、髡发、文身，罪之甚者欤。"《明史》对此案的记述要比《大诰》明确："以六曹为罪魁，郭桓为诛首。……自六部左右侍郎下皆死，赃七百万，词连直省诸官吏，系死者数万人。"①

《大诰》中记述的被处各种酷刑的人数，因许多案例说得含混，对被刑者常用"等"、"多矣"等言辞加以概括或省略，无法精确统计。检四编《大诰》，被处予各种刑罚且有姓名可查者，共1299人，其中前三编为1100余人。这只是众多"罪犯"中的典型人物而已。《明史·刑法志》云："凡三《诰》（指《大诰》前三编——作者注）所列凌迟、枭示、种诛者，无虑千百，弃市以下万数。"其实，《大诰》并没有明确提供如此具体的人名和数字，很可能是《刑法志》的编者根据《大诰》中的诸案件作的推断。但就《大诰》涉及的诸案被处予各种刑罚者的总数而论，"万数"之说似不为过。

自汉代统治者总结秦王朝崇尚杀罚仅二世而亡的教训，强调"德主刑辅"以来，后代相因成习，无论是刑用轻典还是重典治世，表面上都以"仁政"自我标榜，可是，朱元璋在《大诰》中，却以"杀人为威"，他一边以种种苛刑峻法威吓臣民，一边翻来覆去地大谈律外用刑的必要性和正确性。朱元璋倡导治臣民以严刑峻法的理由，概括起来不外乎三点：一是"刑用重典"是在"乱世"和"民不从教"的情况下不得已而为之。他在《御制大诰续编序》中说，"本古五刑而不治……无乃旷夫多，刁诈广，致有五福不臻，凶灾迭至"，才"出五刑以诛之"。在《续编·罪除滥设第七十四》中，他又指出，"刑此等之徒，人以为君暴"，"设若放宽，此等之徒，愈加昌炽"。二是说施酷刑于罪犯是"神"的意志，是恶顽者罪有所得。他多次强调，奸顽之徒"罪恶贯盈，神人共怒，罪将焉逃"；② 其"终化不省"，"乱政坏法，自取灭亡"，③ "诛其身而没其家，不为之过"。④ 三是说他搞严刑峻法是为了"去奸去弊，必欲保全臣民"。他指出："此等之

---

① 《明史》卷94《刑法二》，中华书局1974年版，第2318页。
② 《三编·御史刘志仁等不才第三十九》。
③ 《续编·常熟县官乱政第四十九》。
④ 《三编·苏州人才第十三》。

徒，奸贪无厌，身家不顾，实为民患。"① 只有严惩"民害"，方可"快吾良民之心"，使广大臣民引以为戒，"勿蹈前非，永保吉昌"。② 朱元璋就是这样反复宣传他的重刑主义观点，把律外用刑合理化、神圣化。

（二）对同一犯罪的处刑，《大诰》较同期行用的明律大大加重

明王朝在朱元璋颁行四编《大诰》期间实行的明律，是洪武十八年行用律和洪武二十二年律。这两部律典与通行明代的洪武三十年《大明律》比较，内容互有较大损益或量刑标准轻重不一的仅有"老小废疾收赎"、"飞报军情"、"谋反大逆"、"官吏受财"、"诈为制书"、"诈传诏旨"、"亲属相奸" 7 条。因此，在将《大诰》与当时行用的《大明律》进行比较研究时，应以《律解辩疑》所载洪武十八九年行用律、《大明律直解》所载洪武二十二年律为据。

在《大诰》中，除了少数罪名与明律量刑相同外，绝大多数案件都是加重处刑。现择其中重要的罪名和案例于后（见表3）。

表3　同一犯罪《大诰》处刑与同期行用的明律应量刑之比较

大诰篇目	罪名和案情内容	处刑	比照当时行用的明律相近条款应量刑
续编 10	设若捏词诬陷陈寿六	族诛	依律"诬告"条，以所诬罪轻重科断
续编 16	有司滥设吏卒	族诛	依律"滥设官吏"条，罪止杖一百，徒三年
续编 55	官物起解，卖富差贫	族诛	依律"赋役不均"条，杖一百
续编 55	鱼户刘复三等多人起解官物，虚买实收	族诛	依律"转解官物"条，以监守自盗论，罪止斩
续编 62	闲民信从有司，擅称名色，与官吏同恶虐民	族诛	依律"滥设官吏"条，杖八十，再犯迁徙；有所规避者从重论
续编 79	福建沙县罗辅等十三人断指诽谤	族诛	律无此条，类比律"造妖书妖言"条论斩
三编 34	阻当民拿害民该吏	族诛	律无此条，应按罪轻重科断
初编 60	金吾后卫知事靳谦沉匿卷宗	凌迟	依律"磨勘卷宗"条，罪止杖八十，有所规避者从重论

---

① 《续编·水灾不及赈济第八十五》。
② 《续编·罪除滥设第七十四》。

续表

大诰篇目	罪名和案情内容	处刑	比照当时行用的明律相近条款应量刑
续编62	有司容留闲民擅称名色，同恶害民	凌迟	依律"滥设官吏"条，杖一百，徒三年，有害民事理者，按罪轻重科断
续编63	假千户沈仪等伪造御宝文书	凌迟	依律"诈伪制书"条，论斩
三编1	建昌县知县徐颐受钞四百贯，脱放刑部提取之人，并监锁旗军	凌迟	依律"官吏受财"条，论绞
三编1	江浦县知县杨立结交近侍	凌迟	依律"交结近侍官员"条，论斩
三编1	德安县丞陈友聪受钞欺隐茶株，受钞八十贯，罗、绢、布十匹，拘监推官	凌迟	依律计赃以枉法论绞
三编1	莱阳县丞徐坦受赃不行勾军，把本府典吏诬枷赴京	凌迟	依律计赃以枉法论，当科杂犯绞罪，止徒五年
三编1	民李付一牌勾抗拒不答并诬绑甲首	凌迟	依律"诬告"条，以所诬罪轻重科断，不至死
三编20	歙县巡阑吴庆夫科敛扰民	凌迟	依律应计赃科罪
三编37	乐安县知县潘行等朋奸匿党，陷害原告	凌迟	依律"谋反大逆"条，知情故纵论斩
三编39	御史刘志仁、周士良施把持之术，妄为百端，贪赃万数	凌迟	依律计赃以枉法论绞
三编40	御史何哲等捏词排陷大臣	凌迟	依律"奸党"条，论斩
初编17	皂隶朱升一殴打钦差旗军	极刑	依律"殴制使及本管长官"条，杖一百，徒三年
初编53	纳豆入水	极刑	依律坐赃论，计损失科罪
三编19	官吏长押卖囚	极刑，籍没家产，人口迁化外	依律纵囚与囚同罪，受财者计赃以枉法从重论
初编25	开州州判刘汝霖不照名追赃，却遍处科民，代赔前项钞贯	枭令	律无正条，以枉法科罪，不至死
初编59	邀截阻当乡民除患	枭令	律无此条，应按罪轻重科断
续编12	有司妄立干办等名	枭令	依律"滥设官吏"条，罪止杖一百，徒三年
续编20	吴江县粮长张镠孙妄告亲叔，副粮长朱太奴妄告亲母舅	枭令	依律不至死
续编33	鱼课扰民	枭令	应计赃科罪
续编63	苏州知府张亨、知事姚旭不对关防勘合	枭令	依律不至死

续表

大诰篇目	罪名和案情内容	处刑	比照当时行用的明律相近条款应量刑
续编67	弓兵马德旺等索要赴京陈告者钞贯	枭令	依律计赃科罪
三编1	开州同知郭惟一将赴京陈告的董思文一家四口监死	枭令	依律"故禁故勘平人"条,当绞
三编1	溧水县主簿范允受钞四百贯,不行追查隐匿奸党家财事	枭令	依律计赃以枉法论绞
三编1	归安县杨旺二诬绑良民文阿华等赴京	枭令	依律"诬告"条,按所诬罪轻重科断,不至死
三编1	安吉县民金方佃种潘俊二田不行交还,且诬绑田主	枭令	依律"诬告"条,不至死
三编1	乌程县民余仁三等借游茂玉粮米不还,并将游茂玉绑缚赴京	枭令	依律"诬告"条,不至死
三编2	太平府经历蹇煜受贿擅立名色	枭令	依律计赃科罪
三编20	巡阑吴庆夫之弟及男科敛害民	枭令	依律计赃科罪
三编22	医人卖毒药	枭令	依律"庸医杀伤人"条,论斩
三编24	北平布政司经历董陵云违令命人团槽喂驴	枭令	依律"违令"条,笞五十。贪赃应依律计赃科罪
三编31	代人告状	枭令	依律"教唆词讼"条,受雇诬告与自诬同,按所诬罪轻重科断
三编38	丹徒县丞李荣中等卖放均工人夫,事发受刑,押回本处,令其将所卖人大勾解赴工,然又复受财作弊	枭令	依律计赃以枉法科罪论绞
三编1	嘉定县民蒲辛四等诬绑周祥二赴京	枭令,籍没全家	依律"诬告"条,不至死
三编1	嘉定县民沈显二等四人胡乱诬绑	枭令,籍没全家	依律"诬告"条,不至死
三编18	知情匿藏递送罪犯	枭令,籍没全家	依律"知情藏匿罪人"条,减罪人罪一等
三编5	空引偷军	枭令,籍没其家,人口迁化外	律无正条,依律"知情藏匿罪人"条,减罪人罪一等
三编16	黥刺充军者中途在逃	枭令,籍没其家,人口迁化外	依律"徒流人逃"条,罪止杖一百,仍发原配所收管并重新服刑

续表

大诰篇目	罪名和案情内容	处刑	比照当时行用的明律相近条款应量刑
三编25	淞江王子信发配充军私逃回家，又行结交官吏害民	枭令，家财入官，人口流移	依律"徒流人逃"条，罪止杖一百，余罪以情节轻重科断
初编30	僧道不务祖风	弃市	依律"僧道娶妻"条，杖八十，还俗
续编52	官吏把解至京师的官物入己	弃市	依律计赃以监守自盗论
初编6	洪洞县有司明知军人唐闰山朦胧告取妻室，不行与民辨明	斩	依律"告状不受理"条，罪止杖八十
续编19	擅差仓库巡阑官办事，罪得乱政之条	斩	依律以罪轻重科断
续编52	解物人私去封记	斩	依律"守支钱粮及擅开官封"条，杖六十
续编76	有司以庆节为由，和买民物不给钱	斩	依律计赃科罪
续编77	有司承办朝廷诸色造作，指名要物不与价	斩	依律计赃科罪
初编29	官民有犯买重作轻、买轻作重或尽行买免应笞者	死罪	依律"官司出入人罪"条，以所增减论罪，应笞
初编66	官吏征收税粮不时	死罪	依律"收粮违限"条，罪止杖一百
初编71	宁国府教授方伯循等殴府官	死罪	依律"殴制使及本管长官"条，杖一百，徒三年
初编73	临淮县知县张泰等受要逃军钱钞，逼令他人顶替	死罪	依律"从征守御官军逃"条，罪止杖一百，充军
初编73	嵩县知县牛承等受要逃军钱钞，逼令有功军人代充军役	死罪	依律"从征守御官军逃"条，罪止杖一百，充军
续编3	游食	死罪	律无此条，应以罪轻重科断
续编28	用囚书办文案	死罪	律无正条，依律"滥设官吏"条、"擅离职役"条，无死罪
续编29	应天府官张从义等科取巡阑役使	死罪	依律"私役部民夫匠"条，罪止杖八十
续编31	浙江按察使陶晟故意枉禁凌汉	死罪	依律"故禁故勘平人"条，杖八十
续编37	大理寺左少卿艾祖丁诬奏进士杨吉不遵礼法	死罪	依律"诬告"条，不至死
续编48	逃吏更名	死罪	依律"举用有过官吏"条，杖一百，罢取役不叙
续编53	差无职役和无籍、无业者经解诸色物件	死罪	依律"转解官物"条，杖八十，侵欺以监守自盗论
续编57	吉州知州游尚志科敛	死罪	依律应计赃科断
续编75	市民为吏卒	死罪	依律"滥设官吏"条，罪止杖一百，迁徙

续表

大诰篇目	罪名和案情内容	处刑	比照当时行用的明律相近条款应量刑
续编80	民汪澄等交结被迁徙安置的有罪之人	死罪	律无此条，应据罪轻重科断
续编82	海南县官向娶新妇者索要税钱	死罪	依律以枉法论赃科罪
三编21	上元县知县吕贞将民王七所告见丁著业事内受财阻滞	死罪	依律计赃科断
三编29	礼部郎中王锡匿藏他人《大诰》	死罪	律无此条。依律"弃毁制书印信"条，不至死
三编41	粮长张时杰等秋粮拖欠一年不纳	死罪	依律"收粮违限"条，罪止杖一百，迁徙
三编33	胶州官夏达可逼民奏保	死罪人口迁化外	应以罪轻重科断
初编40	勾解罪人卖放正身，将同妞名者解发	重刑	依律受财故纵与囚同罪，故禁故勘平人，杖八十
续编58	会稽等县河泊所官张让等昏乱钱钞数目	重刑	应计赃科罪
续编65	关隘骗民	重刑	应计赃科罪
续编70	居处僭分	重刑	依律"服舍违式"条，有官者杖一百，罢职不叙，无官者笞五十
初编37	揽纳户	重刑，籍没其家	依律"揽纳税粮"条，杖六十
初编38	安保过付	重刑，籍没其家	依律"官吏受财"条，罪止杖一百，迁徙，受财者计赃从重论
武臣31	镇南卫百户胡凤寄留信印于他人家二日	金齿充军	依律"不应为"条，笞四十。事理重者杖八十
续编69	民擅官称	迁	依律"诈假官"条，杖一百，徒三年
武臣24	以妾为妻	贬云南	依律"妻妾失序"条，杖九十，改正
续编46	粮长妄奏水灾	发云南	依律"检踏灾伤田粮"条，杖一百，受财计赃以枉法从重论
三编30	诸色匠人不亲身赴工者	迁发云南	依律"逃避差役"条，罪止笞五十
续编82	敢有称系官牙、私牙	迁发化外	依律"私充牙行埠头"条，杖六十，所得钱入官
初编56	皂隶人等入衙门正门，驰当道，坐公座	全家迁云南	依律"公差人员欺凌长官"条，杖八十
初编58	乡饮酒礼，紊乱正席	全家迁发化外	依律"乡饮酒礼"条，笞五十

续表

大诰篇目	罪名和案情内容	处刑	比照当时行用的明律相近条款应量刑
续编45	洒派包荒	全家迁发化外	依律"欺隐田粮"条,罪止杖一百,其田入官,诡寄者罪亦如之,其田改正,收科当差
续编59	豪民使用钱物,买免差发	全家迁发化外	依律"逃避差役"条,杖一百,附籍当差
续编78	民不依期纳粮	全家迁发化外	依律"收粮违限"条,罪止杖一百
三编3	公侯佃户逃避差役	全家迁发化外	依律"隐蔽差役"条,家长杖一百,跟随之人充军
三编1	民戴兴四不纳秋粮,将催粮农民丘华一诬绑	本人发广西拿象,全家抄扎,人口迁化外	依律"收粮违限"条,罪止杖一百,诬绑以所诬罪轻重科断
三编14	民刘汶兴等被迫保举有过官吏	徒、流	依律"举用有过官吏"条,杖一百
初编39	诡寄田粮	全家抄没	依律"欺隐田粮"条,杖一百,其田入官

(三)朱元璋对一些案件的处置,以君主个人的"好恶"为量刑标准,不分罪情轻重,不问首从,唯刑杀为威,具有明显的滥杀性质

《明史·刑法志》曰:"盖太祖用重典以惩一时,而酌中制以垂后世,故猛烈之治,宽仁之诏,相辅而行,未尝偏废也。"① 洪武年间,朱元璋在"乱世"的条件下,实行"常经之法"与"权宜措置"并用的两手治国策略。一方面,他按照"轻重适宜"、"贵存中道"的精神,多次修订《大明律》。《大明律》同《唐律》一样,规定了区别公私罪、首从、过失与故意、自首、屡犯加重等一系列的量刑原则,要求各级官吏依律执法,不准"法外遗奸"。并明确规定,官吏不得"变乱成法","凡官司故出入人罪,全出全入者,以全罪论。若增轻作重,减重作轻,以所增减论。至死

---

① 《明史》卷94《刑法二》,中华书局1974年版,第2320页。

者，坐以死罪"。①且不说这些规定是否能够真正执行，《大明律》将它们作为法律固定下来，说明朱元璋要求刑罚的实施要在国家法制允许的范围内进行，反对滥行诛戮。另一方面，他为了警省和惩创奸顽，又通过推行《大诰》，实行猛烈之治。从《大诰》中记载的一些"官民过犯"看，朱元璋在处理他疾恶痛首的案件时，受"以杀去杀，以刑去刑"指导思想的支配，就无视明律规定的量刑原则，任意用刑，大行诛戮，致使刑罚酷滥而无节制。具体表现在：

其一，《大诰》所设峻令，有的事理不通，皂白不分；有的罪情相同，而治以几种不同的刑罚，前后自相矛盾，带有很大的主观臆断性。如朱元璋为革除官民勾结生事和官吏扰民等弊端，在《大诰》中明令禁止官吏下乡："有等贪婪之徒，往往不畏死罪，违旨下乡，动扰于民。今后敢有如此，许民间高年有德耆民，率精壮拿赴京来。"②并规定对于违背此令者，不分是非曲直，一律处以死刑。这一被后世视为笑柄的峻令，显然是对官吏扰民的原因没有作正确的分析，凭君主个人臆想而创设的。沈家本在《明大诰峻令考》一文中抨击道："官不下乡则境内之陋塞形势无自周知，风土人情无自咨访，惰者乐于从事，勤者欲有所施而不能，于吏治甚有关系。且事之扰民者何必下乡，因噎废食，此之谓欤！"③

又如，朱元璋对闲民交结官府乱政坏法极为恼恨，在《续编》中设置7个专条严禁滥设吏卒。然罪除滥设，当有定决。朱元璋不是这样，在同一编诰文中，对于同一犯罪的处刑，朝令夕改。《续编》第12条规定，"非朝廷立法，闲民擅当的当名色、干办名色……官民皆枭于市"；④第16条规定，"滥设无藉之徒……的当人、管干人、干办人，并有司官吏，族诛。"⑤第62条规定，闲民"私下擅称名色，与不才官吏同恶相济，虐害吾民者，族诛。……有司凌迟处死。"⑥第75条规定："市井无藉之徒……

---

① 《大明律》卷28《刑律·断狱》"官司出入人罪"条；又见（明）何广撰《律解辩疑》卷28《刑律·断狱》"官司出入人罪"条。
② 《续编·民拿下乡官吏第十八》。
③ （清）沈家本：《历代刑法考》，中华书局1985年版，第1917页。
④ 《续编·妄立干办等名第十二》。
⑤ 《续编·滥设吏卒第十六》。
⑥ 《续编·闲民同恶第六十二》。

有司仍前用此，治以死罪。"① 刑罚如此前后不一，使臣民何以适从！其用刑的随意武断，从此条峻令可见一端。洪武二十一年（1388年），中书庶吉士解缙上书言："令数改则民疑，刑太繁则民玩。国初至今二十载，无几时不变之法，无一日无过之人。"② 可以说是切中时弊。

其二，《诰》文中列举之案例，不少是置罪与非罪和罪情轻重于不顾，一味以严为尚，不加区别地滥行诛戮，甚至广为株连，冤及无辜。据《初编·军人妄给妻室第六》：军人唐闰山到兵部妄告，把山西洪洞县姚小五妻史灵芝说成自己妻室，兵部给予勘合，令将史灵芝起赴镇江与唐闰山完聚。姚小五去洪洞县衙申诉，县衙怕得罪兵部，不敢与民申冤。处理此案，本应既治唐闰山妄娶妻室之罪，又对县官的渎职依律"告状不受理"条，杖八十。然而，朱元璋对唐闰山未加追究，也没有对此案中渎职的官员按责任大小区别处理，而是将有司官员"尽行处斩"，造成了新的冤狱。又据《武臣·邀截实封第十二》条："平阳梅镇抚，有被害军人赴京告指挥李源，他替李源邀截回去。事发，梅镇抚阉割，发与李源家为奴。"③ 这无疑又是一件不白之冤。指挥李源被告而未治罪，想当无罪可科，则军人属于妄告。不治妄告者之罪，且又祸及他人，岂不是非颠倒，治狱失平！类似的冤案，在《大诰》还有许多，无一不是因君主的喜怒好恶而致。

需要指出的是，由于朱元璋求治太切，主张"锄根翦蔓，诛其奸逆"④，加之以个人臆断为刑罚标准，故动辄一案，牵连甚众，以致发展为滥杀。譬如，溧阳皂隶潘富拒捕在逃，所过州县，匿藏递送者107户。崇德县豪民赵真、胜奴曾率领200余人围困追捕者。本来，匿藏者情节有轻重，围困者有首从，朱元璋盛怒难遏，"将豪民赵真、胜奴并二百余家尽行抄没，持杖者尽皆诛戮。沿途节次递送者一百七户尽行枭令，抄没其家"⑤。又如，依照明律，对犯赃者，计赃并区分枉法、不枉法赃科罪，然

---

① 《续编·市民不许为吏卒第七十五》。
② （清）夏燮：《明通鉴》卷9，中华书局1980年版，第462页。
③ 《武臣·邀截实封第十二》。
④ （清）黄宗羲编：《明文海》卷47，解缙《大庖西上封事》，中华书局1987年影印本，第350页。
⑤ 《三编·递送潘富第十八》。

《续编·朝臣蹈恶第五十》条所记洪武十八年后新诛六部、六科给事中、承敕郎 103 人，其贪赃多者达 6.35 万贯，少者只有 135 贯，却不区分具体罪情，统统诛杀。在《大诰》记述的贪赃罪中，有数百件本不应属于死罪者，却都处以死刑，即使计赃犯笞者亦难幸免。所有这些都充分表明，《大诰》中的刑罚具有君主任意用刑和酷滥的特征。

四　重典治吏考

强调重典治吏，是《大诰》的又一个重要特色。四编《大诰》列举的各种案例，大多是属于惩治官吏方面的。朱元璋在《大诰》中的"训诫"和新设立的峻令，也多是针对官吏而发的。明《大诰》的矛头所向总的来说是对着全体臣民的，其侧重点则是打击贪官污吏。

在《大诰》中，朱元璋之所以突出重典治吏，这同当时的社会现实，特别是统治集团内部矛盾的激化密切相关，也是他的治国思想在吏治上的集中反映。

朱元璋的重典治吏思想及其实践，是经历了一个逐步形成和发展的历史过程的，洪武初期与中期的做法也不尽相同。他起自"淮右布衣"，年轻时候做过雇工，当过和尚，在参加元末农民大起义的过程中，又目睹了元朝统治的腐败，对官吏的贪暴专横和劳动人民的反抗压迫、剥削的激烈情绪深有感受。他说："昔在民间时，见州县官吏多不恤民，往往贪财好色，饮酒废事，凡民疾苦视之漠然、心实怒之。故今严法禁，但遇官吏贪污蠹害吾民者，罪之不恕。"[①] 可见，他在当皇帝前，就萌发了重典治吏的思想。

朱元璋做皇帝后，心怀雄图大略，急切地期望恢复极端残破的社会经济，改变纷扰混乱的社会秩序，力图治理出一个"海宇宁谧，民乐雍熙"[②]的太平盛世。要实现这一政治目标，首先就必须有一个清明的吏治，也就是说，掌管兵、刑、钱、谷的各级政府官吏必须是贤能的。从朱元璋

---

① （明）余继登：《典故纪闻》卷 2，中华书局 1981 年版，第 29 页。
② 《御制大诰三编·大诰三编后序》。

发布的谕旨看，他的吏治目标是：天下诸司官吏严守纪纲，忠君爱民，不结党乱政，不贪财好色，公慎廉明，专心牧民，劝课农桑，大兴教化等。但是，当时他从元朝继承下来的吏治方面的遗产使他忧心疾首。据史载，元朝末年，吏治大坏，"内外诸官皆安于苟且，不修职事，惟日食肥甘，因循度日，凡生民疾苦，政事得失，略不究心"。① "官贪吏污……不知廉耻之为何物。其问人讨钱，各有名目：所属始参，曰拜见钱；无事白要，曰撒花钱；逢节，曰追节钱；生辰，曰生日钱；管事而索，曰常例钱；送迎，曰人情钱；勾追，曰赍发钱；论诉，曰公事钱；觅得钱多，曰得手；除得州美，曰好地分；补得职近，曰好窠窟；漫不知忠君爱民之为何事也。"② 尽管农民起义的洪流，给这种腐败的吏治以巨大冲击，怎奈恶习根深蒂固，积重难返。鉴于元代因吏治腐败并导致官逼民反的血的教训，朱元璋得出结论："吏治之弊，莫甚于贪墨。"③ 又说："此弊不革，欲成善治，终不可得。"④ 故开国伊始，"惩元季吏治纵弛，民生凋敝，重绳贪吏，置之严典。"⑤ 欲"震之以雷霆，大举废政而修明之"。⑥ 很显然，在当时的特殊历史条件下，这一措施的必要性和积极意义是不言而喻的。

从洪武建元到颁行《大诰》的十八年间，朱元璋的重典治吏大体经历了两个阶段。洪武初期，他进行了大量的健全法制的工作，立法、用法都颇严峻，然较少法外用刑和进行大规模滥杀。⑦ 应当说，这对抑制贪污之风是起了积极作用的。当此之时，官吏"皆重足而立，不敢纵肆"。⑧ 本来，抑制元末以来极度膨胀了的贪墨之风"犹坚冰之泮"，非短期之功所能奏效，更何况封建剥削制度本身就是大量滋生贪官污吏的温床，故朱元璋用刑虽严，然"法出而奸生，令下而诈起"。⑨ 官吏违法犯罪者却屡有

---

① 《明太祖实录》卷72。
② （明）叶子奇：《草木子》卷4下《杂俎篇》，中华书局1983年版，第81—82页。
③ 《明太祖实录》卷148。
④ 《明太祖实录》卷69。
⑤ 《明史》卷281《循吏传序》，中华书局1974年版，第7185页。
⑥ （明）方孝孺：《逊志斋集》卷14《送祝彦芳致仕还家序》，北京大学图书馆藏明正德十五年顾璘刻本。
⑦ 杨一凡：《明初重典考》，湖南人民出版社1984年版。
⑧ （清）赵翼：《廿二史札记》卷32《明太祖晚年去严刑》，中华书局1984年版，第744页。
⑨ 《明臣奏议》卷1《应求直言诏上书》，上海商务印书馆1935年据聚珍版丛书排印，第5页。

发生。面对这种情况，朱元璋"夜不安寝"，再加上统治集团上层斗争的白炽化和朱元璋欲为子孙剪除后患等各种复杂因素的影响，他决心采取更为强硬的办法消除"奸贪"，说："我欲除贪赃官吏，奈何朝杀而夕犯！今后犯赃者，不分轻重皆诛之。"① 这样，以洪武九年空印案为开端，他在重典治吏方面便采取了以律外用刑为特征的大规模的屠杀政策。这种政策直到《大诰》颁行前从未中断。洪武十八年初，作为明初四大案之一的郭桓贪污案发生。据朱元璋说，此案的赃款折合精米共达 2400 万担之巨。② 从《初编》采辑的案例看，相当一部分条目的内容同此案以及贪污税粮有关。由此可知，郭桓贪污案的暴发，使朱元璋进一步坚定了"现任有司，皆系不才之徒"③ 的看法，从而更加雷厉风行地推行他的以律外酷刑治吏的既定政策。《大诰》中所宣扬的重典治吏，并非是一般意义上的依法从重惩治贪官污吏，而是欲图通过渲染和实行滥行诛戮来威慑和打击罪犯，借以根除贪墨。它是洪武中期以来朱元璋运用大肆屠杀手段整肃吏治的继续和发展。

律外用刑，为历代儒臣所大忌。为了向臣下说明他以律外酷法治吏的正确性，朱元璋在《大诰》中详尽地陈述了官吏的弊病和罪状，强调了非酷刑峻法不可整肃治吏的思想。

在谈到中央官吏的弊病时，朱元璋指出，今之人臣多"恃权妄为"，"蔽君之明，张君之恶，邪谋党比，几无暇时。凡所作为，尽皆杀身之计，趋火赴渊之筹"。④ 又说："朕今所任之人，不才者众，往往蹈袭胡元之弊。临政之时，袖手高坐，谋由吏出，并不周知，纵是文章之士，不异胡人。"⑤ 使朱元璋尤为恼火的是，不仅"天下诸司尽皆赃罪"，⑥ 甚至连自己派去监察百司、充当耳目的御史，也是"假御史之名，扬威胁众，恣肆

---

① （明）刘辰：《国初事迹》，中国国家图书馆藏秦氏绣石书堂抄本。
② 《初编·郭桓造罪第四十九》，据《明史》卷94《刑法二》郭桓案"赃七百万"。
③ 《续编·追赃科敛第三十六》。
④ 《初编·群臣同游第一》。
⑤ 《初编·胡元制治第三》。
⑥ 《初编·朝臣优劣第二十六》。

贪淫"。① 实是积习太深，"若不律以条章，将必仿效者多，则世将何治！"②

地方官吏的情况，在朱元璋看来，一点也不比中央官吏好。"朕设府州县官，从古至今，本为牧民。曩者所任之官，皆是不才无藉之徒，一到任后，即与吏员、皂隶、不才耆宿及一切顽恶泼皮，夤缘作弊，害吾良民多矣。"③ "各处有司，惟务奸贪，不问民瘼，政声丑陋。"④ 在《大诰》中，明太祖列举了地方官吏的种种罪状，"尽收四乡无藉之徒，掌行文案"者有之；"视朕命如寻常，以关防为无事"，"伪造御宝文书，至府不行比对勘合承接"者有之；"容留罢闲，擅使滥设"、"故违律法"、"在乡结党害民"者有之；"巧立名色，科敛于民"者有之，妄报水灾、克减赈济、隐匿田赋，假公肥私者有之；"生事科扰，及民间词讼，以是作非，以非作是，出入人罪，冤枉下民"者有之；"诽谤朝廷"，"自作非为，强声君过，妄彰君恶"者有之，诸如此类，不胜枚举。朱元璋认为，比以上罪状更使他难以容忍的是，朝廷告诫再三，官吏却明知故犯，"所在有司，坐视患民，酷害无端，政由吏为。吏变为奸，交头接耳，议受赃私，密谋科敛。愚奸既成，帖下乡村，声征遍邑，民人嗟怨。"⑤ 他们不依"朕谕"，"到任之际，掌钱谷者盗钱谷，掌刑名者出入刑名"。⑥ "此等官吏，果可容乎！"⑦

在谈到武臣时，朱元璋认为，他们是一批"赶不上禽兽的心"的"恶人"，"上坏朝廷的法度，下苦小军"。⑧ 干的全是"贪财不怕死"的勾当。如克落粮盐，私役、卖放、科敛军人，勾军作弊，肆贪害民，纵贼出没，防倭作弊，图财杀人等，可谓无恶不作，"毫无仁心"。"似这等难教难

---

① 《三编·御史刘志仁等不才第三十九》。
② 《明太祖御制文集》卷2《赦工役囚人》。
③ 《三编·民拿害民该吏第三十四》。
④ 《初编·吏殴官长第十六》。
⑤ 《初编·谕官之任第五》。
⑥ 《初编·谕官无作非为第四十三》。
⑦ 《初编·造册科敛第五十四》。
⑧ 《武臣·大诰武臣序》。

化"之徒,"若不罪他呵,那撒泼的怎地怕!"①

朱元璋列举官吏罪状的目的,是为了给他实行重典治吏提供事实依据。在《大诰》中,他不仅大肆宣扬重典治吏思想,而且也向人们阐述了他实行重典治吏的具体情况和措施。

四编《大诰》中有关吏治方面的案例,是朱元璋于洪武十八年到二十年重典治吏的真实记录。如果说《初编》记载了洪武十八年及其近期打击贪官污吏情况的话,那么,《续编》和《三编》则主要记载的是《初编》颁行后他重典治吏的情况,其中许多条目是为了维护和推动前一编《大诰》禁令的实施而设立的。综观四编《大诰》,可以看出,朱元璋的重典治吏,是从律外用刑和严密法网两个方面双管齐下的。

在四编《大诰》记载有案例的 156 个条目中,涉及官吏犯罪的条目为 128 个。② 从这些案例看,朱元璋对官吏的律外用刑,重点是打击以下几个方面的犯罪:(1)贪赃和科敛害民。这是朱元璋重典治吏的核心内容。四编《大诰》中记载此类案例的条目最多,共 59 个,其中官吏科敛害民的为 16 个。株连人数多且滥杀最厉害的案件,也多因贪赃罪所致。(2)乱政坏法和渎职罪。记有此类案例的条目为 44 个,内容包括奸党、倚法为奸、捏词诬陷、官民勾结、沉匿宗卷、公文行移不实、逼民妄行奏保、昏乱掌钞、滥设吏卒、差民经该不解物、断狱故出入人罪、故更囚名、冒解罪人、验囚尸不实、用囚书办文案、不对关防勘合、脱放逃囚逃军、邀截实封、防倭作弊等各个方面。由于这类犯罪不仅直接有害于统治秩序的稳定或关系到朝廷的安危,而且也往往与贪赃枉法联系在一起,因此,朱元璋对犯有此类罪者,即使未查出赃私,也处以苛刑,因而被族诛、凌迟、枭令者甚众。(3)妄报水灾、欺隐田粮和征收税粮不时。记有此类案例的条目为 13 个。因赋税收入是封建朝廷的经济命脉,故朱元璋对这方面的犯罪特别关注。仅因妄告水灾或查踏水灾不实被治罪,且在《大诰》中有姓名可查者,就有数百人。(4)违礼犯分和败坏封建人伦关

---

① 《武臣·卖放胡党第十七》。
② 这个数字包括官民共同犯罪的条目在内。又,下面几段中关于官吏犯罪的各类案件涉及的条目数,因有些条目记有几种罪名的案件,一个条目有时分别统计几次,故分类条目的总数比 128 条要多。

系。记有此类案例的条目为16个，内容涉及凌辱和殴打长官、皂隶殴舍人、差使人越礼犯分、祭祀不敬、教官妄言、男女混淆、妄给妻室、犯奸等。朱元璋从重人伦、兴教化的思想出发，对这方面的犯罪也大多重惩不怠。(5) 不收不敬《大诰》或违背《大诰》禁令。记有此类案例的条目有6个。条目虽少，刑罚却特别苛刻。如有犯者，无不是治以死罪。上述分析表明，朱元璋的律外用刑，是以打击贪赃罪为重点，同时也涉及吏治的各个方面，对于贪官污吏和臣下的一切越轨行为，他都是坚决予以打击。

为了实现以严刑去贪暴的目的，朱元璋在大肆诛戮贪官污吏的同时，制定了一系列旨在严密法网、加强对臣下控制的措施和法律规定，主要有：

（1）严禁"滥设吏卒"，明令"市民不许为吏卒"。规定，诸司衙门"滥设无藉之徒……的当人、管干人、干办人，并有司官吏，族诛"。[①]"市井无藉之徒……惟务勾结官府，妄言民之是非。""今后诸处有司衙门皂隶、吏员、狱卒，不许用市井之民。……有司仍前用此，治以死罪。"[②]

（2）设寰中士夫不为君用之法。"'率土之滨，莫非王臣'成说，其来远矣。寰中士夫不为君用，是外其教者，诛其身而没其家，不为之过。"[③]

（3）严明职守，防范官吏伺机贪墨。《三编·农吏第二十七》规定："今后诸衙门官，凡有公事，能书者，务必唤首领官于前，或亲口声说，首领官著笔；或亲笔自稿，照行移格式为之，然后农吏誊真，署押发放。……凡百公事，若吏无赃私，一切字样差讹，与稿不同，乃吏誊真之罪。设若与稿相同，主意乖违，罪坐官长，吏并不干。"《续编·民拿经该不解物第五十五》规定："凡在官之物起解之际，须差监临主守者。若是布政司、府、州、县不差监临主守，故差市乡良民起解诸物，因而卖富差贫……族诛之。"《续编·擅差职官第十九》规定："仓场、库务、巡检、

[①]《续编·滥设吏卒第十六》。
[②]《续编·市民不许为吏卒第七十五》。
[③]《三编·苏州人才第十三》。

闸坝等官，各有职掌，暂时不可离者。"有司敢有差使其离职办事，"比此罪（死刑）而昭示之"。《续编·钱钞贯文第五十八》规定："钞法之行，皆云贯锭。……昏乱掌钞者"，"各官吏治以重罪"。《续编·不对关防勘合第六十三》规定：有司"不对关防勘合"者，"枭令"。《续编·关隘骗民第六十五》规定，"各处关隘把截去处，巡检、弓兵将逃军逃囚一概受财，纵令逃去。及至拿住贼盗，不行火速解官"，"拿获私盐，尤其骗诈民甚。此等不才，《诰》布之后，仍前为事不公，事发到官，治以重罪"。

（4）严禁官吏下乡，明令有司不许听事。《续编·民拿下乡官吏第十八》规定："有等贪婪之徒，往往不畏死罪，违旨下乡，动扰于民。今后敢有如此，许民间高年有德耆民，率精壮拿赴京来。"《续编·有司不许听事第十一》规定："凡诸司衙门，如十二布政司，不许教府州县官吏听事，府不许教州官吏听事，州不许教县官吏听事，县不许教民间里甲听事。……敢有如此，许民赴京面奏。"

（5）建立民拿害民该吏制度。"所在有司官吏，若将刑名以是为非，以非为是"；或"私下和买诸物，不还价钱"；或"赋役不均，差贫卖富"；或"举保人才，扰害于民"；或"勾补逃军力士，卖放正身，拿解同姓名者"；或"造作科敛"，"起解轮班人匠卖放"；"尔高年有德耆民及年壮豪杰者"，将"该吏拿赴京来"。"其正官、首领官及一切人等，敢有阻挡者，其家族诛。"[1]"积年民害官吏……潜地逃回，两邻亲戚即当连首，拿赴上司，毋得容隐在乡，以为民害。"[2]

（6）建立遣牌唤民制度。"凡有临民公务，遣牌下乡，指乡村，坐地名下姓氏，遣牌呼唤。民至，抚绥发落。有司不如命者，民赴京诉。若牌至民所，三呼而民不至，方遣皂隶诣所勾拿。民至，必询不至之由。"若有司不照此办理，无故加罪于民，"有司之罪，巨微不赦"。[3]

（7）对官吏犯贪赃罪者，层层追查，有司负连带责任。"如六部有犯赃罪，必究赃自何而至。若布政司贿于部，则拘布政司至，问斯赃尔自何

---

[1]《三编·民拿害民该吏第三十四》。
[2]《初编·积年民害逃回第五十五》。
[3]《续编·遣牌唤民第十五》。

得，必指于府。府亦拘至，问赃何来，必指于州。州亦拘至，必指于县。县亦拘至，必指于民。……其令斯出，诸法司必如朕命。"① "天下仓廒并库藏等处，官攒斗级人等有犯赃私，问赃自何而得……恁招勾纳户到官，加倍追赔。当该法司不行如敕究问追征，罪如犯者。"②

（8）设重法防范官吏贪赃害民。《初编·官民犯罪第二十九》规定：官吏"贿赂出入，致令冤者不伸，枉者不理，虽笞亦坐以死"。《初编·冒解罪人第四十》规定："所在有司官吏，上司着令勾解罪人，往往卖放正身，将同姓名良善解发。今后若此，该吏处以重刑。"《三编·官吏长押卖囚第十九》规定："卖放囚徒者，本身处以极刑，籍没家产，人口迁于化外。"《初编·行人受赃第三十五》规定："行人受命而出，或捧制书，或寻常差使，或催督六部、都察院公事，所在受赃者……除民人被其威逼科敛不罪外，官吏与者、受者罪同。"《续编·路费则例第六十一》规定："今后每岁有司官赴京，进纳诸色钱钞并朝觐之节，朕已定下各官路费脚力矣。若向后再指此名头科民钞锭脚力物件，官吏重罪。"《续编·庆节和买第七十六》规定：有司"指以庆节为由，和买民物……不还民钱……拿赴京来，斩首以除民患"。《续编·造作买办第七十七》规定：承办朝廷诸色造作，"指名要物，实不与价……将该吏斩首。"《三编·巡阑害民第二十》规定："为巡阑者，倚恃官威，剥尽民财……本人凌迟。"

（9）"造言好乱"者治以重罪。"妄出谤言，以唐律作流言以示人，获罪而身亡家破。"③ "说如今朝廷法度好生利害……如此设谋，煽惑良善……所以将尔等押回原籍，枭令于市，阖家成丁者诛之，妇女迁于化外。"④

（10）整肃纪纲，禁止吏卒越礼犯分。《初编·差使人越礼犯分第五十六》规定：皂隶承差于所属衙门，"入正门，驰当道，坐公座，有乖治体。……今后敢有如此者，全家迁入云南。当该主使者，临遣之时，不行省会毋得犯分，杖一百。其容令入正门，驰当道，坐公座，此等衙门官

---

① 《初编·问赃缘由第二十七》。
② 《初编·仓库虚出实收第三十四》。
③ 《三编·作诗诽谤第十一》。
④ 《续编·断指诽谤第七十九》。

吏，不行举觉，杖一百流云南"。若皂隶敢凌辱下属衙门官员，"其罪尤甚"，"当该受辱衙门拿赴京来"。

（11）禁止"官民勾结"。《续编·闲民同恶第六十二》规定："今后敢有一切闲民，信从有司……私下擅称名色，与不才官吏同恶相济，虐害吾民者，族诛。……有司凌迟处死。"

这里应该指出，在明太祖的重典治吏措施中，还包含一些借助民众力量监督、惩治贪官污吏的思想。《大诰》中这方面的规定很多。除上面涉及的"民拿害民该吏"条款之外，还有"民陈有司贤否"的规定："自布政司至于府州县官吏，若非朝廷号令，私下巧立名色，害民取财，许境内诸耆宿人等，遍处乡村市井连名赴京状奏，备陈有司不才，明指实迹，以凭议罪，更贤育民。"①《初编·乡民除患第五十九》规定，"今后布政司、府、州、县在役之吏，在闲之史，城市乡村老奸巨猾顽民，专一起灭词讼，教唆陷人，通同官吏害及州里之间者"，允许良民将其"绑缚赴京，罪除民患"。《续编·吏卒额榜第十四》规定：皂隶名额、掌职，先行榜示民众，"除榜上有名外，余有假以衙门名色，称皂隶、称簿书者，诸人擒拿赴京"。在《三编·民拿害民该吏第三十四》中，朱元璋详尽地叙述了他采取"民拿害民该吏"措施的原因和意图。指出，他之所以这样做，是因为所任之官，"贪缘作弊"，为非多端。"若靠有司辩民曲直，十九年来未见其人"。并说，"若民从朕命，着实为之"，敢于捉拿害民官吏，那么，"不一年之间，贪官污吏尽化为贤矣。为何？以其良民自辩是非，奸邪难以横作，由是逼成有司以为美官"。由此可见，朱元璋的"民拿害民该吏"的思想是建立在对官吏极不信任的基础之上的，是一种借民逼官，加强封建统治的手段。为了保证这一措施的实现，朱元璋提出，要给持《诰》赴京的乡民以法律保障。规定凡布政司、府、州、县耆民人等，拿害民该吏赴京面奏者，"虽无文引"，关津也要"即时放行，毋得阻挡"。"其正官、首领官及一切人等，敢有阻挡者，其家族诛。"② 在《续编》中，朱元璋列专条记载了嘉定县淳化镇巡阑何添观、弓兵马德旺阻挡耆民

---

① 《初编·民陈有司贤否第三十六》。
② 《三编·民拿害民该吏第三十四》。

赴京分别受到刖足枷令、枭令示众的事，重申："今后敢有如此者，罪亦如之。"① 同时，又另列专条表彰了常熟县陈寿六等擒拿该县恶吏赴京受赏的事迹，称赞道："其陈寿六，岂不伟欤！"② 要人们向他学习。这说明，朱元璋对他制定的这一措施是抱有很大希望并决心实行的。这种借助民众力量监督、惩治贪官污吏的措施，在中国古代历史上是前所未有的。尽管这种办法在今天看来，带有无政府主义的色彩，也是一种缺乏依法办事观念的表现，但从一定意义上说，它是对"官贵民贱"传统意识的一种冲击，因而是有进步意义的。当然，由于朱元璋的主张是建立在脱离实际的主观臆想的基础之上的，当时除了极少数的捉拿恶吏的事例外，这一措施并未能够普遍实行起来。

五　法律效力考

《大诰》有没有法律效力？它的峻令在当时是否真正实行过？这是《大诰》研究中的一个疑义最大又不容回避的重要问题。

四编《大诰》作为朱元璋"昭示祸福"、"警省愚顽"的苦心之作，其"宣教"的作用是十分明显的。关于这一点，一些学者在研究中都曾给予充分的重视和肯定。然而，关于《大诰》峻令的法律效力问题，尚未引起足够的注意和对它作系统的考察。实际情况是，《大诰》中的案例、峻令和明太祖的"训诫"即"明刑弼教"言论，它们各有各的用处。朱元璋编纂案例和其"明刑弼教"言论的立足点在于"教化"，意在"使民知所劝惩"，达到预防犯罪的目的。而峻令固然也有"惩戒"的作用，但着眼点是用以打击"犯罪"，"禁于已然之后"。

我们说《大诰》峻令具有法律效力，这是考察了它的法律规范性、强制性及实施状况后得出的结论。

第一，《大诰》峻令不仅和当时的其他法令一样，是以御制形式明令颁布的，而且对人们的行为规则和相应的法律后果都有明确的规定，其中

---

① 《续编·阻挡耆民赴京第六十七》。
② 《续编·如诰擒恶受赏第十》。

多数峻令有具体的量刑标准，因而具备了古代刑事法律所应有的规范性特征。这里仅列举9例：

（1）《初编·官民犯罪第二十九》："今后官民有犯罪责者，若不顺受其犯，买重作轻，买轻诬重，或尽行买免，除死罪坐死勿论，余者徒、流、迁徙、笞、杖等罪贿赂出入，致令冤者不伸，枉者不理，虽笞亦坐以死。法司罪同犯者。此犯不分赃之巨微，除失错公罪不坐，凡私的决，并不虚示。"

（2）《初编·积年民害逃回第五十五》："积年民害官吏……见在各处，军者军，工者工，安置者安置。设若潜地逃回，两邻亲戚即当速首，拿赴上司，毋得容隐在乡，以为民害。敢有容隐不首者，亦许四邻首。其容隐者同其罪而迁发之，以本家产业给赏其首者。"

（3）《续编·鱼课扰民第三十三》："所在湖池河泊，地理所在，从古至今，办集课程一定不易之所。迩年以来，奸邪小人受任，将从古以来不系办课所在小沟、小港、山涧去处，下流虽通办课去处，其小沟、小港、山涧及灌溉塘池、民间自养鱼鲜池泽，皆已照地起科并不系办课去处……取鱼罾网、罩笼之类一概搜拿，声言要奏，如此虐民。今后敢有仍前夺民取采虾、鱼器具者，许民人拿赴有司。有司不理，拿赴京来，议罪枭令，以快吾良民之心。"

（4）《续编·湖池水面钱第三十五》："所在湖池，民舟经涉。其河泊之官敢有妄取水面钱者，罪不赦。"

（5）《续编·闲民同恶第六十二》："今后敢有一切闲民，信从有司，非是朝廷设立应当官役名色，而于私下擅称名色，与不才官吏同恶相济虐害吾民者，族诛。若被害告发，就将犯人家财给与首告人，有司凌迟处死。"

（6）《续编·逃军第七十一》："《诰》到，肯听朕言，将境内逃军省令里甲、亲戚人等，或百、或千、或十，各各令里长送赴京来。……若逃军改名换姓影在境内，闻《诰》到日，三五人自行赴官首告，赴京著役。如在京卫分，赴在京卫分。各都司卫分，赴各都司卫分。虽是在逃十年、十五年、十七八年、三五年，亦行尽皆出首，与免本罪，仍前著役。如不出首，两邻、里甲见了《大诰》，毋得隐藏逃军，虽是至亲必须首告，免致乡村良民被捉拿逃军连累受苦。敢有违朕之言,仍有勾逃军官吏生事搅扰良民,其良民中豪杰之士、耆宿老人会议捉拿赴京,见一名赏钞五锭。如是仍前影射,被人告发或挨勾得出,两邻并影射之家尽行拿充军役。"

(7)《续编·牙行第八十二》:"天下府州县镇店去处,不许有官牙、私牙。一切商客应有货物,照例投税之后,听从发卖。敢有称系官牙、私牙,许邻里坊厢拿获赴京,以惩迁徙化外。若系官牙,其该吏全家迁徙。敢有为官牙、私牙,两邻不首,罪同。巡阑敢有刁蹬多取客货者,许客商拿赴京来。不应税而税者,且如海南民有取新妇者,其县官将下礼牲口并新妇俱要税钱,已行拿赴京师,治以死罪。"

(8)《三编·空引偷军第五》:"所在官民,凡有赴京者,往年往往水陆赴京,人皆身藏空引。及其至京,临归也,非盗逃军而回,即引逃囚而去,此弊甚有年矣。今后所在有司敢有出空引者,受者,皆枭令,籍没其家。关津隘口及京城各门盘获到空引者,赏钞十锭。赍引者罪如前,拿有司同罪。"

(9)《三编·拖欠秋粮第四十一》:"设置粮长,惟在催征本区内一万石税粮。其税粮俱系各户自行办纳,本非难办之事,自合依期纳足。其粮长人等,却将各个人户税粮征收入己,故意抵顽,迁延不纳。……今后粮长务要依期纳足,如是仍蹈前非者,一体治罪不赦。"

类似的峻令,在《大诰》前三编中有60多条。此外,还有一些未明确量刑标准或言"治罪"的命令性、禁止性规定,也要求臣民必须严加遵守,它们也属于明王朝法律规范的重要组成部分。

第二,朱元璋在《大诰》中和颁行《大诰》之后,曾多次发布敕令,三令五申,对臣民"违《诰》者罪之",要求"法司照依《大诰》治罪",这就给全部《大诰》峻令赋予了不可触犯的法律效力。

为了确保《大诰》"家传人诵"、"世世守行之",朱元璋不但在《初编》、《续编》中设专条对如何实施《大诰》作了严厉的规定,下令对"敢有不敬不收者","迁居化外,永不令归",[①] 而且在他为四编《大诰》所写的《序》或《后序》以及多篇诰文中,都反复强调法司必须"比

---

① 《续编·颁行续诰第八十七》。

《诰》治罪"。他在《御制大诰序》中下令："今将害民事理，昭示天下诸司，敢有不务公而务私，在外赃贪酷虐吾民者，穷其源而搜罪之。"在《御制大诰续编序》中规定："今朕复出是《诰》，大播寰中，敢有不遵者，以罪罪之。"在《御制大诰三编序》中重申：对"敢有不钦遵者"，"比《诰》所禁者治之"。也就是说，在审判活动中，要比照《大诰》禁令量刑治罪。另外，在各编诸条目的诰文中，所谓"《诰》不虚示"，"设舍此《诰》，身亡家破"的强硬言辞更是比比皆是。在古代中国，皇帝的诏敕本身就具有法律效力，明太祖如此反复地明令臣民严守《大诰》，这就赋予了它比当时的一般性法令更高的法律效力。

值得注意的是，在洪武年间的后期，朱元璋一直都是强调"法司照依《律》与《大诰》拟罪"。如，洪武二十六年（1393年）二月颁行的《诸司职掌》规定："凡本部问有应合充军者，必须照依《律》与《大诰》内议拟明白。"① 洪武二十八年（1395年）六月己丑，明太祖谕群臣曰："后嗣止循《律》与《大诰》，不许用黥、刺、剕、劓、阉割之刑。"② 又据《明会典》："二十八年奏准：抄札迁发《律》与《大诰》该载者，宜从法司遵守。"③ 洪武三十年（1397年）正月，颁行《钦定律诰》时，他又再次强调，"凡法司今后议拟罪名，除繁文、烧毁卷宗、更名易讳、军人关赏征进在逃、死罪充军工役在逃、在京犯奸盗诈骗，仍依定例处治，及军官私役军人因而致死 名者偿命外，其余有犯，务要依《律》与《大诰》拟罪，照今定条例发落，并不许将递年各衙门禁约榜文等项条例定罪。敢有违者，以变乱成法论"。④ 这些都表明，朱元璋是把《大诰》作为一种特种刑法推行的。

事实上，当时的臣下也是把它当作具有至高无上的法律效力的"圣书"对待的。刘三吾《大诰后序》中解释对不遵守《大诰》禁令者治罪

---

① 《诸司职掌》；《刑部职掌·司门科》，见杨一凡、田涛主编《中国珍稀法律典籍续编》第3册 黑龙江人民出版社2005年版，第283页。
② 《明纪》卷6《太祖纪》，国学整理社1935年版，第66页。
③ （明）申时行等重修：《明会典》卷178《刑部二十·抄札》，中华书局1989年影印本，第907页。
④ （明）张楷：《律条疏议》"律诰该载"，见杨一凡编《中国律学文献》第1辑第3册，黑龙江人民出版社2004年影印本，第718页。

的理由时说，"罪之者，以其玩法"，又说："成周'乃洪《大诰》治'之《诰》，非直州长党正岁时所读之法之比也。"在他看来，《大诰》不仅是"玉音"。"大哉皇言"、"一哉皇心"，而且被视为复见"尧舜之治"的神圣法典。

第三，从《大诰》颁行后处理的一些案例看，也可证明这些峻令在当时就已得到实行。

朱元璋在《续编》、《三编》中，曾多处提到"前者所颁《诰》"的实施情况，记述了一些对违《诰》者处以苛刑和依《诰》治罪的案例。其中较为典型的案例有：

（1）"洪武十九年三月二十九日，嘉定县民郭玄二等二名，手执《大诰》赴京，首告本县首领弓兵杨凤春等害民。经过淳化镇，其巡检何添观刁蹬留难，致使弓兵马德旺索要钞贯，声言差人送赴京来。如此沮坏，除将各人押赴本处，弓兵马德旺依前《大诰》行诛，枭令示众，巡检何添观刖足枷令。"①

（2）崇德县民李付一等，嘉定县民蒲辛四、沈显二、周官二、曹贵五、顾匡，安吉县民金方，乌程县民余仁三等29名，苏州府吴县粮长于友，归安县民杨旺二、慎右三、戴兴四等，"恃倚《诰》文，非理抗拒"，"沮坏安身之法"，分别被处以凌迟、枭令示众、籍没其家、充军、发广西拿象、人口迁发化外等刑罚。②

（3）金华府同知谌克贞、嵊县知县何屿"违《诰》下乡扰民"，曹县知县杜用，违《诰》"卖放积年民害"，"阻挡耆民赴京奏事"，均被处以死刑；吴县主簿阎文，违《诰》"阻挡耆宿拿直司赴京，戴斩罪述职"。③

（4）镇江坊甲邻里人等，"不依《大诰》擒恶赴京"，"坐视容纵韦栋等一十八名，上惑朕听，归则把持官府，下虐良民，养恶为一郡之殃，束手不擒。韦栋等事发，将坊甲邻里尽行责罚搬石砌城，其费有空其家者有之，有不能存活者有之，有不及搬运石块而逃死者有之"。④

---

① 《续编·阻挡耆民赴京第六十七》。
② 《三编·臣民倚法为奸第一》。
③ 《三编·进士监生不悛第二》。
④ 《三编·违诰纵恶第六》。

（5）"朕将农民艰苦周折备云前二《诰》中，其典史李继业终不恻隐于民，乃敢与主簿同恶相济，又恐吓耆民。然耆民刘汶兴等见此恶党，不将典史李继业拿赴京来，辄便听从妄奏，其徒流之罪，有所不免。"①

（6）"为《大诰》一出，邻里亲戚有所畏惧，其苏、松、嘉、湖、浙东、江东、江西，有父母亲送子至官者，有妻舅、母舅、伯、叔、兄、弟送至京者多矣。……其有亲戚影射，四邻擒获到官者，本人枭令，田产入官，人口发往化外，如此者多矣。有等邻里亦行隐藏，不拿到官，同其罪者亦多矣。所在巡检、弓兵，受财纵放越境而逃者，同其罪者不少。"②

（7）"《大诰》颁行，民人一一遵守，见丁著业。其（应天府上元县知县）昌贞将民工七所告见丁著业事内事，尽行受财沮滞。……由是而获罪杀身矣。"③

（8）"客商人等贩卖货物，多被官私牙行等高抬低估，刁蹬留难……所以《续诰》颁行，明彰禁治。其刘二等暗出京师百里，地名边湖，称为牙行，恃强阻客，以致拿缚赴京，常枷号令，至死而后已，家迁化外。"④

（9）"前颁二《诰》，凡所在有司能宣布条章，抚吾民有方者，特许阖境高年有德耆民会议，连名赴京奏保，使朕知贤。令胶州官夏达可，长子县官赵才，新安县官宋矼，建昌县官徐颐等，在任不以生民为意，恣肆为恶，惟务赃贪害民。事觉，法司差人提取，却乃公然会集耆民，逼令赴京妄行奏保。……其各各耆民……听受教唆，即与同恶，赴京面奏。……奈何天理不容，欺诳之情一一自露，以致杀身亡家，人口迁于化外。"⑤

（10）"前《诰》所云：'三牌不至，方许遣人捉拿。'《诰》布天下，有司遵奉。如顽民余永延等故行抗拒，不服牌唤……顽民人刘以能，不止三牌不行，倒将承差人绑缚赴京，以致问出前情，得罪甚不轻矣。"⑥

---

① 《三编·妄举有司第十四》。
② 《三编·逃囚第十六》。
③ 《三编·著业牌第二十一》。
④ 《三编·私牙骗民第二十六》。
⑤ 《三编·有司逼民奏保第三十三》。
⑥ 《三编·民违信牌第三十六》。

类似的案例还有一些，从中不难看出，《大诰》自颁行之日起，就是作为具有法律效力的御制圣书强制加以施行的。

第四，从洪武二十六年起，朱元璋逐渐把《大诰》的不少条目列入有关罪名和条例中，并按照"改重从轻"的原则对其刑法进行了调整。以条例的形式予以确认并颁行天下，其具体情况是：

洪武二十六年制定《充军》条例，共22条，内有12条源于《大诰》篇名或诰文。其中，与《大诰》篇名相同和篇名文字稍有改动者5条：（1）诡寄田粮，（2）私充牙行，（3）积年民害官吏，（4）揽纳户，（5）断指诽谤；① 条目名称选自《大诰》正文者7条：（1）闲吏，（2）不务生理，（3）游食，（4）主文，（5）野牢子，（6）帮虎，（7）直司。

同年，朱元璋又将《大诰》条目共28条编入《真犯杂犯死罪》条例，令天下遵照实行，其条目为：

真犯死罪：大诰：

（1）僧道不务祖风；（2）说事过钱；（3）冒解罪人；（4）逸夫；（5）滥设吏卒；（6）耆民赴京面奏事务阻当者；（7）擅立干办等项名色；（8）闲民同恶；（9）官吏下乡；（10）擅差职官；（11）鱼课扰民；（12）经该不解物；（13）不对关防勘合；（14）关隘骗民；（15）居处僭上用；（16）市民为吏卒；（17）造作买办不与价；（18）庆节和买；（19）空引偷军；（20）臣民倚法为奸；（21）官吏长解卖囚；（22）寰中士夫不为君用；（23）乡民除患；（24）阻当耆民赴京。

杂犯死罪：大诰：

（1）官民犯罪，买重作轻，或尽行买免；（2）揽纳户；（3）安保；（4）断指诽谤。②

是年，又定《应合抄扎》罪名16条，《大诰》条目被列入者10条：

（1）揽纳户；（2）安保过付；（3）诡寄田粮；（4）民人经该不解物；（5）洒派抛荒田土；（6）倚法为奸；（7）空引偷军；（8）黥刺在逃；

---

① （明）申时行等重修：《明会典》卷175《刑部十七·罪名三·充军》，中华书局1989年影印本，第891页。又见《诸司职掌》：《刑部职掌·司门科》。

② （明）申时行等重修：《明会典》卷173《刑部十五·罪名一》，中华书局1989年影印本，第882页。又见《诸司职掌》：《刑部职掌·都官科》。

（9）官吏长解卖囚；（10）寰中士夫不为君用。①

洪武三十年（1397年）初，朱元璋又把《大诰》条目22条列入《决不待时、秋后处决、工役终身》条例：

秋后处决：

（1）朋奸欺罔；（2）说事过钱；（3）阻当耆民赴京。

工役终身：

（1）逸夫；（2）交结安置；（3）居处僭用；（4）空引偷军；（5）闲民同恶；（6）官吏下乡；（7）乡民除恶；（8）擅差职官；（9）冒解罪人；（10）庆节和买；（11）关隘骗人；（12）滥设吏卒；（13）长解卖囚；（14）市民为吏卒；（15）经该不解物；（16）僧道不务祖风；（17）臣民倚法为奸；（18）妄立干办等名；（19）造作头办不与价。②

洪武三十年（1397年）五月，《钦定律诰》成，并附于当时所颁行的洪武三十年《大明律》之后，《大诰》条目列入《钦定律诰》者竟达36条。③ 其中：

不准赎死罪《诰》12条：

（1）朋奸欺罔；（2）说事过钱；（3）代人告状；（4）诡名告状；（5）载刑肆贪；（6）空引偷军；（7）医人卖毒药；（8）臣民倚法为奸；（9）妄立干办等名；（10）阻当耆民赴京；（11）秀才断指诽谤；（12）寰中士夫不为君用。

准赎死罪《诰》24条：

（1）逸夫；（2）居处僭分；（3）闲民同恶；（4）官吏下乡；（5）擅差职官；（6）揽纳户；（7）冒解罪人；（8）庆节和买；（9）关隘骗人；（10）滥设吏卒；（11）长解卖囚；（12）官民有犯；（13）鱼课扰民；

---

① （明）申时行等重修：《明会典》卷178《刑部二十·抄扎》，中华书局1989年影印本，第907页。万历《会典》记《应合抄扎》罪名奏准于洪武二十八年。又见《诸司职掌》：《刑部职掌·都官科》。

② （明）申时行等重修：《明会典》卷173《刑部十五·罪名一》，中华书局1989年影印本，第883页。

③ （明）张楷撰：《律条疏议》，见杨一凡编《中国律学文献》第1辑第3册，黑龙江人民出版社2004年影印本，第715—718页。《律条疏议》所记《律诰》中的"不准赎死罪诰"和"准赎死罪诰"名称、条目与黑口本《大明律》、《兴化府志》相同，但排列顺序有异。

(14) 钱钞贯文；(15) 路费则例；(16) 造作买办；(17) 市民为吏卒；(18) 经该不解物；(19) 阻当乡民除患；(20) 僧道不务祖风；(21) 有司不许听事；(22) 不对关防勘合；(23) 有司逼民奏保；(24) 交结安置人。

这部分《大诰》条目列入有关罪名和条例后，成为明代刑例的组成部分，并要求法司更为重视它们的实施，其法律效力得到了进一步的确认。

历代制定法律，形式、名称不尽相同。以明初而论，其法律形式便有律、令、诰、例和榜文等多种。明太祖朱元璋编纂的四编《大诰》，类似于宋代的编敕。对此，清人孙承泽有一段精彩的议论：

> 按唐有律，律之外又有令、格、式。宋初因之。至神宗更其目，曰敕、令、格、式。所谓敕者，兼唐之律也。洪武元年，即为《大明令》，颁行天下，盖与汉高祖初入关约法三章、唐高祖入京师约法十二条同一意也。至六年，始命刑部尚书刘惟谦等造律文，又有《洪武礼制》、《诸司职掌》之作，与夫《大诰》三编及《大诰武臣》等书，凡唐、宋所谓律、令、格、式与其编敕，皆在是也，但不用唐、宋之旧名尔。夫律者，刑之法也；令者，法之意也。法具，则意寓于其中。方草创之初，未暇详其曲折，故明示以其意之所在，令是也。平定之后，既已备其制度，故详载其法之所存，律是也。伏读太祖训诰之辞，有曰："子孙做皇帝时，止守《律》与《大诰》"，而不及令。而《诸司职掌》于《刑部·都官科》下具载死罪，止载《律》与《大诰》中所条者可见也。是《诰》与《律》乃朝廷所当世守，法司所当遵行者也。[①]

在孙承泽看来，《大诰》不只是洪武法律的一种，而且是法律效力高于一般法令的、"朝廷所当世守，法司所当遵行"的"成法"，这种见解是符合明太祖颁布《大诰》的本意和洪武法制的实际的。

---

① （清）孙承泽撰：《春明梦余录》卷44，北京古籍出版社1992年版，第899页。

六 《大诰》行废考

(一) 洪武后期《大诰》的推行及峻令的废止

明太祖朱元璋把《大诰》当作"明教化"、"惩奸顽"、"救世治国"的法宝,在洪武年间的中后期,他凭借君主的权力,运用强制的手段,在全国臣民中大张旗鼓地推行,为实施《大诰》不遗余力。

首先,他把《大诰》看作对臣民进行教育的教科书,采取了许多严厉措施,强迫全体臣民讲读和一体遵守。

为了使《大诰》"家传人诵"、"大播寰中",《初编》颁行时,他就宣布:"朕出是《诰》,昭示祸福,一切官民诸色人等,户户有此一本。若犯笞、杖、徒、流罪名,每减一等;无者每加一等。所在臣民,熟观为戒。"① 颁行《续编》时,他又进一步宣告:"朕出斯令,一曰《大诰》,一曰《续编》。斯上下之本,臣民之至宝,发布天下,务必户户有之。敢有不敬而不收者,非吾治化之民,迁居化外,永不令归,的不虚示。"② 在《大诰续编后序》中,他还就务必准确刊刻《大诰》的问题作了规定,要求所在有司不得有传刻之误,"敢有仍前故意差讹,定拿所司提调及刊写者,人各治以重罪"。到《三编》颁行时,他又重申:"此《诰》前后三编,凡朕臣民,务要家藏人诵,以为鉴戒。倘有不遵,迁于化外,的不虚示。"③ 颁行《大诰武臣》时,他下令,"各官家都与一本",要求军官及其家属"大的小的都要知道,贤的愚的都要省得"。并宣称:"不听不信呵,家里有小孩儿每不记呵,犯法到官,从头儿计较将来,将家下儿男都问过,你记得这文书里几件?若还说不省得,那其间长幼都治以罪。"④

为了把臣民讲读《大诰》经常化,特别是让后生、幼丁"自幼知所循守",⑤ 朱元璋把该书列为全国各级学校的必修课程,规定科举考试从中出

---

① 《初编·颁行大诰第七十四》。
② 《续编·颁行续诰第八十七》。
③ 《三编·颁行三诰第四十三》。
④ 《武臣·大诰武臣序》。
⑤ 《明太祖实录》卷214。

题，并采取了一系列具体措施，开展全民性的讲读活动。洪武十九年（1386年）正月，朱元璋"颁《大诰》于国子生及各儒家学"。① 洪武二十年（1387年）闰六月，在《大诰》前三编刊行后，朱元璋对礼部尚书李原名说："朕制《大诰》三编，颁示天下，俾为官者知所监戒，百姓有所持循。若能遵守，不至为非。其令民间子弟于农隙之时讲读之。"② 是年，"令天下府州县民每里置塾，塾置师，聚生徒，教诵《御制大诰》"；"又令为师者，率其徒能诵《大诰》者赴京。礼部较其所诵多寡，次第给赏"。③ 洪武二十一年（1388年）秋七月，"颁赐天下武臣《大诰》，令其子弟诵习。上谓兵部左侍郎沈溍等曰：'曩因武臣有违法厉军者，朕尝著《大诰》昭示训戒，格其非心，开其善道。今思其子孙世袭其职，若不知教，他日承袭，抚驭军士或蹈覆辙，必至害军。不治则法不行，治之又非保全功臣之意。盖导人以善行，如示之以大路；训人以善言，如济之以舟楫。尔兵部其申谕之，俾咸诵习遵守毋怠。'"④ 洪武二十四年（1391年）三月，他特命礼部云："《大诰》颁行已久，今后科举岁贡人员，俱出题试之。"⑤ 同年，"令天下生员兼读诰、律"。⑥ 礼部根据朱元璋旨意，"行文国子监正官，严督诸生熟读讲解，以资录用，有不遵者，以违制论"。⑦ 同年十一月，又命"赏民间子弟能诵《大诰》者"。⑧ 洪武二十五年（1392年），"诏令各处官民之家，传诵《大诰》三编。凡遇乡饮酒礼，一人讲说，众人尽听，饮人皆知趋吉避凶，不犯刑宪。其秀才教训子弟，引赴京考试，有记一编、两编或全记者，俱受赏。仍具赏过数名，晓谕天

---

① （明）谈迁：《国榷》卷8，中华书局1988年版，第660页。
② 《明太祖实录》卷182。
③ （明）申时行等重修：《明会典》卷78《礼部三十六·社学》，中华书局1989年影印本，第455页。
④ 《明太祖实录》卷192。
⑤ （明）黄佐纂：《南雍志》卷1《事纪》，1931年江苏省立国学图书馆影印本。
⑥ （明）申时行等重修：《明会典》卷20《户部七·户口二·读法》，中华书局1989年影印本，第135页。
⑦ （明）黄佐纂：《南雍志》卷1《事纪》，1931年江苏省立国学图书馆影印本。
⑧ 《明太祖实录》卷214。

下"。① 洪武二十六年（1393年），"令凡民间须要讲读《大诰》、律令。敕谕老人手榜及见丁著业牌面，沿门轮递，务要通晓法意。仍仰有司，时加提督"。② 洪武三十年（1397年）五月，"天下讲读《大诰》师生来朝者，十九万三千四百余人，并赐钞遣还"。③ 如此众多的师生由各地召到京师讲读《大诰》，在中国教育史上是盛况空前的。

在《大诰》权威神圣不可触犯的情况下，收藏《大诰》与否，对《大诰》的态度怎样，成了判断是非和奖惩的依据。收藏和背诵《大诰》，不仅可以受赏和录用，犯法非死罪者还可以因此减罪。持《诰》赴京者，无须路引，关津得一律放行，不许留难。相反，不收藏《大诰》者，犯法要罪加一等；对《大诰》不遵不敬或妄生异议者，则要治以重罪。在朱元璋推行《大诰》期间，因尊崇和讲读《大诰》得到好处者大有人在。如常熟县陈寿六带头持《诰》擒恶，朱元璋敕都察院将其事迹榜谕全国市村，陈寿六不仅由此受到"免杂泛差役三年"的优待，而且被赋予"倘有过失，不许擅勾"、"捏词诬旨陈寿六者，亦族诛"等殊荣和特别保护。④ 同时，因"不收藏不敬"《大诰》被诛戮的无辜亦不乏其人。礼部郎中王锡因藏匿他人《大诰》被杀，就是其中的一个典型例证。⑤

其次，朱元璋把《大诰》奉为"理民治国"的特种法典，在司法实践中大力付诸实施，用以惩创"奸顽"，全面强化对臣民的控制。其主要做法：一是亲自处理一批违《诰》案件，树立和维护《大诰》权威；二是强调《大诰》的法律效力，严令"法司照依《大诰》拟罪"；三是把《大诰》中的主要峻令条目列入当时制定的条例。对于这三点，已在本文第五部分作过论证，这里不再重述；四是在发布的一些榜文和诏令中，将他认为需要特别重视的《大诰》禁令加以重申。如洪武二十三年（1390

---

① （明）申时行等重修：《明会典》卷20《户部七·户口二·读法》，中华书局1989年影印本，第135页。
② 同上。
③ 《明太祖实录》卷253。
④ 《续编·如诰擒恶受赏第十》。
⑤ 《三编·王锡等奸弊第二十九》。

年）五月发布的榜文重申："许令斋《大诰》赴京申诉，罪其所司。如有邀截阻当者，依《大诰》内事例决之。"① 洪武二十七年（1394年）三月发布的两篇榜文，一篇记述有明太祖三月初二日圣旨："今后里甲邻人老人所管人户，务要见丁著业，互相觉察。有出外，要知本人下落，作何生理，干何事务。若是不知下落，及日久不回，老人邻人不行赴官首告者，一体迁发充军。"② 这个圣旨与《续编·互知丁业》条的内容是一致的，实际上是对它的再次强调。另一篇则记有三月十四日圣旨："今后敢有以弟为男及姑舅姊妹成婚者，或因事发露，或被人首告，定将犯人处以极刑，全家迁发化外。"③ 这也是对《初编·婚姻》条的重申。还有一些榜文，虽然文字和案例与《大诰》有所差异，其基本精神却是一致的，实际上也是重申《大诰》的有关禁令，推动其施行。

大量事实表明，朱元璋在利用《大诰》实行"重典之治"方面，确实是费尽了苦心。那么，朱元璋推行《大诰》的社会效果如何呢？对于这个问题，《明实录》等官修史籍极少涉及。不过，借助于其他有关的史料，我们仍可对事情的真相有个大概的了解。

毫无疑问，朱元璋运用重刑打击贪官污吏和豪强地主，有利于减轻平民所受的欺压和负担，也在短期内或在一定程度上起到了威慑贪墨现象的作用。明初吏治较之元代和明代中后期，都要清明一些。当然，这种"清明"是与那种"上下贿赂公行如市，荡然无复纪纲"极度腐败局面相比较而言。同时还应看到，它是明初实行的一系列吏治措施综合作用的结果，如朱元璋重视学校的设置和人才的培养，建立健全官吏选拔、考核和监督制度等，就有助于改善和提高官吏的素质，而不能简单地仅仅归结到刑用重典这一点上，更不能不加分析地把它主要归功于推行《大诰》。就颁行《大诰》本身的社会效果而论，由于朱元璋实行的是无视正常法制的、无区别的"以杀为威"政策，大行诛戮，因而人心不服，收效有限，流弊很大，难以持久实行。也就是说，未能达到朱元璋的预

---

① 《南京刑部志》卷3，见《中国珍稀法律典籍续编》第3册，第522页。
② 同上书，第513页。
③ 同上书，第524页。

期目的。沈家本先生在评论朱元璋推行《大诰》的得失时说："不究其习之所由成而徒用其威，必终于威竭而不振也。"① 这种看法是很有见地的。

对于推行《大诰》未能达到预期目的这一结论，朱元璋本人就供认不讳。洪武十九年（1386年），他在谈及《初编》施行的情况时曾愤怒地指出：奸顽之徒，"不遵《大诰》，仍前为非，虐吾民者多矣"。② 又说："朕朝治而暮犯，暮治而晨亦如之，尸未移而人为继踵，治愈重而犯愈多。"③ 同年年底，他在谈到《大诰》前两编施行情况时哀叹道，"迩来凶顽之人，不善之心，犹未向化"；④ "奸顽之徒难治，扶此彼坏，扶彼此坏。观此奸顽，虽神明亦将何如！"⑤ 阅洪武二十一年（1388年）后朱元璋发布的榜文，也可看到他欲图通过推行《大诰》"趋民从教"、"化奸为贤"的目标远没有实现。这些榜文指出，"县州府行省官吏在职役者，往往倒持仁义，增词陷良"，"凌虐良善，贪图贿赂"；"如今在外卫所军官，不肯操练军人……在家只是吃酒、学唱、下棋、打双陆、蹴园。又有在街上做买卖，与民争利"；"奸顽小人，持其富豪，欺压良善，强捉平民为奴仆，虽尝累加惩戒，奸顽终化不省"；"无藉之徒，不务本等生理，往往犯奸做贼。若不律外处治，难以禁止"。⑥ 由此可见，朱元璋在《大诰》中强调"警戒"和"惩创"的"奸顽之徒"，远未"革心向善"，官吏贪赃枉法、豪强地主为非作歹的问题还很严重，许多无业游民仍不"从教"，继续进行危及社会秩序的活动。

洪武后期，朱元璋对他借助《大诰》推行重典政策的一套做法也曾有过困惑和动摇。洪武二十三年（1390年），他告诫刑部尚书杨靖曰："愚民犯法，如啖饮食，嗜之不知止。没法防止，犯者益众，惟推怒行仁，或能感化。"⑦ 他通过总结治国的经验教训，逐步调整、改变了"以威为治"

---

① （清）沈家本：《历代刑法考》，中华书局1985年版，第2281页。
② 《续编·粮长金仲芳等科敛第二十一》。
③ 《续编·罪除滥设第七十四》。
④ 《三编·御制大诰三编序》。
⑤ 《三编·臣民倚法为奸第一》。
⑥ 《南京刑部志》卷3，见《中国珍稀法律典籍续编》第3册，第509—528页。
⑦ （清）夏燮：《明通鉴》卷10，中华书局1980年版，第482页。

的政策和做法。在《皇明祖训》中，他告诫子孙说："朕自起兵至今四十余年，亲理天下庶务，人情善恶真伪，无不涉历。其中奸顽刁诈之徒，情犯深重，灼然无疑合，特令法外加刑，意在使人知所警惧，不敢轻易犯法。然此特权时处置，顿挫奸顽，非守成之君所用常法。以后子孙做皇帝时，止守《律》与《大诰》，并不许用黥刺、剕、劓、阉割之刑。"① 正是在这种思想的指导下，从洪武二十六年（1393年）起，他采取引诰入例的方法，逐渐对《大诰》峻令的刑罚进行了系统调整。

考察朱元璋引诰入例的用意，主要是三个方面：一是把《大诰》中用以"惩治奸顽"而《大明律》未设或未列专条及未详尽规定的禁令、罪名，通过重新整理列入条例，以此严密法网；二是通过对原《大诰》禁令刑罚的调整，改重从轻，使有关罪名在司法审判中得以长期使用，防止官吏法外用刑；三是借引诰入例，继续推动《大诰》的传播。

1. 洪武二十六年（1393年）颁行《真犯杂犯死罪》、《充军》条例，对《大诰》中禁令刑罚进行首次系统的调整

洪武二十六年，他把《真犯杂犯死罪》条例列入同年颁行的《诸司职掌》。该条例是关于死刑的罪名以及这类死罪可否赎罪的规定。《真犯杂犯死罪》条例共78条，《大明律》中的死罪条款和《大诰》中的多数死罪条目列入了此条例。内有真犯死罪律令41条，杂犯死罪律令9条。据史载，朱元璋基于"济法太重"和增加国家财政收入的双重目的，"自洪武中年已三下令，准赎及杂犯死罪以下"。② 所谓"真犯死罪"，是指实犯、不得赎罪的死罪；所谓"杂犯死罪"，是指较真犯死罪罪情稍轻、可用"运米输边"等服工役方式赎罪的死罪。在制定《真犯杂犯死罪》条例时，朱元璋对《大诰》禁令的刑罚进行了首次调整，把28条《大诰》条目列入《真犯杂犯死罪》条例，其中"真犯死罪"24条，"杂犯死罪"4条。③ 这次调整《大诰》峻令刑罚的具体情况是（详见表4）：

---

① 《皇明祖训》：《祖训首章》，见《中国珍稀法律典籍续编》第3册，第484页。
② 《明史》卷93《刑法一》，中华书局1974年版，第2293页。
③ 《诸司职掌》：《兵刑工都通大职掌·都官科》，见《中国珍稀法律典籍续编》第3册，第287—288页；又见本文第3部分《明〈大诰〉的法律效力》。

表4　《大诰》、《真犯杂犯死罪》、三十年初条例、《律诰》处刑比较①

罪名	《大诰》篇次	《大诰》处刑	洪武二十六年定《真犯杂犯死罪》条例处刑	洪武三十年初条例处刑	洪武三十年定《律诰》条例处刑	《律诰》与《大诰》处刑比较
僧道不务祖风	初编30	弃市	真犯死罪（不准赎）	工役终身（杂犯准赎）	准赎死罪（杂犯）	《大诰》重《律诰》轻
说事过钱	初编38	重刑，籍没家产	真犯死罪	秋后处决（真犯不准赎）	不准赎死罪	相近
冒解罪人	初编40	重刑	真犯死罪	工役终身	准赎死罪	相近
逸夫	续编3	死罪，里甲四邻不拿者迁化外	真犯死罪	工役终身	准赎死罪	《大诰》重《律诰》轻
滥设吏卒	续编16	族诛	真犯死罪	工役终身	准赎死罪	《大诰》重《律诰》轻
阻当耆民赴京	续编67	枭令示众刖足枷令	真犯死罪	秋后处决	不准赎死罪	《大诰》重《律诰》轻
耆民赴京面奏事务阻当者	续编67	枭令示众刖足枷令	真犯死罪			（该条合并于前条）
妄立干办等名	续编12	枭令示众	真犯死罪	工役终身	不准赎死罪	《大诰》重《律诰》轻
闲民同恶	续编62	闲民族株，有司凌迟处死	真犯死罪	工役终身	准赎死罪	《大诰》重《律诰》轻
官吏下乡	续编17	斩	真犯死罪	工役终身准赎死罪	准赎死罪	《大诰》重《律诰》轻
擅差职官	续编19	死罪	真犯死罪	工役终身	准赎死罪	《大诰》重《律诰》轻
鱼课扰民	续编33	枭令	真犯死罪		准赎死罪	《大诰》重《律诰》轻
经该不解物	续编55	族诛	真犯死罪	工役终身	准赎死罪	《大诰》重《律诰》轻
不对关防勘合	续编63	枭令	真犯死罪		准赎死罪	《大诰》重《律诰》轻

① 洪武二十六年定《真犯杂犯死罪》条例、洪武三十年初定《决不待时、秋后处决、工役终身》条例、洪武三十年五月定《律诰》条例中，个别《大诰》条目的名称，彼此文字有相异之处。为行文方便，本部分两个表中的《大诰》条目名称，以《律诰》条例所记为准。

续表

罪名	《大诰》篇次	《大诰》处刑	洪武二十六年定《真犯杂犯死罪》条例处刑	洪武三十年初条例处刑	洪武三十年定《律诰》条例处刑	《律诰》与《大诰》处刑比较
关隘骗民	续编65	重罪	真犯死罪	工役终身	准赎死罪	《大诰》重《律诰》轻
居处僭分	续编70	重罪	真犯死罪	工役终身	准赎死罪	《大诰》重《律诰》轻
市民为吏卒	续编75	死罪	真犯死罪	工役终身	准赎死罪	《大诰》重《律诰》轻
造作买办	续编77	斩	真犯死罪	工役终身	准赎死罪	《大诰》重《律诰》轻
空引偷军	三编5	枭令,籍没,成丁家口迁化外	真犯死罪	工役终身	不准赎死罪	《大诰》重《律诰》轻
庆节合买	续编76	斩	真犯死罪	工役终身	准赎死罪	《大诰》重《律诰》轻
臣民倚法为奸	三编1	凌迟示众,枭令示众,籍没,人口迁化外	真犯死罪	工役终身	不准赎死罪	《大诰》重《律诰》轻
长解卖囚	三编19	极刑,籍没家产,人口迁化外	真犯死罪	工役终身	准赎死罪	《大诰》重《律诰》轻
寰中士夫不为君用	三编13	死罪,籍没其家	真犯死罪		不准赎死罪	《大诰》重《律诰》轻
阻当乡民除患	初编59	枭令	真犯死罪	工役终身	准赎死罪	《大诰》重《律诰》轻
戴刑肆贪	三编38	枭令			不准赎死罪	《大诰》重《律诰》轻
朋奸欺罔	三编37	凌迟示众	无	秋后处决	不准赎死罪	《大诰》重《律诰》轻
代人告状	三编31	枭令	无		不准赎死罪	《大诰》重《律诰》轻
诡名告状	三编32	凌迟处死	无		不准赎死罪	《大诰》重《律诰》轻
医人卖毒药	三编22	枭令	无		不准赎死罪	《大诰》重《律诰》轻
钱钞贯文	续编58	重罪	无		准赎死罪	相近
路费则例	续编61	重罪	无		准赎死罪	相近

续表

罪名	《大诰》篇次	《大诰》处刑	洪武二十六年定《真犯杂犯死罪》条例处刑	洪武三十年初条例处刑	洪武三十年定《律诰》条例处刑	《律诰》与《大诰》处刑比较
有司逼民奏保	三编33	死罪，人口迁化外	无		准赎死罪	《大诰》重《律诰》轻
结交安置人	续编80	死罪	无	工役终身	准赎死罪	《大诰》重《律诰》轻
有司不许听事	续编11	罪不赦	无		准赎死罪	相近
官民有犯	初编29	死罪	杂犯死罪		准赎死罪	《大诰》重《律诰》轻
揽纳户	初编19 初编37	死刑，籍没家产	杂犯死罪	准赎死罪		《大诰》重《律诰》轻
安保	初编38	重刑，籍没家产	杂犯死罪		无	
秀才断指诽谤	续编79	枭令，合家成丁处死，妇女迁化外	杂犯死罪		不准赎死罪	《大诰》重《律诰》轻

（1）除《说事过钱》、《冒解罪人》、《官吏下乡》、《擅差职官》、《关隘骗民》、《居处僭分》、《市民为吏卒》、《造作买办》、《庆节合买》9条死罪的处刑未改变外，其他19个条目的处刑均改重从轻，不少条目减轻幅度甚大。

（2）废除了《大诰》峻令中的族诛、凌迟、枭令、弃市、极刑等各种律外酷刑，其中，由族诛改为真犯死罪者2条，凌迟处死改为真犯死罪者2条，枭令示众改为真犯死罪者7条、杂犯死罪者1条，弃市改为真犯死罪者1条。

（3）由死罪改为杂犯死罪的条目4条。

（4）对《大诰》峻令中的10种罪名，取消了籍没犯人家产、家中成丁迁发化外或株连里甲四邻的处罚。

这28个条目列入《真犯杂犯死罪》条例后，《大诰》峻令中的律外酷刑已基本取消，用刑特别苛刻的19条《大诰》峻令也较前减轻了刑罚，在司法审判中不再适用。由于列入条例的《大诰》条目的刑罚发生了重大改变,成为《真犯杂犯死罪》条例的组成部分,它已不再是原来意义上的《大诰》禁令了。

洪武二十六年,朱元璋在制定《真犯杂犯死罪》的同时,又制定了《充军》条例22条,并收入该年颁行的《诸司职掌》。《充军》条例中有12个条目取自《大诰》,其中,与《大诰》篇名完全相同的2条,与《大诰》篇名大体相同但文字有改动者3条,条目名称选自《大诰》正文的7条。该条例中的"揽纳户"、"断指诽谤"2条还编入同年颁行的《真犯杂犯死罪》条例。朱元璋通过制定《充军》条例,对《大诰》禁令的刑罚作了调整(详见表5)。

表5　《大诰》、《充军》条例、《真犯杂犯死罪》条例、《律诰》处刑比较

罪名	《大诰》篇次篇名	《大诰》处刑	洪武二十六年定《充军》条例处刑	洪武二十六年定《真犯杂犯死罪》条例处刑	洪武三十年定《律诰》条例处刑	《律诰》与《大诰》处刑比较
诡寄田粮	初编39《诡寄田粮》	全家抄没	充军			
私充牙行	续编82《牙行》,三编26《私牙骗民》	续编82为迁徙化外;三编26为本人处死,家迁化外	充军			
闲吏	初编59《乡民除患》	帮缚赴京治罪	充军	"乡民除患"为真犯死罪	"乡民除患"为杂犯准赎死罪	
积年民害官吏	初编55《积年民害逃回》	安置,充军	充军			
揽纳户	初编19《揽纳户虚买实收》,初编37《籍没揽纳户》	死刑,籍没家产	充军	杂犯死罪	杂犯准赎死罪	

续表

罪名	《大诰》篇次篇名	《大诰》处刑	洪武二十六年定《充军》条例处刑	洪武二十六年定《真犯杂犯死罪》条例处刑	洪武三十年定《律诰》条例处刑	《律诰》与《大诰》处刑比较
不务生理	续编3《互知丁业》，续编6《再明游食》	续编3为死罪，里甲四邻不拿者迁化外，续编6为拿赴有司或拘拿赴京治罪	充军	"逸夫"为真犯死罪	"逸夫"为杂犯死罪	
游食	同上	同上	充军	"逸夫"为真犯死罪	"逸夫"为杂犯死罪	
断指诽谤	续编79《断指诽谤》	枭令，合家成丁处死，妇女迁化外	充军	杂犯死罪	真犯不准赎死罪	
主文	续编74《罪除滥设》	死罪	充军			
野牢子	同上	死罪	充军			
帮虎	同上	死罪	充军			
直司	同上	死罪	充军			

从表5可知，收入《充军》条例的《大诰》罪名，除《诡寄田粮》、《闲吏》、《积年民害官吏》3条的处刑与《大诰》相近外，其他9条较《大诰》中的禁令的刑罚都有所减轻。

2. 洪武三十年（1397年）初颁行《决不待时、秋后处决、工役终身》条例，[①] 对《大诰》峻令进行第二次系统调整

洪武三十年初，朱元璋颁行了《决不待时、秋后处决、工役终身》条例。所谓"决不待时"，是指对判决为死罪犯人立即执行；所谓"秋后处决"，是指对被判决为死罪的犯人秋后执行，这两者均属于真犯、不准赎死罪。所谓"工役终身"，是指被判决为死罪的犯人，不执行死刑，以终

[①] 见（明）申时行等重修《明会典》卷173《刑部十五·罪名一》，中华书局1989年影印本，第882—883页。

身服工役折罪。"工役终身"属于准赎、杂犯死罪性质。该条例计100条，内有《决不待时》罪名7条，《秋后处决》罪名51条，《工役终身》罪名42条。在《秋后处决》罪名中，收有《大诰》条目3条；《工役终身》罪名中，收有《大诰》条目19条。

该条例收入的22个《大诰》条目，除"朋奸欺罔"、"交结安置人"2条是新增的外，其他20个条目均是原列入洪武二十六年颁行的《真犯杂犯死罪》条目。其中与《真犯杂犯死罪》条例处刑相同的2条，由真犯死罪改为杂犯死罪、由执行死刑变为工役终身的18条，刑罚已大为减轻。新增加的两个《大诰》条目，《朋奸欺罔》由《大诰》的凌迟示众减轻为真犯死罪，《结交安置人》由《大诰》的死罪改变为工役终身。列入《决不待时、秋后处决、工役终身》条例的全部《大诰》条目，量刑均比《大诰》处刑有较大幅度的减轻（详见表4）。

3. 洪武三十年（1397年）五月颁行《律诰》条例，对《大诰》中的禁令刑罚进行第三次系统调整

《决不待时、秋后处决、工役终身》条例颁行不久，洪武三十年五月，朱元璋又颁行了《律诰》条例。《律诰》条例共147条，其中"不准赎死罪律"102条，"不准赎死罪诰"12条，"准赎死罪律"9条，"准赎死罪诰"24条。该条例是关于死罪罪名及被判处死罪者是否允许收赎的规定。由于《律诰》条例与《大明律》同时颁布天下，它是朱元璋生前对于死罪罪名的最后修订。该条例收入《大诰》条目36条，也是朱元璋按照改重从轻的原则，对《大诰》刑罚进行的最后一次全面和具有定型意义的调整。

《律诰》条例中《大诰》条目的处刑，是在修订洪武三十年初颁行的《决不待时、秋后处决、工役终身》条例及洪武二十六年（1393年）颁布的《真犯杂犯死罪》条例的基础上进行的。这次调整的具体情况是（详见表4）：

（1）《律诰》条例与洪武三十年初颁行的《决不待时、秋后处决、工役终身》条例比较。三十年初条例中的22个《大诰》条目，全部被列入《律诰》条例。除《妄立干办等名》、《空引偷军》、《臣民倚法为奸》3条的处刑，由杂犯死罪加重为真犯死罪外，其他19个条目的处刑均未变化。

（2）《律诰》条例与《真犯杂犯死罪》比较。《真犯杂犯死罪》条例中有26个条目列入了《律诰》；未列入《律诰》的《耆民赴京面奏事务阻当者》、《安保》2条，是因为与《阻当耆民赴京》、《说事过钱》内容重复被删掉的。《律诰》中又新增了《真犯杂犯死罪》条例中未曾列入的《戴刑肆贪》、《朋奸欺罔》、《代人告罪》、《诡名告状》、《医人卖毒药》、《钱钞贯文》、《路费则例》、《有司逼民奏保》、《结交安置人》、《有司不许听事》10个《大诰》条目。这样，《大诰》中有关死罪的峻令基本上被纳入了《律诰》条例。也就是说，《大诰》峻令已全部被《律诰》所代替。

《真犯杂犯死罪》中的26个《大诰》条目收入《律诰》后，有8个条目量刑未加改变；量刑加重者1条，即把《断指诽谤》由"杂犯死罪"加重为"不准赎死罪"；量刑减轻者17条。该条例中的24个"真犯死罪"条目，在《律诰》中有17个条目被减轻为"准赎死罪"。

（3）《律诰》条例与《大诰》比较，列入《律诰》的36个《大诰》条目，除《说事过钱》、《冒解罪心》、《钱钞贯文》、《路费则例》、《有司不许听事》5条的刑罚相近外，其他31个条目的刑罚都按照减重从轻的原则作了较大调整。

引《诰》入例、改重从轻，是洪武后期朱元璋为修正《大诰》处刑采取的措施。洪武二十六年颁行《真犯杂犯死罪》和《充军》条例后，有近40条《大诰》峻令已停止使用。洪武三十年颁行《律诰》条例后，《大诰》中涉及死刑的36条峻令被《律诰》所代替，加上《充军》条例中刑罚被调整的《大诰》条目，《大诰》中的禁令基本条例化。新的条例的颁行，意味着原《大诰》峻令中的刑罚已被废止，在司法审判中不再适用。

《明史·刑法志》云："自《律诰》出，而《大诰》所载诸峻令未尝轻用。"[①] 这一记载应该是可信的。

[①] 《明史》卷93《刑法一》，中华书局1974年版，第2284页。

（二）洪武朝以后《大诰》的命运

洪武三十一年（1398年）闰五月，即颁行《律诰》一年后，朱元璋逝世。洪武朝以后，《大诰》在国家政治生活中是否还发挥作用？它在司法审判中是否被继续使用？要回答这个长期令人困惑不解的问题，有必要从讲读《大诰》、《律诰》的实施与废止、"有《大诰》减等"这三个与《大诰》相关的方面进行考察。

1. 关于《大诰》的讲读

讲读《大诰》是朱元璋反复向臣民提出的要求，是他为推动《大诰》传播采取的措施。朱元璋死后，讲读《大诰》的制度曾在永乐年间继续实行。据史载，明成祖朱棣发动靖难之役取代建文帝后，为收揽人心，巩固其地位，力贬建文而崇祖制。洪武三十五年（1402年，即建文帝四年）七月，他在即位的当月，就敕令礼部："太祖高皇帝亲制《大诰》三编，使人知趋吉避凶之道，颁行岁久，虑民间因循废弛，尔宜申明，仍令天下诵读，遇乡饮则讲解如旧。"[①] 永乐元年（1403年），他又下旨："令各处教官训导，依前教读讲解，听候考试，其市井乡村秀才，一体用心教训，如不熟读，及闻知考试推诿不赴者，治罪。"[②] 永乐三年（1405年）二月，巡按福建监察御史洪堪建议："乡饮酒礼，乞申明令有司以时奉行，选方正之士讲读《大诰》律令，使民知趋善避恶。"此建议被明成祖采纳。[③] 然查明代史籍，永乐以后的洪熙、宣德、正统几朝，虽也有一些关于君主要求讲读《大明律》和御制书籍的记载，但多是笼统言之，并未明确要求臣民讲读《大诰》。这表明朝廷对讲读《大诰》一事已不那么重视了。

到明代中叶时，《大诰》已为民间鲜知。身经正统、成化、弘治三朝的陆容写道："国初惩元之弊，用重典以新天下，故令行禁止，若风草然。然有面从于一时，而心违于身后者数事。如洪武钱、大明宝钞、《大诰》、

[①] 《明太宗实录》卷10下。

[②] （明）申时行等重修：《明会典》卷20《户部七·户口二·读法》，中华书局1989年影印本，第135页。

[③] 《明太宗实录》卷39。

《洪武韵》是已。……《大诰》，惟法司拟罪云有《大诰》减一等云尔。民间实未之见，况复有讲读者乎！"① 嘉靖六年（1527年）十二月，詹事霍韬向皇帝上疏曰："洪武中，令天下生员读《诰》、《律》、《教民榜文》，又言民间子弟早令讲读《大诰三编》。今生儒不知《诰》、《律》久矣。"他回顾《大诰》等祖宗之法不行的历史过程时说："惟宣德、正统以后逐渐废坏，循至迩年，所存无几。"② 明成祖死后，仁宗朱高炽继位，不到一年而卒，继而宣宗朱瞻基即位，改元宣德。霍韬说自宣德朝起，《大诰》讲读制度已逐渐废坏，当是可信的。

检现存的数十种《大诰》版本，基本上是刻于洪武年间。除嘉靖、万历年间刊行的《皇明制书》收有《大诰》外，很少见到明代中后期刊印的其他《大诰》版本。这也从一个侧面证明，朱元璋死后不久，这部在洪武中后期曾"户户有此一本"、"家藏人诵"的圣书，已衰落到"人不知诰"的地步。这是朱元璋本人万万料想不到的。

2. 关于《律诰》条例的实施与废止

认为《大诰》在洪武朝以后的司法审判中仍发挥作用的学者，主要是把《律诰》条例仍在实施作为支持自己论断的理据。笔者以为，持此论者存在两个认识方面的误区。

其一，《律诰》并不等同于《大诰》。《律诰》作为单行的条例，是专门规范死罪的罪名和判处死刑的囚犯是否可以赎罪的规定，具有自成一体的内容体系和独立适用的效力。虽然它的147个条目中有36个罪名取自《大诰》，与《大诰》存在着法律渊源关系，但《律诰》的规定、刑罚、功能、法律效力与《大诰》有很大的不同。《大诰》条目共236条，其内容是由峻令、案例和明太祖的"训诫"三部分组成的。《大诰》是否在司法审判中发挥作用，不仅要看其峻令是否具有法律效力，还应看《大诰》中的案例是否可以在司法审判中比照援引。查阅明代法律文献，尚未有洪武朝以后援引《大诰》中的案件判案的例证。至于《律诰》条例中的《大诰》条目，经过洪武后期几次系统修正，其量刑标准已与原《大诰》

---

① （明）陆容：《菽园杂记》卷10，中华书局1985年版，第122—123页。
② 《明世宗实录》卷83。

中的规定发生了重大变化。《律诰》条例颁行后，原《大诰》中同一内容的禁令，已失去法律效力。因此，我们不能不加分析地把《律诰》等同于《大诰》。

其二，《律诰》的存在，并不等于列入该条例中的《大诰》条目也必然得到实施。《律诰》中收入"不准赎死罪律"102条，"准赎死罪律"9条，这些条目是从《大明律》有关死刑的规定中摘引而来，其中不准赎死罪的罪名、刑罚同《大明律》完全一致，准赎死罪的死罪性质也同于《大明律》，只是把绞罪改为准赎死罪。由于《律诰》中的这些条目同《大明律》规定不发生冲突，它们在司法审判中被援用是顺理成章的。然而，《律诰》中《大诰》条目的量刑较之洪武三十年（1397年）《大明律》往往加重，一些与律文相近条款的处刑甚至苛重无比，如不进行修正，在审判活动中是很难操作的。因此，不能因为洪武朝以后的一段时期内《律诰》未被明令废止，就认为其中的《大诰》条目必定得到实施。

列入《律诰》的36个《大诰》条目，虽然其刑罚已较《大诰》峻令有较大幅度的减轻，但除3条与律处刑相同外，其他条目的处刑仍比《大明律》苛重[①]。按照明代法律制度，各种刑事立法必须符合律意，刑罚不得与律文发生冲突。司法办案必须一依《大明律》决断，要求量刑轻重适宜，不得妄引与律文相冲突的条例为判案的依据。这样，《律诰》与《充军》条例量刑相冲突的条目，恐怕司法审判中难以引用。

洪武以后各朝新的君主登基时，都无一例外地在即位诏中重申，要求法司办案"一依《大明律》科断"。洪武三十一年（1398年）闰五月，建文帝朱允炆登基。建文帝"性仁厚，于刑狱多所减省"。[②] 他在即位诏中宣布："今后官民有犯五刑者，法司一依《大明律》科断，无深文。"[③] 这样，"较律为重的《律诰》中的大诰条目，即可能在断狱时不予援

---

① 详见本书《洪武大明律考》第2部分《〈大明律〉与〈大诰〉关系考》。
② 《明史》卷4《恭闵帝》，中华书局1974年版，第59页。
③ 《姜氏秘史》，转引自黄彰健著《明清史研究丛稿》卷2《〈大明律诰〉考》，台湾商务印书馆1977年版，第187页。

用"。① 明成祖发动靖难之役取代建文帝后，为收揽人心，巩固其地位，力贬建文而崇祖制。他在即位诏中宣布："侄允炆以冲幼之资，嗣守大业，秉心不孝，改更宪章……建文以来祖宗成法有更改者，仍复旧制，刑名一依《大明律》科断。"② 永乐前期，明成祖曾大力维护《大诰》的讲读，但永乐十九年（1421年）四月，他也下诏说："法司所问囚人，今后一依大明律拟罪，不许深文，妄引榜文条例。"③ 黄彰健指出，明成祖发布这条诏令后，《律诰》中"较律为重者恐亦不许引用"。④ 仁宗、宣宗、英宗即位之初，都效仿建文帝，明令宣布："诸司所问囚犯，今后一依《大明律》科断，不许深文，违者治罪。"⑤ 在各朝都强调依《大明律》科断的情况下，《律诰》中与《大明律》的量刑明显冲突的那些条款，应当说在司法审判中很难适用了。查现存这几朝的案例，也未发现依《律诰》中《大诰》条目治罪的实例。因此，虽然《律诰》中的《大诰》条目未被明令废止，除非朝廷对这些条目的刑罚再行调整，否则就难免逃脱"明不言废而实废"的命运。

明孝宗弘治十年（1497年），颁行了新的《真犯杂犯死罪》条例。⑥《明会典》云："按洪武间所定'真杂犯死罪'并'工役终身'及永乐间定'迁发种田'，与律不无异同。今问刑衙门，俱遵依弘治十年所定。"⑦ 据此可知，最迟在弘治十年条例颁行时，《律诰》条例已被废止。弘治十年条例中没有列入《大诰》条目，表明《大诰》对明代中后期的司法审判不再发生影响。

广泛查阅明代法律文献可知，洪武朝以后收录有《律诰》条例者，仅

---

① 黄彰健：《明清史研究丛稿》卷2《〈大明律诰〉考》，台湾商务印书馆1977年版，第187页。
② （明）傅凤翔辑：《皇明诏令》卷4，见《中国珍稀法律典籍集成》乙编第3册，第104—105页。
③ 《明太宗实录》卷236。
④ 黄彰健：《明清史研究丛稿》卷2《〈大明律诰〉考》，台湾商务印书馆1977年版，第190页。
⑤ （明）傅凤翔辑：《皇明诏令》卷7至卷10，见《中国珍稀法律典籍集成》乙编第3册，第193、217、281页。
⑥ （明）申时行等重修：《明会典》卷174《刑部十六·罪名二》，中华书局1989年影印本，第885—889页。
⑦ （明）申时行等重修：《明会典》卷173《刑部十五·罪名一》，中华书局1989年影印本，第882页。

有张楷撰《律条疏议》成化三年（1467年）刻本及该书嘉靖二十三年（1544年）符验重刻本和《兴化府志》。张楷卒于天顺四年（1460年），《律条疏议》是他去世的后一年即天顺五年（1461年）首次刊刻的，① 该书天顺五年刻本未收录《律诰》条例。后来的重刻本收入的《律诰》条例，显然是后人增加进去的。此外，正德、万历两朝刊行的《大明会典》，都收入了洪武二十六年（1393年）定《真犯杂犯死罪》条例，洪武三十年（1397年）初定《决不待时、秋后处决、工役终身》条例以及弘治十年定《真犯杂犯死罪》条例，唯独没有收入《律诰》条例。从《律诰》条例传本不多的情况可以推断，该条例在明代前期司法实践中的作用是很有限的。

3. 关于"有《大诰》减等"

洪武十八年（1385年），朱元璋在颁行《大诰》初编时，就下令实行"有《大诰》减等"制度，规定有《大诰》者，"若犯笞、杖、徒、流罪名，每减一等。无者每加一等"。② 他推行"有《大诰》减等"制度的用意，一方面是试图通过这种办法鼓励和强制臣民讲读《大诰》，推动《大诰》的普及和传播；另一方面也是基于当时用法过严，通过减等以减轻刑罚，宣示君主的宽仁之道。对于明太祖推行"有《大诰》减等"制度的背景和动机，明人唐枢在论及《大诰》时作了这样的阐述："古谓刑罚世轻世重，其要归于期无刑以治天下。高皇帝初宰朝野，令、律两发，而钟元末造民习不良，犯者益肆其奸，于是特典重裁，间以时出，如雷霆震惊。一番旋干，然神功歛敛，能改即止。凡大小犯悉令减一等科罪，盖其所轻重世也，而非我之所欲自为也。"③

"有《大诰》减等"制度曾在洪武中后期实行。洪武二十八年（1395年），朱元璋对"有《大诰》减等"制度作了修正，明令"法司拟罪，许

---

① 上海图书馆藏有明人张楷撰《律条疏议》天顺五年刻本。
② 《初编·颁行大诰第七十四》。
③ （明）唐枢：《法缀》"大诰三编"条，明嘉靖、万历年间刻本，见杨一凡编《中国律学文献》第1辑第4册，黑龙江人民出版社2004年影印本，第668—669页。

引《大诰》减等。若遇恩例，则通减二等"。① 这一法令删去了无《大诰》者罪加一等的规定。为了使法司在审判活动中准确执行"有《大诰》减等"的规定，朱元璋敕六部、都察院编纂了《律条直引》一书，于洪武三十年（1397年）颁行天下。该书30卷，对《大明律》460条律文如何解读及明确"有《大诰》减等"的量刑标准，逐条作了规定。洪武末何广撰《刑名启蒙例》②中，也通过总结实际司法工作经验，对审理案件中应遵循的要则和如何贯彻"有《大诰》减等"作了详细的阐述。洪武以后各朝官方或私人编纂的法律文献中，也有一些"有《大诰》减等"的记载。在明代的司法审判中，对于犯笞、杖、徒、流罪者，也实行了减等制度。然而，明代史籍中谈到《大诰》在洪武朝以后流传的情况时，几乎是讲"人不知诰"；法司办案，也是对死刑以下犯罪通减一等。正如明人佘自强所说："高皇帝颁行《大诰》，开人守法惧罪之门，使读而守之者除死罪外，俱得各减一等。今人虽无读《大诰》者，然平常一概引律，则俱称《大诰》减等矣。"③

明代司法中存在的"有《大诰》减等"制度，并不标志着《大诰》在司法审判中还继续发挥作用。《大诰》是否在司法审判中发挥作用，关键是看它的规定是不是能够作为审理案件的依据。在明代的司法审判中，法司往往是在不查验犯人是否持有《大诰》的情况下，对非犯死罪的犯人按减罪一等的办法处理。所谓"有《大诰》减等"，只是一种形式而已。因此，不能把这种形式主义的做法，说成《大诰》在司法审判中发挥作用。

明太祖朱元璋亲自编纂的《大诰》峻令，风行于洪武十八年（1385年）至二十五年（1392年）间。洪武二十六年（1393年）后，朱元璋采用引诰入例的方法，屡减轻其刑罚，《大诰》峻令逐渐废止不用。自洪武

---

① （明）徐溥等纂，（明）李东阳等校正：《大明会典》卷132《刑部七·申冤·问拟刑名》，明正德六年司礼监刻本。又见（明）唐枢撰《法缀》"大明律"条，《中国律学文献》第1辑第4册，第663页。

② 见《中国珍稀法律典籍集成》乙编第1册，第649—663页。

③ （明）佘自强：《治谱》卷4，明崇祯十二年呈祥馆重刻本，见《官箴书集成》第2册，黄山书社1997年影印本，第117页。

三十年（1397年）《大明律诰》成，《大诰》禁令条目为《律诰》所替代，《大诰》仅成为教育臣民的教材。洪武朝以后，虽在一定时期内有《律诰》条例存世，又有"《大诰》减等"在司法中沿袭使用，然宣德朝以后，随着讲读《大诰》制度的废坏，这一圣书渐渐被束之高阁，乃至成为稀见之书，国人只知"有《大诰》减等"，而不知《大诰》为何物。《大诰》的这种命运，是有其历史必然性的。历代用刑，世轻世重。朱元璋患臣民沿袭元末"贪黩、懈驰"之弊，注重严明法制，严肃纪纲，以严法打击贪官污吏，本应无可非议，然刑罚之用，当依法而行，又贵在轻重适宜。若无视"常法"，大搞法外用刑而无节制，那就会适得其反。《大诰》峻令正是由于酷滥无比，故难长久推行，这是不以人的意志为转移的必然结局。

洪武朝峻令、重刑禁例和法外用刑补考

历代用刑，世轻世重。中国古代社会的重刑政策，亦称重典政策。历史上一些王朝实行的"重典"，往往有三个特征：一是所颁行的法令比通常的法律要严峻苛刻，具有"重刑"性质；二是律外加刑；三是滥行诛戮，肆意法外用刑。重典政策作为维护君主专制统治的手段，曾经为一些皇帝所使用。然就法网之严密、诛戮之广泛和实行之彻底而言，明太祖朱元璋执政的洪武朝可称得上是"历朝之冠"。

对于明初朱元璋实行的"重典"之治，一些史学家和律学家曾围绕"重典治吏"的问题，对其屡起大狱、诛戮功臣、大兴文字狱和以检校、锦衣卫搞特务政治等作过探讨，然从立法方面研究明初重典的文章凤毛麟角。至于"朱元璋的'刑用重典'是否及于平民"，有些学者认为明初重典是治官不治民的。

笔者在《明初重典考》[①] 和《明大诰研究》[②] 两书中，曾采用对立法、司法和法外用刑综合考察的方法，对明初重典的一些重要疑义进行了初步探索，提出了自己的看法。本文拟在前人研究的基础上，就朱元璋在洪武律、《大诰》之外是否还颁行过其他峻令和重刑禁例，其"法外用刑"是否及于平民，如何看待《明实录》等书中有关明太祖主张"轻刑"的记载、重典政策与让步政策是否矛盾这几个问题，作些补充性考证。

一 洪武榜文峻令

在明初立法中，许多法律法令是以榜文形式公布的。榜文作为"直接

[①] 杨一凡：《明初重典考》，湖南人民出版社1984年版。
[②] 杨一凡：《明大诰研究》，江苏人民出版社1987年版。

向民众公布"的官方文书,能够把国家的法律和需要告知百姓的事项迅速传达到基层,因而颇受明太祖朱元璋的重视。洪武年间朝廷发布的榜文,就其功能而言,可分为晓谕事项和公布法律两类榜文,其中以后者为多。榜文通常是六部和其他中央机构奉旨发布的。在公布法律、法令类榜文中,有些属于皇帝钦准的"定例",明人称其为"榜例",亦称"榜文禁例";有些则是皇帝发布的敕令,后人常把其中属于重刑性质的敕令称为"峻令"。就公布法律、法令类榜文的内容而言,既有刑事立法类榜文,也有行政、经济、民事、军政立法类榜文。本文主要就朱元璋颁行的刑事立法类榜文,特别是峻令类榜文进行论述。

洪武年间,朱元璋奉行"以重典治乱世"的治国方针,为惩治"奸顽",颁行了很多具有重刑性质的榜文峻令,并要求臣民严格遵行。故法司在狱讼活动中,往往把以榜文形式公布的峻令看得比律还重要。依新颁榜文断狱,也便成为惯例,从而出现了"榜文为主,律为辅"的局面。

据史载,明朝建国不久,朱元璋就常因事立法,发布榜文峻令。洪武三年(1370年)二月,曾"召江南富民赴阙,上口谕数千言刻布之,曰《教民榜》"。①《教民榜》字数如此之多,可见它实是若干榜文的汇集。整个洪武年间,榜文屡颁,从未间断。直到朱元璋死前一两月,即洪武三十一年(1398年)四五月间,他虽然在《御制大明律序》中申明,"其递年一切榜文禁例尽行革去,今后法司只依律与《大诰》议罪",却同时诏令户部修订供里老理讼使用的《教民榜文》,刊布天下。②朱元璋运用榜文惩戒臣民的做法,对后世,特别是对永乐朝影响很大。

洪武朝榜文,就内容讲,涉及吏、户、礼、兵、刑、工各个方面;就种类而言,因惩戒的对象和供使用的范围不同,有些悬挂于官署,有些榜于市,有些则挂于申明亭,还有专门申诫公侯的铁榜。现存的洪武榜文,散见于正德《明会典》、万历《明会典》、《明实录》诸史籍中,资料相对集中者有《皇明制书》所收《教民榜文》和《南京刑部志》所收的69榜

---

① (明)谈迁:《国榷》卷4,中华书局1998年版,第408页。
② 《教民榜文》刊行于洪武三十一年四月,该榜文收入刘海年、杨一凡主编《中国珍稀法律典籍集成》乙编第1册,科学出版社1994年版,第635—645页。

榜文。

《教民榜文》记述了明太祖有关里甲、本里老人理断民讼和管理其他乡村事务方面的圣旨，计41款，内容包括里老制度的组织设置、人员选任，理讼的范围、刑罚、程序、原则、里老的职责及其法律保障，以及对违背榜文者的处罚规定等。洪武三十一年（1398年）三月十九日，朱元璋在对户部尚书郁新等文武百官谈到颁行《教民榜文》的目的时指出："奈何所任之官多出民间，一时贤否难知。儒非真儒，吏皆猾吏，往往贪赃坏法，倒持仁义，殃害良善，致令民间词讼皆赴京来，如是连年不已。今出令昭示天下，民间户婚、田土、斗殴相争一切小事，须要经由本里老人、里甲断决。若系奸、盗、诈伪、人命重事，方许赴官陈告。是令出后，官吏敢有紊乱者，处以极刑。民人敢有紊乱者，家迁化外。前已条例昭示，尔户部再行申明。"[①] 可见，减少民间词讼，是发布《教民榜文》的基本目的。

从《教民榜文》规定的里老理讼的范围看，基本上属民事关系。但是，其中也有一些内容属于以刑罚保障里老理讼得以实行的规定，所以，这些条款仍具有刑事立法的性质。比如：（1）规定民间小事不经里甲、老人理断，辄便告官者，"不问虚实，先将告人杖断六十"。（2）老人、里甲对陈诉者，"许用竹篦荆条，量情决打。若不能决断，致令百姓赴官紊烦者，其里甲、老人亦各杖断六十"。"若里甲、老人循情作弊颠倒是非者，依出入人罪论。"（3）"老人毋得指以断决为由，挟制里甲，把持官府，不当本等差役。违者，家迁化外。"（4）奸、盗、诈伪、人命重事，"不系老人、里甲理断"，若官吏对此类犯罪"一概推调不理者，治以重罪。若里甲、老人合理之事，顽民故违号令径直告官，其当该官吏不即挟断，发与断理，因而稽留作弊诈取财物者，亦治以重罪"。（5）"刁顽之徒事不干己，生事诉告搅扰，有司官吏生事罗织以图贿赂者，俱治以罪。"（6）"民间词讼已经老人、里甲处置停当，其顽民不服，辗转告官，捏词诬陷者，正身处以极刑，家迁化外。其官吏人等不察所以，一概受理，因而贪赃作弊者，一体罪之。"（7）老人、里甲剖

[①] 《中国珍稀法律典籍集成》乙编第1册，第635页。

决民讼，毋得置立牢狱，不许拘禁，违者治以重罪。（8）民人对小词讼"自能含忍不愿告诉，若里甲、老人风闻寻趁，勾引生事者，杖六十，有赃者以赃论"。（9）"民间一里之中，若有强劫、盗贼、逃军、逃囚及生事恶人，一人不能缉捕，里甲、老人即须会集多人擒拿赴官。违者以罪罪之。"（10）"乡里有等顽民，平日因被老人责罚，怀挟私恨，以告状为由，朦胧将老人排捏妄告者，事发，顽民治以重罪。"（11）百姓"务要照依号令如法栽种"，纳粮当差，"敢有违者，家迁化外"。（12）官吏趁民人纳粮当差之机重行科敛，"许受害之家会集多人绑缚赴京，治以重罪"。（13）有司、里甲干扰社学或借办社学作弊，治以重罪。（14）各处教官训导"敢有不依圣贤格言，妄生异议，瞽惑后生，乖其良心者，诛其本身，全家迁发化外"。（15）各级官吏"务要依榜文内事理，永远遵守。敢有视为泛常不行申明者，治之以罪"。（16）"凡理讼老人有事闻奏，凭此赴京，不须文引。所在关隘去处，毋得阻挡。余人不许。如有假作老人名目，赍此赴京言事者，治以重罪。"此外，《教民榜文》还有对游食、借他人出卖田产勒索、年长者不以礼引导后生、对在逃卫所军士不理或隐藏、里老不督课农桑和劝导民俗以及有司擅自拿问老人等行为治罪的规定。

　　如果说，《教民榜文》中有关刑罚的使用，主要不是用来作为理断具体案情的依据，而是为了保障里老理讼制度本身不受破坏的话，那么，悬挂于官府作为断狱依据的那些榜文，便都属于严格意义上的刑事立法了。这里，仅以《南京刑部志》所载45榜洪武榜文为例作些分析。

　　《南京刑部志》卷3《揭榜示以昭大法》共收入榜文69榜，均系嘉靖时南京刑部仍悬挂、使用的洪武、永乐两朝榜文。其中50榜是建文四年（1402年，该年七月明成祖朱棣即位），十一月二日刑部根据朱棣圣旨申明的，内有朱元璋执政时期发布的45榜，朱棣执政时发布的5榜。另外19榜，是在此之后由南京刑部陆续悬挂的永乐榜文。

　　该书收入的45榜洪武榜文中，最早的一榜发布于洪武十九年（1368年）四月，最晚的一榜发布于洪武三十一年（1398年）正月二十五日。以申明这些榜文的官署分类：刑部19榜，都察院8榜，前军督都府1榜，吏部1榜，户部2榜，礼部5榜，兵部4榜，工部5榜。从有无明确的刑罚规定分类：有具体量刑标准者36榜，无具体量刑标准者9榜。就打击对象而言，用于治官的榜文居多。

把这些洪武榜文与当时行用的明律和《大诰》对比考察，可发现它们有以下特色：

其一，许多规定属于新的刑事立法，其内容不是为明律所未设，就是律文讲得笼统，榜文将其具体化了。比如：第1榜（洪武十九年六月二十五日颁布）规定：许"人欲之重"的僧人蓄发为民，"敢有不从命、乖于佛教者，弃于市，以禁将来"。第7榜（洪武二十六年八月颁布）规定："军民商贾技艺官下家人伙者，并不许穿靴，止许穿皮剳䩺，违者处以极刑。"第11榜（洪武二十七年四月十二日颁布）规定："但有为事充军的奸儒猾吏及犯法顽民，钻刺营充卫所吏典，甚至潜入有司衙门结揽写发乱政害民者，许诸人指实陈告，正犯人处以极刑。"第12榜（洪武二十七年四月二十四日颁布）规定：偷盗营造宫殿备用木植者处死，仍着家眷依照原盗官物，十倍追赔还官。第35榜（洪武二十六年十二月十五日颁布）规定：对敢将太祖、圣孙、龙孙、黄孙、王孙、太叔、太兄、太弟、太师、太傅、太保、大夫、待诏、博士、太医、太监、大官、郎中字样以为名字称呼者，治以重罪。第38榜（洪武二十五年九月十九日颁布）规定："如有官民之家儿童剃留一搭头者，阉割，全家迁发边远充军。剃头之人，不分老幼，罪同。"第42榜（洪武二十二年三月二十五日颁布）规定："在京但有军官军人，学唱的，割了舌头；下棋打双陆的，断手；蹴园的，卸脚；做买卖的，发边远充军。"军官舍人"吹箫唱曲，将上唇连鼻尖割了"。第44榜（洪武三十一年正月十六日颁布）规定："今后敢有将官船私下卖者，正犯俱各处以极刑，籍没其家，人口迁发边远。"第48榜（洪武二十七年四月二十六日颁布）规定：今后不许人于正街上碾损街道，只许他于两旁土地上推行。如有故违号令，拿住，发充军。

其二，榜文中所列刑罚苛刻，大多较律文相近条款量刑为重。譬如：洪武二十二年（1389年）正月初五日发布榜文（第2榜）规定："今后敢有淹禁一年之上不发落者，当该官吏处斩"。依当时行用的明律《淹禁》

条，罪止杖六十。① 又如，对于诬告罪，明律规定："凡诬告人笞罪者，加所诬罪二等；流徒、杖罪，加所诬罪三等；各罪止杖一百，流三千里。……至死罪，所诬之人已决者，反坐以死。未决者，杖一百，流三千里，加役三年。"② 而洪武二十二年八月二十九日榜文（第3榜）却宣布：将犯诬告罪的"好词讼刁民"，"凌迟于市，枭首于住所，家下人口，移于化外"；洪武二十四年（1391年）七月二十三日榜文（第6榜）宣布：内外大小官员因贪赃事发而"诬指正人的，本身虽犯笞罪，也废他。但诬指人笞罪，也一般废他。本身已得人死罪，又诬指人，凌迟，都家迁化外"。再如，洪武二十七年（1394年）十月三十日榜文（第16榜）规定："在京犯奸的奸夫奸妇，俱各处斩。做贼的、掏摸的、骗诈人的，不问所得赃物多少，俱各枭令"。依照明律，和奸罪罪止杖一百，③ 窃盗罪、诈欺官私取财罪应计赃科断，根据不同案件的罪情轻重分别量刑。④ 榜文把此类犯罪一律加重为死罪，实是过于残酷。

考察这些榜文记载的案例，可知洪武后期不仅立法严峻，而且司法实践中的轻罪重判、大搞诛戮的现象仍有发生。一是洪武二十三年（1392年）三月初三日榜文（第4榜）记有"诸司官吏弃毁簿书、黄册等项及不立卷宗事"案例15起，被处于斩刑、重刑、凌迟刑的人数达200余人。其中"安福县吏刘如冈等六十八名，与一般吏王京等五十八名，计文卷，并不立案，节次烧毁，处斩"；"福州府刑房吏沈叔平等三十六名，不救失火，烧毁卷宗。知府张公勉、同知胡毅、推官钱信可、经历余凤各官止作烧了黄册，朦胧具奏，俱各处斩"；"海盐县民金杰、姜惟、蔡华等四十三名，隐匿本县备照黄册，惧追烧毁，俱各处斩"。二是据洪武二十六年（1393年）八月榜文（第7榜），颜锁住等38名因违背"服式"，穿了半截靴、短靴，被"押去本家门首枭令了，全家迁入云南"。三是据洪武二十七年二月十五日榜文（第24榜），钱守忠等6名

---

① 《大明律》卷28《刑律·断狱·淹禁》，参见（明）何广撰《律解辩疑》（收入《中国珍稀法律典籍续编》第4册）、[朝鲜]金祗撰《大明律直解》（收入《中国珍稀法律典籍集成》乙编第1册）。
② 《大明律》卷22《刑律·诉讼·诬告》。
③ 《大明律》卷25《刑律·犯奸·犯奸》。
④ 《大明律》卷18《刑律·贼盗·窃盗》。

因盗卖草束被凌迟处死；王天德等5名因虚买实收处斩；段大等69名里甲耆民因虚买实收"全家发建昌卫充军"；尹恭用等215名库子脚夫因"通同盗买草束，脱放罪囚"被发留守卫充军。四是据49榜，[1] 天台县民"求宜翁等四百一十八名，行至中途，纠合在逃，不肯趋事赴工……各发宁夏充军"。上述四榜所记案例，处刑均较当时行用的洪武二十二年律大大加重，且每案涉及人数较多。这是朱元璋于洪武后期仍未放弃"以威为治"做法的又一例证。

其三，利用榜文重申《大诰》禁令，继续推行对臣民的重典之治。在69榜中，重申《大诰》禁令或与《大诰》内容密切相关者共9榜。其中，第20榜和《御制大诰续编·罪除滥设第七十四》记的都是洪武十九年（1386年）四月捉拿苏州坊厢人不务生理、交结官府者案例；第21榜和《御制大诰三编·违诰纵恶第六》记的都是镇江府坊甲邻里坐视容纵韦栋等一事，内容大体相同。此两榜发布时间在先，后经修订收入《大诰》。其他7榜，均属榜文后发，用意在于强调《大诰》的推行。如洪武十九年（1386年）九月十一日榜文（第22榜）重申："如今《大诰》两颁，天下臣民共知遵守，祛除奸恶，以安良善。"洪武二十三年（1390年）五月初一日发布的榜文（第34榜）重申："斋《大诰》赴京申诉，……如有邀截阻挡者，依《大诰》内事例决之。"洪武二十七年（1394年）三月发布的两篇榜文，一篇（第10榜）记述有明太祖二月初二日圣旨："今后里甲邻人老人所管人户，务要见丁着业，互相觉察。有出外，要知本人下落，作何生理，干何事务。若是不知下落，及日久不回，老人邻人不行赴官首告者，一体迁发充军。"这个圣旨与《续编·互知丁业》条的内容是一致的，实际上是对它的再次强调。另一篇（第36榜）则记有三月十四日圣旨："今后敢有以弟为男，及姑舅姊妹成婚者，或因事发露，或被人首告，定将犯人处以极刑，全家迁发化外。"这也是对《初编·婚姻》条的重申。还有一些榜文，虽然案例与《大诰》有所差异，其基本词语、精神却是一致的，实际上也是重申《大诰》禁令。如洪武二十七年三月六日

---

[1] 此榜文年月缺。按上下榜文时间推算，此榜文发布于洪武二十七年四月二十六日至洪武三十年二月十三日之间。

榜文（第25榜），几乎是重复诰文，再次申明了《御制大诰续编·明孝第七》的内容。洪武二十七年十月十三日榜文（第17榜）则重申了《大诰武臣·卖放军人第十八》的内容。

其四，富有浓厚的重典治民色彩。这些榜文同《大诰》比较，两者一致之处是，都倡导法外用刑、明刑弼教，刑罚均很严酷。稍有差异的是，榜文中治民的条目较之《大诰》明显增多。《大诰》以打击贪官污吏为重点，治民专条只占全部条目总数的14%。而此45榜中用于治民专条和惩治官民共同犯罪的条数，占总榜数的一半左右。其罪名有僧人不律、好词讼、服式违制、对游食者不行赴官首告、偷盗官物、诈骗、犯奸、交结官吏帮闲害民、坐视奸顽为害、擅自绑缚官吏、写匿名文书惑众、买卖高抬时估、称谓违制、越诉、私自下番贩卖番货、空引军囚人在逃、姐弟或姑舅姊妹为婚、不当差役、碾坏街道、赴工中途在逃、强买人货、强盗、诬告、私买军器、收藏词曲、沮坏钞法等。

洪武朝榜文，名目颇为繁多，除上面所述外，还有专门用以惩戒官吏、军人的榜文。如洪武五年（1372年）六月，明太祖因"功臣多恃铁券犯法，奴仆杀人者匿不以闻"，① "作铁榜申诫公侯……其目有九"。明确规定：公侯等官不得私受金帛衣服钱物、私役官军、强占官民山场湖泊茶园芦荡及金银铜场铁冶、私托门下影蔽差徭、欺压良善、受诸人田土及朦胧投献物业，违者，"初犯再犯免罪附过，三犯准免死罪一次"，"四犯与庶民同罪"。同时，还规定："功臣之家管庄人等不得倚势在乡欺殴人民，违者刺面劓鼻，家产籍没入官，妻子徙至南宁；其余听使之人各杖一百，及妻子皆发南宁充军。""功臣之家屯田、佃户管庄干办伙者奴仆及其亲属人等，倚势凌民，夺侵田产财物者，并依倚势欺殴人民律处斩。"② 铁榜虽然仍保留了公侯前三次犯罪不予追究的特权，但毕竟剥夺了他们终身不受法律约束的权利，故对于限制公侯之家为非作歹乃有一定作用。又如，洪武二十七年（1394年），朝廷为严明守卫皇城的官军纪律，发布了一个文字很长的榜例，其目20条，就守卫军人的"当直"事项以及违者

---

① （清）夏燮：《明通鉴》卷4，中华书局1980年版，第293页。
② 《明太祖实录》卷74。

如何处刑作了严密的规定。①

大量史实表明，榜文禁例被朱元璋广泛地运用到社会生活的各个方面。在当时法司断狱"以榜文禁例为主、律为辅"的情况下，榜文对明初法制所产生的影响之大就可想而知了。

二 《古今图书集成》、《明会典》所记洪武峻令和重刑禁例

洪武朝的刑事立法，以律、令、诰、例等为基本法律形式。律为"常经"，《大诰》被视为"常法"，具有与律同等的法律地位。例、令（指皇帝因事随时发布的法令，不包括《大明令》在内）为"权宜之法"。洪武年间颁行的《大明律》，不同程度地受到明初重典政策的影响，即被朱元璋视为"贵存中道"的洪武三十年《大明律》，由于把《律诰》条例附于其后，与律文并用，用刑较之前代也往往加重。至于明《大诰》，它是朱元璋用以推行"重典之治"而制定的特种刑法。据史籍记载，朱元璋为"治乱世"，立法频繁而多变，特别是他因"一时一事"颁布的峻令和禁例，不仅用刑苛刻，而且法律效力常常在律文之上。因此，考察明初法制，必须重视对当时颁行的峻令和禁例的研究。

据多种明代史籍记载，洪武年间，各种重刑法令、禁例的发布一直没有间断。那么，当时峻令和禁例制定情况如何呢？本文仅以《古今图书集成·详刑典》和《明会典》所载洪武条例中的峻令和重刑禁例予以论述。认真分析两书所载可知，洪武朝颁行的律、诰之外的峻令、禁例可分为两种类型：

第一种，统治者根据形势的需要，随时颁行的酷法峻令，其刑罚较明律大大加重。现把《古今图书集成·详刑典》记述的这类峻令列表述后（见表1），从中不难看出，洪武年间付诸施行的许多法令比我们所看到的《大明律》的量刑要重得多。

---

① （明）申时行等重修：《明会典》卷143《兵部二十六·守卫》，中华书局1989年影印本，第730页。

表1　　　　　　《古今图书集成·详刑典》所载洪武峻令

颁行时间	峻 令 内 容	依《大明律》或相近条款应量刑	比较结论
洪武元年	凡诸奸邪进谗言佐使杀人者，虽遇大赦不在原免。	斩，会赦不原。	（此条为唐、元法律所未设）令与律同
洪武元年	禁贩私盐、私茶。规定："伪造茶引者处死，籍没当房家产"。	斩。	（此为唐律所未设）令与律同
洪武元年	设鱼课之法。规定："小沟小港、山涧及灌溉塘池，民间自养鱼鲜池泽，皆已照地起科……今后敢有仍前夺民取采虾鱼器具者，许民人拿赴有司。有司不理，拿赴京来议罪枭令"。	律无此条。	令重于律
洪武元年	各场窑丁人等除正额盐外，将煎到余盐夹带出场及私煎盐货卖者，绞。百夫长知情故纵或通同货卖者，同罪。犯私盐带军器者，斩。	夹带余盐，杖一百，徒三年；百夫长知情故纵及通同货卖者，与犯人同罪。犯私盐带军器，杖一百，流二千里。	令重于律
洪武三年	诏户部籍天下户口，置户帖书各户之乡贯丁口，岁以字号，编为勘合，用半印钤记，籍藏各部。帖给于民，令有司点押比对，有不同者，问发充军。官隐瞒者，处斩。	凡一户全不附籍，有赋役者，家长杖一百；无赋役者，杖八十，附籍当差。官知情者，与犯人同罪；受财者，计赃以枉法从重论。	令重于律
洪武六年	凡亲王每岁合得粮储，文武官俸禄及军士粮储，所在有司依原定数目按月支给，不须每次奏闻，敢有破调稽违者，斩。	律无专条。	令重于律
洪武十五年	在学生员敢有毁辱师长，及生事告奸者，即系干名犯义，有伤风化，定将犯人杖一百，发云南地面充军。	凡殴受业师，加凡人二等，即笞四十。	令重于律
洪武十六年	诏颁行乡饮酒礼图式，过犯之人不行赴饮及强坐众宾之上者，迁徙边远。住坐主席者及众宾推让有犯人在上坐，同罪。	笞五十。	令重于律
洪武十七年	各布政司直隶府州县，举秀才人才，必由乡举里选，若不行公同精选者，坐以重罪。	贡举非其人，一人杖八十，每二人加一等，罪止杖一百。	令重于律

续表

颁行时间	峻 令 内 容	依《大明律》或相近条款应量刑	比较结论
洪武十八年	定贡不如期、岁贡不中式罪例令：揽纳户不行完纳，匿隐者，极刑，籍没。灾伤去处，有司不奏者极刑。	揽纳税粮者杖六十，着落赴仓纳足，再于犯人名下，追罚一半入官。灾异事应奏不奏，杖八十。	令重于律
洪武十九年	按《明会典》：各处民凡成丁者，务各守本业，出入邻里必欲互知。其有游民及称商贾，虽有引，若钱不盈万文，钞不及十贯，俱送所官司，迁发化外。	律无此条。	重刑法令
洪武二十二年	边寨官军交通外境及私市者，全家坐罪。令各处逃军隐藏转送者，全家发金齿充军；官吏纵容者处死。	私市外境杖一百，军兵逃亡初犯杖一百，再犯绞，知情窝藏者杖一百充军。	令重于律
洪武二十四年	攒造黄册官吏故行刁蹬，及通同人户隐瞒作弊，处以极刑。隐瞒人口，家长处死，人口迁化外。	罪止杖一百。	令重于律
洪武二十四年	令生员、民间习读《大诰》、律、令，敢有妄生异议，謷惑后生乖其良心者，诛其本身，全家迁发化外。	律无此条。	重刑法令
洪武二十六年	令文武官奏事，不穿履鞋者，充军。	律无此条。	重刑法令
洪武二十六年	定充军罪名：贩卖私盐、诡寄田粮、私充牙行、私自下海、闲吏、无籍户、断指诽谤等二十二条。		令均重于律
洪武二十六年	各房吏典不许那移管事，违者处斩。	类比"擅离职役"条，笞四十。	令重于律
洪武二十七年	军人父母病疠，及父母无病，诈称有病，查验是实，治以重罪，轻则流入烟瘴。	诈伪疾患，从征违期罪止杖一百。	令重于律
洪武二十七年	官员人等说谎者，处斩。	应按罪情轻重科断。	令重于律

续表

颁行时间	峻 令 内 容	依《大明律》或相近条款应量刑	比较结论
洪武二十七年	令天下百姓务要多栽桑枣。栽种过数目，造册回奏。违者，发云南金齿充军。	律无此条	重刑法令
洪武二十八年	有用非法狱具者，即以非法狱具处置，皂隶、禁子辄听从行使者，一体处死。	决罚不如法笞四十，致死者杖一百，征埋葬银十两，行杖人各减一等。	令重于律
	洪武间又定官吏以采取营造颜料扰害百姓之罪。规定：有犯者，将"害民官吏拿来，都全家废了不饶"。	律无此条	重刑法令

第二种，当时颁行的各种刑事条例中所包含的重刑禁例。明开国之初，朱元璋以重典治国为急务，效仿前代，颁行了不少条例，如《捕盗赏银条例》、盐法、茶法等，这些条例中有一些重刑条款。洪武年间颁行的刑事条例大多失传。在《明会典》中，记载了洪武后期颁行的《充军》条例、《真犯杂犯死罪》条例、《三十年条例》、《钦定律诰》条例，这些条例在量刑上轻重如何呢？不妨将它们与当时行用的《大明律》的相同或相近条款加以比较（见表2）。

表2　　　　　　　　诸条例与《大明律》量刑比较

条例名称	制定年代	条例总条数	条例诸款与律量刑相同条数	条例重于律文条数	条例轻于律文条数	比较结论	条例原文的资料出处
充军条例	洪武二十六年	22	1	21		条例重于律文	《诸司职掌》
真犯杂犯死罪条例	二十六年	78	41	28	9	条例重于律文	《诸司职掌》
三十年条例	三十年	100	54	25	21	条例重于律文	《明会典》
钦定律诰条例	三十年	147	102	36	9	条例重于律文	《律条疏议》

在上述条例中，较律文量刑轻的共39条。这些条目依律本应是死刑，在条例中死罪性质不变，但改成了"杂犯死罪"或"工役终身"。这就是说，这些条款的处刑虽有所减轻，但减轻的程度很小。至于比律文加重的条款，不仅条目多达110条，而且加重的幅度很大。譬如，《充军》条例中的22条，依律大多数是应处杖刑的，在条例中却上升为"充军"刑，加重了十多等。又如，在其他3个条例中，有37条依律本来是应处笞、杖或徒、流刑的，条例却一律加重为死刑。这种轻罪重罚的条款，在《真犯杂犯死罪》条例中为23条，在《三十年条例》中为3条，在《律诰》条例中为11条。有的条例还增加了律、诰所没有的一些新的条款，如《三十年条例》中增加了"诬告一二十人处死"、"兴贩番货工役终身"等条款。总之，无论是综合分析，还是就各个条例而言，这些条例在量刑上均比《大明律》为重，属于重刑性质。

相对而言，在这些重刑条例中，《三十年条例》是量刑最轻的一个。它包括"决不待时"、"秋后处决"、"工役终身"三种处刑规定。其中"决不待时"共7条，罪名及处刑全部同明律。"秋后处决"共51条，有47条量刑同明律，有4条比律文加重。"工役终身"共42条，有21条轻于明律（改"死刑"为"工役终身"，死罪性质不变），21条重于明律，其加重幅度是：由笞加至工役终身者1条，由杖加至工役终身者6条，由徒流加至工役终身者3条，依律应计赃科刑或按罪量刑而统统加至工役终身者6条，新增加条款5条。表面上，这部分较明律减轻、加重的各是21条，但具体一分析，便真相大白，原来，加重的条款苛刻无比，而减轻的幅度微乎其微。所以，即使这个洪武年间量刑最轻的条例，实际上也是重典。还应指出，就是这样一个条例，朱元璋也不肯付诸施行，而用《钦定律诰》取而代之，何以见得？考《大明会典》等史籍，此条例制定于三十年初，三十年五月，《钦定律诰》颁行，朱元璋敕令把"递年一切榜文禁例，尽行革去"，"法司只依律与《大诰》议罪"，可见，《三十年条例》当时并未真正施行。从这件事足以看出，直到洪武末年，朱元璋也没有放松推行他的重典政策。

三 朱元璋的法外用刑是否及于平民

考察洪武年间颁行的律、诰、峻令、榜文禁例，可以看出这样一个基本史实：朱元璋运用严刑峻法，对臣民进行了严酷的重典之治。多年来，一些史家在阐述这个问题的时候，仅把明初重典局限在惩治官吏方面，认为明太祖的严酷是不及于平民的。其主要的理据是，洪武法律虽然"较前代往往加重"，但不过是用以威吓下民而已，朱元璋的酷刑"实未尝滥及平民"。①《明太祖》一书说：明太祖"诚然过于严酷，过于残暴，可是这也有个分野，他用一条线来划分，一边是有势力有钱的，一边是被欺侮的穷人。他的严酷和残暴，似乎专用以对付'有'的阶级。对于'无'的穷人，他使用另一种态度，另一种方法"。②这种"朱元璋的重典治官不治民"的观点流传甚广，以致近年发表的一些论文还在继续沿用。为此，很有必要就这一有争议的问题作些考证。

在考证这个问题之前，首先应该指出，判断一个王朝是否实行的是重典的依据，只能是其立法、执法和法外用刑的实践。也就是说，只有从这三个方面对其法制状况进行综合考察，才能得出正确的结论。仅仅把所谓"法外用刑"、杀人多少作为衡量重典的唯一标准，本身就是有片面性的。以洪武一朝而论，朱元璋用远比前代加重的刑罚来统治人民，即使他对人民法外用刑较少，也不能因此说他不施重典于平民。

这里，暂且不谈洪武年间重典治民的立法、执法方面的情况。仅就其法外用刑而言，是否明太祖就不施残暴于平民呢？也不是。为了说明事实真相，我们不妨就明太祖法外用刑的情况多举几例：

（1）"帝既得天下，恶胜国顽民窜入缁流，乃聚数十人，掘一泥坑，特露其顶，而用大斧削之。一削去头数颗，名曰'铲头会'"。③

（2）洪武三年十二月，松江钱鹤皋聚众"作乱"，"伏诛其党，诛连

---

① 孟森：《明代史》，台北编译馆中华丛书编委会1957年版。
② 吴晗：《明太祖》，重庆胜利出版社1944年版。
③ 吕毖：《明朝小史》卷1，台湾正中书局1981年版。

不已"。又复逮其余党 154 人，谪戍兰州。①

（3）"和州有李善长职田，参军郭景祥核出亩步不实，太祖曰：'此盖佃人作弊'，于面上刺田字，以警其余"。②

（4）"高皇尝微行至于三山街，见老妪门有坐榻，假坐移时，问妪为何许人，妪以苏人对。又问张士诚在苏如何？妪云：'大明皇帝起手时，张王自知非真命天子，全诚归附，苏人不受兵戈之苦，至今感德。'问其姓氏而去。翌日语朝臣云：'张士诚于苏人初无深仁厚德，昨见苏州一老妇，深感其恩。何京师十万人，无此一妇也。'洪武二十四年后，填实京师，多取苏、松人者以此。"③

（5）"太祖行京城中，闻一老媪密呼之为'老头儿'，因大怒，至徐太傅（即徐达）家，绕室而行，沉思不已。时太傅他往，夫人震骇，恐有大虞，惶恐再拜曰：'得非妾夫达开罪陛下耶？'太祖曰：'非也。嫂勿以为念。'亟传令召王城兵马司总诸军至，曰：'张士诚小窃江东，吴民至今呼为张王。今朕为天子，而此邦居民，呼朕为老头儿何也？'即令籍没民家甚众。"④

（6）"上元夜，都城张灯。太祖微行，至聚宝门外。时民间好以隐语相猜为戏。见一家灯上，画一大足妇人，怀西瓜而坐。众哗然笑，太祖喻其旨，谓'淮西妇人好大脚'也。甚衔之。明日，乃剿除一家九族三百余口，邻居俱发谪充军，盖马后祖籍淮西也。"⑤

（7）"太祖命乐人张良才说评话，良才因佐场擅写省委教坊司帖子，贴市门柱上。有近侍人言，太祖曰：'贱人小辈，不宜宠用。'令小先锋张燠缚投入水，尽发乐人为穿甲匠，月支米五斗。"⑥

（8）洪武七年三月，广东儋州民陈逢愈率众反抗朝廷，斩陈逢愈，"生擒其党杨玄老等五百六十余人，剿其属一千四百人"。⑦

---

① 《明太祖实录》卷 59。
② （明）刘辰：《国初事迹》，中国国家图书馆藏秦氏绣石书堂抄本。
③ （明）陆容：《菽园杂记》卷 3，中华书局 1985 年版，第 33 页。
④ 柴萼：《梵天庐丛录》，中华书局 1936 年石印本。
⑤ 同上。
⑥ （明）刘辰：《国初事迹》，中国国家图书馆藏秦氏绣石书堂抄本。
⑦ 《明太祖实录》卷 88。

（9）洪武七年四月，广东雷州民王子英构海上流人邓成等"为乱"，"擒从贼邓奴等二百三十一人，悉枭其首于海滨"。①

（10）两浙、江东西有民造伪钞者，"捕获到官，自京至于句容，其途九十里，所枭之尸相望"。②

（11）"乌程县民余仁任等二十九名，系本县富民游茂玉佃户"。因灾借游茂玉粮米，余仁任等不交还，却"结构顽民一百余人至游茂玉家，将本人房屋门户俱各打碎"。并将原借米文约搜出，还各户。又把游作豪民绑缚至京。事发，余仁任等三人被"枭首示众，其余各人发化外充军。家下人口，迁发化外"。③

（12）"为《大诰》出久，镇江坊甲邻里人等，坐视容纵韦栋等一十八名，……束手不擒。韦栋等事发，将坊甲邻里尽行责罚搬石砌城，其费有空其家者有之，有不能存活者有之"。④

（13）"工作匠人，将及九万……立定限期，编为班次，使轮流而相代之。""人匠沈添二等二百零七名，中有三名乃亲身赴役，余皆以老羸不堪、幼孺难用以代正身，致使工不能就。点出奸顽，将幼丁老者尽发广西充军，复于家下，务要正身赴官。如此者自取不宁，又何恨哉！今后诸色匠人敢有不亲身赴工者，迁发云南。"⑤

（14）洪武十九年，福建沙县民罗辅等十三名，因"说朝廷法度利害"，被处断指之刑后，"押回原籍，枭令于市，合家成丁者诛之，妇女迁于化外"。⑥

（15）洪武二十一年三月，广东潮州府海阳县民鲁水荫等"作乱"，被"械送京师，上命磔水荫于市，斩从贼数人"。⑦

（16）洪武二十六年八月，颜锁住等38名，因违背"服式"，穿了"半截靴、短靴"，被说成"不分贵贱"，"必致制度紊乱"，"都押去本家

---

① 《明太祖实录》卷88。
② 《御制大诰·伪钞第四十八》。
③ 《御制大诰三编·臣民倚法为奸第一》。
④ 《御制大诰三编·违诰纵恶第六》。
⑤ 《御制大诰三编·工匠顶替第三十》。
⑥ 《御制大诰续编·断指诽谤第七十九》。
⑦ 《明太祖实录》卷189。

门首枭令了，全家迁入云南"。①

如此等等。朱元璋在对老百姓的法外用刑上，虽然没有出现胡、蓝党案那样的大案，但是，其"治民"手段之残酷，也是骇人听闻的。

当然，以正常情况下滥杀平民的事例与杀戮官吏的几个大案相比，还是不足以说明朱元璋对人民的残暴。因为胡蓝党案等几个大案都发生在统治集团内部矛盾白热化的"非常时期"，在一般情况下，朱元璋对官吏的法外用刑也是较少的。而在民众与朱明王朝发生对抗的"非常时期"，即发生农民起义、明王朝仅仅依靠法律难以阻挡人民反抗的时候，朱元璋便要诉诸野蛮的大屠杀。仅以《明实录》的官方记载为例：洪武五年四月，宣化地区官府逼迫无籍之民为军，百姓奋起反抗，被杀者100余人。洪武五年七月，南海人民起义，被杀者370多人。洪武十二年七月，四川成都嘉定州眉县人彭普贵率众反抗朝廷，涉及14州县，被"尽歼其众"。同年九月，福建漳州府龙岩县民起义，聚众数千人，被斩捕3000余人。洪武十四年十一月，广州海民曹真自称万户，苏文卿自称元帅，会合山民单志道等据险立寨，被官军镇压，斩杀5000余人。同年十二月，浙江衢、处、温三府山民起义，被斩首280余级。洪武十五年正月，广东东莞人民起义，被擒万余人，斩首两千多人。同年八月，海南万、崖二州人民起义，被捕斩300余人。同年十月，广东铲平王起义，被斩杀8800余人。洪武二十一年四月，广东惠州龙川县、归善县农民起义，被俘斩1970余人。洪武二十三年十月，赣州夏三起义，被斩首3700余人。洪武二十五年十二月，靖州绥宁人民对抗朝廷、拒交赋税，被抓捕千余人，斩首数百人。洪武二十八年十二月，崔州宁远县罗危率众起义，被捕杀357人。洪武年间，类似这样被镇压的农民起义计180多起。② 人民因反抗明王朝被杀害的人数，远比朱元璋诛戮的官吏人数要多得多。那种认为朱元璋的严酷不及于平民，进而否定明初重典治民的观点是不能成立的。

---

① 《洪武永乐榜文》，见杨一凡、田涛主编《中国珍稀法律典籍续编》第3册，黑龙江人民出版社2002年版，第512页。

② 据《明太祖实录》统计而来。

四 《实录》等书所记明太祖"轻刑"论考析

在明代官修史书中,有一些关于朱元璋倡导"轻刑"、反对重刑的记载,尤其是《明太祖实录》所载朱元璋主张轻刑的言论,数量上比他主张重刑的言论要多,内容上两者也完全对立。以前,有的史家正是以此为据得出了朱元璋"偏于轻刑"和明初重典"治官不治民"的结论。那么,如何看待《明实录》等明代官修史书中的这类记载呢?

笔者以为,在考察明初对平民实行的是重典还是轻刑的时候,不仅需要对当时的立法、司法状况作全面研究,而且必须辨别所依据的材料是否可靠,是否全面地反映了历史的真实。《明实录》作为明一代官修史书,对明王朝的典章制度记述甚详,有较高的史料价值。但是,由于全部文献出于朝臣之手,往往是"内阁大臣总裁润色","间有褒贬,亦未必尽公"。[①]《明太祖实录》是在统治集团内部激烈争权斗争的旋涡中,经过三次删改而成。首次修于惠帝朱允炆建文年间,成祖除掉建文帝执政后,又两次重修。永乐初年,"命曹国公李景隆等监修",后成祖以"李景隆、茹瑺等心术不正,又限期迫促,未及精详"[②]为借口,实际上是因为重修本中有不利于成祖的记述,命翰林学士胡广等再次重修,至永乐十六年五月始成书。对于《明太祖实录》,明、清两代史家多有"止书美而不书刺,书利而不书弊"[③]的批评。沈德符所著《野获编》云:"太祖实录凡三修,当时开国功臣壮猷伟略,稍不为靖难诸公所喜者,俱被划削。"张岱石所著《征修明史檄》云:"洪武实录,事皆改窜,罪在重修。"《明通鉴》作者夏燮曰:"至如《洪武实录》再改而其失也诬。"[④]

说《明太祖实录》"事皆改窜",未免过分,因为它在记述典章制度方面是基本上真实和有参考价值的。然而,据笔者考察,《明太祖实录》在记述统治集团内部斗争和刑杀方面,"为尊者讳"和篡改事实的问题却

---

① (明)王鏊:《震泽长语》,清顺治三年两浙督学周南李际期宛委山堂重刻本。
② (清)夏燮:《明通鉴》卷16,中华书局1980年版,第698页。
③ (明)何乔远:《名山藏》序,福建人民出版社2010年版。
④ (清)夏燮:《明通鉴·义例》,中华书局1980年版,第12页。

十分明显。譬如，朱元璋在他亲自编纂并颁行天下的《大诰》四编中，曾列述了他对官吏和平民法外用刑的案例，"所列凌迟、枭示、种诛者，无虑千百，弃市以下万数"。① 《大诰》四编是明初刑用重典的真实记录，《实录》却只字不提。洪武年间所兴胡惟庸党案、空印案、郭恒贪污案、蓝玉党案四次大狱，被株连杀害的官吏达十余万人，《实录》有的没有涉及，有的则记个别臣僚"伏诛"了事。《实录》对朱元璋滥杀平民的案例，除惩治"贼盗"和镇压农民起义外，几乎避而不书。对滥诛官吏的案例，也采取同样原则，个别不得不提及的朝廷大臣，也往往是加以篡改。例如，朱亮祖父子本属被明太祖杖死，《实录》写为"病卒"；汪广洋原是明太祖派人追斩，《实录》则写为"自缢"，如此等等。至于明初颁行的数以百计的重刑治民法令、条例，《实录》也是削而不书。明太祖的诏令中凡有重典治民内容的，《实录》也多是加以删改。因行文所限，这里仅举一例。为了用严刑峻法迫使逃亡的农民回乡复业重新接受明王朝的控制，洪武三年十一月二十六日，朱元璋发布了一道"圣旨"，原文是：

> 户部洪武三年十一月二十六日钦奉圣旨："说与户部知道：如今天下太平了也，止是户口不明白俚。教中书省置天下户口的勘合文簿、户帖，你每（们）户部家出榜去教那有司官，将他所管的应有百姓，都教入官附名字，写着他家人口多少，写得真。着与那百姓一个户帖，上用半印勘合，都取勘来了。我这大军如今不出征了，都教去各州、县里下着，遂地里去点户比勘合，比着的便是好百姓，比不着的便拿来做军。比到其间有司官吏隐瞒了的，将那有司官吏处斩。百姓每（们）自趓（躲）避了的，依律要了罪过拿来做军。"钦此。除钦遵外，今给半印勘合户帖，付本户收执者。②

但《明太祖实录》洪武三年十一月辛亥（即二十六日）记载的同一

---

① 《明史》卷九四《刑法二》，中华书局1974年版，第2318页。
② （明）李诩：《戒庵漫笔》卷1，清顺治三年两浙督学周南李际期宛委山堂重刻本。引文中着重号为笔者所加。

"圣旨",经过修史者"润色",改为这样的文句:"民,国之本。古者司民,岁终献民数于王。王拜受而藏诸天府,是民数有国之重事也。今天下已定,而民数未核实。其命户部籍天下户口,每户给以户帖。"[1] 朱元璋发布的圣旨中由笔者打了着重号的文字,全被删削。于是,本来是朱元璋命令大军"点户"和以重法惩办"逃亡"百姓的诏令,却变成了宣扬朱元璋具有"民本"思想的东西。"以刑杀为威"的明太祖,也就被粉饰成为"仁慈"的皇帝。

正因为《明太祖实录》遵循的是重刑回避、轻刑必录的原则,其记载就难免有不实之处。对此,明、清两代不少史家,其中包括被吴晗先生誉为唯一"较能持平,灼见实录在史料上之价值"的王世贞,都主张研究明史务必将官修国史和野史、家史参照结合,不可偏废。我们今天考察明初法制真相的时候,亦应如此。如果不是对明初法制进行全面研究,不注意考察朱元璋重典治民的大量史实,只是引用《实录》中的某些朱元璋主张轻刑的言论和个别案例下结论,这本身就失之严谨。

退一步说,如果我们暂且不考虑《明太祖实录》轻刑必录、记述不实的情况,并权作它所记载的每一个具体的"恤刑"案例都是真实的,然而,就这些赦宥的案例进行考察,也难以得出朱元璋"重典治官不治民"的结论。

据《明太祖实录》记载,洪武年间朱元璋亲自处理的减免刑案例共107件,按其减免"理由"可分为12类:

(1) 本属冤案予以平反者7件(其中民案4件);
(2) 依八议之法减免者23件;
(3) 亲属乞愿代刑,因五伦相涉曲法伸情者25件(民案7件);
(4) 因衣食不足,"初无他心"偶犯者5件(民案4件);
(5) 因"失误"犯罪者14件(民案12件);
(6) 因罪轻微而减免者8件(民案2件);
(7) 孔孟后裔犯罪免者3件;
(8) 官员有"善政",耆民求免者6件;

---

[1] 《明太祖实录》卷58。

（9）因意外原因犯罪者3件（民案2件）；

（10）出于边境安全考虑赦免者1件；

（11）皇帝出于一时怜恤减免者3件；

（12）官吏被赦免，实录不载原因者9件。

在上述案件中，属于官吏犯罪被减免者共76件，平民犯罪被减免者共31件。朱元璋的重典治吏，历来为史家所公认。然而，在《实录》中，对官吏"恤刑"的案例要比平民为多。如果仅以《实录》所载"恤刑"案件来判断明初实行的是"重刑"还是"轻刑"的话，岂不是又成了"轻刑治吏"？所以，是不能单单靠《实录》中的这类记载就得出"重典治吏不治民"结论的。倘若我们对这些恤刑案件的情节、性质加以分析，就会看到朱元璋赦宥平民的31件案件，基本上都属于误失和轻微犯罪。由此可知，明初对平民"赦宥"的案件不仅数量很少，而且是以非政治性的犯罪和不损害统治集团的根本利益的轻微犯罪为原则的。它从反面证明，对于关系到封建统治安危的政治、经济案件和真犯死罪案件，朱元璋是从不赦免的。

我们说洪武朝的重典也是及于平民的，是因为当时所颁行的法律，实行的刑罚，与唐、宋、元等前代相比较，从总体上讲要苛重得多。但这并不是说明初的每一条法律都重于前朝，也不是说当时不搞赦宥。历代各朝，行重典者，往往以"轻刑"济之；行"轻典"者，也常常以"重刑"济之。这是统治者的两手策略，目的是用软硬兼施、"恩"威并用的两手，使老百姓服从君主的统治。朱元璋是一个深明统治术的皇帝，对这一套更是精通。一方面，他主张以重典治世，说，"今立法……大概不过严简，简则无出入之弊，严则民知畏而不敢轻犯"；① 另一方面，他也懂得，"步急则蹶，弦急则绝，民急则乱"。② 意思是说，对老百姓实行严厉控制时，也要留有余地，否则就会官逼民反。因此，他在推行重典时，比较注意利用"礼教"感化和轻刑来配合他的重典治国政策。据《明太祖实录》统计，明太祖在位期间，亲自赦宥案件最多的情况是：洪武六年8件，十五

---

① 《明太祖宝训》卷2，收入台湾"中研院"史语所校印《明实录》附录之五。
② 《明太祖实录》卷38。

年7件，二十三年10件，二十五年12件，二十六年7件。在这五个年份中，后三个年份均处于朱元璋大搞法外用刑、诛戮臣民较多的时期。而洪武六年，也是明太祖镇压平民反抗比较厉害的一年，此年明王朝先后镇压了湖广、广东、广西、福建等十多次农民起义，仅广东儋州一处，被屠杀的平民就达2270余人。因此，这几年中朱元璋赦宥案件虽多，却并不意味着他放弃了重典政策。因此，全面分析明初法制，不难看出，朱元璋对一些轻微犯罪的赦宥，是在坚持重典治国基本方针的大前提下，运用"宽猛并济"两手的表现，而不能以此得出明初重典不及于平民的结论。

第三，《明太祖实录》中记载了不少朱元璋提倡轻刑、反对重刑的言论，对此如何解释？关于这一点，只要结合明初法制的实施状况具体加以剖析，便会发现，它除了证明朱元璋是个言行不一的君主外，也是他推行重典过程中运用"宽猛"两手策略的表现。明太祖主张"轻刑"的言论，因发表时的背景各异，用意也很不相同。据粗略分析，主要有下面几种情况：

其一，表达了他"重礼义教化"、"治国用轻典"等主观向往和法律主张。朱元璋的这一法律主张，在"重礼"即加强对人民的思想控制方面，他是积极推行了，但"轻典"之说，并未真的都一一实行。比如，在明王朝建国的前一年即吴元年，朱元璋多次与臣下谈论立国当用"轻典"。吴元年六月，他说："'钦恤'二字，用刑之本也。"[①] 同年九月，又对中书省臣李善长说，要废连坐之法，"平恕"治狱，以轻典治国，并把"重典"大骂一通："夫威以刑戮，而使民不敢犯，其为术也浅矣。且求生于重典，是犹索鱼于釜，欲其得活难矣。故凡从轻典，虽不求其生，自无死之道。"[②] 请看，对"轻典"、"重典"之利弊，讲得何等明白！朱元璋登基后，特别是洪武四年前，也曾多次重申这个思想，多次向群臣告诫立法要"轻重相宜"、"用刑贵存中道"，对老百姓要"宽而有节"。可是，一接触所谓"乱世"的现实，他又求救于"重典"以治之。正如洪武九年

---

① 《明太祖实录》卷24。
② 《明太祖实录》卷25。

叶伯巨上书所言，明初法制是"虽有宽宥之名，未见宽宥之实"。① 朱元璋自己也解释道："吾治乱世，刑不得不重。"② 这无异于说，他是主张以"轻刑"治民的，然而面对"乱世"，又不得不用重典。《明史·刑法志》则把朱元璋这种做法概括为："盖太祖用重典以惩一时，而酌中典以垂后世，故猛烈之治，宽仁之诏，相辅而行，未尝偏废也。"③ 这种说法应该说是很有见地的。当然，不管如何解释，明初以重典为基本国策是无疑的。

其二，朱元璋的有些"轻刑"言论，带有明显的虚伪性。比如，洪武四年，他一边"录天下官吏"，大戮天下官民，一边却对臣下大讲什么"仁义治国"，说："法重则刑滥，吏察则政苛……今施重刑而又委之察吏，则民无所措其手足矣。"④ 做的与说的截然相反。又如，他多次咒骂商鞅、韩非的重刑主张，说"秦用商鞅，变更古制，法如牛毛，暴其民甚而民不从"；⑤ 指责"秦有凿颠抽胁之刑，参夷之诛，囟囹圄成市，天下怨叛"；⑥ 并教训臣下说，"朕闻帝王平刑缓狱而天下服，从未闻用商、韩之法，可致尧舜之治也。"⑦ 可是，他对官吏、平民所使用的刑罚有凌迟、铲头、抽肠、剥皮、挑筋等，其残忍程度并不亚于凿颠抽胁，株连也不限于"参夷"，而是屡兴大狱，动辄株连成百上千乃至万余人。朱元璋为什么痛骂商鞅、韩非，其动机史书未予明载。但是他的言行不一，暴露了他的"轻刑"言论具有虚伪的一面，即既要治臣民以重典，又要用"轻刑"粉饰朝政。

其三，朱元璋的另一些所谓反对重刑、主张"轻刑"的言论，除了掩饰他的重典政策外，似有防范臣下滥刑枉法、把重刑控制在一定范围内的意图。明太祖在推行重典政策的过程中，对他所颁法令的贯彻实施十分重视。他虽然自己任意用法，大搞法外用刑，但要求各级官吏严格守法、执法，唯恐官吏借他重典治国之机，滥施刑罚，激起"天怒人怨"，招来亡

---

① （明）程敏政辑：《皇明文衡》卷6，北京大学图书馆藏明嘉靖刻本。
② 《明史》卷93《刑法一》，中华书局1974年版，第2282页。
③ 《明史》卷94《刑法二》，中华书局1974年版，第2320页。
④ 《明太祖实录》卷65。
⑤ 《明太祖实录》卷29。
⑥ 《明太祖实录》卷65。
⑦ 同上。

国之祸。为此，他下令严惩枉法官吏，规定擅自改变成法者要处死刑。对于臣下一切倡导"重刑"的言论，毫无例外地一律驳斥。例如，洪武十八年至十九年间，朱元璋因"天下臣民不从教者多"，为了"警省愚顽"，他先后颁布了《大诰》和《大诰续编》，以"御制"形式宣布，治臣民以种种严刑酷法。洪武十九年十二月，都察院左都御史詹徽上言："顽民狎玩，犯者不止，臣愚以为莫若严刑以制之，使知所畏而重犯法。"詹徽的这段话，和朱元璋在《大诰》中所讲的意思完全一样，但被朱元璋板起面孔狠狠教训了一通。明太祖说："用刑之道，但贵在得中。得中则刑清，失中则刑乱，刑乱而政衰矣。如尔所言，恐流于滥，其可哉？"① 类似这样的例子在《实录》中曾多次出现。这些例子说明，明太祖反对臣下实行"重刑"，并非真的要放弃重典治国方针，其用意不过是"恐流于滥"而已。

其四，还有一些主张"轻刑"的言论，是明太祖对明初实施重典的教训的总结。明初重典在当时"乱世"的特定社会条件下，有其一定的历史作用。但总体来说，推行这一政策弊大于利，并未取得朱元璋预想的结果。他在《御制大诰三编序》中总结施行重典的效果时说，"用法虽严，犯者自若"，"恶人以为不然，仍蹈前非"，"凶顽之人，不善之心犹未向化"，表现了不满和失望的情绪。洪武二十三年五月，他诰谕刑部大臣杨靖说："愚民犯法，如啖饮食，嗜之不知止，设法防之，犯者益众，惟推恕行仁，或能感化。"② 洪武二十八年六月下令："朕自起兵至今四十余年，亲理天下庶务，人情善恶真伪，无不涉历。其中奸顽刁诈之徒，情犯深重，灼然无疑者，特令法外加刑，意在使人知所警惧，不敢轻易犯法。然此特权时处置，顿挫奸顽，非守成之君所用常法。以后嗣君统理天下，止守律与《大诰》，并不许用黥、刺、剕、劓、阉割之刑。"③ 类似这样的记载，反映了朱元璋晚年对他推行重典政策的认识，以及要后嗣之君不要用刑过重的旨意。但这岂不正好证明，洪武年间，朱元璋在许多方面也对

---

① 《明太祖实录》卷179。
② （清）夏燮：《明通鉴》卷10，中华书局1980年版，第482页。
③ 《明太祖实录》卷239。

平民实行了重典之治吗？

五　重典政策与让步政策是否矛盾

　　明王朝开国之初，朱元璋确实对农民作过一些让步。过去，很多学者曾对这个问题作过论证，归纳起来，主要是以下三点：第一，在维护地主所有制的前提下，对农民战争后一部分土地转移到农民手中的事实予以承认。在元末农民战争风暴的扫荡下，"巨姓右族，不死沟壑则奔窜散处"，大量土地回到农民手中。朱元璋承认了这一现实，洪武元年诏令："各处人民先因兵燹遗下田土，他人垦成熟者，听为己业；业主已还，有司于附近荒田拨给。"① 这就否定了战前的地主产权，从法律上承认了农民以垦荒形式占有土地的权利。第二，减轻赋税，鼓励农民开荒。洪武三年定制："北方近城地多不治，召民耕种，人给十五亩，蔬地二亩，免租三年。"② 这对农民无地、少地状况的改变是有好处的。第三，解放奴隶。元代曾把大量的农民变成驱丁驱口，朱元璋于洪武五年五月下诏："曩者兵乱，人民流散，因而为人奴隶者即日放还，复为民。"③ 他下令由朝廷代赎因饥荒典卖的男女，并严禁庶民蓄奴，规定："庶民之家，存养奴婢者，杖一百，即放为良。"④ 这就使当时奴隶数量大大减少，有利于社会生产力的解放。朱元璋的这些让步政策，是在明初经济残破、人民流亡、政局不稳的形势下，为恢复社会经济，借以巩固朱明政权而采取的措施。这种"让步政策"也是有其限度的，即它是在经济范围内实行的。

　　但是，在政治、法律领域内，如前文所述，朱元璋并没有搞什么"让步"，而是强化了对人民的控制。朱元璋推行的政治上和法律上的重典与经济上的让步相结合的政策，是一种客观的历史存在。我们既不能只谈重典政策而回避让步政策，也不能把明太祖在经济上的让步政策扩大到一切

---

① （明）申时行等重修：《明会典》卷17《户部四·田土》。中华书局1989年影印本，第112页。
② （清）龙文彬：《明会要》卷53《食货一》，中华书局1956年版，第982页。
③ 《明太祖实录》卷73。
④ 《大明律》卷4。

方面。

　　重典政策和让步政策都是维护君主统治的手段。表面上，似乎两者是相互对立，不能同时存在的，其实不然。纵观秦汉至明清两千多年的社会发展史，就会看到，"宽猛并济"从来就被执政者奉为治国的两手策略。在维护国家根本利益的大前提下，基于各种社会力量的对比和面临的形势不同，朝廷的政策也经常发生变化，往往是把重典政策与让步政策交相运用。此时重典、彼时让步者有之，同时结合进行者亦有之。一般来说，在大规模的农民战争之后，新王朝在经济上往往实行让步政策，而在政治上是较少让步的。还有一些王朝，则是以经济上的让步来换取政治上、法律上的强化。明初的情况亦是如此。朱元璋登上皇帝宝座的时候，社会的政治、经济形势都很严峻。1351—1368年的元末农民战争，极大地冲击了封建制度，打击了地主豪强，不少地方"往年大姓家，存者无八九"，① 朝廷"版籍多亡"。② 当时的社会经济，是一幅人口锐减、田地荒芜、生产凋敝、赋税难征、民不聊生的图景。北方的豫、鲁地区"多是无人之地"；河北大地更是"道路皆榛塞，人烟断绝"；南方江淮流域的安徽，亦是"百里无几家，但见风尘起"；湖南的武陵，"土旷人稀，耕种者少，荒芜者多"，社会经济业已陷入了崩溃的境地。明朝建立后，仍沿用宋、元的两税法，恢复了赋役剥削，土地和赋役不均等问题依然没有解决，而官宦、地主豪商受宋、元以来不断发展的商品经济的刺激，更加不择手段地榨取农民。"有司贪墨，守御官军扰害"，③ 特别是那些上升为新贵族的功臣宿将，"既享厚禄，犹且贪心不已"。④ 结果，力役过繁，赋敛过厚，迫使农民有的四处逃亡，屯聚山林；有的又拿起武器，开展反抗明王朝的斗争。据《明太祖实录》粗略统计，洪武朝三十一年间，各族人民的武装起义此起彼伏，起义范围涉及十余省。在这种形势下，朱元璋吸取历史经验教训，主张采用宽猛结合的两手治国方略。他在政治法律领域极力推行重典政策，目的使老百姓"知畏"而慑服于新王朝的统治。同时，为了以

---

① （元）李继本：《一山文集》卷1《送李顺文诗》，中国国家图书馆藏清抄本缩微件。
② 《明史》卷77《食货一》，中华书局1974年版，第1881页。
③ 《明太祖实录》卷190。
④ （明）朱国祯：《皇明大训记》，北京大学图书馆藏明崇祯五年刻本。

"宽"济"猛",给老百姓一个喘息的机会,以便恢复残破的社会经济,在经济方面采取了一些让步措施。他说:"大乱未平,民多转徙,失其本业,而军国之费所资不少皆出于民。若使之不得尽力田亩,则国家资用何所赖焉。"① 这一段话,明确无误地道出了朱元璋在经济上采取让步政策的真实意图。赋税是国家经济的重要来源,新王朝正是从增加赋税收入出发,才实行了减轻赋税以刺激垦荒的政策;国家对劳动力的直接控制是保证赋税收入的基本条件,新王朝正是为了从奴隶占有者那里把劳动力争夺过来,才实行了免奴为民的政策。让步政策与重典政策,两者形式虽异,却能以软硬相兼之术,达到强化君主专制制度这个殊途同归的目的。

正因为宽猛两手都是用以治民、维护君主统治的工具,所以,即使在经济领域内,明王朝的让步也是有限度的,也是把让步政策与重典政策结合起来对平民进行剥削的。这就是:一方面,明太祖在经济上搞了一些"便民"措施;另一方面,为了把农民由于让步政策得到的经济利益掠夺到国家手中,明初以重法保障赋税和赋役制度的实行。法律规定,"人户以籍为断",凡脱落户口、欺隐田粮、逃避差役赋税者,严加惩办。按照明律:"凡一户全不附籍,有赋役者家长杖一百,无赋役者杖八十,附籍当差。"需要指出的是,洪武年间实际上实行的一些有关法令远比明律严酷得多。如,洪武三年时,"诏户部籍天下户口及置户帖,各书户之乡贯、丁口名岁,以字号编为……有司点押比对,有不合者发充军"。② 洪武十九年时,"令各处民凡成丁者,务各守本业,出入邻里,必欲互知,其有游民及称商贾,虽有引,若钱不盈万文,钞不及十贯,俱送所在官司,迁发化外"。③ 明初还用严刑强迫人民依照朝廷需要种植作物和纳粮服役,规定各户务要依照号令如法栽种桑株、枣柿、棉花,敢有违者,家迁化外。洪武二十四年令:攒造黄册"若官吏、里甲通同人户隐瞒作弊,及将原报在官田地不行明白推收过割,一概影射减除粮额者,一体处死。隐瞒人户,

---

① 《明太祖实录》卷16。
② (明)申时行等重修:《明会典》卷19《户部六·户口一·户口总数》,中华书局1989年影印本,第129页。
③ 同上。

家长处死，人口迁发化外"。① 如此等等，这些规定要比唐、宋、元代的法律都大为苛刻。洪武年间，明王朝就是运用这些严法峻令强迫农民为国家承担赋役的。可见，朱元璋治国的两手策略，即使在经济领域也是同时运用的。那种因为明太祖在经济上采取过一些便民措施，便认为明初重典不及于平民的观点，是不符合史实的。

（原载《中国法制史考证》甲编第6册，中国社会科学出版社2002年版。原文标题为《明初重典补考》，本次发表时作了一些文字修订。）

---

① （清）雷梦麟原编，（清）蒋廷锡等校勘重编：《古今图书集成·详刑典》卷28，（上海）中华书局1934年影印本。

明代《问刑条例》的修订

《问刑条例》是明代中后期最重要的刑事立法,自弘治朝始,与律并行达 140 余年之久。研究明代立法,舍例难以求其真;而研究明代中后期的刑事法律,必须弄清《问刑条例》。

一 弘治《问刑条例》

《问刑条例》初颁行于孝宗弘治十三年(1500 年),它是朱祐樘及其朝臣为革除前朝条例"冗琐难行",欲使"情法适中,经久可行"[①] 而采取的果断措施。

早在明太祖执政时期,就总结宋、元编例之得失,并将这种法律形式加以改造和发展,创立了以律、例为基本立法形式的法律体系。朱元璋立法定制,坚持"长久之律"与"权宜之法"并重。一方面,他要求臣下从"当计远患"出发,制定一个"贵存中道"、"万世通行"的《大明律》;另一方面,又于律外另颁刑例、峻令,惩元纵弛。考洪武法制,当时制定的刑例、峻令,除《大诰》外,尚有《真犯杂犯死罪》、《充军》、《抄札》、《律诰》条例等多种。明成祖效法洪武,也是例令屡颁,重例轻律。仁宗、宣宗以后几朝,明令法司"一依《大明律》科断,不许深文",[②]《大明律》才确立了它在司法实践中的主导地位。然而,仁宗、宣宗、英宗、景帝、宪宗几位皇帝在行法过程中,都遇到了无法协调"遵循祖制"与"度势立法"二者矛盾的难题。尤其是明代中期,国情较明初

---

① (明)白昂:《问刑条例题稿》,收入刘海年、杨一凡主编《中国珍稀法律典籍集成》乙编第 2 册,科学出版社 1994 年版,第 217 页。

② 《皇明诏令》卷 7 至卷 10,《中国珍稀法律典籍集成》乙编第 3 册,第 193、217、281 页。

已有许多变异，表现在：兼并土地狂潮四起，流民成为重大的社会问题；宦官专权，肆意"奸欺"国政，统治集团孕育着新的危机；商品经济的发展和资本主义的萌芽，猛烈地冲击着固有的社会秩序。显然，修正祖宗成法，已成为治国的当务之急。但是，明太祖死前留下遗训，"已成之法，一字不可改易"①；"群臣有稍议更改，即坐以变乱祖制之罪。"② 在谁也不愿意承担"变乱祖制"罪名的情况下，几朝君主只好采取以"例"、"令"形式对《大明律》进行间接修正。

在《问刑条例》颁行之前，几朝的编例，一般是由臣下议定，皇帝批准实施。由于多是因某一具体案件定例，弊端丛生。一是因事起例，"驯致条例浩瀚"，诸司官吏难以掌握。二是所定之例系仓促而成，内容前后矛盾，"得失混杂"，"一事三四其例者有之，随事更张，每年或再变其例者有之"。③ 这就给奸吏任情用刑留下了可乘之机。为求法制统一，每一皇帝即位后，便宣布将前朝条例一概革去，自己再来一套。结果，本朝的例就愈立愈滥，出现了新的恶性循环。此种情况一直延至宪宗登基，未有改变。

宪宗在位期间，朝臣要求制定《问刑条例》的呼声越来越高。成化十年（1474年）六月，兵科给事中祝澜上疏请求："五府六部都察院大理寺等衙门，备查在京在外、远年近日节次条例，开具揭帖，会同内阁重臣，精选符合律意、允协舆情、明白简约者归类条陈。伏乞圣明裁决，定为见行条例，或刊印成帙，通行两京大小衙门及在外府州县，俾各官吏遵守。"④ 当时，虽有人以守祖宗成法为由，奏请"革条例以遵旧制"，⑤ 但大多数朝臣主张将现行事例"从公斟酌，可因可革或增或减议允，通类奏

---

① 《皇明祖训》序，收入杨一凡、田涛主编《中国珍稀法律典籍续编》第3册，黑龙江人民出版社2002年版，第483页。
② 《明史》卷93《刑法一》，中华书局1974年版，第2279页。
③ 《皇明条法事类纂》卷48《刑部类·断罪引律令》"陈言干碍法司条例须要会议例"，《中国珍稀法律典籍集成》乙编第5册，第920页。
④ 同上书，第921页。
⑤ 《皇明条法事类纂》附编《奏革幼军在逃等件重覆不便事件》，《中国珍稀法律典籍集成》乙编第6册，第109页。

请定夺"。① 成化年间，刑科给事中赵艮也曾上疏，要求将"洪武年间以来所增条例，通行会议斟酌取舍"，"以定条例"。② 宪宗皇帝对于修订《问刑条例》持赞同态度，后来不知何故，未能实行。

明孝宗即位时，修订《问刑条例》的要求已被多数朝臣认同，故在其即位诏中，不再宣布将旧例革去。弘治元年（1488年）九月、三年（1490年）二月，刑部尚书何乔新两次上疏奏请删定《问刑条例》；弘治五年（1492年），鸿胪寺少卿李鐩、刑部尚书彭韶再次要求修订《问刑条例》。孝宗旨允，只是鉴于变更"祖制事关重大"，迟迟未能下诏。弘治十一年（1498年）十二月，孝宗借清宁宫灾诏天下："法司问囚，近来条例太多，人难遵守。中间有可行者，三法司查议停当，条陈定夺。其余冗琐难行者，悉皆革去。"③ 刑部尚书白昂遂奉诏审看历年问刑条例，"将情法适中，经久可行者，条陈上请定夺"。④ 弘治十三年（1500年）二月奏上，"上以狱事至重，下诸司大臣同议之。议上二百七十九条，请通行天下，永为常法。上从之"。⑤ 三月初二日，孝宗颁旨："都照旧行。"⑥ 至此，"补律而行"的《问刑条例》首次在集中修订后得以颁行。为区别嘉靖、万历年间修订的《问刑条例》，后世称为弘治《问刑条例》。

弘治《问刑条例》初只有单刻本，稍后有私人编纂的律、例合刻本行世。现存单刻本见明嘉靖刊《皇明制书》十四卷本及该书万历四十一年（1613年）补刻本。关于弘治《问刑条例》律例合刊的版本，黄彰健在《〈明代律例汇编〉序》中有详细考论，他指出：最早的律例合刻本系正德年间胡琼《大明律集解》三十卷本，此书将弘治《问刑条例》与弘治十三年（1500年）以后所定条例混杂编排，有时将弘治《问刑条例》的某一条分作两条，或者同一条款重复出现，附于不同律文之后。嘉靖五年

---

① 《皇明条法事类纂》卷48《刑部类·断罪引律令》"陈言干碍法司条例须要会议例"，《中国珍稀法律典籍集成》乙编第5册，第921页。
② 《皇明条法事类纂》附编《法司会议条例务要斟酌停当奏请》，《中国珍稀法律典籍集成》乙编第6册，第115页。
③ 《明孝宗实录》卷145。
④ （明）白昂：《问刑条例题稿》，收入《中国珍稀法律典籍集成》乙编第2册，第217页。
⑤ 《明孝宗实录》卷159。
⑥ （明）白昂：《问刑条例题稿》，收入《中国珍稀法律典籍集成》乙编第2册，第217页。

（1526年）刊行的《大明律直引》亦有此种情况。刊行于嘉靖二十年（1541年）前后的《大明律疏附例》于律文之后只附弘治《问刑条例》，而将弘治十三年以后至嘉靖二十年间所增新例刊附于书末。嘉靖续修《大明会典》也曾收有弘治《问刑条例》[1]。

弘治《问刑条例》条款，《明孝宗实录》记为279条，《皇明制书》所收单刻本为281条，《大明律疏附例》为285条，《明史·刑法志》记为297条。其单刻本与《大明律疏附例》本条例文句全部相同，只是前者第91条、第171条，后者分别分为2条；前者第97条，后者分为3条。另有单刻本第30条、第32条，在《明会典》中合为1条；单刻本第131条、第132条，在《明会典》中亦合为1条。鉴于单刻本系嘉靖、万历年间刊刻或重刊，很可能在编排上有误，而《实录》所记，必有依据，所以，弘治《问刑条例》条款似应以《明孝宗实录》所记279条为准[2]。至于《明史·刑法志》所记297条，实是279条的误写。为了便于进行律、例比较，我们在研究中以《大明律疏附例》为底本。依此书，其名例律为66条，吏律21条，户律39条，礼律4条，兵律56条，刑律93条，工律6条，并分列于《大明律》之145条律文之后，约占《大明律》460条的三分之一。在此279条中，有114条系新增条款，其他除与律文一致的几条外，均是对律文的补充条款。不难看出，弘治《问刑条例》对明律的增补幅度是比较大的，其作用是补律而不是"破律"。

从内容上看，弘治《问刑条例》对明律的增补，突出表现在以下几方面：

其一，对宗藩权力作了较严格的限制。明王朝建立后，仿元代实行封藩制，宗室在政治、经济、军事、司法诸方面拥有种种特权。到明代中叶，宗室人数已发展到几万人。他们多仗势为非作歹，通过各种手段，任意扩大皇庄，霸占土地，各级司法官吏对宗藩的胡作非为不敢问津，使明王朝的集权统治受到损害。针对这一问题，弘治《问刑条例》对藩王权力

---

[1] 参见黄彰健《〈明代律例汇编〉序》，收入《明代律例汇编》，台湾"中研院"历史语言研究所专刊之75，1979年版，第13—26页。

[2] 同上书，第16页。

作了较多的限制，如规定"各王府不许擅自招集外人，凌辱官府，扰害百姓，擅作威福，打死人命，受人投献地土，进送女子，及强取人财物，占人妻妾，收留有孕妇女，以致生育不明，冒乱宗枝，及畜养术士，招尤惹衅，无故出城游戏"；"王府人役假借威势侵占民田，攘夺财物，致伤人命，除真犯死罪外，徒罪以上俱发边卫充军"；各处郡王等不得无故驀越具奏；"凡王府发放一应事务，所司随即奏闻。必待钦准，方许奉行"；各王府郡主及各级官府仪宾不得潜用，郡王等妾媵不得超过规定数目等。①《明史·刑法志》云："王府禁例六条，诸王无故出城有罚，其法尤严。"②或即指此。

其二，强化了有关禁止贩卖官私引盐和盗掘矿产等方面的经济立法。明王朝对贩卖食盐实行开中法，贩盐者需有朝廷认可的盐引（专利执照）。由于掌握盐引有大利可图，皇族和各级官吏纷纷抢占盐引，转卖给盐商，从中牟利，致使盐政败坏，朝廷收入受到严重影响。为惩治兴贩官私引盐者，弘治《问刑条例》规定："越境兴贩官私引盐至二千斤以上者，问发附近卫所充军。原系腹里卫所者，发边卫充军。其客商收买余盐，买求制挚，至二千斤以上者，亦照前例发遣。经过官司纵放，及地方甲邻里老知而不举，各治以罪。巡捕官员乘机兴贩至二千斤以上，亦照前例问发。"③明代采矿业有官营、民营两种，民营须取得政府许可，交纳课额。后因私人盗掘矿产风盛，正统五年"定盗采银矿新例，为首者处斩，从者发戍"。④弘治《问刑条例》因之，并进一步规定为"盗掘银矿铜锡水银等项矿砂，但系山洞捉获，曾经持杖拒捕者，不论人之多寡，矿之轻重，及聚众至三十人以上，分矿至三十斤以上者，俱不分初犯再犯，问发边卫充军"。⑤

---

① 弘治《问刑条例》，收入《中国珍稀法律典籍集成》乙编第2册，第99至104条，第235—236页。
② 《明史》卷93《刑法一》，中华书局1974年版，第2286页。
③ 弘治《问刑条例》单刻本，第82条，附《大明律》卷8《户律·课程》"盐法"条后，见《中国珍稀法律典籍集成》乙编第2册，第233页。
④ 《续文献通考》卷136《刑二·刑考·刑制》，浙江古籍出版社2000年影印本，第4018页。
⑤ 弘治《问刑条例》单刻本，第180条，附《大明律》卷18《刑律·贼盗》"常人盗仓库钱粮"条后，见《中国珍稀法律典籍集成》乙编第2册，第250页。

其三，扩大了赎刑和充军刑的范围。《大明律》中赎刑的适用范围较窄，主要适用对象是天文生、老幼残疾、妇女犯徒流刑以及"犯罪存留养亲"、"官吏犯公罪该笞"、"军官犯私罪该笞"、过失犯罪等。且收赎的办法是，除老幼残疾者外，犯徒流罪允许收赎者，先决杖一百，余罪按规定以铜钱赎罪。弘治《问刑条例》中的赎刑适用面，无论是就罪名而言，还是从犯罪人的身份讲，都要广泛得多，而且除以财物抵罪外，无钱纳赎者可以力役赎罪。如规定："凡军民诸色人役，及舍余审有力者，与文武官吏、监生、生员、冠带官、知印、承差、阴阳生、医生、老人、舍人，不分笞杖徒流、杂犯死罪，俱令运炭、运灰、运砖、纳料、纳米等项赎罪。"① 又规定："舍人舍余无官之时，犯该杂犯死罪，有官事发，运炭、纳米等项，完日还职，仍发原卫所带俸差操。若犯该流罪，减至杖一百徒三年者，俱令运炭、纳米等项还职，原管事者照旧管事，原带俸者照旧带俸。"② "内府匠作，犯该监守常人盗、窃盗、掏摸、抢夺者，俱问罪，送发工部做工、炒铁等项。"③ 至于充军刑，明律中涉及充军者46条，而弘治《问刑条例》中涉及充军的条目近130条，其适用对象、罪名和范围都较明律大为增加。

由于明代中叶前期处于"治世"，社会局面较为稳定，重典已不适用。从量刑来看，弘治《问刑条例》大多数条款较《大明律》有所减轻。当然，也有对一些犯罪加重惩罚的条款。这些加重处刑的规定，大多是为了严明吏治，或出于维护社会秩序的需要。如《大明律·刑律》规定："凡官司决人不如法者，笞四十。因而致死者，杖一百。"④《问刑条例》则规定："内外问刑衙门，一应该问死罪，并窃盗抢夺重犯，须用严刑拷讯，其余止用鞭扑常刑。若酷刑官员，不论情罪轻重，辄用挺棍、夹棍、脑箍、烙铁等项惨刻刑具，如一封书、鼠弹筝、拦马棍、燕儿飞等项名色，

---

① 弘治《问刑条例》第1条，附《大明律》卷1《名例律》"五刑"条后，见《中国珍稀法律典籍集成》乙编第2册，第220页。
② 弘治《问刑条例》单刻本，第16条，附《大明律》卷1《名例律》"无官犯罪"条后，见《中国珍稀法律典籍集成》乙编第2册，第222页。
③ 弘治《问刑条例》第30条，附《大明律》卷1《名例律》"工乐户及妇人犯罪"条后，见《中国珍稀法律典籍集成》乙编第2册，第224页。
④ 《大明律》卷二八《刑律·断狱》"决罚不如法"条。

或以烧酒灌鼻，竹签钉指及用径寸懒杆，不去棱节竹片乱打复打，或打脚踝，或鞭脊背，若但伤人，不曾致死者，不分军政职官，俱奏请降级调用。因而致死者，俱发原籍为民。"① 此一条例的着眼点在禁酷刑，对囚犯来说是处罚减轻，而对违法官吏来说则是处罚加重。针对明中期军士逃亡和军官犯罪严重的问题，弘治《问刑条例》增加了许多惩罚军官失职和逃军的条款。此外，对一些禁而不止的问题，如略卖人口犯罪的处罚亦有所加重。《大明律·刑律》规定："凡设方略而诱取良人，及略卖良人为奴婢者，皆杖一百，流三千里。"② 《问刑条例》则规定："凡设方略而诱取良人，与略卖良人子女，不分已卖未卖，俱问发边卫充军。若略卖至三口以上，及再犯、三犯，不分革前革后，俱用一百斤枷，枷号一个月，照前发遣。"③

弘治《问刑条例》发凡起例，突破了"祖宗成法不可更改"的格局，对《大明律》中不适当的部分予以修正，革除了明开国百年来因事起例、"冗琐难行"、"轻重失宜"的弊端，使刑事条例整齐划一和条文化，得以"永为常法"，"辅律而行"，其在明代立法史上所起到的积极作用是不能低估的。

二　嘉靖《问刑条例》

弘治《问刑条例》作为"辅律而行"的"常法"，在弘治、正德、嘉靖三朝实行50年之久。然而，明代中叶世态多变，社会矛盾层出不穷，旧例中的一些规定，很快便显得"过时"，大量的新问题，需要用新例加以规定。这样，许多名目不一的条例又应运而生。正德十六年（1521年），武宗死，世宗登基。他在即位诏中又明令重申："凡问囚犯，今后一依《大明律》科断，不许深文，妄引参语，滥及无辜。其有奉旨推问者，

---

① 弘治《问刑条例》第277条，附《大明律》卷28《刑律·断狱》"决罚不如法"条后，见《中国珍稀法律典籍集成》乙编第2册，第266页。
② 《大明律》卷18《刑律·贼盗》"略人略卖人"条。
③ 弘治《问刑条例》第202条，附《大明律》卷18《刑律·贼盗》"略人略卖人"条后，见《中国珍稀法律典籍集成》乙编第2册，第254页。

必须经由大理寺审录，毋得径自参奏，致有枉人。近年条例增添太繁，除弘治十三年三月初二日以前曾经多官奉诏会议奏准通行条例照旧遵行外，以后新增者悉皆革去。"① 不过，他维护祖宗成法的愿望并未行得通，因实际需要，世宗又不断颁定了许多新的条例，再次出现了"法令难行，轻重失宜"的弊端，修订弘治《问刑条例》已是势所难免。嘉靖初年，陕西巡抚王荩、巡抚保定等府都御史王应鹏等人上疏，"请定条例，以明法守"。此议被世宗所拒绝，并于嘉靖七年（1528年）闰十月降旨："内外问刑衙门，但依《大明律》及弘治十三年条例行，不必再行编集。"② 此后，虽仍有人不断提出修订《问刑条例》，均被驳回。直至嘉靖二十七年（1548年）九月，刑部尚书喻茂坚上疏奏请修订《问刑条例》，方得到世宗的批准，命"会官备查各年问刑事例，定议以请"。③ 嘉靖二十九年（1550年）十二月，刑部尚书顾应祥将重修《问刑条例》奏进，世宗下诏："刊布内外衙门一体遵守，今后问刑官有任情妄引故入人罪者，重治。"④ 至此，《问刑条例》第二次得以修正。后世称此次修订的《问刑条例》为嘉靖《问刑条例》。

嘉靖《问刑条例》颁行后有单刻本及律、例合刻本行世。现美国国会图书馆藏有明嘉靖刊单刻本《问刑条例》。现见的该典籍律例合刊本较多，如中国台湾"中研院"历史语言研究所藏有嘉靖三十三年（1554年）汪宗元、潘恩重刊《大明律例》本，中国国家图书馆藏万历初年巡按山东监察御史王藻重刊《大明律例》本等。⑤ 单刻本嘉靖《问刑条例》于《名例律》中已注明律文某条附有某例，于吏、户、礼、兵、刑、工六律则仅注明该律某篇有例多少条，未注明这些条例应附于律文某条之后，致使律、

---

① 《明世宗实录》卷1。
② 《明世宗实录》卷94。
③ 《明世宗实录》卷340。
④ 《明世宗实录》卷368。
⑤ 现见的嘉靖《重修问刑条例律例》合刊本还有：台湾"中央图书馆"藏明人雷梦麟撰《读律琐言》明嘉靖四十二年歙县知县熊秉元刻本，日本内阁文库藏《大明律例附解》明嘉靖池阳秋浦象山书舍重刻本，东京大学东洋文化研究所藏《大明律例附解》明嘉靖二十三年刊江书院重刻本，蓬左文库藏《大明律例附解》明嘉靖刊江书院重刊本等。

例合刻本条文次序多不一致。相比之下，雷梦麟《读律琐言》[①]、陈省校刊本《大明律例》较为尊重单刻本的原来次序。嘉靖《问刑条例》计名例律90条，吏律33条，户律65条，礼律9条，兵律51条，刑律121条，工律7条，共376条。《明史·刑法志》云嘉靖《问刑条例》"增至249条"，是不对的。嘉靖三十四年（1555年）二月，刑部尚书何鳌等奏上律例九事，"俱允行"。[②] 此9条全文载于美国国会图书馆藏嘉靖三十五年（1556年）刊本《南京刑部志》，称为"续准《问刑条例》"。其中名例律2条，吏律2条，兵律2条，刑律3条，内容均为对嘉靖条例有关条款的进一步明确规定。其与嘉靖二十九年（1550年）条例合为385条[③]。与弘治《问刑条例》相比，嘉靖《问刑条例》所因者为251条，所因而略作修改者28条，新增者为100条。如加上续准《问刑条例》新增者，共新增106条，可见增补和修正幅度仍是比较大的。

嘉靖《问刑条例》与弘治《问刑条例》比较，新增的内容主要有以下几个方面：

其一，进一步限制皇族成员及各级官吏的法外特权。嘉靖《问刑条例》规定："各王府违例收受子粒，并争讼地土等事，与军民相干者，听各衙门从公理断。长史司不许滥受词讼，及将干对之人占吝不发。"[④] "各处司府州县，并各钞关，解到布捐钱钞等项，赴部给文，送甲字等库验收。若有指称权贵名色，指勒解户，诓诈财物者，听巡视库藏科道官及该部委官拿送法司究问，不分军民匠役，俱发边卫充军。干碍内外官员，一体参奏处治。"[⑤] "凡指称近侍官员家人名目，扰害有司驿递卫门，占宿公馆，虚张声势，索取马匹，勒要财物者，为首及同恶相济之人，俱发边卫

---

① （明）雷梦麟：《读律琐言》，明嘉靖四十二年歙县知县熊秉元刻本，收入杨一凡编《中国律学文献》第4辑第2、3册，社会科学文献出版社2007年版。
② 《明世宗实录》卷419。
③ 嘉靖《重修〈问刑条例律例〉》，收入《中国珍稀法律典籍集成》乙编第2册，第435—507页。
④ 附《大明律》卷1《名例律》"应议者之父祖有犯"条后，见《中国珍稀法律典籍集成》乙编第2册，第443页。
⑤ 附《大明律》卷7《户律·仓库》"收支留难"条后，见《中国珍稀法律典籍集成》乙编第2册，第466—467页。

充军。"①

其二，进一步强化封建礼仪和等级制度。《大明律·礼律》规定：凡官民房舍车服器物之类各有等第，不得违式僭用。弘治《问刑条例》对各王府郡主及各级官吏的服式作了规定，嘉靖《问刑条例》进一步明确规定："官吏军民人等，但有僭用硃黄紫三色，及蟒龙飞鱼斗牛，器皿僭用硃红黄颜色及亲王法物者，俱从重治罪，服饰器物追收入官。""军民僧道人等服饰器用，俱有旧制。若常服僭用锦绮纻丝梭罗彩绣，器物用饯金描金，酒器纯用金银，及将大红销金制为帐幔被褥之类，妇女僭用金绣闪色衣服，金宝首饰镯钏，及用珍珠缘缀衣履，并结成补子盖额缨络等件，娼妓僭用金首饰银镯钏者，事发，各问以应得之罪，服饰器用等物并追入官。"②

其三，加强对边地沿海贸易管理。明代中期以后，商品经济日趋发展，私商贸易已扩展到边地和沿海，明王朝因屡禁不止，不得不放松对边地贸易的控制，同时加强了这方面的管理，对贩卖违禁货物的处罚也规定得更为具体明确。嘉靖《问刑条例》规定："凡兴贩私茶，潜住边境，与番夷交易，及在腹里贩卖与进贡回还夷人者，不拘斤数，连知情歇家牙保，俱发烟瘴地面充军。"③"凡夷人贡船到岸，未曾报官盘验，先行接买番货，及为夷人收买违禁货物者，俱发边卫充军。"④

其四，以重典治理流民。由于土地兼并剧烈，赋役苛重，大量农民流离失所，明中期以来，"流民逃聚山谷"，"入山就食，势不可止"。⑤ 流民起义和暴动事件接连而起。明王朝在对起义的流民实行坚决镇压的同时，从法律上亦对流民从重治罪。《大明律》"逃避差役"条规定："凡民户逃

---

① 附《大明律》卷178《兵律·邮驿》"多乘驿马"条后，见《中国珍稀法律典籍集成》乙编第2册，第483—484页。

② 附《大明律》卷12《礼律·仪制》"服舍违式"条后，见《中国珍稀法律典籍集成》乙编第2册，第473页。

③ 附《大明律》卷8《户律·课程》"私茶"条后，见《中国珍稀法律典籍集成》乙编第2册，第469页。

④ 附《大明律》卷15《兵律·关津》"私出外境及违禁下海"条后，见《中国珍稀法律典籍集成》乙编第2册，第481页。

⑤ 《明史纪事本末》卷38《平郧阳盗》，中华书局1977年版，第564、566页。

往邻境州县躲避差役者，杖一百，发还原籍当差。其亲管里长、提调官吏故纵，及邻境入户隐蔽在己者，各与同罪。"嘉靖《问刑条例》则规定："沿边地方军民人等，躲避差役，逃入夷峒寨潜住，究问情实，俱发边远卫分，永远充军。本管里长、总小旗，及两邻知而不首者，各治以罪。"①

从量刑来看，嘉靖《问刑条例》的刑罚较之弘治《问刑条例》有加重的趋势。特别是充军条款和适用对象、范围，又较弘治《问刑条例》有大幅度增加。《明史·刑法志》云："充军之例为独重。《律》充军凡四十六条，《诸司职掌》内二十二条，则洪武间例皆律所不载者。其嘉靖二十九年条例，充军凡二百十三条，与万历十二年所定大略相同。"充军之地，"条例有发烟瘴地面、极边沿海诸处者，例各不同。而军有终身，有永远"。②

此外，为保证国家刑律的有效实施，嘉靖《问刑条例》对弘治《问刑条例》的许多条款的内容作了进一步明确、具体的修订。如《大明律》"盗卖田宅"条规定："凡盗卖换易及冒认，若虚钱实契典买及侵占他人田宅者，田一亩、屋一间以下，笞五十。每田五亩、屋三间，加一等。罪止杖八十，徒二年。系官者，各加二等。"弘治《问刑条例》规定："凡用强占种屯田者，问罪。官调边卫，带俸差操。旗军军丁人等，发边卫充军。民发口外为民。管屯等官不行用心清查者，纠奏治罪。"嘉靖《问刑条例》则规定："凡用强占种屯田五十亩以上，不纳子粒者问罪，官调边卫，带俸差操。旗军军丁人等发边卫充军，民发口外为民。其屯田人等将屯田典卖与人至五十亩以上，与典主买主各不纳子粒者，俱照前问发。若不满数及上纳子粒不缺，或因无人承种而侵占者，依律论罪，照常发落。管屯等官不行用心清查者，纠奏治罪。"③

嘉靖《问刑条例》一方面因袭弘治《问刑条例》，对其中部分条款的有关规定加以明确；另一方面又针对社会现实问题补充了许多重要的条款，它在明代三次修订《问刑条例》的过程中，可以说是起到了承上启下

---

① 《大明律》卷4《户律·户役》"逃避差役"条后。
② 《明史》卷93《刑法一》，中华书局1974年版，第2301页。
③ 附《大明律》卷5《户律·田宅》"盗卖田宅"条后，见《中国珍稀法律典籍集成》乙编第2册，第462页。

的作用。嘉靖《问刑条例》的修订，进一步巩固了《问刑条例》与《大明律》并行的法律地位。

三　万历《问刑条例》

《问刑条例》第三次增修是在万历年间。万历二年（1574年），刑科给事中乌升等奏请续增条例，神宗下旨："《问刑条例》依拟参酌续附。"①此后即开始着手对《问刑条例》进行修订，直至万历十三年（1585年）方修订完毕。刑部尚书舒化于万历十三年四月四日奏请颁行，神宗于四月十一日颁旨："这《问刑条例》既会议详悉允当，着刊布，内外衙门永为遵守。仍送史馆，纂入《会典》。问刑官如有妄行引拟及故入人罪的，法司及该科参奏治罪。"②而后，又依舒化的建议，对流行于世的《大明律》律文进行核对，将《律》、《例》合刻，"律为正文，例为附注"，③并编入万历十五年（1587年）刊行的《大明会典》。对于《问刑条例》来说，这是一次全面、严肃的修订。

自嘉靖二十九年（1550年）重修《问刑条例》至万历十三年（1585年）再修《问刑条例》，相隔只有35年。上距嘉靖三十四年（1555年）续增《问刑条例》只有30年。其间陆续颁定的各种条例数量不是很多，故万历《问刑条例》的修订，不是重在增补，而是旨在对嘉靖《问刑条例》按照较高标准的规范化要求进行加工。

万历《条例》共382条，"除各例妥当，相应照旧者共一百九十一条；其应删应并应增者共一百九十一条"。④其革除弘治时颁定、嘉靖时沿用的条例十余条，新增30条，沿旧例并加以修正者161条。依《大明律》律文后附条例分类，万历《问刑条例》名例律为91条，吏律为31条，户律

---

① （明）舒化：《重修问刑条例题稿》，见杨一凡编《中国律学文献》第3辑第2册，黑龙江人民出版社2006年影印本，第113页。
② （明）舒化：《进新刻〈大明律附例〉题稿》，见《中国律学文献》第3辑第2册，第127页。又，（明）舒化等纂修《大明律附例》，南京图书馆藏明万历十三年刻本。
③ 《明神宗实录》卷160。
④ （明）舒化：《重修问刑条例题稿》，见《中国律学文献》第3辑第2册，第122页。

为69条，礼律为9条，兵律为51条，刑律为123条，工律为8条。"条例申明颁布之后，一切旧刻事例，未经今次载入，如比附律条等项，悉行停寝。"① 至此，明王朝对《问刑条例》的修订基本完成。《大明律》和万历《问刑条例》，作为明后期的主要刑事法律，再未变动。

万历《问刑条例》对弘治、嘉靖旧例所革除者，主要是那些与《大明律》律文较相近的条款。如《大明律·兵律》规定："各处守御城池军人在逃者，初犯杖八十，仍发本卫充军。再犯并杖一百，俱发边远充军。三犯者绞。"② 弘治、嘉靖《问刑条例》规定："在京在外守御城池军人，在逃一次二次者，问罪，照常发落。三次，依律处绞。"③ 二者基本相近，故删除。其所增补的条款，多是与维护明王朝统治的重大利益问题相关。面对"赋入则日损，支费则日加"的局面，万历《问刑条例》新增了许多旨在保护朝廷财政收入的经济法规。如规定："凡宗室置买田产，恃强不纳差粮者，有司查实，将管庄人等问罪，仍计算应纳差粮多寡，抵扣禄米。若有司阿纵不举者，听抚按官参奏重治。"④ 对于漕运把总、指挥、千百户等官索要运军常例和指以供办等费为由科索并扣除行月粮、船料，以及各地完粮违限，漕运粮米漂流数多等处罚也作了明确规定。由于社会矛盾日趋尖锐，农民起义和反抗朝廷事件次数增多，且规模越来越大，万历《问刑条例》新增了有关加强防守城池、要地的条款。对于强盗打劫，各掌印巡捕等官捕获不力、申报不实等处罚，该条例也作了一些明确规定。

舒化修订《问刑条例》的宗旨是，"立例以辅律"，"依律以定例"，"必求经久可行，明白易晓，务祛苛纵之弊，以协情法之中"。⑤ 在这次修例中，特别注意了把犯罪者的首从及犯罪情节的轻重加以区别。如《大明律·刑律》规定："凡盗内府财物者，皆斩。"⑥ 弘治《问刑条例》规定："盗内府财物者，系杂犯死罪准赎外，若盗乘舆服御物者，仍作真犯死罪，

---

① 附（明）舒化等纂修《大明律附例》卷30《工律》"修理桥梁道路"条后附例。
② 《大明律》卷14《兵律·军政》"从征守御官军逃"条。
③ 附《大明律》卷14《兵律·军政》"从征守御官军逃"条后，见《中国珍稀法律典籍集成》乙编第2册，第480页。
④ 附（明）舒化等纂修《大明律例》卷5《户律·田宅》"欺隐田粮"条后。
⑤ （明）舒化：《重修问刑条例题稿》，见《中国律学文献》第3辑第2册，第120—121页。
⑥ 《大明律》卷18《刑律·贼盗》"盗内府财物"条。

依律议拟。"① 嘉靖《问刑条例》因之。而万历《问刑条例》则改为："凡盗内府财物，系乘舆服御物者，仍作真犯死罪。其余监守盗银三十两、钱帛等物值银三十两以上，常人盗银六十两、钱帛等物值银六十两以上，俱问发边卫永远充军。内犯，奏请发充净军。"② 又如弘治《问刑条例》有关惩治略卖人的条款，曾被嘉靖《问刑条例》因之。万历《问刑条例》改为："凡设方略而诱取良人，与略卖良人子女，不分已卖未卖，俱问发边卫充军。若略卖至三口以上及再犯者，用一百斤枷，枷号一个月，照前发遣。三犯者，不分革前革后，发极边卫分，永远充军。"③ 王肯堂《笺释》云："旧例三犯者照前发遣，既与再犯者无别，且情重罪轻，未足惩奸，今参改。"

为了打击以暴力手段强行贩卖私盐的行为，嘉靖《问刑条例》规定："凡豪强盐徒聚众至十人以上，撑驾大船，张挂旗号，擅用兵仗响器，拒敌官兵，若杀人及伤人至三命者，比照强盗已行得财律，皆斩。为首者，仍枭首示众。其虽拒敌，不曾杀伤人，为首者，依律处斩；为从者，俱发边卫充军。若止十人以下，原无兵仗响器，遇有追捕，夺命拒敌，因而伤人至二命者，为首及下手之人，比照官司捕获罪人，聚众中途打夺，追究为首及下手之人，各坐以斩、绞罪名。其不曾下手伤人者，仍为从论罪。"万历《问刑条例》改为十人以上拒敌官兵，"若杀人及伤人三人以上者，比照强盗已行得财律，皆斩。为首者，仍枭首示众"。十人以下遇有追捕拒敌，"因而伤至二人以上者，为首依律处斩。下手之人，比照聚众中途打夺罪人因而伤人律，绞"。④ 王肯堂《笺释》云："旧例云三命、二命，故议者泥于命字，遂谓伤而未死者，不得引用此例。不知私盐拒捕，律自应斩，况加之伤人乎？堤防奸徒，不妨过重，今改三人二人者为当。又旧例十人以下一段云各坐以绞罪名一句，未见分明。盖拒捕斩罪，用律，不

---

① 弘治《问刑条例》第184条，附《大明律》卷18《刑律·贼盗》"盗内府财物"条后，见《中国珍稀法律典籍集成》乙编第2册，第250页。
② 附（明）舒化等纂修《大明律附例》卷18《刑律·贼盗》"盗内府财物"条后。
③ 附《大明律》卷18《刑律·贼盗》"略人略卖人"条后。
④ 附（明）舒化等纂修《大明律附例》卷8《户律·课程》"盐法"条后。

奏请。若比律自应奏请，难以一概论耳。今俱改。"① 万历《问刑条例》注意了区别不同犯罪情节、后果，把刑罚规定得具体严密，表明它比弘治、嘉靖《问刑条例》已更为完善。

《问刑条例》与律并行，对明代中后期乃至清代法制产生了重大影响。沈家本先生在评价明代《问刑条例》时，对于它的几次修订，特别是万历《问刑条例》的修订给予肯定，指出，它的历史作用是"立例以补律，非以破律"。② 这一观点是公允和符合实际的。弘治、嘉靖、万历三朝"度势立法"，通过制定和修订《问刑条例》，及时对《大明律》过时的条款予以修正，又针对当时出现的社会问题适时补充了新的规定。这种做法，既保持了明律所应具有的权威性和稳定性，又利于它的实施。在明代，条例纷繁，其社会效果也不尽相同，我们在评价它们时，应区别不同情况具体分析。就《大明律》与刑例的关系而言，一般来说，造成"以例代律"、"以例破律"不良后果的，多是那些属于君主个人随心所欲颁行的事例，而经过精心修订、整齐划一的明代三大《问刑条例》，其主导方面是"以例补律"，"以例辅律"，不可把它与那些"冗琐难行"的事例一概而论。

（此文系与曲英杰先生合写。原载《中国法律史国际学术研讨会论文集》，陕西人民出版社1990年版）

---

① （明）王肯堂原释，（清）顾鼎重编《王仪部先生笺释》卷8《户律·课程》"盐法"条，收入杨一凡编《中国律学文献》第2辑第3册，黑龙江人民出版社2005年影印本，第613—614页。
② （清）沈家本：《万历〈大明律〉跋》，《历代刑法考》第4册，中华书局1985年版，第2263页。

明代三部代表性刑事法律文献与统治集团的立法思想

明王朝自建国到灭亡的近280年间，为了不断完善国家法制，进行了一系列的立法活动，今天我们尚可见到的明代适用于全国的重要法律，就有数十种。这些法律是在朱明统治集团及其代表人物的法律思想指导下，吸取前代的立法经验，根据当时的历史条件和治国需要逐步修订而成的。明代统治集团重视立法，可以说，每一重要法律的制定和废止都有其缘由，都蕴藏着立法者明确的思想动机。

明代统治集团的立法思想极其丰富，而最有代表性的立法思想，又往往是同具有代表性的法律的修订、废止相联系的。终明一代，《大明律》、《大诰》和《问刑条例》是三部影响较大的刑事法律。律系"常经"，是朱明政权的主要刑法典。它自洪武三十年（1397年）颁行后，历15帝，近250年，贯串始终，未曾更改。颁行于明代中后期具有"常法"地位的《问刑条例》，曾在长达140余年间辅律而行。明《大诰》作为明太祖编纂的具有"惩治奸顽"和推行教化双重功能的特殊刑法，也对洪武、永乐乃至后代法制产生过重大影响。本文围绕这三部有代表性的法律的制定和颁行，论述明代统治集团，特别是大明法制的奠基者朱元璋的立法思想。

一 《大明律》与明初统治集团的立法思想

《大明律》是明代刑事法律的代表，也是我国古代的一部著名刑法典。魏晋以降的历代王朝都制定有本朝的刑法典，但完整保存至今的只有《唐律疏议》、《宋刑统》、《大明律》和《大清律》等几种。长期以来，唐律被誉为中国古代刑法典的楷模，这是无可非议的。但不可否认的是，通行于明代并对清律产生过重大影响的《大明律》，也是古代法制建设的光辉成就。

《大明律》首次颁行于洪武元年（1368年），以后经过几次修订，到洪武三十年（1397年）五月作为"一代定法"颁行天下。《大明律》的修订，自始至终是在明太祖朱元璋的主持下，根据他提出的指导原则进行的。因此，朱元璋的立法主张是明初统治集团立法思想的集中反映。

朱元璋（1328—1398年）是明王朝的开国皇帝。他出生在濠州锺离（今安徽凤阳）的一个农民家庭，做过雇工，当过和尚。元至正十二年（1352年），他25岁的时候，参加元末农民起义，不久便成为一支农民起义军的首领，并于1368年建立明朝，推翻了元朝的统治，逐步统一了中国。他41岁时正式称帝，在位31年。朱元璋执政期间，采取了一系列政治、经济、军事、法律和文化的措施，使君主专制的中央集权制度得到了空前加强，社会经济也有较大的恢复和发展。立法活动在他的政治活动中占有相当重要的地位。他继承传统的儒家正统法律思想，并根据明初的历史条件，提出了一系列重要的立法原则，亲自主持和完成了《大明律》的制定工作，颁布了不少榜文禁例、条例和其他法令，为明一代法律制度奠定了基础。

（一）"当适时宜"，"当计远患"

朱元璋在谈到明初立法定制的指导原则时说："谋国之道，习于旧闻者当适时宜，狃于近俗者当计远患。苟泥古而不通今，溺近而忘于远者，皆非也。故凡政事设施，必欲有利于天下，可贻于后世，不可苟且，惟事目前。盖国家之事，所系非小，一令之善，为四海之福；一令不善，有无穷之患，不可不慎也。"[①] 也就是说，法律制度的创设要注意防止"泥古"和"惟事目前"两种倾向，达到既适应形势的变化，又符合国家长远利益和"可贻于后世"的要求。

---

① 《明太祖实录》卷163，台湾"中研院"历史语言研究所据原北平图书馆藏该书红格钞本微卷校印本。

朱元璋的"当适时宜"、"当计远患"的立法思想，反映了他对法律与时代两者关系的认识。他把这一思想作为明初立法的重要指导原则，针对性是很强的。

明王朝建国之初，面临许多严峻的社会问题。当此之时，"中原未平，军旅未息"，① 元朝仍有很大势力。经历连年战火，"土旷人稀，耕种者少，荒芜者多"，②"租税无所从出"，"积年逋赋"，③ 经济陷于崩溃境地。参加反元的各族人民由于土地和赋税不均的问题没有得到正当解决，又受到豪强地主和新的权贵们的横征暴敛，继续武装对抗新的王朝。在统治集团内部，也存在着激烈的争权夺利斗争。如何尽快地变"乱世"为"海宇宁谧，民乐雍熙"④ 的太平盛世？朱元璋以为，必须在恢复社会经济的同时，注重法律制度的重建。他把健全法制看作调整各种社会关系、恢复和维护正常社会秩序的根本，说，"纪纲法度为治之本"，"丧乱之后，法度纵弛，当在更张。"⑤ "建国之初，此为先务。"⑥

然而，围绕明初立法的指导方针，统治集团内部存在着严重的分歧，参加制定法律的大臣们的认识也不一致。如，有的"是古非今"，主张立法一遵唐制，左丞相李善长便是这种观点的代表，他说："历代之律，皆以汉《九章》为宗，至唐始集其成。今制宜遵唐旧。"⑦ 洪武元年（1368年）八月，漳州通判王祎也上疏明太祖，提出朝廷应效法古代"人君"，把"宽大以为政"作为治国和立法宗旨，说："人君修德之要有二：忠厚以为心，宽大以为政。昔者周家忠厚，故垂八百年之基。汉室宽大，故开四百年之业。盖上天以生物为心，春夏长养，秋冬收藏，其间雷电霜雪，有时而薄击肃杀焉，然皆暂而不常。向使雷电雪无时不有，上天生物之心息矣。臣愿陛下之法天道也。"⑧ 与李善长等人的观点针锋相对，也有人主

---

① （明）高岱：《鸿猷录》卷6，北京大学图书馆藏嘉靖四十四年刻本。
② 《明太祖实录》卷250。
③ 《明太祖实录》卷197、卷255。
④ 《御制大诰三编·大诰二编后序》，清华大学藏洪武内府刻本。
⑤ 《明太祖实录》卷19。
⑥ （明）何栋如：《皇祖四大法》卷3《治法》，明万历江东何氏刻本。
⑦ 《明史》卷93《刑法一》，中华书局1974年版，第1279页。
⑧ （清）吴乘权等辑：《纲鉴易知录》明纪，中国国家图书馆藏清刻本。

张"惟事目前",从当时"治乱世"的需要出发,"刑用重典"。吴元年(1367年)九月,参知政事杨宪提出:"自元政姑息,民轻犯法,非重治之,则犯者益重。"① 御史中丞陈宁也认为:"法重则人不轻犯,吏察则下无遁情。"② 御史中丞刘基的观点与前两者又有所不同,他主张度势立法,时轻时重。他提出:立国伊始,鉴于"宋、元宽纵失天下,今宜肃纪纲",用法当严;一旦"国威已立,宜少济以宽大"。③ 就是在这种思想认识极不一致的情况下,朱元璋强调要在立法中贯彻"当适时宜"、"当计远患"的指导原则,目的在于统一臣下的认识,正确地开展重建法制的工作。

不言而喻,朱元璋这一立法思想同李善长等人"泥古"主张是对立的,但与刘基、杨宪等人的看法也有区别。表现在:其一,在关于"乱世"的时限上,刘基指的是洪武律元后的短短几年间。洪武四年(1371年)八月,他上书云,"今国威已立","若使我当国,扫除俗弊,一二年后宽政可复也"。④ 意思是说开国前几年立法从严是必要的,从洪武五六年始,则要用刑从宽。朱元璋却认为,洪武年间的大多数时期,基本上都属于"乱世"。洪武二十二年(1389年),他在与皇太孙朱允炆论刑时说:"吾治乱世,刑不得不重。汝治平世,刑当自轻。"⑤ 洪武二十七年(1394年),他在颁布的榜文中,仍把当时国情描绘为"累加惩戒,奸顽终化不省"的"乱世",继续强调刑用重典。他说的立法"当适时宜",实质上也是强调立法要符合"治乱世"的要求。其二,立法的对策不同。在这个问题上,杨宪主张用严法治世,刘基主张先严后宽,朱元璋则认为他们的观点都未跳出"惟事目前"的窠臼,指出:即使在"治乱"时期,也应采取"用重典以惩一时,而酌中典以垂后世,故猛烈之治,宽仁之诏,相辅相成"⑥ 的策略,主张在运用峻法治世的同时,要按照"务合中道"的原则制定一个"传之万世"的《大明律》。制律要贯彻"当适时宜"的精

---

① (明)何栋如:《皇祖四大法》卷3《治法》,明万历江东何氏刻本。
② (清)夏燮:《明通鉴》卷4,中华书局1980年版,第273页。
③ 《明史》卷128《刘基传》,中华书局1974年版,第3780—3781页。
④ (清)谷应泰:《明史纪事本末》卷14,中华书局1977年版,第208页。
⑤ 《明史》卷93《刑法一》,中华书局1974年版,第2283页。
⑥ 《明史》卷94《刑法二》,中华书局1974年版,第2320页。

神,但着重点要放在"当计远患"上。

在洪武朝31年间进行的一系列立法活动中,特别是几次修订明律的过程中,朱元璋的上述指导思想得到了充分的运用,表现在:

第一,融"当适时宜"与"当计远患"的指导原则为一体,在立法上采用双轨制体系,"权宜"之法和"常经"之律双管齐下。

朱元璋说:"法令者,防民之具、辅治之术耳,有经有权。律者常经也,条例者一时之权宜也。"① 他指出,制定一部统一的刑法典是十分重要的,这样可以使它在法律体系中居于主导地位,成为治理国家经久不变的根本大法。这样做,既可革除"奸吏舞法,任意轻重"的弊端,也可使"子孙守之",保障国家的长治久安。他又认为,在明初"乱世"条件下,为了"惩元纵弛","用刑不拘常宪"也是不可少的。法武二十八年(1395年),他在总结多年治国经验时,曾对他采取"权宜之法"的做法作了充分说明:"朕自起兵至今四十余年,亲理天下庶务,人情善恶、真伪,无不涉历。其中奸顽刁诈之徒,情犯深重,灼然无疑者,特令法外加刑,意在使人知所警惧,不敢轻易犯法。然此特权时处置,顿挫奸顽,非守成之君所用常法。以后子孙做皇帝时,止守《律》与《大诰》,并不许用黥刺、刖、劓、阉割之刑。"②

事实上,朱元璋在位期间,对"常经"和"权宜"之法两方面的立法工作都是很重视的。为了"正风俗","创奸顽",他颁布了大量的榜文禁例、条例、诏令等"特决于一时"的法律、法令,其刑罚之严酷,是中国历史上罕见的。为了修订一个"当适时宜"、"可贻于后世"的《大明律》,他花费了大量的心血。吴元年(1367年)冬十月,即朱元璋即皇帝位的前三个月,便命"左丞相李善长为律令总裁官,参政知事杨宪、傅瓛,御史中丞刘基,翰林学士陶安等二十人为议律官",并"每御西楼,召诸臣赐坐,从容讲论律义"。③ 他明确提出了一系列旨在使明律可以成为久远之法的具体要求,并规定:"凡刑名条目,逐日来上,吾与卿等面议

---

① 《明太祖宝训》卷3,中国国家图书馆藏明刻本。
② 《皇明祖训》祖训首章,收入杨一凡、田涛主编《中国珍稀法律典籍续编》第3册,黑龙江人民出版社2002年版,第484页。
③ 《明史》卷93《刑法一》,中华书局1974年版,第2280页。

斟酌之。"① 为了使所定律条"当适时宜","以求至当",他提倡臣下开展争论。朱元璋曾对议律官一味迎合他个人意见的倾向提出批评:"吾适观群臣所定律令有未安者,吾特以一己意见决之,而众辄以为然,鲜有执论。盖刑法事重也,苟失其中,则人无所措手足,何以垂法后世?"律、令草拟成稿后,朱元璋又与"廷臣复阅视之,去繁就简,减重从轻者居多"。② 这样,经过两个多月反复推敲,定律285条,于洪武元年(1368年)正月颁行天下。洪武元年律颁行后,洪武七年(1374年)、九年(1376年)、二十二年(1389年),均在对明律作了较大的修订后重新加以颁行。直至洪武三十年(1397年)五月,"日久而虑精,一代法始定"。可见朱元璋对恢复律典的"常经"地位和制定一个"务求至当"的《大明律》是何等重视!

第二,从立法"当适时宜"、"当计远患"的思想出发,强调明律的修订在内容和形式上要"因时"损益和创新,坚决反对那种不顾客观实际,拘泥于古代成法,一概抄袭照搬的做法。

在制定和修订《大明律》的过程中,朱元璋为了克服和防止"泥古"观点的影响,曾不止一次地告诫臣下:"帝王之道,贵不违时。"③ 要求立法必须做到"因时制宜"。他还在一次殿试会试举人的"制策"中写道:"昔列圣之驭宇也,其立纲陈纪,皆精思远虑,至当无疵,著为典章,垂法万世,奈何历代创业之君于革命之际必有损益?"④ 在他看来,前代的法律尽管经过立法者"精思远虑",当时的人们也以为是"至善无疵",但历史上每一次改朝换代,创业之君再次立法时,还要在前代法律的基础上加以"损益",这种做法是有其必然性的。因为随着时代的变迁,出现了新的情况和问题,就有必要对原来的法律加以删改补充,以适应新的形势发展的需要。为此,早在洪武元年(1368年),朱元璋要求议律官革除"泥古"习气,做有"机变之才"的贤臣。指出,"自古忠贤之士,大概有三":"辅国安邦,孜孜图治","胸有机变之才"、"处置当法"者,

---

① 《明太祖实录》卷26。
② 《明太祖实录》卷28上。
③ (清)夏燮:《明通鉴》前编卷3,中华书局1980年版,第101页。
④ 《明太祖实录》卷232。

"此上等之贤也";"心虽忠于辅国,而胸中无机变之才"者,"乃中等之贤也";"经史之学虽无不通,然泥于古人之陈迹","不识时达变"者,"此下等之贤也"。①

正是在这种思想的指导下,洪武元年所定律令打破了历朝律典的编纂体例,实现了创新。从《法经》6篇到魏律18篇、晋律20篇、唐律12篇,历代律典一直沿用同一体例,仅限于篇目上的分合增减。《大明律》则以名例冠于卷首,相当于现代刑法典的"总则",下以吏、户、礼、兵、刑、工六部分类,"千数百年之律书,至是而面目为之一大变"。② 现行的一些论著沿袭沈家本先生的成说,把明律以六部分目的原因说成,"迨洪武十三年,惩胡惟庸乱政,罢中书省而政归六部,律目亦因之而改",③ 这是失于详考。从现存的洪武元年《大明令》刻本看,此时已是按六部分目,这可能是受了《元典章》的影响。《元典章》全称为《大元圣政国朝典章》,它并不是元朝中央政府正式颁行的法典,而是当时地方政府纂集的元初到元至治二年(1322年)50余年间有关政治、经济、军事、法律等方面的圣旨条画的汇编,这部汇编分诏令、政教、朝纲、台纲、吏部、户部、礼部、兵部、刑部、工部计10类。元朝地方官吏之所以这样做,显然是为了掌握和执行法律上的方便。《大明律》以六部分目,"以类附编",也是出于同样的目的:使"在外理刑官及初入仕者""知所遵守"。④《大明律》体例的革新并非偶然,它既是司法机关执法的实际需要,也是有前例得以效法。当然,《大明律》的这种做法与《元典章》也是有区别的:《元典章》的编纂是地方官吏的自发行动,而《大明律》则是国家的正式立法。明王朝通过制定明律,把前代实践中出现的新的分类方法上升为国家立法的正式编纂原则。

围绕《大明律》编纂体系的创新,当时也存在"泥古"还是"通今"的两种思想分歧。洪武元年(1368年)以新的体例编成大明律、令后,丞相李善长等人仍坚持"今制宜遵唐旧"的主张,为此,洪武七年律虽然

---

① (明)余继登:《典故纪闻》卷1,中华书局1981年版,第13—14页。
② (清)沈家本:《历代刑法考》,中华书局1985年版,第2209页。
③ 同上。
④ 《明太祖实录》卷197。

在内容上"重定诸律,以协厥中","芟繁定舛,因事续置"。① 但"篇目止一准于唐",在编纂体例上完全沿用唐律的结构,划分为12篇。在法律条文上,"掇唐律以补遗百二十三条"。② 毫无疑问,在编纂体例方面,它较洪武元年律是一个倒退。正是针对这一情况,朱元璋再次强调了立法"当适时宜"的思想,反对"泥古不通今"的倾向。他说:"今之不可为古,犹古之不可为今。礼顺人情所贵,斟酌时宜。"③ 于是,从洪武九年律始,又恢复了洪武元年律的编纂体例,即以名例"冠于篇首",下按六部官制,分为吏、户、礼、兵、刑、工六律。同时,在内容上增加了许多适应当时治国需要的条款,刑罚也多有变通。《大明律》以六部分目,是中国立法史上的一大创造。朱元璋后来回顾说:"盖俗儒多是古非今,奸吏常舞文弄法。自非博采众长,即与果断,则被其眩惑,莫能有所成也。"④《大明律》正是克服了"宜遵唐旧"、"是古非今"的思想影响,才在中国古代立法史上迈出了新的一步。后人批评明律"大非唐律之本来面目","事不师古而私心自用",⑤ 也从反面证明,《大明律》编纂过程中贯彻了"当适时宜"的指导思想。尽管明律在立法技术上还存在着种种不足,但其内容和体例基本上是符合古代社会后期君主专制需要的,因而被《大清律》所沿袭。

(二)"明礼以导民,定律以绳顽"

在《御制大明律序》中,朱元璋对他制律的意图作了如下概括:"明礼以导民,定律以绳顽。"意思是,要用儒家礼教教化人民,用刑罚打击"不从教化"的"奸顽之徒"。这句话是他的治国纲领,也是他制定《大明律》的基本指导思想。

从现存的大量史籍看,朱元璋是既重法又重礼的。他经常把礼和法联系在一起谈论它们的重要性,说:"礼法,国之纪纲。礼法立则人志定,

---

① (清)沈家本:《历代刑法考》,中华书局1985年版,第1128页。
② 《明史》卷93《刑法一》,中华书局1974年版,第2281页。
③ (明)余继登:《典故纪闻》卷1,中华书局1981年版,第18页。
④ 《皇明祖训》序,收入《中国珍稀法律典籍续编》第3册,第483页。
⑤ (清)薛允升:《唐明律合编序》,《唐明律合编》1922年徐世昌耕堂刊印本。

上下安。"① 又说："苟有礼法以一之，则剽悍者可使善柔，骄暴者可使循贴，若蹄啮之马，调御有道，久则自然驯熟。属兹草创，苟非礼法，人无所守。"② 他主张治理国家要坚持礼法结合，礼法并用，说："仁义者，养民之膏粱也。刑罚者，惩恶之药石也。"③ 认为"重礼"是制法的基础和出发点，"故重其礼者，盖为国之治道，非礼则无法。若专法而无礼，则又非法也。"④ 也就是说，不讲礼义，法就失去了存在的意义；专任法律而不守礼，法也就不是符合儒家之道的法了。同时，他又提出，离开了刑罚也无法实行"礼治"，"礼义以待君子，刑戮加于小人。盖君子有犯，或出于过误，可以情恕；小有诡计多端，无所不至。其有犯，当按法去之，不尔则遗民患。"⑤ 只有德刑相济，"以恩威加于海内"，⑥ 方可治世安民。他的"礼法结合"、"礼刑并用"思想，在制定《大明律》过程中，同样发挥了重要的指导作用。

首先，他主张律文要"一准乎礼以为出入"，⑦ 处处符合儒家礼教的精神。

为了确保明律律文"一准乎礼"，在长期的修律实践中，朱元璋屡下诏令要求儒臣对其不完善之处及时修订。如洪武五年（1372年）五月，他针对"民不见化，乡市间里尚染元俗"、"乡饮酒礼废缺已久"的问题，"令中书省详定条式，颁行遵守"，⑧ 并明令"乡党论齿，相见揖拜，毋违礼"。⑨ 后来，又把这一规定在《大明律》中固定下来。朱元璋解释说，"举行乡饮，非为饮食"，其深意在于"敦崇礼教"，使民"各相劝勉，为

---

① 《明太祖实录》卷14。
② （明）余继登：《典故纪闻》卷1，中华书局1981年版，第6页。
③ （清）夏燮：《明通鉴》卷5，中华书局1980年版，第310页
④ 《明太祖御制文集》卷4。
⑤ （清）夏燮：《明通鉴》卷5，中华书局1980年版，第303页。
⑥ （明）何栋如：《皇祖四大法》卷2，明万历江东何氏刻本。
⑦ 《明史》卷93《刑法一》，中华书局1974年版，第2279页。
⑧ （明）傅凤翔辑：《皇明诏令》卷2《劝兴礼俗诏》，收入刘海年、杨一凡主编《中国珍稀法律典籍集成》乙编第3册，第37—38页。
⑨ （清）夏燮：《明通鉴》卷5，中华书局1980年版，第291页。

臣尽忠，为子尽孝，长幼有序，兄友弟恭，内睦宗族，外和乡里，无或废坠"。① 同年，他又针对蒙古、色目人"本类自相嫁娶"、"有伤风化"的现象，诏令对此严加禁止，"违者，两家俱没入官为奴婢"，② 并把这一规定写进洪武中期行用的明律中。朱元璋这样做的用心，主要也是出于"使其变习华风，归于王道"，"安中国于永久"的考虑。再如洪武六年（1373年）八月，朱元璋为了使《大明律》更好地体现"孝亲"伦理纲常，诏令"更定亲属相容隐律"，在唐律规定的"亲亲相隐"的范围外，增加了"若妻之父母、女婿许相容隐"和"无服之亲，如姊妹夫、妻之兄弟、姑夫、妻侄相容隐者，亦减二等"③ 的内容。如此等等，都是力图使律文更能充分符合"礼"的要求。

经过几次修订的《大明律》，"重礼"的彩色十分鲜明。在《大明律》卷首，以"八礼图"与"二刑图"并列。"八礼图"即丧服图，它是以尊尊亲亲、长幼有序、男女有别的纲常礼教为依据制定的丧礼服制。朱元璋说："此书（指《大明律》）首列二刑图，次列八礼图者，重礼也。"④ "礼"不但对律的全部刑名、条款起着制约作用，而且社会身份的尊卑贵贱也成了量刑轻重的尺度。从"重礼"的观点出发，法律规定了"存留养亲"、"奴婢不得告主"、"弟不证兄，妻不证夫，奴婢不证主"、"居处不得僭分"等许多条款。按照儒家礼教的要求，法律给皇族、功臣和各级官僚以种种特权，对不同等级的人以不同的待遇。如规定属于"八议"范围的人犯罪，只许法司实封奏闻，不许擅自勾问；对官吏实行"以俸赎刑"和"录过"制度等。《大明律》还贯彻了"严人伦之罪"的精神，有关子孙谋杀、殴、骂期亲尊长，妻妾谋杀、殴夫和亲属间相奸等严重败坏伦常的犯罪，处刑均较唐律加重，其中12条凌迟死刑也大多用于严人伦之罪。对于法律上明尊卑贵贱、严人伦之罪的重要性，朱元璋多次教诲臣

---

① （明）申时行等重修：《大明会典》卷79《礼部二十七·乡饮酒礼》，中华书局1989年影印本，第456页。
② （明）傅凤翔辑：《皇明诏令》卷2《劝兴礼俗诏》，收入《中国珍稀法律典籍集成》乙编第3册，第38页。
③ 《明太祖实录》卷84。
④ 《明史》卷93《刑法一》，中华书局1974年版，第2283页。

下说，元代"皆无礼法，恣情任私，纵为暴乱，由不知驭下之道，是以卒至于亡。"① 又说："治天下者，修身为本，正家为先。"② 在"民狃污习"的情况下，只有严人伦，明尊卑，"敦信义而励廉耻"，才能使民"羞恶之心生"，"知礼法而远刑辟"。③

需要说明的是，与唐律相比较，明律中一些事关典礼和风俗教化方面条款的刑罚规定，有减轻的趋向。这是由于古代社会后期，作为"典礼"的"礼"的社会作用相对有所减弱，同时，这里所说的"风俗教化"，也主要指婚姻嫁娶、礼仪方面的东西，对君主统治秩序并不构成重大威胁，所以在立法上适当放宽，以顺应社会习俗的变化。这同立法者"重人伦"、"重礼"的思想是不矛盾的。

其次，加强了对严重危害君主专制统治秩序的"奸顽之徒"的惩处。

朱元璋认为，要使《大明律》成为"传之万世"的"治世"法典，必须在"重礼"的同时，赋予它"惩创奸顽"的功能。他说："不明教化则民不知礼义，不禁贪暴则无以遂其生。"④ 他把臣民区分为"良善君子"和"奸顽小人"两种，认为"仁义"只可施予"君子"，而不能施予"小人"。指出，这两种人对朝廷法度的态度截然不同，"良民君子欣然遵奉。恶人以为不然，仍蹈前非者叠叠。"⑤ "君子之心，恻隐之道，无不至仁。此行推之於君子则可，小人则不然。"⑥ 从"君子怀德，小人畏威，施之各有攸当"⑦ 的观点出发，他对"良善"和"奸顽"采取了不同的治理对策。对于"良民"，他实行安抚和严法控制的两手，既以礼义教化之，规定官府不得对其随意侵犯，又设严法加以约束。而对他认为有"不轨行为"的"奸顽之徒"，则在法律上设立重刑惩创之。

在《大明律》修订过程中，认真贯彻了朱元璋的"惩创奸顽"的指导思想。以"谋反大逆"条为例。洪武十八九年时行用的明律规定："凡

---

① （清）夏燮：《明通鉴》前编卷3，中华书局1980年版，第95页。
② （清）谷应泰：《明史纪事本末》卷14，中华书局1977年版，第197页。
③ （明）何栋如：《皇祖四大法》卷4，明万历江东何氏刻本。
④ （清）谷应泰：《明史纪事本末》卷14，中华书局1977年版，第196页。
⑤ 《御制大诰三编·御制大诰三编序》。
⑥ 《御制大诰·朝臣优劣第二十六》。
⑦ （明）何栋如：《皇祖四大法》卷2，明万历江东何氏刻本。

谋反及大逆，但共谋者，不分首从，有禄无禄，皆凌迟处死。父子孙凡年八十以下、十五以上，不分笃废残疾者皆斩。祖、伯、叔、兄弟及本宗缌麻以上亲，年八十以下、十五以上，不分笃废残疾者皆绞。"[1] 其刑罚较唐律大大加重。洪武二十二年更定《大明律》时，朱元璋总结建国以来的治国经验，加之受《道德经》的影响，对书中"民不畏死，奈何以死惧之"这句话深有感触，要求臣下记住这一名言，[2] 并参考唐律对原律条作了修改。二十二年律规定对犯谋反大逆罪者本人处凌迟酷刑，仍较唐律为严，但对被株连亲属的刑罚则据唐律改为："父子年十六以上皆绞……伯叔父、兄弟之子，不限籍之同异，皆流三千里安置。"[3] 量刑较十八九年行用的明律要轻。然定洪武三十年《大明律》时，朱元璋又认为这种"减轻""不足以防奸"，把"谋反大逆"罪的刑罚由最初的"夷三族"加重为"夷九族"，规定不仅犯者本人凌迟处死，而且"祖父、父、子、孙、兄弟及同居之人，不分异性；及伯叔父、兄弟之子，不限籍之同异；年十六以上，不论笃疾、废疾，皆斩"。[4] 又如《老少废疾收赎》条，洪武十八九年行用律和二十二年律均规定："年八十以上、十岁以下及笃疾，犯反逆杀人应死者，议拟奏闻，取自上裁。"[5] 而三十年律删掉了"反逆"二字，[6] 即犯"反逆"罪者，即使老少笃疾也不在收赎之列，用刑明显加重。如此等等。在朱元璋"惩创奸顽"的思想指导下，明律形成了对贼盗罪处刑较唐律为重的特色。

朱元璋所说的"奸顽"，是泛指一切危害统治秩序的人们而言。他"惩创奸顽"的主要矛头所向，除了镇压"贼盗"外，另一个打击目标是贪官污吏。他在参加和领导元末农民起义的过程中，目睹了元代吏治的腐

---

[1] （明）何广：《律解辩疑》卷18《谋反大逆》条，《中国珍稀法律典籍续编》第4册，第173页。
[2] （清）黄宗羲编：《明文海》卷47《大疱西上封事》，中华书局1987年版，第350页。
[3] ［朝鲜］金祗：《大明律直解》卷18《谋反大逆》条，《中国珍稀法律典籍集成》乙编第1册，第548页。
[4] 《大明律》卷18《刑律·贼盗·谋反大逆》。
[5] （明）何广：《律解辩疑》卷1《老少废疾收赎》条，《大明律直解》卷1"老少废疾收赎"条，《中国珍稀法律典籍续编》第4册，第44页。
[6] 《大明律》卷1《名例律·老少废疾收赎》。

败，就产生了"重绳贪吏，置之严典"①的思想，说"昔在民间，时见州县官吏多不恤民，往往贪财好色，饮酒废事，凡民疾苦视之漠然，心实怒之。故今严法禁，但遇官吏蠹害吾民者，罪之不恕"。②当了皇帝以后，他进一步总结了唐、宋几朝内外勾结、皇权旁落和元代"威福下移，法度不行"③的教训，认为要澄清吏治，必须以"严法整饬"。他说："朕观自古天下之治，乱在于君臣能驭不能驭耳。若君能驭臣以礼法，臣能驭吏以体上，故治由此始。若君不能以驭臣，臣无以驭吏，则乱亦由此始。……朕所以命著为令者，正欲使上官驭吏，动必以礼而严之以法。""驭得其法，则威立令行，事无不举。"④他特别强调要惩治贪官污吏和禁止官吏结交近侍，说："吏治之弊，莫过于贪墨。"⑤又说，近侍"此辈自古以来，求其善良千百中不一二。见若用以为耳目，即耳目蔽矣；以为腹心，即腹心病矣。驭之之道，但常戒敕，使之畏法。……畏法则检束，检束则自不敢为非也"。⑥明律在整饬吏治方面的规定十分严密，加重了对"帑项钱粮等事"犯罪的处刑，创设了前代法律中未有的"奸党"专条。所有这些，就是朱元璋"惩创奸顽"和"以严法整饬吏治"思想的反映。

为了使明律的立法意图为广大臣民所了解，以便更好地守法，朱元璋还注意把立法同法律的解释、宣传教育结合起来。"君臣之义"是伦理纲常核心，这方面的立法在《大明律》中占有很大比重。朱元璋通过颁布各种诏令反复告诫臣民，天下臣民的"幸福"是君主赐予的，"臣忠于君"是天经地义的，严肃这方面的立法是绝对必要的。朱元璋还把"孝亲"作为他治天下的精神支柱，大力宣扬强化这方面立法的意义。他不厌其烦地讲述父母养育子女的种种不易，要人们"推父母之慈情"，严守礼教道德，不要违法取祸。《大明律》以"礼"为标准，实现了纲常礼教的法律化。朱元璋把律典视为"卫善防恶"的工具，大力强调法律的讲读、宣传。明

---

① 《明史》卷281《循吏传》，中华书局1974年版，第7185页。
② 《明太祖实录》卷39。
③ 《明史纪事本末》卷2。
④ 《明太祖实录》卷108。
⑤ 《明太祖实录》卷148。
⑥ 《明太祖实录》卷44。

律规定"百司官吏务要熟读,讲明律意",否则要受到罚俸以致降职叙用的处分。① 洪武元年(1368年),大明律、令刚刚制定,朱元璋"恐小民不能周知",便命大理卿周桢等将法律中与民间有关的部分,用口语写成《律令直解》,发给郡县,向老百姓宣教。洪武五年(1372年)二月,他鉴于"田野之民,不知禁令,往往误犯刑宪","命有司于内外府州县及乡之社里皆立申明亭,凡境内之民有犯者,书其过名,榜于亭上,使人有所惩戒"。② 他还下令规定,每岁正月、十月或乡逢节日时,让专人讲读律令。朱元璋说:"前代所行《通制条格》之书,并不繁密,但官吏弄法,民间知者绝少,是聋瞽天下之民,使之不觉犯法也。"又说:"律令之设……人人通晓,则犯法自少矣。"③ 可见,朱元璋要臣民熟读律、令的目的,是为了让他们理解律意和朝廷的立法意图,心悦诚服地遵法、守法,这是"礼法结合"的儒家法制原则在当时条件下的进一步运用。

(三) 法贵简当、稳定

朱元璋主张法律要简明,做到"芟繁就简,使之归一,直言其事"。④ 他说:"法贵简当,使人易晓。若条绪繁多,或一事两端,可轻可重,吏得因缘为奸,非法意也。夫网密则水无大鱼,法密则国无全民。"⑤ 又说,"简则无出入之弊",⑥ "律令之设,所以使人不犯法","使之通晓,则人皆知畏法而犯者寡矣"。⑦ 他斥责刑部尚书开济议法巧密,指出:"刑罚之使民远罪,非以陷民也。济用心太刻,必至无民。竭泽焚林,非朕所以望济。"⑧ 从这里可以看出,朱元璋提倡立法从简的出发点有三:一是"使人知晓",不敢以身试法。二是防止因法律条绪太多,一事两端,"使奸贪

---

① 《大明律》卷3《吏律·公式·讲读律令》,明正德十六年刊胡琼《大明律集解》本。
② (清)沈家本:《历代刑法考》,中华书局1985年版,第1141页。
③ 《明太祖实录》卷28上。
④ 《大明令》序,《中国珍稀法律典籍集成》乙编第1册,第3页。
⑤ (清)陈鹤:《明纪》卷2《太祖纪二》,国学整理社1935年版,第19页。
⑥ 《明太祖宝训》卷3,中国国家图书馆藏明刻本。
⑦ 《明太祖实录》卷44。
⑧ (清)查继佐:《罪惟录》卷21,浙江古籍出版社1986年版,第896页。

之吏得以因缘为奸"。① 三是怕法网太密，会招致人民的反对。芟繁就简，使之归一，直言其事，是他实现这一目标的具体要求。

"芟繁就简"是朱元璋吸取唐、宋、元各代立法的经验教训而得出的结论。"用法须务存宽简"②的立法方针，在唐初立法时，唐太宗李世民就曾多次强调过，《唐律》便是在这一思想指导下制定的一部比较简明的法典。宋、元两代法律，较唐律则要"冗繁"。宋代时，《宋刑统》与编敕并行，以敕对律进行补充和修正，新皇帝即位或每次改元都有一度或数度的编敕，且一州、一县和朝廷各部、司、监又别有敕，据《宋史·艺文志》不完全记载，宋代各种编敕就有80多部。元代所颁格例也很繁杂，如《大元通制》格例有2539条，《至正新格》有格例3359条。在最高统治者的影响下，各级官吏也纷纷收集和汇编断例，有的甚至抄写几十册之多。由于法令冗繁，官吏任意出入，而"天下黔首蚩蚩然狼顾鹿骇，无所持循"。③总结前代的得失，朱元璋肯定和发展了李世民立法简约的法律思想，并把宋、元两代法律繁密的原因概括为："古者风俗厚而禁网疏，后世人心漓而刑法密。"④ 这种以历史的退化、道德的沦丧来解释法律由简趋繁演变的观点，显然是不科学的；但他尖锐地指出了当时条件下法网过密所产生的不良后果，并为改变这一趋势提出了"芟繁就简"方针，还是应该肯定的。他说："古者律令至简，后世渐以繁多，甚至有不能通其意者，何以使人知法意而不犯哉？人既难知，是启吏之奸而陷民于法，朕其悯之"。⑤ 在他看来，只有做到立法简当，才能使"人人易知而难犯"，保障立法者意图得以实现。正是基于上述的指导思想，洪武年间在修订《大明律》时贯彻了"简约"的原则，其篇目由《唐律》的12篇减为7篇，法律条文由《唐律》的502条减为460条。

杜绝法律中的"一事两端，可轻可重"之弊，"使之归一"，是朱元璋对修律提出的另一个重要要求。他指出："近代法令极繁，其弊滋甚，

---

① 《明太祖宝训》卷5，中国国家图书馆藏明刻本。
② 《贞观政要全译》卷8《论刑法第三十一》，贵州人民出版社1991年版，第435页。
③ （明）陈邦瞻：《元史纪事本末》卷11《律令之定》，中华书局1979年版，第84页。
④ 《国朝纪要》卷2，中国国家图书馆藏明刻本。
⑤ 《大明令》序，收入《中国珍稀法律典籍集成》乙编第1册，第3页。

今之法令正欲得中，勿袭其弊。"① 并举杀人罪为例说："且以'七杀'言之，谋杀、故杀、斗殴杀，既皆死罪，何用如此分析？但误杀有可议者，要之与戏杀、过失杀亦不大相远。"② 从他对"七杀"的看法中可知，他既反对不区分犯罪的情节、后果笼统地处于同一刑罚，导致法律"轻重失宜"，又主张对"不大相远"的罪名采取归纳合并的方法，"使之归一"，以防止官吏营私舞弊上下其手。南宋时杨万里也曾谈论过这一问题，他在《论刑法》中说："罪莫大于杀人。罪至于杀人，何以议为也？则亦杀之而已。而今之法不然，杀人也，则有曰'盗'、曰'斗'之目焉，则有曰'故'、曰'谋'之别焉，此之谓法不执而多为之歧。"杨万里认为，把杀人罪划分为不同的类型，规定不同的刑罚，是为执法官吏舞弊造成了可乘之机。这一点，他与朱元璋的观点是相同的。但他提出解决这个问题的办法是，凡是杀人者一律不加区别地处死，说明他不懂得从"杀人者死"这一古老的法律原则发展到把杀人罪区别为"七杀"而分别处于不同刑罚，是中国法律史上的一大进步。在这一点上，朱元璋比他要略高一筹。朱元璋批评"七杀"，不是否定对杀人罪要进行区分，而是说"七杀"区分过细，造成了法律上罪名的冗繁。详于分析而略于归纳，确实是"七杀"的一个缺点。朱元璋认为"误杀"、"戏杀"、"过失杀""不大相远"，实际上包含把这三种罪名划分为一类的意思。查现存的《大明律》，也是把"戏杀"、"误杀"、"过失杀"合为一条的，③ 这大概是依据朱元璋的意见确定的。尽管朱元璋关于"七杀"的见解只是显示了他在某一个法律条文上的机智，但从中可以感到，他是力图在修律中贯彻"法贵简当"的原则的。

为了把《大明律》修订成一部符合"简当"要求的法典，朱元璋根据时局的发展和随着立法经验的积累，除命儒臣几次修律外，还多次以律文"尚有轻重失宜"为理由，对其中的个别条款加以厘正。每一次改律，他都要求贯彻"法贵简当"的原则。吴元年（1367年）九月，当准备制

---

① （明）余继登：《典故纪闻》卷1，中华书局1981年版，第13页。
② 《明太祖实录》卷27。
③ 《大明律》卷19《刑律·人命·戏杀误杀过失杀伤人》。

定洪武元年律时，他就对中书省臣李善长、傅瓛、杨宪等曰："法有连坐之条，谓侵损伤人者，吾以为鞠狱当平恕，非大逆不道，则罪止及其身。先王之政，罪不及孥，罚弗及嗣，忠厚之至也。自今民有犯者，毋连坐。"① 后"遂命与中丞刘基等裁定律令"。② 同年十二月，第一部明律草拟成稿后，他"复阅视之，去繁就简，减重从轻者居多"，③ 并于洪武元年（1368年）正月颁行天下。洪武元年律颁布后，同年八月，"上念律、令尚有轻重失宜，有乖中典"，诏曰："顷因勘乱，其有刑出军律者，未为平允，中书省宜重讲究，务从中典。"④ 洪武九年（1376年），"太祖览律条犹有未当者，命丞相胡惟庸、御史大夫汪广洋等详议厘正十有三条"。⑤ 洪武十六年（1383年），"命尚书开济定诈伪律条"。⑥ 洪武二十二年（1389年），"命翰林院同刑部官，取比年所增者（条例），以类附入"，⑦ 再次更定《大明律》。

朱元璋在强调立法要"简当"的同时，对保持法律的划一和稳定极为重视。据《明史·刑法志》：洪武二十五年（1392年），刑部提出，"律条与条例不同者宜更定"，朱元璋以"条例特一时权宜，定律不可改"为理由，反对更定《大明律》。洪武三十年（1397年）颁行《大明律》时，他又下诏："令子孙守之。群臣有稍议更改，即坐以变乱祖制之罪。"为了确保《大明律》世代相传，他还采取了法律保障措施。《大明律》明确规定："若官吏人等挟诈欺公，妄生异议，擅为更改变乱成法者，斩。"⑧ 他在留给子孙后世的《祖训》中又一次规定，凡是他所制定的成法，后代"一字不可改易"。"后世敢有言改更祖法者，即以奸臣论无赦。"⑨ 朱元璋以为，只要按照他的"祖训"去办，就能保持《大明律》的稳定，也可

---

① 《明太祖实录》卷25。
② 《明史》卷127《李善长传》，中华书局1974年版，第3770页。
③ 《明太祖实录》卷28上。
④ 《明太祖实录》卷34。
⑤ 《明史》卷93《刑法一》，中华书局1974年版，第2281页。
⑥ 同上。
⑦ 《明纪》卷5《太祖纪五》。
⑧ 《大明律》卷3《吏律·公式·讲读律令》。
⑨ （明）何栋如：《皇祖四大法》卷2，明万历江东何氏刻本。

以实现朱明王朝的"万世一系"。朱元璋重视法律的稳定性,有值得肯定的一面,但是他要求子孙后世对他所定的法律一字不改,显然是把法律的稳定性看得绝对了。法律的稳定只能是相对的,社会在不断发生变化,法律也要适应这种变化作必要的修改和补充。提出"一字不可改易"的要求,显然是与他的立法"当适时宜"的思想相抵牾,在法律实施中也会遇到各种问题。为了解决这个矛盾,朱元璋提出制定一些律外榜文禁例、条例来满足执政者的权宜需要。以制例补律之不备,律例并行,是明太祖朱元璋力图保持已定成法永久不变和贯彻其立法"当适时宜"思想采取的对策。在明王朝统治期间,律文除在万历年间颁《大明律附例》时删改过55字外,基本上做到了"从未变更"①,但条例越搞越多,处理律例的相互关系,成了后代君臣的重大课题。

(四)"治乱世用重典"思想及其对明律的影响

长期以来,围绕朱元璋的法律思想是主张"重刑"还是"轻刑"的问题,学术界的观点不尽一致。笔者以为,要使我们的研究结论比较接近史实,不能仅仅以《实录》等官修史书记述的明太祖的"轻刑"言论为依据,重要的是在充分占有史料的基础上,对洪武年间朱元璋的治国策略和实施法律的状况进行全面的、恰如其分的分析。

对于上述疑义,笔者在以前写的有关书籍和论文中,曾经进行过探讨。基本观点是:其一,就洪武年间朱元璋治国的总策略而论,采用的是宽猛相济的两手。在经济领域内,他"宽以待民",实行了让人民休养生息的政策;在政治法律领域内,则更多地采取了"猛"的一手。其二,在立法方面,他把法律区分为"传世"之法与"权宜"之法,对作为"传世"之法的《大明律》,要求按照"贵存中道"的基调进行修订,而对于作为"权宜"之法的刑事条例、峻令等,因系用以"治乱世",带有明显的严酷性质。其三,就洪武年间法律实施的真相而言,当时所行之法,

---

① (明)舒化等:《进新刻〈大明律附例〉题稿》,见杨一凡编《中国律学文献》第3辑第2册,黑龙江人民出版社2006年影印本,第127页。

"以榜文为主，律为辅"。① 加之朱元璋大搞法外用刑，故判断明初刑罚的轻重应把刑律与榜文禁例、峻令及司法实践结合起来考察。其四，《明太祖实录》在记载朱元璋的用刑方面，纂修史臣遵循的是重刑回避、轻刑必录的原则，凡属重刑法令、言论和法外用刑案件，一概不书。涉及有损于明太祖形象的事件，也常有曲笔。至于明太祖主张"轻刑"的言论，因发表时的背景各异，用意很不相同，因此，对于这类言论需要参阅有关史料，并结合当时的立法、司法实践加以分析。总之，如果说朱元璋的治国思想是以"宽猛相济"为总体特征的话，那么，"重典治世"思想则是他法律思想的主导方面，也就是说，这一思想对洪武法制的实施产生了重大而深刻的影响。

"刑新国用轻典，刑乱国用重典"，是周初为贯彻"明德慎罚"政策而提出的刑法原则。后来，它被许多朝代的统治者奉为治邦安民的基本统治经验和刑罚信条。朱元璋建立明朝以后，审时度势，把"乱世用重典"确立为自己的治国方针。他这样做，既是当时巩固政权的需要和社会经济诸条件新变化的结果，也与他的政治法律思想有直接关系。

明初，新王朝面临的各种社会问题确实是严峻的。而日夜为社稷安危担忧、急于求治的朱元璋又把问题估计得过分严重。他在谈到对老百姓和官吏的看法时说："天下初定，民顽吏弊。虽朝有十人弃市，暮有百人而仍为。"② 又说："民狃于奢纵，治化为难，及更丧乱，斯民凋弊，抚绥尤难。"③ 故对于"奸民犯法，吾所甚恶，必务除之，不可贷也。"④ "设若放宽，此等之徒愈加昌炽。"⑤ 他总结历代治世的经验教训，认为治乱的妙诀在于"慎勿姑息"。他把元朝覆灭的原因归结为"宽纵"二字，说："元政弛极，豪杰蜂起，皆不修法度以明军政。"⑥ 并明确地提出了自己的对

---

① 黄彰健在《明洪武永乐朝的榜文峻令》（见《史语所集刊》第46本）中首先提出了这一见解，应该说是很有见地的。
② （明）谈迁：《国榷》卷5，中华书局1988年版，第513页。
③ （明）余继登：《典故纪闻》卷1，中华书局1981年版，第17页。
④ 《明太祖实录》卷116。
⑤ 《御制大诰续编·罪除滥设第七十四》。
⑥ （清）谷应泰：《明史纪事本末》卷14，中华书局1977年版，第189页。

策："奈何胡元以宽而失，朕收平中国，非猛不可！"①

朱元璋的重典政策，受到了群臣和广大人民的反对。为了阐明这一政策的正确，借以收揽人心，他在大力宣扬自己"宽厚待民"的同时，多次向臣民宣教他刑用重典的用意。史书中记载的这类言论甚多，但最能代表他思想的是以下三点：一是强调刑用重典是在"乱世"条件下不得已而为的。他告诫子孙说："吾治乱世，刑不得不重……所谓刑罚世轻世重也。"②"吾故任此，吾子孙弗用。"③ 意思是，他主张刑罚的施用应针对时局"世轻世重"的，当今之所以刑用重典，完全是迫于"治乱世"的需要。二是说他的刑用重典"此特权时处置，顿挫奸顽，非守成之君所用常法"，即实行这一政策属于一时权宜之计。三是说他刑用重典的目的"意在使人知所警惧，不敢轻易犯法"，④ 是在"奸恶日增"的情况下整饬吏治和"去奸去弊，必欲保全臣民"⑤ 而为的。结合洪武年间朱元璋的法律实践剖析他的上述言论，不难看出，明太祖这些解释，虽然有粉饰自己和言行不一的一面，但总体来说，在一定程度上还是反映了他的主观意图。重刑主义是君主专制制度本身的产物，为了维护君主统治，使千百万人听从一个人的号令，把严刑峻法作为威吓、惩罚和报复手段几乎是不可避免的。然而，同先秦时商鞅、韩非倡导的重刑主义比较，朱元璋的重刑思想与其还是有区别的。在迷信重刑、认为重典可以收到"以刑去刑"的效用这一点上，朱元璋和商鞅、韩非的看法是一样的。但是，在治国是否要一味施行重刑这一点上，两者不一致。商鞅、韩非认为，"禁奸止过，莫若重刑"，⑥ 把重刑视为唯一有效和普遍适用的统治手段，排斥轻刑，反对"仁义"、"礼教"一类感化手段。朱元璋则认为只有"乱世"才用重典，并注意利用轻刑和"礼教"感化来配合他的重典政策。朱元璋的重典治国主张是在中国古代社会后期儒家"德主刑辅"理论风行的情况下，打着

---

① （明）刘基：《诚意伯文集》卷1，民国十六年至十七年上海涵芬楼影印本。
② 《明史》卷93《刑法一》，中华书局1974年版，第2283页。
③ （清）查继佐：《罪惟录》卷21，浙江古籍出版社1986年版，第895页。
④ 《明太祖实录》卷239。
⑤ 《御制大诰续编·解物封记第五十二》。
⑥ 高亨注译：《商君书·赏刑》，中华书局1974年版，第130页。

"明刑弼教"、"为民"等旗号，用强力推行的。

当然，朱元璋在阐述刑用重典的意图时，对最要害的实质性的问题是避而不谈的。结合洪武年间发生的重大案件及其政治背景考察，可知朱元璋的刑用重典，还包藏着更为深刻的政治目的。朱元璋以严法治民的用意，在于制造恐怖气氛，使臣民畏惧而不敢犯罪，对其统治俯首帖耳。正如洪武九年（1376年）平遥县训导叶伯巨上书中指出的那样，"用刑之际，多出圣衷"，"使人知惧而莫测其端"。① 朱元璋的重典治吏，怀有企图缓和社会矛盾和铲除政治异己的双重目的。亲自参加反元农民起义的朱元璋对民众的伟大力量是有体验的。他做皇帝以后，把防止臣民的反抗作为自己的政治课题，说："今四海渐平，朕岂不欲休养以自娱，然所畏者天，所惧者民，而天怒人怨，未有不危亡者。"② 他懂得官吏贪横、豪强盘剥是迫使农民逃亡、反抗的重要原因。他推行重典治吏的动机之一，就是想通过打击贪官污吏，缓和广大农民与明王朝的矛盾，借以巩固政权。朱元璋重典治吏的另一个目的，是欲通过大杀功臣而为子孙剪除后患。《明通鉴》云：明太祖大行诛戮，"盖为子孙之远虑，欲遗之以安强"。③ 所以，这里的重刑已不是一般的惩治犯罪，而是从肉体上消灭政治异己。可见，对朱元璋来说，重刑政策不仅是维护统治秩序的强制手段，还是他为达到特定的政治目的而使用的工具。

朱元璋的"治乱世用重典"主张，直接成为当时制定的一系列"权宜"之法的指导思想，导致了不少具有重刑性质的榜文禁例、条例和其他峻令的颁行，并为洪武年间司法实践中大搞法外用刑提供了理论依据。至于《大明律》的修订，虽然朱元璋反复强调要做到"轻重适宜"，"贵存中道"，但是，在"治尚刚严，中外凛凛，奉法救过不及"④ 的情势下，也难免不受到重刑思想和政策的影响。从洪武年间朱元璋屡因"律令尚有轻重失宜，有乖中典"、命儒臣修订律条的情况看，洪武六年律、七年律、九年律中，都曾有过一些"重刑"条款。洪武三十年《大明律》是朱元

---

① （明）程敏政：《皇明文衡》卷6，上海商务印书馆影印四部丛刊本。
② 《明太祖宝训》卷1，中国国家图书馆藏明刻本。
③ （清）夏燮：《明通鉴》卷4，中华书局1980年版，第269页。
④ （清）夏燮：《明通鉴》卷8，中华书局1980年版，第431页。

璋认为达到了"贵存中道"要求的法典,在刑罚上也"较前代往往加重"。① 三十年律的460条律文,基本上属于"中制"性质。然而,此律后附有《律诰》条例147条,其中属于《大诰》峻令的条目为36条。这36条《大诰》条款,除3条与律相近条款量刑大致相同外,其他33条均较律文苛重,② 这就使洪武三十年律也蒙上了"重刑"的阴影。

二 明《大诰》与朱元璋的"明刑弼教"思想

明太祖朱元璋亲自编纂的四编《大诰》,是研究明初法律实施状况和这位开国皇帝政治法律主张的珍贵文献。《大诰》中反映的朱元璋的法律思想,内容相当广泛,但贯串全文始终,最引人注目的是他的"明刑弼教"思想。《明实录》等官修史书为尊者讳,对他的这一重要法律主张极少涉及。这样,《大诰》便成为集中记述朱元璋的"明刑弼教"思想的珍贵史籍。

"明刑弼教"是朱元璋颁行《大诰》的基本动机,也是他大搞律外用刑和重典治吏的理论基础。由于这一法律主张不仅对明初,而且对明一代法制都产生过深刻影响,因此,它是明代法律思想研究中一个不可忽视的重要问题。

(一) 朱元璋倡导"明刑弼教"的缘由和理论依据

阅读明初史料,人们不难发现一个有趣的现象,即从开国初到《大诰》颁行前,朱元璋在论及德刑关系,特别是教化与刑罚关系的时候,基本上还是沿用了"德主刑辅"、"礼法合一"这一中国古代社会传统的立法、司法指导原则,而极少采用"明刑弼教"的提法。在《大诰》中,情况发生了奇妙的变化:"明刑弼教"思想被反复强调,"德主刑辅"一词则从未提及。这是偶然的疏忽吗?当然不能这样解释。自汉代中期以来,"德主刑辅"一直被历代王朝奉为神圣不可动摇的"圣贤之道"。精

---

① 《明史》卷93《刑法一》,中华书局1974年版,第2285页。
② 杨一凡:《洪武法律典籍考证》,法律出版社1992年版,第20—22页。

明过人、为实现社会安定"宵旰不遑宁处"的朱元璋岂会无端改变？那么，究竟是何原因促使他作了这种微妙的变通呢？

结合明初的司法实践和《大诰》的内容认真考察，便可看清事情的本质：原来，倡导"明刑弼教"学说是朱元璋在明初司法实践与指导思想严重背离的情况下，为完善传统法制理论，继续强化其重典政策而找到的重要理论武器和法律措施。

明王朝建立以后，朱元璋"惩元纵弛之后，刑用重典"。① 在《大诰》颁行前的18年间，他制定的律令、榜文，一些条款就带有"重刑"性质。在司法活动中，他大搞法外用刑，屡兴大狱，肆意诛戮臣民。以重典治吏而言，洪武四年（1371年）立法，凡官吏犯赃者罪不赦，同年录天下官吏；五年（1372年）、六年（1373年），连发铁榜，铸定刑法，申诫公侯；九年（1376年），因布政使司、府州县衙门所派占计吏带有官印的空白文书一事，明太祖怀疑其中有弊，"凡主印吏署字有名者，皆逮御史狱。狱数百人。自尚书至守令，署印者皆坐抵欺论死，佐贰以下榜一百戍边"。② 十三年（1380年），兴胡惟庸党案狱；十八年（1385年）三月，又发生了郭桓贪污案，"敕法司拷讯，供词牵引直省官吏，系狱拟罪者数万人，自六部左右侍郎，诸司皆不免"。③ 同年，"尽逮天下积岁官吏为民害者，赴京师筑城"。④ 仅郭桓案和"空印"案，被株连者达七八万人。此外，洪武十三年（1380年），明太祖令鞭死永嘉侯朱亮祖父子，开廷杖之制；十五年（1382年），他建立了"锦衣卫"等特务机关，密缉臣民，"上时时有所诛杀，或下镇抚司杂治，取诏行事，毋经法曹"。⑤ 治民方面，他在经济领域实行"宽以待民"政策的同时，在政治、法律领域，则"治之以猛"，并镇压了上百次农民起义。

但是，朱元璋的刑用重典政策，并没有达到预期目的，"治之虽严，

---

① 《明史》卷93《刑法一》，中华书局1974年版，第2279页。
② 关于空印案的发生时间、案情规模及功过是非，学界存有争议，详见杨一凡主编《中国法制史考证》甲编第6册，中国社会科学出版社2003年版，第428—432页。凡参见（明）谈迁撰《国榷》卷6，中华书局1988年版，第542页。
③ （清）夏燮：《明通鉴》卷8，中华书局1980年版，第436页。
④ 《明史》卷296《孝义传》，中华书局1974年版，第7591页。
⑤ （明）王世贞：《锦衣志》，民国二十七年上海涵芬楼影印本。

而犯者自若"。① 对此，他并没有从中得出应有的教训，反而"猜疑多生"，把形势估计得更为严重，认为这是对重刑政策推行不力，对贪官污吏和"奸顽之徒"打击不狠造成的。他说："曩者所任之官，皆是不才无藉之徒……其贪何厌，其恶何已，若不禁止，民何以堪！"② 又说："民经世乱，欲度兵荒，务习奸猾，至难齐也。"③ 认为只有靠严刑峻法"救之以猛"，④ 才能"使人知所警惧，不敢轻易犯法"。⑤ 正是在过分地夸大了"乱世"的危机形势和迷信重刑可以"以刑去刑"的双重因素作用下，朱元璋决意继续大力推行重刑政策。不过，进一步实行重典之治，遇到了两个方面的难题。

一是因诛戮过滥，激起了臣民普遍的强烈不满，洪武九年（1376年），平遥县训导叶伯巨上书中所言就集中代表了这种情绪。其书曰："主上痛惩其弊，故制不宥之刑，权神变之法，使人知惧而莫测其端也。""用刑之际，多裁自圣衷，遂使治狱之吏务趋求意旨，深刻者多功，平反者得罪……窃见数年以来，诛杀亦可谓不少矣，而犯者相踵。良由激劝不明，善恶无别，议贤议能之法既废，人不自励，而为善者怠也。"⑥ 另一位青年才子解缙在上书中则说："国初至今，将二十载，无几时不变之法，无一日无过之人。尝闻陛下震怒，锄根翦蔓，诛其奸逆矣。未闻褒一大善，赏延于世，复及其乡，始终如一者也。"⑦ 朱元璋也深切感到了臣民的不满情绪，在《大诰》中，他痛斥道：顽民"朋奸诽谤，却说'如今朝廷法度好生厉害'"。⑧ "无知朝廷艰辛者，乃曰'刑酷'"。⑨

二是朱元璋口头上的"轻刑"说教与实际推行的重刑政策自相矛盾，理论与实践的背离，成为继续强化重典之治的重大障碍。自西汉武帝到明

---

① 《御制大诰三编·大诰三编后序》。
② 《御制大诰三编·民拿害民该吏第三十四》。
③ 《皇明祖训》序，收入《中国珍稀法律典籍续编》第3册，第483页。
④ （清）谷应泰：《明史纪事本末》卷14，中华书局1977年版，第208页。
⑤ 《明太祖实录》卷239。
⑥ 《明史》卷139《叶伯巨传》，中华书局1974年版，第3991—3992页。
⑦ 《明史》卷147《解缙传》，中华书局1974年版，第4115页。
⑧ 《御制大诰续编·断指诽谤第七十九》。
⑨ 《御制大诰·纳豆入水第五十三》。

代，儒家思想处于"独尊"的正统地位。在道德教化与刑罚强制的关系上，儒家主张"德主刑辅"，"大德小刑"，"先教后刑"。"教，政之本也。狱，政之末也"，① 被历代统治者说成治国的至理名言。朱元璋登上皇帝宝座以后，虽然"驭下常以严厉为主"，② 刑用重典，然每当公开论及德刑关系时，也是口口声声宣扬自己师承先圣之道，重德轻刑。他同臣下谈及德刑问题时，总是以"仁心行仁政"的面目出现，反复告诫群臣，"仁义，治天下之本也"；③"治国之要，教化为先"④，重德轻刑。他多次痛骂商鞅、韩非的"重典"主张，对臣下言重典者一概痛斥，说："夫威以刑戮，而使民不敢犯，其为术也浅矣。且求生于重典，是犹索鱼于釜，欲其得活难矣。故凡从轻典，虽不求其生，自无死之道。"⑤ 对朱元璋的"轻刑"言论，结合他讲话的背景和实际上的作为分析，可以看出，有些是表达了他要求加强礼义教化的思想和防范臣下滥用刑罚的意图，但也有不少时候是为了配合推行重刑政策，用以堵臣民的嘴，表明他并未背离"圣贤之道"，刑用重典是不得已而为的。然而，在举国上下抱怨"刑重"和群臣要求"慎刑罚，敦教化"、"宜少济以宽大"的呼声中，他解释"刑用重典"的各种理由都显得极其勉强，他宣扬的"轻刑"言论和干的一套也常常自相矛盾和难以服众。

面对这些矛盾和阻力，如何把既定的重典治国方针推行下去，又能在不触犯儒家正统思想的前提下自圆其说，保持"仁君"的形象，便成为亟待解决的政治课题。"明刑弼教"学说正是适应这种需要而受到朱元璋的青睐。

"明刑弼教"一语，渊于《尚书·大禹谟》。原文曰："明于五刑，以弼五教。"⑥《大禹谟》属于《古文尚书》，为魏晋人所作。但从先秦诸子著述中有关德刑关系及"去刑"方面的论述看，至迟在战国时期，"明刑

---

① （汉）董仲舒：《春秋繁露》卷3《精华第五》，中华书局1995年影印本，第23页。
② （清）赵翼撰，王树民校正：《廿二史札记》卷36《明太祖用刑最严》，中华书局1984年版，第837页。
③ （清）谷应泰：《明史纪事本末》卷14，中华书局1977年版，第195页。
④ 同上书，第204页。
⑤ 《明太祖实录》卷25。
⑥ 见（清）阮元校刻《十三经注疏》之二《尚书正义》，中华书局1980年影印本，第134页。

弼教"思想已经萌芽。

在中国古代,对于如何处理德与刑、法律与教化的相互关系,人们经历了由不成熟到成熟的认识过程。春秋战国时期,儒家和法家围绕这一问题曾进行了激烈的争论。法家并不否定教化的作用,但认为"刑生力,力生强,强生威,威生德。德生于刑",[①]"胜法之务莫急于去奸,去奸之本莫于严刑",[②] 主张"以法治国",[③]"以杀去杀"、"以刑去刑",[④]"先刑而后赏"。[⑤] 而儒家也并不轻视刑罚的作用,但认为"导之以政,齐之以刑,民免而无耻;道之以德,齐之以礼,有耻且格",[⑥] 治国应"以德服人",[⑦] 并从推行"礼治"、"仁政"治国方略出发,阐发了一套比较完整的伦理和德刑关系思想。儒家所说的"五教",是指社会中的五种伦理道德,即父义、母慈、兄友、弟恭、子孝。"五教"又称为"五常"之教。"五常"的内容为"仁、义、礼、智、信"。从人伦关系上讲,"五教"的含义又被概括为"父子有亲,君臣有义,夫妇有别,长幼有叙,朋友有信"。[⑧] 对于教化的内容及其重要性,儒家学说创始人孔丘、孟轲作过大量论述,主张"为政以德",[⑨] 严格按照"君君、臣臣、父父、子子"[⑩]的原则,"教人以伦",[⑪] 反对"不教而杀"。[⑫] 西汉中期,董仲舒在总结秦及西汉前期治国经验教训的基础上,吸收了法家、道家等各家的思想,进一步发展和概括了孔孟儒家的德教学说,形成了以"三纲五常"为核心的伦理学说体系,在德与刑、法律与教化的关系上,把"德主刑辅"确定为立法与司法活动必须遵循的指导思想,也就是说,教化重于刑罚,德为刑纲,刑要

---

① 《商君书·说民第五》。
② 《商君书·开塞第七》。
③ 《韩非子·有度》。
④ 《商君书·画策第十八》。
⑤ 《商君书·壹言第八》。
⑥ 《论语·为政第二》。
⑦ 《孟子》卷3《公孙丑上》。
⑧ 《孟子》卷5《滕文公上》。
⑨ 《论语·为政第二》。
⑩ 《论语·颜渊第十二》。
⑪ 《孟子》卷5《滕文公上》。
⑫ 《论语·尧曰第二十》。

受德的制约，始终处于辅助的地位，在司法活动中要处处贯彻儒家伦理纲常的精神。先秦法家提出的"以刑去刑"、"德生于刑"的思想，也经过改造，纳入了"德主刑辅"的思想体系，被后人概括为"明刑弼教"。自晋至明，历代研究注释《尚书》者，也对"明于五刑，以弼五教"的含义作过注疏。其中以《十三经注疏》本《尚书正义》的说法最为通行。唐代人孔颖达疏曰："弼，辅；期，当也。叹其能以刑辅教，当于治体。虽或行刑，以杀止杀，终无犯者。刑期于无所刑，民皆命于大中之道。"① 即认为刑罚是有助于道德教化的治世手段，通过用刑罚打击犯罪，可以使臣民畏法守教，收到"以刑去刑"的社会效果。

"明刑弼教"思想虽然被纳入了儒家正统思想的体系，成为"德主刑辅"思想的组成部分，但由于这一思想突出了刑罚的作用，与统治者宣示的"仁政"、"先教后刑"、"大德小刑"② 似有不相和谐之处，所以，宋代以前，历朝在司法实践中，往往是强调贯彻"德主刑辅"原则，而较少提及"明刑弼教"。

宋代以后，随着生产力的进一步发展和社会矛盾的加剧，完善法制理论，以便有力地维护以"三纲五常"为核心内容的纲常礼教，已成为统治者的迫切需要。正是在这种情况下，为了强化国家的镇压职能和使统治者在处理德刑关系上有充分的灵活性，著名理学家朱熹从礼法结合的意义上，对"明刑弼教"思想作了更深入的阐发。

其一，朱熹虽然也承认教化与刑罚有本末之分，但他着重强调了在治国中两者同等重要的思想。朱熹在论述教化与刑罚关系时，常常使用的是"礼"与"刑"的提法。他指出，"天理"的基本内容是"三纲五常"，又说，"礼者，天理之节文"；③ "法者，天下之理"；④ "礼字、法字实（是）理字"。⑤ 在他看来，礼和法、道德教化和刑都是"天理"的体现，在维护"三纲五常"方面是本质相同的东西。在阐明教化、刑罚与"三纲五

---

① 见（清）阮元校刻《十三经注疏》之二《尚书正义》，中华书局1980年影印本，第134页。
② （汉）董仲舒：《春秋繁露》卷11《阳尊阴卑第四十三》，中华书局1995年影印本，第66页。
③ 《朱文公文集》卷60《答曾择之》。
④ 《朱文公文集》卷69《学校贡举私议》。
⑤ 《朱文公文集》卷48《答吕子约》。

常"内在关系的基础上,他进一步指出,要维护儒家礼教纲常,刑与教化两者不可偏废。说:"若夫道德性命与刑名度数,则其精粗本末虽若有间,然其相为表里,如影随形,则又不可得而分。"①

其二,强调了刑对教化的作用,驳斥了那种重教化而轻刑罚的观点。他说:"如何说圣人专意只在教化,刑非所急?圣人固以教化为急,若有犯者,须以此刑治之,岂得置而不用?"②又说:"殊不知'明于五刑以弼五教',虽尧、舜亦不免。教之不从,刑以督之,惩一人而天下人知所劝戒,所谓'以辟止辟'。"③

其三,认为在实施教化与刑罚时,二者谁先谁后,谁缓谁急,要根据维护三纲五常的实际需要来确定,不一定拘泥于"先教后刑"的模式。他说:"明刑以弼五教,而期于无刑焉。盖三纲五常,天理名彝之大节,而治道之本根也。故圣人之治,为之教以明之,为之刑以弼之,虽其所施或先或后或缓或急,而其丁宁深切之意未尝不在乎此也。"④这句话的意思是,刑与教化必须服从于维护"三纲五常"这个"治道之本",至于是先教后刑,还是先刑后教,都是允许的。

经过朱熹的阐发,使"明刑弼教"在不背离伦理纲常的大前提下,增添了新意。我们决不可轻看这种小小变通的意义,其实,它意味着法制的指导原则沿着"德主刑辅—礼法合——明刑弼教"的发展轨道进入了一个新的阶段。

表面上,"明刑弼教"的意思是以刑辅教,似乎它与"德主刑辅"这一传统的立法和司法指导原则并无多少区别,实际上,它对法律的实施方法、发展方向和发挥的社会作用诸方面所产生的影响是巨大的。在中国古代法律史上,一般来说,倡导"德主刑辅",本意是注重道德教化,限制苛刑,所以它往往是同"轻刑"主张相联系的。而经过朱熹阐发,风行于古代社会后期的明刑弼教思想,其立意是重道德而不轻刑罚,还明确地包含和体现了"刑罚立而后教化行"的思想,这就为统治者借助于"弼教"

---

① 《朱文公文集》卷70《读两陈议遗墨》。
② (宋)黎靖德编:《朱子语类》卷78《尚书·舜典》。
③ (宋)黎靖德编:《朱子语类》卷78《尚书·大禹谟》。
④ 《朱文公文集》卷14《戊申延和奏札一》。

的口实，无节制地施用刑罚、推行重典政策提供了思想武器，因而它往往是同重刑主张相联系的。

鉴于"明刑弼教"学说既不违背"圣贤之道"，又能充分地为推行重刑政策辩护，在明初司法实践与指导思想严重背离的情况下，它作为解决这一矛盾的理论依据，被朱元璋大加尊崇和宣扬就是必然的了。一部四编《大诰》，包括《序》和236个条目，都是在这一思想的指导下写成的。朱元璋无论是在阐述颁行《大诰》的动机时，还是在解释施行每一酷刑的必要性时，都反复地把这一思想作为理论依据，可以说是从理论和实践结合上把朱熹所阐发的有关思想推到了新的高度。提倡"明刑弼教"是朱元璋完善明初法制理论、强化重典之治的需要，四编《大诰》则是他宣扬和实践这一法律主张的历史记录。

（二）朱元璋"明刑弼教"思想的内容和特色

朱元璋的"明刑弼教"思想，是在继承前人特别是朱熹的有关学说的基础上，结合洪武年间的治国实践加以发挥和具体运用而形成的。这就决定了他的思想体系的基调仍是"申明先王之教"，但又呈现出时代的特色。

在《大诰》中，朱元璋对实行"明刑弼教"的一系列基本问题都作过阐述。关于教化的内容和作用这个问题，他基本上是沿袭了儒家的正统思想。朱元璋反复告诫臣民说，他的"明教"不过是恢复"我中国先王之旧章"，"务必父子有亲，君臣有义，夫妇有别，长幼有序，朋友有信"。[1] 也就是说，教化的基本内容和要求是维护"三纲五常"。他指出：兴先王之教，可以"开天生上智之人，以明中才之士，以训下愚之徒"。[2] 只有"教化流行"，才能使人"安分守己"，"趋事赴功，终不为怨"。[3] 然由于"胡元之治，天下风移俗变"，[4] "纲常大坏"，"愚夫愚妇，效习夷风，所以泯彝伦之攸叙。是致寿非寿，富非富，康宁不自如，攸好德鲜

---

[1] 《御制大诰·婚姻第二十二》。
[2] 《御制大诰·教官妄言第七十一》。
[3] 《御制大诰·马站第六十一》。
[4] 《御制大诰·胡元制治第三》。

矣"。① 故必须以《大诰》"明教","欲丕变胡俗,复我中国先王之治"。②

为了申明"五教",他结合"当世事"反复向臣民申明忠君、孝亲等伦理纲常。在《御制大诰》首篇,他专门阐明了"为臣之道"。说:"人臣得与君同游者,其竭忠成全其君,饮食梦寐,末尝忘其政。所以政者何?惟务为民造福,拾君之失,搏君之过,补君之缺。显祖宗于地下,欢父母于生前,荣妻子于当时,身名流芳,千万载不磨,专在竭忠守分。"③在《续编》首篇,又专门申明"五常"之教,说:"臣民之家,务要父子有亲;率土之民,要知君臣之义,务要夫妇有别;邻里亲戚,必然长幼有序,朋友有信。众尊有德,不拘年之壮幼,不序长幼之分,此古人之大礼也。"④ 在《续编·互知丁业第三》中,他强调"民守四业"是其"从教"的重要标准:"先王之教,其业有四,曰士、农、工、商。昔民从教,专守四业,人民大安。异四业而外乎其事,未有不堕刑宪者也。"在《续编·明孝第七》中又重申了"人子之道",指出所谓"孝道",不仅要做到"父母跟前,晨省昏定,供奉饮膳,说的言语,不敢违了",还要守父母家业,"事君以忠"、"涖官以敬"、"不犯国法",并对父母之命"乖于礼法"者,要"哀告再三"。朱元璋阐述的"教化"内容,说来道去,无非是"君君、臣臣、父父、子子"一套礼教纲常,其中"忠君"、"守法"是他强调的重点。

当然,在谈及教化的内容和臣民"从教"的标准时,朱元璋并非是一概抄袭"圣贤之书",他还根据当时的治世需要提出了许多具体的要求。他在明令全体臣民遵《诰》"从教"的同时,把刑用重典和"明刑弼教"的主要锋芒指向官吏、豪强和无业游民这三种人。指出,官吏贪暴、豪强不法是"治世"的"祸害","百姓每要反,则是被他逼凌得没奈何了";⑤无业游民是妨害新王朝统治秩序稳定的不安定因素,他们"村无恒产,市

---

① 《御制大诰续编·御制大诰续编序》。
② 《御制大诰三编·御制大诰三编后序》
③ 《御制大诰·君臣同游第一》。
④ 《御制大诰续编·申明五常第一》。
⑤ 《大诰武臣·耿良肆贪害民第三》。

无铺面……其心不善，日生讦诈，岂止一端"。①为此，朱元璋有针对性地设立了许多新的重刑法令，作为这三种人"从教"的行为规范和对其"不从教"行为的制裁措施。在治吏方面，《大诰》规定：严禁有司滥设卒吏；禁止官吏下乡；实行遣牌唤民制度，有司不得随意唤下属听事；官吏犯赃罪者，有司负连带责任；严明纪纲，禁止吏卒越礼犯分。在治民方面，规定里甲四邻要互知丁业，市村不许有逸民；市井之民不许为吏卒；农户和诸色匠户必须按期纳税服役；民不得妄擅官称，不得居处僭分，乡饮酒礼不得紊乱正席；里甲四邻对一切"奸顽之徒"及逃囚、逃军务必及时检举、捉拿赴官；不准影射，"造言好乱"者治以重罪。对于豪富之家，朱元璋责令他们遵守朝廷法令，不许诡寄田粮、逃避差役和说事过钱，不许结交官府和诱引官吏贪污，不许欺凌小民。如此等等，类似的各种法律规定有60余种。朱元璋把四编《大诰》当作向臣民"宣教"的政治教科书，把"钦遵"《大诰》禁令作为臣民"从教"的标准，多次重申："朕出斯令……斯上下之本，臣民至宝。发布天下，务必户户有之。敢有不敬而不收者，非吾治化之民，迁居化外，永不令归"。②"敢有不遵者，以罪罪之。"③由此可见，朱元璋所说的"从教"，其实就是要臣民听从"朕教"，一言一行都按《大诰》中的有关要求规范自己的言行。

关于教化与刑的关系以及刑对教化的作用，朱元璋指出："礼，人伦之正，民间安分守礼者多；法，治奸绳顽。二者并举，遍行天下，人民大安。"④在《御制大诰·民不知报第三十一》中，他又比较集中地论述了这个问题：

> 君之养民，五教五刑焉。去五教五刑而民生者，未之有也。所以五教育民之安，曰：父子有亲，君臣有义，夫妇有别，长幼有序，朋友有信。五教既兴，无有不安者也。民有不循斯教者，父子不亲，君臣不义，夫妇无别，长幼不序，朋友不信，强必凌弱，众必暴寡，鳏

---

① 《御制大诰续编·市民不许为吏卒第七十五》。
② 《御制大诰续编·颁行续诰第八十七》。
③ 《御制大诰续编·御制大诰续编序》。
④ 《御制大诰·民知报获福第四十七》。

寡孤独，笃废残疾，何有之有焉。既不能有，其有命何存焉。凡有此者，五刑以加焉。五刑既示，奸顽敛迹，鳏寡孤独、笃废残疾、力弱、富豪，安其安，有其有，无有敢犯者，养民之道斯矣。

类似的论述，在《大诰》中还有多处，只是行文较短，然其意并无不同。所有这些阐述刑与教化关系的言论，有几个共同之点：其一，有意识地对"德主刑辅"一词加以回避；其二，认为刑与教化在治国中各自具有本身的特殊效能；其三，着重强调刑罚对推行教化的巨大作用，提倡"明刑弼教"。可见，朱元璋对"明刑弼教"的认识，在许多方面与朱熹的观点同出一辙。

然而，朱元璋倡导"明刑弼教"的重要出发点，是为其继续强化重典之治开辟道路。所以，他虽然在一些基本的思想观点上继承了朱熹的学说，但又不完全受朱熹"仁政"观点的限制。倘若把朱元璋的"明刑弼教"思想同朱熹的有关学说作一比较，就可以发现，围绕如何实施"明刑弼教"的问题，他们的主张有两点重要的不同之处。

一是朱熹从儒家的"重人"和"施仁政"的观念出发，主张"明刑弼教"要严人伦之罪，宽财产之罪。他认为，用严刑打击败坏人伦的犯罪与儒家的"仁政"思想是不矛盾的。这样做，既可以"止奸绝本"，保护良民不被奸顽所害，也能够充分体现以刑辅佐教化的意义，故"虽曰杀之，而仁爱之心已行乎中"。① 而对于侵犯钱财方面的犯罪，他针对宋代有关法律对此类犯罪处刑过严的问题，提出量刑应有所放宽，以体现"法之本意所重乃在人之躯命而不在乎货财"。② 朱元璋在以严法惩治败坏人伦之罪这点上同朱熹的看法是一致的，然而对于一切侵犯钱财的犯罪，他同样加重处置。四编《大诰》所采辑的案例中，因贪污和科敛钱财被处以酷重刑罚者，就占据很大的比重。对此，朱元璋也有自己的解释。他说，"不才者贪心不已"，"终化不省"。"君子之心，恻隐之道，无不至仁。此行

---

① （宋）黎靖德编，王星贤点校：《朱子语类》卷78《尚书一·大禹谟》，中华书局1986年版，第2009页。
② 《朱文公文集》卷25《答张敬夫》。

推之于君子则可，小人则不然。"① 对于奸顽之徒，"宽则无教"，② 只有从严重惩，方能使"见者寒心，必无犯者"，③ 达到"人人同仁，使身不遭凶祸"④ 的目的。在朱元璋看来，他这样做也是"仁政"的体现。

二是朱熹主张实行"明刑弼教"要依法办事，并要在司法活动中贯彻"慎刑"的原则。他认为，对"于法中有疑，其或轻或重者"，要按"罪疑从轻"的精神处理。说："与其杀之而害彼之生，宁姑全之，自受失刑之责，其仁爱忠厚之至。"⑤ 朱元璋在颁行《大诰》前，也多次讲过类似的话，但在《大诰》中，只言"重刑"而不讲"慎刑"。他说：奸顽"既无仁心……我又如何把仁心爱他。"⑥ 又说："教化则贤人善为，小人不能。"⑦ 故有必要"施五刑而不拘常宪"，⑧ "杀一儆百"，主张通过律外用刑和运用种种酷刑苛法去推行"明刑弼教"。

总之，朱元璋的"明刑弼教"思想，是以重刑逼民"从教"为特征的。正因为如此，他编纂的《大诰》这个具有教育作用和法律效力的文献，一个最鲜明的特色，就是大搞律外用刑。所谓"律外用刑"，就是他主张君主可以置当时实行的律典于不顾，在律外随意采取各种残酷的刑罚处置罪犯，用以"警省愚顽"。《大诰》中的酷刑种类甚多，有族诛、凌迟、刖指、刖足、断手、阉割为奴等30余种，多为明律所不设，同一犯罪，用刑也大多较明律加重。就受刑的人数而论，"所列凌迟、枭示、族诛者，无虑千百"，⑨ 被处以其他各种律外之刑的人数，不下万数。

自汉代统治者总结秦王朝崇尚杀罚仅二世而亡的教训，强调"德主刑辅"以来，后代相因为习，无论是重典治世还是刑用轻典，表面上都是以"仁政"自居。朱元璋明确宣布以重典趋民"从教"，公开把律外用刑合

---

① 《御制大诰·朝臣优劣第二十六》。
② 《御制大诰续编·婚娶第八十六》。
③ 《御制大诰三编·库官收金第三十五》。
④ 《御制大诰续编·相检囚尸不实第四十二》。
⑤ 《朱文公文集》卷65《尚书·大禹谟》。
⑥ 《大诰武臣·千户彭友文等饿死军人第五》。
⑦ 《御制大诰续编·重支赏赐第二十七》。
⑧ 《御制大诰三编·库官收金第三十五》。
⑨ 《明史》卷94《刑法二》，中华书局1974年版，第2318页。

理化、神圣化，这在中国历史上是罕见的。

为了说明他的这种做法是正确和合情合理的，朱元璋在《大诰》中，用大量篇幅反复阐述了"乱世"条件下以重刑"弼教"的必要性。

第一，朱元璋对"臣民不从教"的状况作了详尽的描绘，宣扬在"乱世"条件下，为了"惩创奸顽"，"向化不善之心"，强化重典政策和大搞律外用刑是合情合理的。

在《大诰》中，朱元璋不厌其烦地陈述了官民的种种弊病和罪行，强调了非严刑不可治的思想。在谈到中央和地方官吏的弊病时，他指出，"昔日人臣得与君同游者，其竭忠成全其君……为民造福"；"今之人臣不然。蔽君之明，张君之恶，邪谋党比，几无暇时。凡所作为，尽皆杀身之计，趋火赴渊之筹。"① 又说："朕今所任之人，不才者众，往往蹈袭胡元之弊。""临政之时，袖手高坐，谋由吏出，并不周知，纵是文章之士，不异胡人。"② 使朱元璋尤为恼火的是，不仅"天下诸司尽皆赃罪"，③ 甚至连自己派出监察百司、充当耳目的御史，也是"假御史之名，扬威胁众，恣肆贪淫"。④ "若不律以条章，将必仿效者多，则世将何治！"⑤

地方官吏的情况，在朱元璋看来，一点不比中央官吏稍好些。他们之中，"尽收四乡无藉之徒，掌行文案"者有之；"视朕命如寻常，以关防为无事"，"伪造御宝文书，至府不行比对勘合承接"者有之；"故违律法"，"在乡结党害民"者有之；"巧立名色，科敛丁民"者有之；安报水灾，克减赈济，隐匿田赋，假公肥私者有之，决狱理刑"以是作非，以非作是，出入人罪，冤枉下民"者有之；"诽谤朝廷"，"自作非为，强声君过，妄彰君恶"者亦有之，实是积习太深，"此等官吏，果可容乎！"⑥

在谈及武臣、豪强地主和"游民"时，朱元璋认为，他们皆是"毫无仁心"、"忘恩负义"的"奸恶贪婪之徒"。他一边大讲"君养臣民"、

---

① 《御制大诰·君臣同游第　》。
② 《御制大诰·胡元制治第三》。
③ 《御制大诰·朝臣优劣第二十六》。
④ 《御制大诰三编·御史刘志仁等不才第三十九》
⑤ 《高皇帝御制文集》卷3，中国国家图书馆藏明万历十年刻本。
⑥ 《御制大诰·造册科敛第五十四》。

"使之获福"的道理，一边斥责民不知报"社稷立命之恩"，反而"抱怨横嗟"，扰乱生事。指出，武臣"上坏朝廷的法度，下苦小军"，他们"克落粮盐"，"卖放军人"，"纵贼出没"，是一批"愚蠢"和"无人性"的"牲畜"。"恬然享福"的豪强地主，总是同官吏狼狈为奸，"均差不当，小民靠损"，害之州里。至于"游民"，也无一不是"不务生理"、"浸润说诱"，"纷然于城市乡村扰害吾民"。他还指出，"似这等难教难化"，"扶此彼坏，扶彼此坏"，①"若不罪他呵，那撒泼的怎地怕！"②

何以世道混乱到如此地步？朱元璋认为，并非是"朕不才"，"法不良"，而是臣民"终不循朕化"③造成的。他指出，自有天下以来，"朕皇皇宵昼，思治穷源"，"本古五刑而不治"，④然"天下臣民不从教者多"，⑤"其奸顽之徒，未尝肯格心向善。良民君子，每被扰害，终无一岁悠闲"。⑥"中外臣庶，罔体圣心，大肆贪墨"，⑦"当犯之期，弃市之尸未移，新犯大辟者即至"。⑧对于官吏，"（朕）每常数数开谕，导引为政，勿陷身家"。⑨"我每日早朝晚朝，说了无限的劝戒言语……我这般大年纪了，说得口干了，气不相接"，然"若文若武，于中听从者少，努目不然者多，其心专一害众成家"，⑩他们视"朕命"如儿戏"明知故犯"。至于小民中的"奸顽之徒"，也是以"朕谕""以为不然，仍蹈前非叠叠……设心无知，轻生易死，犯若寻常。"朱元璋顿首疾呼，"奸顽之徒""可谓之难教者欤！"⑪他认为，只有刑用重典，"奸顽敢有不钦遵者，凡有所犯，比《诰》所禁者治之"，⑫这样，才能趋民"从教"，"向化不善之心"，达到

---

① 《御制大诰三编·臣民倚法为奸第一》。
② 《大诰武臣·卖放胡党第十七》。
③ 《御制大诰续编·追赃科敛第三十六》。
④ 《御制大诰续编·御制大诰续编序》。
⑤ 《御制大诰·御制大诰后序》。
⑥ 《御制大诰三编·御制大诰三编序》。
⑦ 《御制大诰·御制大诰后序》。
⑧ 《御制大诰·御制大诰序》。
⑨ 《御制大诰·谕官之任第五》
⑩ 《大诰武臣·大诰武臣序》。
⑪ 《御制大诰续编·朝臣蹈恶第五十》。
⑫ 《御制大诰三编·御制大诰三编序》。

"期于无刑"的目的。

第二，朱元璋分析了"臣民不从教"的原因，认为在"华风沦没，彝道倾颓"的情况下，只有用刑"不拘常宪"，才能"罪奸制顽，惩一而戒百"。

朱元璋认为，臣民之所以"终化不省"，其原因主要是两条：一是"胡元之治，天下风移俗变"，①"民狃元习"，劣根太深。他说，愚民长期"为胡、陈所诱，一概动摇，至今非心不格，面从心异"。②"虽朕竭语言，尽心力，终岁不能化矣"。③ 二是因其"贪心勃然而起，迷失真性"所致。他指出，奸顽之徒，有些人犯罪是属于财迷心窍，"因赃迷惑其心，止知己利，不知良善受害……罪及身家。"④ 有些是明知故犯，"既知是非，辄起贪心，倒持仁义，接受赃私，祸善福顽，以招自身之祸。"⑤ 也有些是自作聪明，出于侥幸心理，"为利所迷，自将以为终身不犯，岂知不终年而遭刑"。⑥ 总而言之，都是由于"奸迷其心，顽不肯遵"。⑦ 因此，要想趋民"从教"，靠一般的"劝导"是不中用的，必须采取强硬的手段，即用重典加以治理。

第三，朱元璋以"明刑弼教"思想为理论依据，宣扬他大搞律外用刑是符合"先王之教"的。

朱元璋不仅从揭示"时弊"入手，论述了他以重刑"弼教"的正当性，给自己的所作所为披上"中古先王之旧章，明五刑以弼五教"的合法外衣，而且几乎对每一个律外用刑案件，也都用"明刑弼教"理论作出解释。例如，他规定：民间在行"乡饮酒礼"时，必须"年高有德者居于上"，"以次序齿而列，其有曾违条犯法之人，列于外坐，同类者成席，不许干预善良之席"；如有违者，要以"紊乱正席"论罪，"全家移出化

---

① 《御制大诰·胡元制治第三》。
② 《御制大诰·京民同乐第二十八》。
③ 《御制大诰·胡元制治第三》。
④ 《御制大诰·勾取逃军第二十一》。
⑤ 《御制大诰·奸贪诽谤第六十四》。
⑥ 《御制大诰续编·钞库作弊第三十二》。
⑦ 《御制大诰三编·进士监生不悛第二》。

外"。① 依照洪武十八九年时行用的明律："凡乡党序齿及乡饮酒礼，已有定式。违者，笞五十。"② 朱元璋的这一立法无疑是苛重无比，但他振振有词地宣称，这样做是为了"叙长幼，论贤良，别奸顽，异罪人"，"不过申明古先哲王教令而已"。③ 又如，乌程县民余仁仨等29人，系本县富民游茂玉佃户，因遇灾荒无法糊口借游茂玉粮米。后余仁仨等和百姓100余人"至游茂玉家，将本人房屋门户俱各打碎"，搜出原借米文约还各户，又"将游茂玉作豪民绑缚赴京"。显然，这是一起为饥寒所迫的贫民反抗豪强地主的事件。可是，口口声声标榜以"民生为本"的明太祖，却将余仁仨等三人"枭令示众，其余各人发化外充军，家下人口迁发化外"。按照当时的律令，这种所谓"犯罪"，也不过只惩罚本人而已，并不株连家属。朱元璋的这种做法，实属律外用刑。但他以"奸顽终化不省"、"故意乱政坏法，自取灭亡"加以辩解。④ 在《大诰》中，类似的诡辩说教比比皆是。朱元璋就是这样以"明刑弼教"为思想武器，反复告诫臣民，他的律外用刑是为了"明教化"、"去奸去弊，必欲保全臣民"⑤ 而为的，是符合"先王之教"和无可指责的。

（三）"明刑弼教"的措施及其指导思想

朱元璋是个注重实干的政治家。他在借助《大诰》推行"明刑弼教"的过程中，也有这个特点。四编《大诰》是由案例、新设的重刑法令和明太祖阐述"明刑弼教"主张的"训诫"三个方面的内容组成。其中案例是用以"明刑弼教"的反面教材，法令是逼民"从教"的强制性手段，这两者既是刑以弼教的具体措施，又与有关"训导"有机地结合在一起，完整地体现了朱元璋的"明刑弼教"思想。同时，《大诰》中罗列的"明刑弼教"措施，均具有严酷的性质。具体剖析这些措施，又能更进一步揭

---

① 《御制大诰·乡饮酒礼第五十八》。
② （明）何广：《律解辩疑》卷12《礼律·仪制·乡饮酒礼》，《中国珍稀法律典籍续编》第4册，第141页。
③ 《御制大诰·乡饮酒礼第五十八》。
④ 《御制大诰三编·臣民倚法为奸第一》。
⑤ 《御制大诰续编·解物封记第五十二》。

示朱元璋的以重刑趋民"从教"的指导思想。因此，在研究朱元璋"明刑弼教"思想的时候，对他为实施这一主张所采取的措施要予以充分注意。

朱元璋实施"明刑弼教"的手段和措施，概括起来，主要有以下四种：

其一，"明之以刑，晓之以礼"，"使知趋吉避凶之道"。

朱元璋认为，世经元代之治，"先王之教，华夏之风，于是扫荡无余"。然"从古至今，无有不可变之俗，无有不可化之民"。[①] 他以是否能够"教化"为标准，把官民分为"良善"与"奸恶"两类。指出，"《诰》出，良民一见，钦敬之心如流之趋下。巨恶之徒，尚以为不然。中恶之徒，将欲迁善而不能。"[②] 经过"明刑弼教"，"良善"者"有从命之诚，有可化之机"，[③] 这样，不仅能使其"知趋吉避凶之道"，而且可使其"知前《诰》之精微，一心钦遵，有所怙恃……以除奸顽"。[④] 从这种认识出发，在《大诰》中，朱元璋结合列举"不循朕教"、"自取灭亡"的大量案例，向臣民陈述了所谓"从教"与"不从教"的利害。譬如，他在《大诰·谕官之任第五》和《谕官无所非为第四十三》中告诫官吏：听从"朕教"、清廉为官者，就会"守俸如井泉，井虽不满，日汲不竭源泉"，更重要的是，"显尔祖宗，荣尔妻子，贵尔本身"，"立名于天地间，千万年不朽"。倘若不从"朕教"，贪赃枉法，"事觉之后，受刑在禁……贿赂之财何益之有哉！""临刑赴法，终方神魂苍惶，仰天俯地，张目四视，甚矣哉，悔之晚矣。"朱元璋便是这样运用"恐吓"、"劝导"两手，对文官、武臣、吏卒、官吏之亲属、粮长、乡绅、僧道、各色"小民"等，"数数开谕"，导之以礼，威之以刑，向他们灌输"从吾（即朱元璋——引者注）命者，至福备于身家，不从吾命者，至刑备坐于身家"的思想，要他们革除贪心，恪守礼教，勿犯刑律。可见，朱元璋所说的"趋吉避凶之道"，其实质就是要臣民按照他的旨意行事，遵礼守法，效忠

---

① 《御制大诰三编·大诰三编后序》。
② 《御制大诰三编·御制大诰三编序》。
③ 《御制大诰三编·大诰三编后序》
④ 《御制大诰三编·御制大诰三编序》。

朝廷。

其二，对"罪囚"施以酷刑并公开示众，"使人视之而不敢犯"。

朱元璋不只大搞令人闻之毛骨悚然的律外用刑，而且有意识地令臣民目睹受刑者之惨状。《大诰》中这类记载很多。洪武十九年（1386年）三月，刑部官吏胡宁、童伯俊等纵囚"说事过钱，各受赃私"。事发，朱元璋将当事人"各刖足鞭背，不知数目。不过半昼，已死数人。""刖足鞭背之时，特令五军断事官、大理寺、刑部、都察院、十二道会视刑之。"①常州府同知王复春，青州府知府陈希文，下乡科敛，被枷项示众，"遍历九州之邑"。②沅州黔阳县安江驿丞李添奇，"慢君虐民"，被"斩趾枷令驿前"，令"所在驿官，观之戒之"。③"两浙、江东西民有伪造（钞）者甚……捕获到官，自京至于句容，其途九十里，所枭之尸相望。"④朱元璋声称，只有"重惩恶凶"，"使其流血呻吟，备尝苦楚"，方可"使人视之而不敢犯"，⑤起到"杀一儆百"的教育作用。

其三，创"戴刑还职"之制，凌辱、刑责官吏。

这是朱元璋为"惩戒"官吏"不从教者"而制定的特别措施。洪武五年（1372年）二月，他就曾"令各府州县建申明亭"。洪武十五年（1382年）八月，准礼部奏议，令将臣民"犯十恶、奸盗、诈伪、干名犯义、有伤风俗及犯罪至徒者，书于亭，以示惩戒"。⑥之后，他又把"惩戒"方式发展为"刑责"，创设了"戴刑还职"之制，即令犯罪官吏在原来的职位上"戴刑"工作，借以"凌辱"、"儆惩"。朱元璋认为，"刑责"可以使"奸贪之徒"领悟"为非之耻"，扫荡"奸迷之心"，"幡然改图"，也可给"初入仕者"或"初犯者"以"自新"机会。在《大诰》中，受"戴刑还职"处罚的多为从监生、进士中选拔的"新进"。朱元璋说，这批后生"本志士之学，人各聪明，及其管事也，贪婪奸顽之心并

---

① 《御制大诰续编·追问下蕃第四十四》。
② 《御制大诰三编·沽名肆贪第四》。
③ 《御制大诰三编·驿丞害民第四十二》。
④ 《御制大诰·伪钞第四十八》。
⑤ 《御制大诰三编·戴刑肆贪第三十八》。
⑥ （清）龙文彬：《明会要》卷64《刑一》，中华书局1956年版，第1236页。

作。朕尝忧念，以为惜哉"。鉴于"诸生年幼，况初入仕"，故且让其"戴罪还职"，"以观后效"。并说，这样做也可使"所在志士贤人君子，目此以推心，成人于悠久，立名于天地间"。① 不难看出，朱元璋实行"戴刑还职"之制，包含凌辱、挽救"犯罪"者和"儆省"未犯者的双重用意。基于这种考虑，他一方面坚持把不法官吏的名单、罪行书写成册，公之于众；另一方面，将"戴刑还职"之制广泛加以推行。丹徒县丞李荣中、应天府吏任毅等 6 人，因受赃卖放均工人夫，被"各断十指，押回本处"，继续负责"著勾赴工"事宜。② 龙江卫仓官攒人等，因盗卖仓粮被"墨面文身，挑筋去膝盖，仍留本仓守支"。③《三编·进士监生不悛第二》篇中，共列进士、监生出身的官吏犯罪者 364 人，其中戴刑还职的 215 名。

其四，加强民众监督，"逼成有司以为美官"。

朱元璋认为，"吏治之弊，莫过于贪墨"。④ "此弊不革，欲成善政，终不可得。"⑤ 然要整饬吏治，靠官吏自觉"修身"是不可能的，必须以严法约束，并借用民众的力量加以监督。他说："所任之官，皆是不才无藉之徒，一到任后，即与官吏、皂隶、不才耆宿及一切顽恶泼皮贪缘作弊，害吾良民多矣。"又说："若靠有司辨民曲直，十九年来，未见其人。"⑥ 因此，在《大诰》中，他强调对官吏实行民众监督，并建立了"民陈有司贤否"和"民拿害民该吏"的制度，规定对于害民官吏，"许境内诸耆宿人等，遍处乡村市井连名赴京状奏，备陈有司不才，明指实迹，以凭议罪，更贤育民"。⑦ 还规定，允许良民将害民该吏"绑缚赴京，罪除民患"。⑧ 朱元璋指出，"若民从朕命，着实为之"，敢于捉拿害民官吏，那么，"不一年之间，贪官污吏尽化为贤矣。为何？以其良民自辨是

---

① 《御制大诰三编·进士监生不悛第二》。
② 《御制大诰三编·戴刑肆贪第三十八》。
③ 《御制大诰·刑余攒典盗粮第六十九》。
④ 《明太祖实录》卷 38。
⑤ 《明太祖实录》卷 69。
⑥ 《御制大诰三编·民拿害民该吏第三十四》。
⑦ 《御制大诰·民陈有司贤否第三十六》。
⑧ 《御制大诰·乡民除患第五十九》。

非，奸邪难以横作，由是逼成有司以为美官"。① 朱元璋的"民众监督"思想，反映了他对官吏的极端不信任，也反映了他对民众的强大力量有一定的认识。这种措施从一定意义上说，是对"官贵民贱"传统意识的巨大冲击，在中国古代史上也是前无古人的，是有进步意义的。当然，由于朱元璋的这一主张是建立在脱离实际的主观臆想的基础之上的，当时除了极少数的捉拿恶吏的事例外，这一措施并没有能够普遍实行起来。

其五，设立新的重刑法令，"凡不从教钦遵者"，"比诰所禁者治之"。

为了防止法外遗奸和更有力地打击"奸顽"，朱元璋在《大诰》中设立了一些新的重刑条款。这些条款同样间杂他的"训诫"，富有浓厚的"明刑弼教"色彩。如在《续编·居处僭分第七十》条规定："《诰》至，一切臣民所用居处器皿、服色、首饰之类，毋得僭分。敢有违者，……事发到官，工技之人与物主各各坐以重罪。呜呼！天尊地卑，理势之必然。富贵贫贱，神明之鉴焉。有德有行者至于贵，阴骘无疵者至于富，德行俱无，阴骘杳然，刁顽奸诈至于贱。此数说也，宰在天地鬼神，驭在驭世之君。所以官有等差，民有富贫而至贱者也，岂得易为而用之乎！"又如，在有关"寰中士夫不为君用"的条款中规定："'率土之滨，莫非王臣'成说，其来远矣。寰中士夫不为君用，是外其教者，诛其身而没其家，不为之过。"② 如此等等，对于《大诰》中的这些重刑条款及所有诏令，朱元璋要臣民"世世守行之"，"敢有不遵者，以罪罪之"。《大诰》峻令的实施极大地严密了法网，也同时扩大了"明刑弼教"思想的传播。

"明刑弼教"是中国古代后期社会和阶级矛盾日益尖锐、民众逐渐觉醒的历史条件下，君主运用暴力手段强化其思想统治的表现，是片面的、惩罚主义的法律观的反映。在君主专制的政治体制下，官僚制度是产生"犯罪"和导致"民不从教"的基本根源。企图不触动这种腐败制度，仅仅凭借严刑峻法去逼民就范和消灭犯罪现象，那是不可能的。朱元璋颁行《大诰》的结局也是这样。虽然它在打击贪官污吏、巩固新建的朱明政权方面起过一定作用，但在推行"教化"和制止犯罪方面收效不大。关于这

---

① 《御制大诰三编·民拿害民该吏第三十四》。
② 《御制大诰三编·苏州人才第十三》。

一点，连朱元璋本人也不得不承认。洪武十九年（1386年），他在谈及《大诰·初编》实行的情况时曾经愤怒地提出："朕朝治而暮犯，暮治而晨亦如之，尸未移而人为继踵，治愈重而犯愈多。"① 洪武二十三年（1390年），他更加忧虑地说："愚民犯法，如啖饮食，嗜之不知止。设法防之，犯者益众。"② 不仅如此，大搞律外用刑，造成了法制的破坏，治狱的失平，诛戮的滥施，流弊甚多。所以，朱元璋死后不久，《大诰》逐渐受到冷落，到明代中叶时，就已灰飞烟灭，很难见到了。与《大诰》的命运不同，"明刑弼教"作为一种治国主张，由于同明代的极端专制主义政治制度相适应，有利于统治者灵活地变换手法，加强对臣民的控制和镇压，所以，它并没有由于《大诰》后来被中止实行而退出政治思想舞台。终明一代，"明刑弼教"思想仍被后嗣各君主奉为指导立法和司法活动的重要原则，广泛加以运用，从而对明代法制的发展进程和面貌产生了重大的影响。

三 《问刑条例》与明代中后期统治集团的立法思想

明代中后期《问刑条例》的颁行，突破了"祖宗成法不可更改"的格局，革除了明开国百年来因事起例，"冗琐难行"③的弊端，使刑事条例整齐划一，辅律而行，对维护当时社会的稳定和明王朝的统治起了重要作用。

《问刑条例》的制定，本身就是比较开明的思想在统治集团中占上风的结果，而它的每次修订，都是遵循统治集团的立法指导原则进行的。因此，研究修订条例过程中提出的各种思想见解和思想交锋，就能比较准确地把握和揭示明代中后期统治集团刑事立法思想的核心。

（一）"唯祖宗成宪是式"与"度势立法"两种思想的交锋

《问刑条例》首次颁布于孝宗弘治十二年（1500年）。在此之前数十

---

① 《御制大诰续编·罪除滥设第七十四》。
② （清）夏燮：《明通鉴》卷10，中华书局1980年版，第482页。
③ （明）白昂等：《问刑条例题稿》，《中国珍稀法律典籍集成》乙编第2册，第217页。

年间，围绕要不要制定《问刑条例》的问题，明王朝统治集团内部存在着两种截然不同的意见，这一争论是以"唯祖宗成宪是式"还是"度势立法"为焦点展开的。

"遵循祖宗成宪"是明太祖朱元璋为后世君主立下的一条戒规，也是他要求子孙在法律制度问题上必须恪守的指导原则。明代进入中期后，国情较之建国之初已有许多变异，原来的法律已难完全适应治国需要，修正祖宗成法，已成为朝廷的当务之急。然而，由于谁也不愿意承担"变乱祖制"的罪名，几朝君主只能采取以"事例"、"榜例"、"条例"及其他法律形式对《大明律》进行补充，或对一些不适用的条款进行间接修正。这样的条例，一般是由臣下议定，皇帝批准实施。其中许多系"因事起例"，日积月累，"驯致条例浩瀚"，诸司官吏难以掌握，加之这些条例常是仓促而成，前后内容不乏矛盾之处，"得失混杂"，这就给奸吏任情用刑留下了可乘之机。为求法制统一，每一皇帝即位后，便宣布将前朝条例一概革去，自己再来一套，结果，本朝的例又愈立愈多，出现了恶性循环，此种情况一直延至宪宗继位，未有改变。

在宪宗执政期间，要求改变"条例冗繁"状况的呼声越来越高，然而，在应采取什么样的方针和对策克服这一弊端的问题上，朝臣们的意见针锋相对。一种观点是将"现行的一切条例全部革去"，"唯祖宗成宪是式"。这种观点在成化朝前期处于主导地位。天顺八年（1464年）正月，宪宗朱见深在《即位诏》中便宣称，立法定制，"唯古成宪是式"，[①] 一些思想守旧的朝臣面对日益高涨的要求"度势立法"的思潮，也大肆强调"祖制不可变"的主张。如成化四年（1468年），吏部尚书姚夔上书宪宗，疏请"悉遵祖宗成宪，以回天意"，且言："今日能守成化初政足矣。"[②] 姚夔这样讲是话里有话，即提醒宪宗不要忘记他在《即位诏》中宣布的誓言，坚定"唯古成宪是式"的信念，不要采纳那些要求变革法制的主张。这一时期，甚至像吏部尚书彭时等认为应"力行新政"的大臣，在完善法

---

① （明）傅凤翔辑：《皇明诏令》卷15《即位诏》，《中国珍稀法律典籍集成》乙编第3册，第441页。

② 《明史》卷177《姚夔传》，中华书局1974年版，第4715页。

律问题上也未敢超越雷池一步，仍是主张"唯旧典成宪是循是守"，① 足见祖宗成宪神圣不可触犯的思想是何等具有市场。持这种主张的人，虽然也看到了"法律紊乱"的弊病，但由于他们把"祖宗成法"神圣化、绝对化，看不到法律本身也应依时局变化适时补充修正，因而对制定一个体现法制统一精神的《问刑条例》，采取了消极或反对态度。

与上述观点相反，一些思想开明的朝臣认为应"度势立法"，要求在备查新旧条例的基础上，去劣存精，制定一个具有权威性的、长期通行的《问刑条例》。成化十年（1474年）六月，兵部给事中祝澜上疏曰："我祖宗酌古准今，制《大诰》，定律令及《诸司职掌》、《洪武礼制》等书，颁布中外，俾臣民遵守。然民生日繁，庶事百出，制书有未备载者，或朝廷有所施行，臣下有所建请，遂因之以为条例，故事同而援引或异，罪一而议拟各殊，官司得以任情迁就，吏胥得以高下其手。如文武官品同而其父母、妻葬祭殊例，愿宽之人同而给引与递送科殊。乞敕在京文武大臣，备查内外新旧条例，务归至当者，以类相从，编集奏闻，取旨裁决，定为见行条例，刊板印行，则天下皆可遵守而无惑矣。"② 在这段话里，他从两个方面指出了制定现行条例即《问刑条例》的必要性，其大意是，祖宗所定成法固应遵守，但因"庶事百出"，这些法律中也有"未备载"之处，需要予以补充；本朝所定例中存在"故事同而援引或异，罪一而议拟各殊"的弊端，需要整齐划一，以便于天下遵守。祝澜虽然没有明确驳斥一味坚守"祖宗成宪"的泥古思想，但他上书中的"我祖宗酌古准今"一句，也是话里有话，即提醒宪宗，祖宗立法定制，是既"酌古"，同时又"准今"，即是依据现今时局需要为标准的，实际上是间接地批评了那种因循守旧的观点。

对于祝澜的意见，多数朝臣表示赞同。同一月，大理寺复奏："给事中祝澜所言，诚切其弊。"又云："照得法司见行条例，俱是发落囚犯。彼先奏准之时，或因一时之宜，或因一己之见。以此施行期间，有可经久而行者，有止暂时而行者，或有甲可而乙否者，或有发落不一者，或有轻重

---

① 《明宪宗实录》卷99。
② 《明宪宗实录》卷129。

失宜者……乞敕刑部将见行事例，逐一查写，会同都察院与臣等从公斟酌，可因可革，或增或减，议允通类奏请定夺。及今后凡有陈言干碍法司条例者，亦要照例会议，才许具奏施行。庶乎事体归一而新故不分更，轻重得宜而人易遵守。"①成化十四年（1478年），刑科给事中赵𡶼上书，再次提出制定《问刑条例》的动议，并进一步指出："将洪武年间以来所增条例，通行会议，斟酌取舍，定为中制。"②宪宗朱见深对上述奏疏，表示了赞同的倾向，先后下了"是"、"该衙门看了来说"的圣旨。③

宪宗朱见深对制定《问刑条例》的态度，表面上是有所变化，但实际上仍处于举棋不定的状态。坚持维护祖制的一些权臣，为达到他们自己的政治目的，采取迂回打击的策略，对主张制定《问刑条例》者进行迫害。如祝澜上书后，都察院便复奏皇帝，对祝澜上书中的一些提法进行反驳，并以"澜奏内误写囚人姓名"为由，要求"宜治其罪"。④由于宪宗"宥之"，祝澜才免受惩罚之苦。但过了半年以后，祝澜终因"劾武清侯赵辅失仪"，被罢官。至于另一位上书要求制定《问刑条例》的官员赵𡶼，也被专权的太监汪直以"先为给事中时，上言不谨，有失大体，且行事轻浮，难居言路"为由，免除刑科给事中之职，调到四川省庐山县任知县。由于守旧势力的激烈反对，宪宗的动摇，制定《问刑条例》一事也随之夭折。

明孝宗朱祐樘继位以后，下诏"勉图弘济"，"更新恤下之典"。⑤对祖宗成法，他采取了"以一祖宗旧制为主"、"适时变通"的态度，认为对祖宗成宪"因时制宜，或损或益"，这样做，并不"失于祖圣之意"。⑥受孝宗的"更新图治"态度的鼓舞，朝臣中要求制定《问刑条例》的呼

---

① 《皇明条法事类纂》卷48《陈言干碍法司条例须要会议例》，《中国珍稀法律典籍集成》乙编第5册，第921页。
② 《皇明条法事类纂》附编《法司会议条例务要斟酌停当奏请》，《中国珍稀法律典籍集成》乙编第6册，第115页。
③ 《皇明条法事类纂》卷48《陈言干碍法司条例须要会议例》，《中国珍稀法律典籍集成》乙编第5册，第920—921页。
④ 《明宪宗实录》卷129。
⑤ （明）傅凤翔辑：《皇明诏令》卷17《即位诏》，《中国珍稀法律典籍集成》乙编第3册，第522页。
⑥ 《明宪宗实录》卷123。

声再度高涨。

在孝宗弘治年间，围绕制定《问刑条例》的问题，同样存在两种不同观点的交锋。一些思想泥古的大臣再次站出来阻挠条例的制定，认为这是变乱了祖宗成法，应"革条例以遵旧制"。弘治元年（1488年），山西道监察御史吴裕上疏，认为《大明律》"诚万世不刊之典"，"内外大小衙门官员人等所奏日积，辄为条例。言愈多而政愈烦，例愈立而弊愈生"。以致"内外问刑官，假国法以作人情，任己意以为重轻。欲入人罪，律重则从律，例重则从例。欲出人罪，律轻而从律，例轻而从例。法无一定，事不归一。于祖宗之成法，变乱甚矣"。① 同年，监察御史汤鼐也上疏，要求申明洪武旧典。然而，大多数朝臣则认为，颁行新的条例以适应国情的变异，势在必行。对因事起例而造成的诸多弊端，应该度势立法，采用删定问刑条例之法加以解决。弘治元年九月十四日，刑部尚书何乔新会同都察院、大理寺复奏说："律例兼行，其来久矣……律者万世之大法，例者一时之权宜。例之为用，所以辅律之不及者也。自成化元年以后，一应条例虽出于臣下之所建明，实本于先帝之所裁处，其间亦有深意焉。且如造妖书妖言者，律该正犯处斩，例则全家发烟瘴地面充军，盖虑其造言以惑众也。略卖良人者，律该坐以徒流，例则连家小发边远充军，盖恶其使人骨肉生离也。盗仓粮者，于律止坐杂犯绞，而近年盗边粮军一百石以上者有充军之例，盖虑其因盗而乏军需也。犯私盐者，于律止坐徒罪，而近年贩私盐至二千斤以上者有充军之例，盖为其私贩以亏国课也。似此之类，难以枚举，所以救时之弊，亦皆辅治而行者。一概革去，虑恐百弊重生。异时法不足以惩奸，言律者又复申明旧例，未免烦渎圣听。"② 弘治五年（1492年）七月，刑部尚书彭韶议曰："刑书所载有限，天下之情无穷，故有情轻罪重，亦有情重罪轻，往往取自上裁，斟酌损益，著官多至轻重失宜。宜选属官，汇萃前后奏准事例，分类编集，会官裁定成编。通行内外，与《大明律》兼用，庶事

---

① 《皇明条法事类纂》附编《奏革幼军在逃等事件重覆不便事件》，《中国珍稀法律典籍集成》乙编第6册，第109—110页。

② 同上书，第110页。

例有定，情罪无遗。"① 大学士倪岳也上疏，请求度势立法，完善制度，他说："窃惟事有因革，理贵变通，庶奸蠹可以袪除，而贫穷有所甦息也。"②

在以上这些上书中，主张制定《问刑条例》的朝臣强调了这样几个观点，即：一是律例并行，由来已久，例有辅律的作用。那种认为删定《问刑条例》是违背祖制的观点是难以成立的。二是祖宗制定的刑书所载有限，而世情在不断变化，如不度势立法，便难以惩奸治国。三是对现行条例不能不加分析地全部否定，采取"一概革去"的态度，这些条例也是经臣下奏请由皇帝批准实行的，其中不少条例，有其"辅治"深意和不可取代的作用。因此，正确的做法应该是：既需要把那些"冗琐难行"、内容前后矛盾、轻重失宜的例革去，也需要将那些"经久可行"的例分类编集，删定成新的《问刑条例》。孝宗朱祐樘采纳了这些正确意见，"弘治五年（1492年），命刑部尚书彭韶删定《问刑条例》"，后又令"尚书白昂会九卿定议，择条例可行者二百九十余事"，于弘治十三年（1500年）二月颁行天下。③

弘治《问刑条例》颁行后，曾在弘治、正德、嘉靖三朝实行达50年之久，由于明代中后期世情多变，随着社会的发展，弘治《问刑条例》中的一些条款，很快显得"过时"，这样，在嘉靖、万历年间，又两次修订《问刑条例》。在嘉靖年间修订《问刑条例》的过程中，同样出现过"因循"与"变通"两种立法思想的交锋。

一般来说，各朝皇帝对修订《问刑条例》大多有所顾虑，所持态度较为消极，而主管刑事的朝臣则大多主张从实际出发，不断修订已过时的法律。弘治《问刑条例》颁行后，在弘治朝后期和正德年间，又有许多条例应运而生，本应及时予以删定，但明世宗朱厚熜在《即位诏》中明令重申："凡问囚犯，今后一依《大明律》科断，不许深文，妄引参语，滥及无辜。其有奉旨推问者，必须经由大理寺审录，毋得径自参奏，

---

① 《明孝宗实录》卷65。
② （明）陈子龙等选辑：《明经世文编》卷78，中华书局1987年版，第679页。
③ （清）夏燮：《明通鉴》卷39，中华书局1980年版，第1480页。

致有枉人。近年条例增添太繁，除弘治十三年（1500年）三月初二日以前，曾经多官奉诏会议奏准通行条例照旧遵行外，以后新增者悉皆革去。"① 并针对臣下要求再次重修《问刑条例》之议，于嘉靖七年（1528年）十月降旨："内外问刑衙门，但依《大明律》及弘治十三年条例行，不必再行编纂。"② 此后，仍有人不断提出重修《问刑条例》，均被驳回。直至嘉靖二十七年（1548年）九月，刑部尚书喻茂坚上疏奏请修订《问刑条例》，方得到世宗的批准。③ 喻茂坚云："窃惟我国家稽古定律，以诘奸慝而刑暴乱。又以民多法外之奸，律有未该之罪，累朝节有禁例，以辅律之不及。至弘治十三年，该多官会奏，钦定《问刑条例》与《大明律》一体颁布，天下问刑衙门，永为遵守，法纪备矣。但自考定《问刑条例》迄今将五十年，世变风移，自应通变以宜于民。"④ 后喻茂坚去任，此次重修《问刑条例》之事在继任刑部尚书顾应祥的主持下得以完成。

万历年间修订《问刑条例》时，因有弘治、嘉靖两朝的前例可循，特别是主张"革故鼎新"、"度势立法"的思想在统治集团中已居于主导地位，故无多大阻力。明世宗朱厚熜年幼继位，由主张革新的张居正辅政。张居正倡导审时度势立法，以振纪纲，反对"一味泥古"。他说："夫法制无常，近民为要。古今异势，便俗为宜。孟子曰：'遵先王之法而过者，未有之也。'此欲法先王矣。荀卿曰：'略法先王而足乱世术，不知法后王而一制度，'是俗儒者也。此欲法后王矣。两者互异，而荀为近焉，何也？法无古今，惟其时之所宜，与民之所安耳。时宜之，民安之，虽庸众之所建立，不可废也。"法制不是固定不变的，只有因时立法，才有出路，但并不是说可以任意变法。在张居正看来，"法不可以轻变也，亦不可以苟因也。苟因，则承敝袭舛，有颓靡不振之虞，此不事事之过也。轻变，则厌故喜新，有更张无序之患，此太多事之过也。二者法之所禁也，而且犯

---

① 《明世宗实录》卷1。
② 《明世宗实录》卷94。
③ 《明世宗实录》卷34。
④ （明）顾应祥等：《重修问刑条例题稿》，美国国会图书馆藏嘉靖《问刑条例》单刻本。

之，又何暇责其能行法哉。去二者之过，而一求诸实。法斯行矣。"① 与张居正同时的朝臣李春芳也大力主张度势立法，他说："夫泥故常而昧变通者，拘孪之见也。狃目前而忘远虑者，庸浅之流也。故瑟不更张而鼓，鲜不绝弦矣，鉴不刮磨而照，鲜不眩物矣。自非渊识遐览之士，乌足以语变通济时之道哉。"② 这股"革故鼎新"的思潮，为万历《问刑条例》的修订提供了良好的思想前提。

万历初，便有一些朝臣相继上书，要求修订《问刑条例》。如万历二年（1574年）四月，刑科给事中乌升等上书曰："恳乞严敕当事法臣，早定刑书等事。"万历十一年（1583年）五月，刑科给事中戴光启上书，"请修《问刑条例》，以饬法守事"等，明神宗均采取了积极支持的态度。万历十三年（1585年），万历《问刑条例》修订完成，刑部尚书舒化奏请颁行，明神宗于四月十一日颁旨："这《问刑条例》即会议详悉允当，着刊布内外衙门，永为遵守。"由于主持重修《问刑条例》的刑部尚书舒化指导思想明确，并强调立法平允，以例辅律，所以，此次重修的《问刑条例》，既注意到了将新增条例"参酌续附"，又有意识地协调《问刑条例》与《大明律》的矛盾，并径将律、例合刻，使之成为一部统一的刑法典。舒化认为："《大明律》共四百六十条，今条例亦多至三百八十余条，民之情伪既该，法之防范亦密。"③ 如果不是度势立法，先后三次修订《问刑条例》，明朝的刑事法律就不会如此完备。

（二）修订《问刑条例》的指导思想及其运用

《问刑条例》在弘治、嘉靖、万历年间曾三次修订颁行。关于修订条例过程中遵循的具体指导原则，在几位领衔修例的大臣给皇帝写的《题稿》中有比较集中的概括。

弘治十三年（1500年）三月二日，在《问刑条例》首次颁行前，刑部尚书白昂等在《问刑条例题稿》中，阐述了修订条例所遵循的宗旨：

---

① （明）张居正：《张文忠公全集》"辛未会试程策"，中国国家图书馆藏清光绪二十七年刻本。
② （明）陈子龙等选辑：《明经世文编》卷281，中华书局1987年版，第2970页。
③ （明）舒化等：《重修问刑条例题稿》，《中国律学文献》第3辑第2册，第121页。

弘治十一年十二月二十一日节该钦奉诏书，内一款：法司问囚，近来条例太多，人难遵守。中间有可行者，三法司查议停当，条陈定夺。其余冗琐难行者，悉皆革去。钦此。钦遵，备将法司历年见行及申明问囚条例，查出开呈，以凭会议，等因奉此，依奉查呈前来，会同太子少保都察院左都御史等官闵珪等、大理寺少卿等官王轼等，通行查议停当，除冗琐难行，遵奉明诏革去者不开外，将情法适中，经久可行者，条陈上请定夺……伏候命下之日刊行。内外问刑衙门问拟罪囚，悉照此例施行，永为遵守。①

嘉靖二十九年（1550年）十二月二十二日，在《问刑条例》再次修订上报明世宗批准时，刑部尚书顾应祥等在《重修问刑条例题稿》中写道：

臣等会同都察院左都御史臣屠侨等、大理左少卿臣沈良才等，逐一查得弘治十三年以后，及我皇上节年钦定各事例，悉皆情法适中，经久可行。其间一二，或议拟虽详，而语意未明；或处断已当，而事体未尽者，通行斟酌，稍加损益。其见行条例中，间或情法该载未尽，或事体偏滞难行，已经各衙门申明者，今并为一款，以便遵守。其或虽经申明，而拟议未详；或未经申明，而引用易差；与一切奸弊，例所未备者，亦斟酌损益，因事推广。皆务求文义简切，而人俱易晓；情罪适均，而法可久行……庶法守画一，刑狱明允，民无冤苦，而和气充溢矣。缘系申明条例以一法守，及节奉圣旨"便会官备查各年问刑事例定议来说"事理，未敢擅便，谨题请旨。②

万历十三年（1585年）四月初四日，在《问刑条例》第三次修订并颁行前，刑部尚书舒化等上书《重修问刑条例题稿》，其中云：

---

① （明）白昂等：《问刑条例题稿》，《中国珍稀法律典籍集成》乙编第2册，第217页。
② （明）顾应祥等：《重修问刑条例题稿》，美国国会图书馆藏嘉靖《问刑条例》单刻本。

臣等看得，《问刑条例》一书，先定于弘治十三年，重修于嘉靖二十九年，续增于嘉靖三十四年，共三百八十五条，事例稽之累朝，损益成于列圣，遵行已久，固非臣等所敢轻议。但法因时变，情以世殊，其中或有举其一而未尽其详，亦有宜于前而不便于后，事本一类，乃分载于各条，罪本同科，或变文以异断。至若繁词冗义，未尽芟除，甲是乙非，未经归一。盖立例以辅律，贵依律以定例。律有重而难行，故例常从轻，不无过轻而失之纵，律有轻而易犯，故例常从重，不无过重而失于苛……今臣等所议，必求经久可行，明白易晓，务祛苛纵之弊，以协情法之中。①

从上述《题稿》不难看出，三次修订的《问刑条例》指导原则大体相同，即主要是三条：一是"革冗琐难行"；二是"务祛苛纵之弊"，欲使"情法适中"；三是"立例以辅律"，"必求经久可行"。此三条修例原则，都是为制定一个长久辅律而行的、"法守画一"的、符合"中制"要求的《问刑条例》而确立的。

1. 革冗琐难行

"法贵简当"是明太祖朱元璋修订《大明律》时曾经倡导的立法原则，明代中后期统治集团在修订《问刑条例》过程中，继续坚持和贯彻了这一立法思想。从成化到万历朝，主张修订条例的朝臣，几乎是力陈条例繁杂之弊。如现见的弘治元年至十三年奏请"删定条例"的10件上疏中，就有8件以"条例冗繁、人难遵守"为理由。朝臣们列举条例冗繁的弊端，虽然文字各异，但无非是以下三条：一曰条例数多，"其条贯散于简册卷牍之间，凡百有司，艰于考据，诸所援引鲜为定画"，使"吏不知所守，民不知所从"。② 二曰"法令数易，事体不一"，有司"妄自摘引，或拘泥全例，添情就狱，以致引拟欠当"。"妄引条例，故出入人罪"。③ 三曰"中外巧法吏或借便己私，律浸格不用"，④ 导致了律被蓄意搁置，难

---

① （明）舒化等：《重修问刑条例题稿》，《中国律学文献》第3辑第2册，第119—121页。
② 《明神宗实录》卷24。
③ （明）顾应祥等：《重修问刑条例题稿》，美国国会图书馆藏嘉靖《问刑条例》单刻本。
④ 《明史》卷93《刑法一》，中华书局1974年版，第2286页。

以实施。

为了达到"去冗琐难行"的目的，一些朝臣提出，修订《问刑条例》要以"立法贵简"为宗旨，所收条例，应为"律所不载"，并应做到"简切易晓"，"经久可行"，"其烦琐难行者，并宜革去"。从实际编纂的情况看，大臣们是贯彻了"因时制宜，不贵于繁，惟贵于简；不贵于多，惟贵于精"的精神，[①] 以修订弘治《问刑条例》为例，当时，且不说前代各朝之例，仅见于《皇明条法事类纂》一书中有关成化朝到弘治七年（1494年）的定例案牍，便达200万余字，而弘治《问刑条例》简明精当，仅279条，3万余字。这里需要说明的是，"革冗琐难行"还包括把具体事例上升成具有规范性的法律条文的意思。条例是以大量的"题准事例"为基础修纂的，这些"事例"的一个共同特点是就事论事，且题奏冗长，而经过删定的《问刑条例》只留下了简明精当的法律条文，体现了立例以简的精神。

2. 情法适中

朝臣们在修订《问刑条例》时所说的"情法适中"包括两层意思：

首先，这是针对《大明律》而言。他们认为，《大明律》已颁行百年之久，一些法律规定与社会实际脱节，存在轻重失宜之处。在弘治朝，孝宗朱祐樘常以"情重律轻"或"情轻律重"为理由，改变司法官员依照《大明律》审理案件作出的判决。他认为："有情重律轻者，虽徒流而发遣充军，有情轻律重者，虽斩绞而准其收赎。或初议从重，后因民俗转移而复议从轻；或初议从轻，后因不知惧而复议从重。"[②] 这种看法实际上是传统的"历代用刑，世轻世重"思想的翻版。从这一思想出发，要求在修订《问刑条例》过程中，对一些犯罪的刑罚作适当调整。

其次，所谓欲使"情法适中"，就是所制定的《问刑条例》，要做到"罪情相当"、"贵存中制"。[③] 不少朝臣指出，现存的条例"罪情不一"、"畸轻畸重"致使"民多冤死，甚非慎重民命以召和气也"。指出："刑

---

① 《明孝宗实录》卷75。
② 《明孝宗实录》卷46。
③ 《明孝宗实录》卷75。

者，圣人不得已而用焉，用之贵得其中……轻重适中，毫厘不爽，庶人无冤枉，邪气潜消，而诸孽不作。"① 支持并批准删定《问刑条例》的明孝宗朱祐樘也指出："刑以辅治，用之贵得其平。刑平则善有所劝，恶有所惩，而人心服，天道和。不平则不足以劝善惩恶，而人心不服。"②

应该指出，明代中后期，"情法适中"的思想已在统治集团内居于主导地位。这是在长期治国实践经验中形成的共识。明王朝开国之初，朱元璋秉承以重典治乱世的法律思想，多用酷刑。而后，社会局面趋于稳定，出现"仁、宣之治"，重典显然已不再适用。宣宗之世，"益多惠政"，屡颁减轻刑罚的条例。"是时，官吏纳米百石若五十石，得赎杂犯死罪，军民减十之二。诸边卫十二石，辽东二十石，于例为太轻，然独严赃吏之罚。命文职犯赃者俱依律科断。由是用法轻，而贪墨之风亦不甚恣。"③ 这种用刑从轻而不从重的主张，为其以后的多数皇帝和朝臣所接受。如白昂为刑部尚书时，"心素厚，断狱不苛。尝曰：秋霜之肃何如春阳之和乎？数谕属吏以人命至重，尤当谨重狱，故冤抑者既多平反，其可矜疑者亦多从末减"。④ 他在主持修订弘治《问刑条例》时，特别强调要"情法适中"。后顾应祥、舒化主持重修《问刑条例》时，亦均重申："祛苛纵之弊，以协情法之中。"这一思想包括防止用刑过重和过轻两个方面，但侧重点是强调不滥用刑。

"情法适中"思想在制定《问刑条例》过程中，被修订者从各方面予以发挥，并对制例起了重要的指导作用。其表现是：

其一，禁用酷刑，以全民命。不少朝臣认为，用刑之滥，是当时法制受到破坏的重要原因。他们指出，"有司酷刑，致陷无辜"，"以极轻之刑，置之不可复生之地，多者数十，甚者数百，积骸满狱，流血涂地，可为伤心。"⑤ 此弊不除，"法纪大坏"，"有害朝廷好生之意"，主张内外问

---

① （明）陈子龙等选辑：《明经世文编》卷38，中华书局1987年版，第292—293页。
② （明）傅凤翔辑：《皇明诏令》卷17《恤刑敕》，《中国珍稀法律典籍集成》乙编第3册，第537页。
③ 《明史》卷94《刑法二》，中华书局1974年版，第2321—2322页。
④ （明）焦竑编：《献征录》卷44《白公昂传》，上海书店1987年版，第1843页。
⑤ 《明史》卷93《刑法一》，中华书局1974年版，第2290页。

刑衙门审狱，除"一应该问死罪，并窃盗、抢夺重犯，须用严刑拷讯"外，"其余止用鞭朴常刑。若酷刑官员，不论情罪轻重，辄用挺棍、夹棍、脑箍、烙铁等项惨刻刑具，如一封书、鼠弹筝、阑马棍、燕儿飞等项名色，或以烧酒灌鼻、竹签钉指，及用径寸懒杆、不去棱节、乱打复打，或打脚踝，或鞭脊背，若但伤人，不曾致死者，不分军政职官，俱奏请降级调用。因而致死者，俱发原籍为民"。① 这一正确主张，被写进了弘治《问刑条例》。在修订嘉靖、万历《问刑条例》时，"禁用酷刑"的主张继续受到重视，如明世宗朱厚熜就敕谕臣下："人命至重，死者不可复生。问刑官于罪轻宜用常刑者，率以酷刑拷刑伤人，因而致死，朕甚悯焉。其即以朕意示各抚、按官，谕诸问刑者务为宽恤。自今有严刑死伤人者罪之，并所司同坐。"② 根据这一精神，嘉靖、万历《问刑条例》增添了"凡枷号人犯，除例有正条，及催征税粮用小枷枷号、朝枷夜放外，敢有将罪轻人犯用大枷枷号伤者，奏请降级调用，因而致死者，俱发原籍为民"，③ "如有好名立威，酷法害人者，听抚按审录官各指实参奏"④ 等规定。

其二，扩大赎刑范围，以济法之重，佐朝廷之急。在明代中后期，虽然也有少数朝臣反对赎刑，认为"法不可废，宁赦毋赎。赦则恩出于上，法犹存；赎则力出于下，人滋玩"。⑤ 但是，各朝君主和绝大多数朝臣则主张扩大赎刑范围。他们认为，赎刑之设，对于司法和社会均有补益，一曰："济明律之重。"在他们看来，明律虽称"中制"之律，但因受明初"治乱世用重典"政策的影响，刑罚较前代往往加重。明代中后期已属"平世"、用刑当"宽平"，这便需要多设赎刑予以调节，正如《明史·刑法志》所言："明律颇严，凡朝廷有所矜恤，限于律而不得伸者，一寓之于赎例，所以济法之太重也。"二曰"国家得时藉其入，以佐缓急"，即

---

① 弘治《问刑条例》，《中国珍稀法律典籍集成》乙编第2册，第266页。
② （清）夏燮：《明通鉴》卷52，中华书局1980年版，第1962—1963页。
③ 嘉靖《问刑条例》附《大明律》卷28《囚应禁而不禁》条后，万历《问刑条例》附《大明律》卷28《凌虐罪囚》条后。
④ 嘉靖、万历《问刑条例》，其文附《大明律》卷28"辩明冤枉"条后。
⑤ （清）龙文彬：《明会要》卷67《刑四·赎罪》，中华书局1956年版，第1285—1286页。

用增设赎刑的办法增加国家的财政收入,供解决重大急需所用。明代每年都有大量的罪犯被判处各种刑罚,如果被判刑者多以钱财赎罪,便会极大地充实国库,特别是"实边、足储、赈荒、官府颁给诸大费,往往取给于赃赎二者"。① 另外,赎刑之设,使官吏、豪富等有钱财者实际上在许多方面获得了不受皮肉之苦的特权,可以缓和统治集团内部的矛盾。由于以上原因,执政者对扩大赎刑范围格外重视,并强调把赎罪收入用于最急需的地方。如嘉靖三年(1524年)圣旨:"预备仓粮是救荒急务。今后囚犯应折徒折工的,都着纳谷收贮,以备赈济,不许别项支销。"② "嘉靖二十九年刑部题准,满徒三年、总徒四年、准徒五年,俱有力,每年各折银十两;稍有力,每年各折银五两,专解济边。"③

在修订《问刑条例》过程中,坚决贯彻了上述指导思想,使赎刑适用范围不仅较前代,而且较明律有了空前的扩大。根据《大明律》规定,只有官吏犯公罪该笞者、军官犯私罪该笞者,符合"存留养亲等"条件者,妇人和工匠乐户犯徒流者,诬告非死罪者,过失杀伤人者及老少废疾流罪以下者方许收赎。而《问刑条例》规定,官吏军民诸色人役犯罪,除极少数真犯死罪外,其余的刑罚均可以赎代替。《问刑条例》规定的赎刑之法,也较明律更加详尽、完备。如万历《问刑条例》规定,对处以同一刑罚者,依据其家产多寡,分为有力、稍有力、无力三类,分别定出折纳银钞之数。这样,既可以达到处罚罪犯的目的,又切实可行。

其三,区别罪情判处刑罚,务求得当。这在万历重修《问刑条例》中体现得尤为明显。舒化在《重修问刑条例题稿》中指出:"如强盗伤人与杀人者,其情自异,难同枭示之条。私卖军器比出境者,其罪既同,原无各斩之律。人命出辜限,而通拟抵偿,恐多冤狱。略卖至三犯,而照前发遣,未足惩奸。冒籍生员,非买文顶替之比,何以俱发口外。卖放军犯,有终身、永远之别,岂容一概代当。至于加死为重,不引律而即引例。枭示尤重,律无斩而例即枭。凡此据文既有可訾,于律不无相碍。"他在主

---

① 《明史》卷93《刑法一》,中华书局1974年版,第2293页。
② 《大明律疏附例》,《中国珍稀法律典籍集成》乙编第2册,第335页。
③ 《嘉靖新例》,《中国珍稀法律典籍集成》乙编第2册,第371页。

持重修《问刑条例》时力求纠正此一弊端。如《大明律·刑律》规定："凡盗内府财物者，皆斩。"①弘治条例规定："盗内府财物者，系杂犯死罪准赎外，若盗乘舆服御物者，仍作真犯死罪，依律议拟。"②而万历条例则改为："凡盗内府财物，系乘舆服御物者，仍作真犯死罪。其余监守盗银三十两、钱帛等物值银三十两以上，常人盗银六十两、钱帛等物值银六十两以上，俱问发边卫，永远充军。内犯，奏请发充净军。"③

其四，宽厚待吏，对赃贪者的处罚较明初大为减轻。明初，朱元璋实行重典治吏，对抑制赃贪起了一定作用，但也因打击面过大、用刑过苛带来一些消极后果，如士人唯保命为要，不愿或不敢积极为朝廷效力；冤狱屡兴，导致了激劝不明，善恶无别，人心背离。为了协调朝廷与各级官吏的关系，保障国家机器正常运转，明太祖之后，各朝相继采取了一些宽待官吏的措施，主张在职官犯罪问题上，刑罚"宽猛适中"，做到"务在存心以仁恕，持法以公平"，"详审其情，罪所当重者重之，以惩大恶，毋务姑息，不以纵恶长奸之非。罪所当轻者轻之，以宥小过，毋事苛刻，而致有抑郁称冤之叹"。④这种意在纠正重典治吏之弊的主张，不但得到了充分的贯彻，而且产生了"矫枉过正"的倾向。如按《大明律》："凡官吏受财者，计赃科断"，赃至八十贯，处绞刑。⑤而弘治《问刑条例》将这一犯罪改为罪止"发附近卫所充军"。⑥另外，在弘治、嘉靖、万历《问刑条例》中，还有一些用行政处分代替刑罚、以赎刑代替五刑和免除附加刑等规定。这些规定对缓和统治集团内部的矛盾有一定作用，但因有些规定对职官犯罪过于宽厚，则又导致了"赃官以法轻易犯，遂势无忌惮"的弊端。

《问刑条例》所定刑罚，总体来说，由于贯彻了"情法适中"的精神，处刑较明律为轻，然亦不乏重罚之例。《明史·刑法志》云："充军

---

① 《大明律》卷18《刑律·贼盗·盗内府财物》。
② 弘治《问刑条例》，《中国珍稀法律典籍集成》乙编第2册，第250页。
③ 万历《问刑条例》，其文附《大明律》卷18"盗内府财物"条后。
④ 《皇明诏令》卷17《卹刑敕》，收入《中国珍稀法律典籍集成》乙编第3册，第537页。
⑤ 《大明律》卷23《刑律·受赃·官吏受财》。
⑥ 弘治《问刑条例》，《中国珍稀法律典籍集成》乙编第2册，第260页。

之例为独重。《律》充军凡四十六条，《诸司职掌》内二十二条，则洪武间例皆律所不载者。其嘉靖二十九年条例，充军凡二百十三条，与万历十三年所定大略相同。"充军之地，"条例有发烟瘴地面、极边沿海诸处者，例各不同。而军有终身，有永远。永远者，罚及子孙，皆以实犯死罪减等者充之"。但实际上，这些法律往往不能认真执行。"明制充军之律最严，犯者亦最苦。亲族有科敛军装之费，里递有长途押解之扰。至所充之卫，卫官必索常例。然利其逃去，可乾没口粮，每私纵之。其后律渐弛，发解者不能十一。其发极边者，长解辄贿兵部，持勘合至卫，虚出收管，而军犯顾在家偃息云。"① 之所以会出现这一弊端，固然与执法者受贿私己有关，但条例所定充军刑罚过苛，亦是重要原因。

3. 立例以辅律

《问刑条例》作为明代中后期普遍适用的刑事法律，它与《大明律》是什么样的关系？对明律的实施会带来哪些影响？这是明代前期、中期曾长期争论的问题。随着争论的基本解决，统治集团内部形成了一套有时代特色的律例关系论。这一理论极大地丰富了中国的传统法律思想，对明代的立法、司法实践，特别是对《问刑条例》的修订发挥了重要的指导作用。

明代刑事法律以律和刑例为基本立法形式。律与刑例相互关系的思想，是明代最重要的刑事立法思想。洪武年间，朱元璋对律与刑例关系作了这样的概括："法令者，防民之具辅治之术耳，有经有权。律者常经也，条例一时之权宜也。"② 意思是说，律是居于主导地位长期起作用的法律，例是用于解决当务之急临时起作用的法律。在理论上，他承认律与刑例关系是"律为主，例为辅"，要求后世子孙严格依律行事，但他在立法、司法实践中，又以明初属于"乱世"为由，实行以榜文禁例为主，律为辅，"用重典（之例）以惩一时，而酌中制（之律）以垂后世"③ 的方针。在朱元璋看来，他的这一主张是针对"治乱世"与"治平世"的不同需要

---

① 《明史》卷93《刑法一》，中华书局1974年版，第2302—2303页。
② （清）孙承泽：《春明梦余录》卷44，北京古籍出版社1992年版，第904页。
③ 《明史》卷94《刑法二》，中华书局1974年版，第2320页。

而言的，因而是合乎时宜并不矛盾的。然而，他这种在理论上承认"以例辅律"而在实践中又大搞"以例代律"、"以例破律"的做法，不仅造成了思想混乱，而且使法制难以正常实施。

朱元璋死后，在律与刑例关系和例的作用问题上，明王朝统治集团内部的认识曾在相当长的时间内未形成共识。自永乐初到弘治十三年的近百年间，持"例以破律"即认为立例影响明律正常实施的观点颇为盛行。但若仔细分析，便不难发现，在指责"例以破律"的人中，除那些主张"唯祖宗成宪是式"者对例的作用采取一概否定的态度外，很多人讲的"例以破律，"主要是针对"立例冗杂，事体不一"和司法实践中奸吏曲法、蓄意以例坏法的弊端而发的。仁宗、宣宗、英宗、宪宗等在《即位诏》中，都明令"诸司所问因犯，今后一依《大明律》科断"。[①] 发布这类诏令的目的，是将前朝的定例全部革去，而本朝仍然是继续立例。正如弘治年间力主"重律轻例"的南京兵科给事中杨廉所说，他之所以提出将"一切近代冗杂之例，悉为革去"，是因为"条例繁多，可轻可重"，背离了"俾以例通律之穷，不以例淆律之正"的原则。[②]

通过长期的实践和探索，到弘治《问刑条例》制定时，例的作用得到了应有的肯定和重视。明代例的内容相当广泛，除刑例外，多数是行政、经济、民事、礼仪、军事诸方面的法律规范，分别属于吏例、户例、礼例、兵例、工例的范畴，其内容多为律典所不备，无具体刑罚规定，它们与律是律例并用、相辅相成的关系，一般不存在"以例代律"、"以例破律"的问题。在律例关系方面与律容易发生矛盾是刑例。明代统治集团对待律与刑例关系的基本观点是：既重律，又重例，两者是相得益彰的主辅关系。这种关系具体表现为：一是例以辅律，二是律例并行。

"例以辅律"是明中后期统治集团的律与刑例关系论的基本点。当时，有关涉及刑例作用的论述，一般都是用"例以辅律"加以概括。嘉靖时，顾应祥写的《重修问刑条例题稿》云："律有未该之罪，累朝节有禁例，以辅律之不及。"万历时，舒化写的《重修问刑条例题稿》，仍

[①] 《皇明诏令》卷7至卷15。
[②] （清）夏燮:《明通鉴》卷39，中华书局1980年版，第1480页。

是重复同一思想："立例以辅律。"所谓"例以辅律"，其基本含义是，凡是《大明律》未载或需要完善之处，均可用例的形式予以补充，同时在司法方面，例还具有辅助律得以更好实施的作用。由于"例以辅律"往往表现为"以例补律"，所以，当时的君臣们常是把"以例补律"与"以例辅律"相提并论。如弘治七年（1494年）正月，南京礼科给事中马子聪上书，请皇帝"敕内外问刑官，务在以恕求情，毋淫刑以逞。现行条例有罪淫于情违背律令者删之，情罪相当有补律令者留之"。① 万历二年（1574年），刑科给事中乌升在谈及《问刑条例》的作用时也说："至于《问刑条例》，乃采累朝诏令或朝廷诸臣建白，可补律文之未悉。"②

为了确保所立之刑例符合"补律"、"辅律"的要求，朝臣们提出了具体的立法标准和措施。弘治时，礼科给事中王纶上书曰："凡有奏议刑狱条例者，但令法司会议斟酌，务上合律意，下通民情，然后条陈奏请上裁，著为事例。"③ 在这段话里，他提出把"合律意"、"通民情"作为例的内容是否得当的标准，甚有见地，因而被孝宗朱祐樘所采纳。万历时，修例大臣舒化强调："盖立例以辅律，贵依律以定例。"所谓"贵依律以定例"，就是在编纂刑事条例时，要以"辅律"为出发点，以明律为立法基础，按照律的基本精神和立法原则进行。还有的大臣提出："非深于经者不足以议律，非深于律者不足以议例，望特选素有经术深明律意者专理其事。"④ 即挑选精通儒学和律意，且有立法经验的人参加立例工作，以保证制例的质量。

明中后期，各朝君臣在论及律例关系时，还常常使用"律例并行"的提法。如弘治四年刑科给事中韩佑言："定条例，谓乞将自成化元年以后现行事例斟酌轻重，取其有补于法律所不及者，去繁从简，分为六目，与《大明律》并行，使天下臣民永为遵守"。明孝宗赞同这个意见，"命所司

---

① 《明孝宗实录》卷84。
② 《明神宗实录》卷25。
③ 《明孝宗实录》卷46。
④ （清）夏燮：《明通鉴》卷39，中华书局1980年版，第1480页。

知之"。① 在明代中后期一些皇帝的诏令中，也常是"律例"并提，令天下一并遵守。《明史·刑法志》云：自弘治十三年后，"律例并行"，② 至于万历年间，"仍将《大明律》逐款开列于前，各例附列于后，刊刻成书，颁布问刑衙门，永为遵守"。③ 律例并行之意尤为明显。

"例以辅律"，强调律为主、例为辅，律的法律地位在例之上。"律例并行"，表明律与例两种形式的法律同时存在，例具有同律一样的法律效力。从表面上看，似乎这两种提法自相矛盾，但实际上，两者是从不同的角度讲的。"例以辅律"主要体现在立法上，由于在制定条例时，要求务必符合律意，故实际上在条例颁行时，"补律"、"辅律"的问题已基本解决了。而"律例并行"，则主要指在司法实践中，既要重视律，也要重视例，对这两种法律都必须遵守。由于例的规定同律意是一致的，并且是在律所不载时才援引例，因此，在这种情况下，强调例同律具有同等法律效力，意在要法司将例作为"常经"对待，重视例的作用，而毫无改变"例以辅律"的用意。总之，律与例两者是相辅相成的关系，其目的、效用也是一致的。"例以辅律"与"律例并行"，这两者在总体上讲也并不矛盾，即或有些矛盾，其范围也是很有限的。

明代君臣的律例关系论，在制定《问刑条例》过程中发挥了重要的指导作用，主要表现在：按照"例以辅律"的原则，增加了大量的法律规定，完善了明代法制。譬如，针对宗藩权力膨胀、仗势为非作歹的社会问题，增加了若干限制其军权、司法权、土地占有权和禄米收入的规定；针对盐政弛坏、私人盗掘矿产风行及沿边沿海私商贸易方面存在问题，增设了许多加强盐、矿、海外贸易管理的立法；针对"有碍社会风化"方面犯罪现象上升的问题，进一步强化了有关礼仪和等级制度的立法。为了严明吏治，增设了不少有关选任、禁止滥设官吏和官吏职掌、责任方面的立法；为了增加国家财政收入，增加了一些严惩逃避税粮、赋役不均、盗卖田宅和把持行市、违禁取利以及保护漕运等方面的立法。这就极大地弥补

---

① 《明孝宗实录》卷48。
② 《明史》卷93《刑法一》，中华书局1974年版，第2286页。
③ （明）舒化等：《重修问刑条例题稿》，《中国律学文献》第3辑第2册，第123页。

了明律的不足，严密了法网。此外，《问刑条例》还依据"情法适中"的立法原则，在刑罚方面作了一系列的调整，根据"务合律意"的精神，对例与情有明显矛盾之处，删例从律，做到了"事体归一"，刑罚"适中"。所有这些，都使得明律更为完善，保持其应具有的权威性和稳定性，从而在明代中后期得以长期实施。

（原载韩延龙主编《法律史论集》第 2 卷，法律出版社 1999 年版）

明代重要法律典籍版本考述

明代法律文献资料浩瀚，其内容涉及法律法令、狱讼指南、判牍案例、律学及各类法律文书。因时间久远，相当一部分文献已经失传。本文仅就明代代表性法律及法律汇编类文献的版本作一简略考述。

一　洪武法律

明太祖朱元璋于洪武（1368—1398年）年间，率群臣立法定制，建树颇丰，为明一代法制奠定了基础。洪武年间，法制初创，法律形式和称谓比较杂乱，有律、令、例、诰、格、式、榜文、制书等。在历时31年间颁行的重要法律和具有法律效力的制书，有《大明令》、《大明律》、《律令直解》、《律令宪纲》、《洪武礼制》、《孝慈录》、《军法定律》、《御制大诰》、《御制大诰续编》、《御制大诰三编》、《大诰武臣》、《礼仪定式》、《诸司职掌》、《稽古定制》、《皇明祖训》、《教民榜文》、《律诰条例》等数十种。其中著称于中华史坛者，当推《大明律》和四编《大诰》；在明一代长期为各朝所遵行者，有《大明律》、《大明令》、《洪武礼制》、《礼仪定式》、《诸司职掌》、《皇明祖训》、《教民榜文》、《真犯杂犯死罪条例》等近20种。经六百余年沧桑，洪武间颁行的不少法律和法律文献，如洪武元年律、洪武七年律、《律令直解》、《律令宪纲》、《军法定律》等和许多条例业已失传。尚令人欣慰的是，一些最基本的法律仍有版本传世。

（一）大明令

《大明令》系明开国之初与《大明律》同时颁布、并行于世的重要法律。《明史·刑法志》云："明太祖平武昌，即议律、令。吴元年（1367年）冬十月，命左丞相李善长为律、令总裁官。""十二月，书成，凡为令一百四十五条。"洪武元年（1368年）正月十八日，奉明太祖圣旨，颁行天下。《大明令》革新体例，以六部分目，其中《吏令》20条，《户令》24条，《礼令》17条，《兵令》11条，《刑令》71条，《工令》2条。此书对明朝的基本制度、诸司职掌和司法原则等，作了较为全面的规定。在新朝初建、法律未暇详定的情况下，它实际上起到了临时治国总章程的作用。其确认的基本法律制度，后成定制，为明代各朝所遵行。

现见的《大明令》较好的版本有中国国家图书馆（以下简称国图）、清华大学图书馆、日本名古屋的蓬左文库和京都的阳明文库藏南直隶镇江府丹徒县官刊《皇明制书》14卷明嘉靖刻本；日本日比谷图书馆市村文库藏丹徒县官刊《皇明制书》14卷明万历四十一年（1613）补刻本；大连市图书馆、日本东洋文库和尊经阁文库藏明万历七年（1579）保定巡抚张卤校刊《皇明制书》20卷本；日本内阁文库藏《皇明制书》不分卷明刻本（简称内阁文库本）。此外，北京大学图书馆藏《大明令》明刻本1卷，国图藏《大明令》明刻本1卷（收在《皇明制书》残卷7卷本中），北京大学图书馆、南京图书馆、浙江图书馆、上海图书馆、华东师范大学图书馆、日本东京大学东洋文化研究所大木文库等藏有该书清刊罗氏《陆庵丛书》本。日本内阁文库藏《皇明制书》明刻本（7卷本），东京大学东洋文化研究所藏大藏永绥本、文元三年抄本等。《皇明制书》嘉靖刻本系海内外现存的《大明令》最早刻本。

收入《中国珍稀法律典籍集成》[①]的《大明令》点校本，以国图藏明嘉靖刊《皇明制书》14卷本为底本，以国图藏《皇明制书》7卷本、日本东洋文库藏《皇明制书》20卷本、北京大学图书馆藏《陆庵丛书》本为主校本。

[①] 刘海年、杨一凡主编：《中国珍稀法律典籍集成》乙编第1册，科学出版社1994年版，第2—47页。

（二）《律解辩疑》和《大明律直解》所载洪武律

现今我国内地馆藏《大明律》版本数十种，皆系洪武三十年（1397年）所颁。长期以来，因洪武前三十年间所颁几律无从得见，加之《明实录》和《明史·刑法志》诸书所记疏漏甚多，给人们留下了许多难解之谜。检现存明代法律典籍，其所载明律律文与洪武三十年律相异者，仅有《律解辩疑》和《大明律直解》两书。

《律解辩疑》，明初人何广撰。何广字公远，华亭人，后徙上海。洪武年间以明经为江西令，永乐二年（1404年）三月擢御史，五月由浙江道监察御史升为陕西按察副使。此书前有洪武丙寅（十九年）春正月望日松江何广自序，书末有洪武丙寅春二月四明邵敬《后序》。《后序》云："松江何公名儒，书通律意，由近臣任江西新□□□。未仕之暇，于我圣朝律内，潜心玩味，深究其理，参之于疏议，疑者而解之，惑者而□释之，为别集，名曰《律解辩疑》。"从两序所记成书时间推知，书中辑录的明律当系洪武十九年（1368年）前所颁。此书现只存一刻本，原藏北平图书馆，后迁至中国台湾"中央"图书馆。今存《律解辩疑》一书是刻于洪武，还是刻于永乐或洪熙、宣德年间，学界尚有争论，但它系明初刻本应该说是可以肯定的。2005年，笔者和吴艳红女士把《律解辩疑》整理标点，收入《中国珍稀法律典籍续编》[①] 第4册。

《大明律直解》，朝鲜金祗等撰。书末有洪武乙亥（二十八年）二月尚友斋金祗题识，其文对撰写此书的缘由、过程作了如下记载："此《大明律》书，科条轻重，各有攸当，诚执法者之准绳。圣上（指李朝太祖李成桂）思欲颁布中外，使仕进辈传相诵习，皆得以取法。然其使字不常，人人未易晓……政丞平壤伯赵浚，乃命检校中枢院高士耿与予，嘱其事，某等详究反复，逐字直解。于乎！予二人草创于前，三峰郑先生道传、工曹典书唐诚润色于后，岂非切磋琢磨之谓也欤？功既告讫，付书籍院，以白州知事徐赞所造刻字印出，无虑百余本，而试颁行，庶不负钦恤之意

[①] 杨一凡、田涛主编：《中国珍稀法律典籍续编》第4册，黑龙江人民出版社2005年版，第1—460页。

也。"由此可见，《大明律直解》是奉朝廷旨意而撰，自李朝太祖四年（明太祖洪武二十八年，1395年）起在朝鲜实施。该书李朝太祖四年刻本，现存朝鲜总督府图书馆，为4册、30卷。日本昭和41年（1966年），朝鲜总督府将此书重刊。重刊本以弘文馆本（时为京城大学图书馆收藏）为底本，以奎章阁本（时为京城帝国大学藏）、备边司本（朝鲜总督府藏）、内阁文库本（内阁文库藏）、濯足庵本（时为濯足庵文学博士金泽庄三郎氏珍藏）校勘。底本与各版本相异处，标于重刊本书眉。底本与朝鲜光武七年刊本《大明律讲解》、日本保享刊行的荻生观点校《明律》及沈家本刊《明律集解附例》三书不同之处，也于重刊本书眉标出。

《大明律直解》弘文馆本所载明律，有两条漏刻，即《兵律》"宫卫"门下脱"悬带关防牌面"条，《刑律》"断狱"门下脱"吏典代写招草"条。以该书奎章阁本补之，共460条。补脱后的《大明律》，其卷数、条数、篇名等，与《明史·刑法志》所记洪武二十二年律完全一致。即全书凡30卷，其中《名例》1卷、47条；《吏律》2卷，曰职制15条，曰公式18条，《户律》7卷，曰户役15条，曰田宅11条，曰婚姻18条，曰仓库24条，曰课程19条，曰钱债3条，曰市廛5条；《礼律》2卷，曰祭祀6条，曰仪制20条；《兵律》5卷，曰宫卫19条，曰军政20条，曰关津7条，曰厩牧11条，曰邮驿18条；《刑律》11卷，曰盗贼28条，曰人命20条，曰斗殴22条，曰骂詈八条，曰诉讼12条，曰受赃11条，曰诈伪12条，曰犯奸10条，曰杂犯11条，曰捕亡8条，曰断狱29条；《工律》2卷，曰营造9条，曰河防4条。李朝太祖（1392—1398年，即明洪武二十五年至三十年在位）在朝鲜推行《大明律》及金祗等于洪武二十八年（1395年）撰写《大明律直解》之时，正值明王朝行用洪武二十二年律时期，因此《大明律直解》所载律文，很可能是洪武二十二年（1389年）颁行的《大明律》。

笔者在《洪武大明律考》[①]一文中说过，黄彰健先生所撰《〈律解辩

---

① 见杨一凡主编《中国法制史考证》甲编第6册，中国社会科学出版社2003年版，第1—53页。

疑〉、〈大明律直解〉及〈明律集解附例〉三书所载明律之比较研究》[①]一文曾对这三律的异同作过对比和论证。比较的结果表明，这三书虽均系30卷，460条，篇目名称相同，但律文互有较大损益或量刑标准轻重不一者，有"老小废疾收赎"、"飞报军情"、"谋反大逆"、"官吏受财"、"诈为制书"、"诈传诏旨"、"亲属相奸"等7条，其中《大明律直解》所载律与《律解辩疑》不同者4条，与洪武三十年律不同者7条。此外，三书中一些条目的排列顺序和律文包含的节数有所不同，个别文字相异者达数百处。这说明，三书所载律非为同一时期制定。由于洪武末颁行三十年律后，历代相承未改，故《律解辩疑》和《大明律直解》所载律应是在此前行用的洪武律。

《律解辩疑》所辑明律，属于摘引性质，律文中间多有删省，不少条目下律文一字未录。原书文字模糊，脱落处也多。《大明律直解》所载明律，系完整律典。此书版本除前面提及者外，已知的尚有：日本蓬左文库藏朝鲜旧刊黑口十行本，台湾大学图书馆和日本大阪府立图书馆、京都大学图书馆、爱知学院大学图书馆等藏有日本昭和41年朝鲜总督府重刊本。笔者将该书所载明律与洪武三十年律作了对校，两者文字相异处达360余处。

（三）洪武三十年《大明律》

《大明律》是明王朝的刑法典。正式定型、通行于明一代的《大明律》，颁行于明太祖洪武三十年（1397年），共30卷，460条。

《大明律》从草创到定型，历时30年。明建国前一年，即朱元璋吴王元年（1367年），命丞相李善长等据唐律撰律285条，于洪武元年（1368年）同《大明令》一起刊布天下。洪武元年律已失传，从现见的洪武元年正月所颁《大明令》看，其时已采取按吏、户、礼、兵、刑、工归类编纂的体例。为了制定一个"轻重适宜"、"百世通行"的《大明律》，从洪武元年起，明太祖命儒臣四人同刑官讲唐律，日进20条，作为他制定明律的参考。洪武六年（1373年）冬，诏刑部尚书刘惟谦等详定《大明

[①] 黄彰健：《明清史研究丛稿》卷2，台湾商务印书馆1977年版，第208—236页。

律》,"每一篇成,辄缮书上奏,揭于西庑之壁,亲御翰墨,为之裁定"。[①]次年二月完成,颁行天下遵守。洪武七年(1374年)所颁《大明律》,篇目一准唐律,共30卷,606条。此后十多年间,明太祖曾诏令大臣对《大明律》的部分条款进行过修订。洪武二十二年(1389年),明太祖又命翰林院同刑部官再次更定《大明律》。二十二年律以《名例律》冠于篇首,下按六部官制,分吏、户、礼、兵、刑、工六律,计30卷,460条。洪武三十年,又将二十二年律中少数条款加以改定,对数十处律文欠严密之处按照规范化要求进行加工润色,同时将钦定律诰147条附于律文460条之后,正式颁布天下,命子孙守之,永世不得更改。至此,《大明律》的编纂工作便全部完成。朱元璋所定《大明律》,除所附《律诰》在明中叶被废止不用外,其律文一直被视为"历代相承"的成法。明中后期,为了适应时局的变化,曾于弘治、嘉靖、万历年间先后三次修订《问刑条例》,补律之不足,辅律而行,并逐渐形成了律例合编的刑事法律体系。除万历十三年(1585年)刊行官刻本《大明律》附例时,刑部尚书舒化等曾对律文中传刻差误的55字予以改正外,终明一代律之正文从未更改。

明律无论形式或内容都较之前代法律多有创新和发展。《大明律》以六部分目,使古来律式为之一变;结构合理,文字简明;适应君主专制主义的强化和商品经济发展的需要,其惩治经济、行政、军事方面犯罪和诉讼制度方面的立法,较之前代更为发达;在定罪量刑上,体现了"世轻世重"、"轻其轻罪"、"重其重罪"的原则;逐步形成和实行律例合编,律例并用,使统治集团得以在保障律典长期稳定不变的前提下,更能灵活地适时立法,发挥其在治国实践中的效用。正由于如此,明律的内容大多为清律所沿袭,并对日本和朝鲜、越南等东南亚国家的法律制度产生了重大影响。

现见的《大明律》传本数十种,其中绝大多数是万历十三年(1585年)后所刻,且是以万历十三年舒化等纂修《大明律附例》三十卷本所收明律为蓝本。在此之前刊刻的《大明律》版本,除《律解辩疑》所载明律系洪武十八九年行用的明律、《大明律直解》所载明律系洪武二十二

[①] 《大明律》卷首刘惟谦等撰《进大明律表》,中国国家图书馆藏明嘉靖范永銮刻本。

年律外，均系洪武三十年律。现见的明万历前刊刻的洪武三十年律的版本刻主要有：上海图书馆藏明人张楷撰《律条疏议》三十卷明天顺五年刻本；中国国家图书馆藏明人胡琼撰《大明律集解》三十卷明正德十六年刻本；中国台湾"中央"图书馆藏《律条疏议》成化七年刻本；日本尊经阁文库藏《律条疏议》明嘉靖二十三年南京福建道御史黄严符验重刻本，《大明律直引》八卷明嘉靖五年刊本，明应贾撰《大明律释义》三十卷明嘉靖二十九年济南知府李迁重刊本；日本东京大学东洋文化研究所藏《大明律例附解》明嘉靖二十三年邗江书院重刊本；日本蓬左文库藏佚名撰《大明律附解》明嘉靖刻本；美国国会图书馆藏明嘉靖间刊王楠编集《大明律集解》三十卷本等。笔者校勘的《皇明制书》中所收的《大明律》，以万历七年（1579年）张卤校勘《皇明制书》二十卷本为底本，以张楷撰《律条疏议》（简称张楷本）、明舒化等纂修《大明律附例》（简称舒化本）、应贾撰《大明律释义》（简称应贾本）等为主校本。

（四）《洪武礼制》、《孝慈录》、《礼仪定式》、《稽古定制》

明廷效法前代各朝，以儒家礼教为治国之本，特别重视礼制、礼仪方面的立法。《洪武礼制》、《孝慈录》、《礼仪定式》、《稽古定制》这四种文献，均系礼制、礼仪类立法，均是洪武年间由朝廷明令颁布。《洪武礼制》颁行年代不详，但据《明史》记载，系洪武年间颁行无疑。[①] 该书是关于文武百官逢天寿圣节、正旦、冬至进贺礼仪，朝臣奉诏出使礼仪、祭祠礼仪，百官的服色、勋阶和吏员资格，奏启本格式、行移体式、署押体式以及官吏俸禄方面的法律规定。《孝慈录》颁行于洪武七年（1374年）十一月一日。据《明史》卷九七《艺文二》载，"宋濂等考定丧服古制为是书"，书前有明太祖御制序。该书是关于丧服制度的法律规定。《礼仪定式》颁行于洪武二十年（1387年）十一月，系礼部尚书李原名等同六部、都察院、通政司、翰林院、大理寺等官奉敕详定，内容是关于百官朝参、筵宴礼仪、出使礼仪、官员拜礼、官员公坐、司属见上司官、公聚序坐、

[①] 《明史》卷四七《礼一》：明太祖"在位三十余年，所著书可考见者，曰孝慈录，曰《洪武礼制》……"

官员相遇回避等第、在京官员常行仪从以及官员伞盖、冠带、服色、房舍等的规定。正德二年（1507年）二月，明武宗朱厚照敕礼部将包括《礼仪定式》在内的累朝榜例申明晓谕，令臣民一体遵守。[①] 由此可见，此法律曾在明代被奉为定法长期实行。《稽古定制》颁行于洪武二十九年（1396年）十一月，翰林院奉敕编纂，是参照唐、宋旧制对官民房舍、坟茔碑碣等的法律规定。

现见的《洪武礼制》、《孝慈录》、《礼仪定式》、《稽古定制》四种文献较好的版本有：国家图书馆、清华大学图书馆、日本名古屋的蓬左文库和京都的阳明文库藏南直隶镇江府丹徒县官刊《皇明制书》十四卷明嘉靖刻本；日本日比谷图书馆市村文库藏丹徒县官刊《皇明制书》十四卷明万历四十一年（1613）补刻本；大连市图书馆、日本东洋文库和尊经阁文库藏明万历七年（1579）保定巡抚张卤校刊《皇明制书》二十卷本。日本内阁文库藏《皇明制书》不分卷明刊本（简称内阁文库本），中国国家图书馆藏《皇明制书》七卷明刻本，此外，天一阁文物管理所藏有《洪武礼制》明刻本、《礼仪定式》明嘉靖二十年（1541年）徽藩刻本。

这四种文献收入《中国珍稀法律典籍续编》时，以国家图书馆藏南直隶镇江府丹徒县官刊《皇明制书》十四卷明嘉靖刻本为底本，以日本东洋文库藏明万历七年（1579年）保定巡抚张卤校刊《皇明制书》二十卷本为主校本。

（五）《御制大诰》、《御制大诰续编》、《御制大诰三编》、《大诰武臣》

四编《大诰》即《御制大诰》（简称《初编》）、《御制大诰续编》（简称《续编》）、《御制大诰三编》（简称《三编》）、《大诰武臣》（简称《武臣》），系明太祖朱元璋于洪武十八年（1385年）至二十年（1387年）间分别颁行。四编《大诰》共236个条目，其中《初编》74条，《续编》87条，《三编》43条，《武臣》32条。各编《大诰》诰文由案例、峻令和明太祖的"训诫"三个方面的内容组成，即一是掇洪武年间，特别是洪武十八年至二十年间的"官民过犯"案件之要，用以"警省愚顽"；二是

---

① 《礼仪定式》书前礼部题本，见《中国珍稀法律典籍续编》第3册，第376页。

设置了一些新的重刑法令，用以严密法网；三是在许多条目中，间杂明太祖对臣民的"训诫"，明确地表达了朱元璋的法律思想和治国主张。四编《大诰》作为一种具有教育作用和法律效力的特种刑法，同历代律典比较有三个最鲜明的特色：一曰明刑弼教，二曰律外用刑，三曰重典治吏。明太祖在《大诰》中公开提倡法外用刑，诰文中所列刑罚，许多为《大明律》所未设。其用刑之酷烈，在中国法律史上实属少见。朱元璋亲自编纂的《大诰》峻令，风行于洪武十八年（1385年）至二十五年（1392年）间。洪武二十六年（1393年）后，朱元璋采用引诰入例的方法，屡减轻其刑罚，《大诰》峻令逐渐废止不用。自洪武三十年（1397年）《大明律诰》成，《大诰》禁令条目为《律诰》所替代，《大诰》仅成为教育臣民的教材。洪武朝以后，虽在一定时期内有《律诰》条例存世，又有"《大诰》减等"在司法中沿袭使用，然宣德朝以后，随着讲读《大诰》制度的废坏，这一圣书渐渐被束之高阁，乃至成为稀见之书，国人只知"有《大诰》减等"，而不知《大诰》为何物。

《大诰》各编最初是以单刻本行世，俟后才有合刻本的出现。现见到的明代诸《大诰》版本，分编独立成书者有之，前《三编》为一书者有之，把《武臣》和前《三编》合刻成一书者亦有之。明代统治者对《大诰》态度的剧烈变化，也曾对它的刊行流传产生了重大的影响。朱元璋在位期间，它作为务必"家传人诵"的圣书，其地位之显赫，传刻之广泛，可想而知。然《大诰》所列刑罚，多属律外用刑，酷滥无比，流弊无穷，故在洪武末被废止不用。与《大诰》的命运变幻相适应，此书的明刻本，绝大多数实为明初刊印。就明初的刻本而论，洪武十八年（1385年）至二十年（1387年）间所刻质量较佳，而成书时间越是靠后，版本的错误越多。

现见的明《大诰》版本，在海内外尚有多种版本传世。存于我国大陆者约有数十种，其中堪称善本者有：中国国家图书馆（以下简称国图）藏《初编》、《续编》、《三编》明洪武内府刻本各1卷，《续编》、《三编》明洪武二十年太原府刻本各1卷，《三编》明初刻本1卷，《武臣》明初刻本、《皇明制书》明刻本各1卷；故宫博物院图书馆（以下简称故宫）藏《初编》、《续编》、《三编》、《武臣》明洪武内府刻本各1卷，《续编》明初刻本 1 卷；清华大学图书馆藏《初编》、《续编》、《三编》、《武臣》明洪武内府刻本各 1 卷；东北师范大学图书馆藏《初编》、《续编》明刻本各 1 卷，东北师范大学图书馆藏《初编》、《续编》明刻本各 1 卷，上海图书馆藏《武臣》明嘉靖十二年凤阳府张唯恕重刻蓝印本 1 卷。存于日本的《大诰》版本有：尊经阁文库藏《初编》明天启刻本 1 卷；国立国会图书馆藏《初编》明刻本 1 卷；东京大学东洋文化研究所藏《初编》明刊《皇明制书》本 1 卷，《三编》抄本 1 卷。1967 年（日本昭和 42 年），日本古典研究会影印的《皇明制书》中，收录的《初编》源于东洋文库藏《皇明制书》20 卷本（以下简称东洋文库本），收录的《续编》、《三编》、《武臣》源于内阁文库藏《皇明制书》不分卷本（以下简称内阁文库本）。存于美国的《大诰》版本有：哈佛大学燕京图书馆藏《三编》明刻本 1 卷，美国国会图书馆曾藏《初编》、《续编》明刻本各 1 卷，后转至中国台湾有关图书馆收藏。1966 年台湾学生书局出版的、由吴相湘先生主编的中国史学丛书，把上述曾存于美国的三书予以影印（以下简称《丛书》本）。在以上诸《大诰》版本中，洪武内府刻本是印行时间最早、错误最少的善本，脱页最多的是洪武二十年（1387 年）太原府刻本，文字脱、误、错较多的是丛书本，《皇明制书》本中的错误也不少。在三种洪武内府刻本中，清华大学图书馆藏本与国图、故宫藏本比较，文字更为清晰，没有缺页，脱落处极少，又无后人妄改之弊。

收入《中国珍稀法律集成》的四编《大诰》，以清华大学图书馆藏洪武内府刻本为底本，以国图、故宫藏洪武内府刻本为主校本，以《丛书》本、东洋文库本、内阁文库本和国图藏太原府刻本、《三编》明初刻本、《武臣》明初刻本、《武臣》明刻本、《皇明制书》明刻本为参校本。

（六）《诸司职掌》

《诸司职掌》，明太祖朱元璋敕定，洪武二十六年（1393 年）三月内府刊印。该文献以职官制度为纲，下分 10 门，分别详细地规定了吏、户、礼、兵、刑、工六部及都察院、通政司、大理寺、五军都督府的官制及其职掌。吏部尚书、侍郎职掌全国官吏选授、勋封、考课之政令，其属有选、司封、司勋、考功四司；户部尚书、侍郎职掌全国户口、田粮之政令，其属有民、度支、金、仓四司；礼部尚书、侍郎职掌全国礼仪、祭祀、宴享、贡举之政令，其属有仪、祠、膳、主客四司；兵部尚书、侍郎职掌全国军卫、武官选授之政令，其属有司马、职方、驾、库四司；刑部尚书、侍郎职掌全国刑名及徒隶、勾覆、关禁之政令，其属有宪、比、司门、都官四司；工部尚书、侍郎职掌全国百工、山泽之政令，其属有营、虞、水、屯四司；都察院左右都御史、副都御史职掌纠劾百司、辨明冤枉，其属有 12 道监察御史；通政司职掌出纳帝命、通达下情、关防诸司出入公文奏报、臣民实封建言、陈情申诉及军情等事，无属部；大理寺官职掌审录全国刑名，其属有左右寺官；五军都督府断事官职掌问断五军所辖都司卫所军官、军人刑名，其属有左、右、中、前、后五司官。《诸司职掌》是明初最重要的行政方面的立法，为明代的职官制度奠定了基础。

现见的《诸司职掌》较好的版本有：中国国家图书馆、清华大学图书馆、日本名古屋的蓬左文库和京都的阳明文库藏南直隶镇江府丹徒县官刊《皇明制书》14 卷明嘉靖刻本；日本日比谷图书馆市村文库藏丹徒县官刊《皇明制书》14 卷明万历四十一年（1613 年）补刻本；大连市旅顺口图书馆、日本东洋文库和尊经阁文库藏明万历七年（1579 年）保定巡抚张卤校刊《皇明制书》20 卷本。另外，国家图书馆、台北"中研院"史语所傅斯年图书馆、台湾师范大学图书馆等藏明翟善辑《诸司职掌》10 卷明刻本。1942 年，上海中央图书馆把该书明刻本影印集在该馆所刊《玄览堂丛书》第 43 至 50 册。

《诸司职掌》收入《中国珍稀法律典籍续编》时，以国家图书馆藏南直隶镇江府丹徒县官刊《皇明制书》14 卷明嘉靖刻本为底本，以日本东洋文库藏明万历七年（1579 年）保定巡抚张卤校刊《皇明制书》20 卷本（简称东洋文库本）为主校本。

（七）《教民榜文》、《学校格式》

《教民榜文》，明太祖朱元璋钦定，于洪武三十年（1397 年）四月颁行。其榜文共 41 条，对老人、里甲理断民讼和管理其他乡村事务的方方面面，如里老制度的组织设置、职责、人员选任和理讼的范围、原则、程序、刑罚及对违背榜文行为的惩处等，作了详尽的规定，堪称我国历史上一部极有特色的民事和民事诉讼法规。

现见的《皇明制书》诸版本中，都辑录了《教民榜文》。中国国家图书馆藏两种《教民榜文》版本，即《皇明制书》14卷明嘉靖刻本、《皇明制书》7卷明刻本，文字相异达70余处。其中《皇明制书》14卷本只有8处误刻，而《皇明制书》7卷本错讹甚多。《教民榜文》收入《中国珍稀法律典籍集成》第1册时，以国图藏《皇明制书》14卷本为底本，以国图藏《皇明制书》7卷本和《皇明制书》日本东洋文库本、内阁文库本为主校本。

《学校格式》，该书编纂了洪武初年、十五年（1382年）、十六年（1383年）、二十年（1387年）颁行的关于国子监和府州县学学规。这些学规曾于明英宗朱祁镇正统九年（1444年）三月、明宪宗朱见深成化元年（1465年）三月、明孝宗朱祐樘弘治元年（1488年）三月、明武宗朱厚照正德元年（1506年）三月、明世宗朱厚熜嘉靖元年（1522年）三月和十二年（1533年）三月、明穆宗朱载垕隆庆元年（1567年）八月重申颁行。

在现见的几种《皇明制书》明刊本中，仅《皇明制书》20卷本中辑有《学校格式》。《学校格式》收入《中国珍稀法律典籍续编》时，以日本东洋文库藏该书万历七年（1579年）保定巡抚张卤校刊《皇明制书》20卷本为底本。

（八）《皇明祖训》

《皇明祖训》是明太祖朱元璋为朱氏天下长治久安、传之万世，给子孙制定的"家法"。它是在《祖训录》多次修订的基础上形成的。据《明太祖实录》：洪武二年（1369年）四月乙亥，"诏中书编《祖训录》，定封建诸王国邑及官属之制"。[①] 洪武六年（1373年）五月书成，名《祖训录》。[②] 此后20余年中，朱元璋曾多次修订《祖训录》，洪武二十八年

---

① 《明太祖实录》卷41。
② 《明太祖实录》卷82。

(1395年)闰九月庚寅,"重定《祖训录》,名为《皇明祖训》,其目仍旧,而更其《箴戒章》为祖训首章"。① 其目为13篇,曰《祖训首章》、《持守》、《严祭祀》、《谨出入》、《慎国政》、《礼仪》、《法律》、《内令》、《内官》、《职制》、《兵卫》、《营缮》、《供用》。在《祖训》中,明太祖总结了自己的治国经验,提出了子孙、宗室和后代必须严守的各种制度及其他行为规范。《祖训》被后嗣君主奉为"祖宗成法",在明代通行。

现见的《皇明祖训》较好的版本有:国家图书馆藏有明洪武礼部刻本,故宫博物院、台北"中研院"史语所藏有该书明刊本,日本内阁文库藏《皇明制书》不分卷明刻本。国家图书馆藏明洪武礼部刻本是刊刻时间较早的版本。《皇明祖训》收入《中国珍稀法律典籍续编》时,以国家图书馆藏《皇明祖训》洪武礼部刻本为底本,以故宫博物院藏本、日本内阁文库本为主校本。

二 明中后期颁行的重要条例

明代法制较前代的一个重大发展,是经过从明初到弘治近百年的立法实践,到明代中叶时,形成了比较成熟的律例关系理论,建立了以会典为国家大经大法,律例并行,以例为主体的法律体系。例由条例、则例、事例、榜例组成,把律、诏令以外的一切法律规范都纳入例的体系。

在明代史籍中,"条例"一词的含义有狭义和广义两种。一种是指以"条例"命名的单行法规,这类法规是经统治者精心修订、内容由多个条款或事项组成的规范性法律文件;另一种则是对各种形式例的泛称。因单行法规类条例往往是由事例或榜例、则例等汇编而成的,人们习惯上也把这几种形式的例统称为条例。本部分所说的条例,是指明代统治者精心修订的单行法规。这类条例属于国家常法,在明代例的体系中居于最高层次的法律地位,有长期稳定的法律效力。

---

① 《明太祖实录》卷242。关于皇明祖训的定本和颁行时间,学界尚有不同看法。张德信在《祖训录与皇明祖训比较研究》(《文史》第45辑,中华书局1998年9月)一文中,认为"皇明祖训颁行,不是一般论者所说洪武二十八年(1395)闰九月的定本,而应该是洪武二十八年(1395年)十月的定本,或者洪武二十九年(1396年)十二月的定本"。

明代的例就内容而言，有吏、户、礼、兵、刑、工六例。统治者以例的形式颁行的单行法规中，刑事类条例的功能是用以打击各种犯罪行为，非刑事类条例的功能用以规范行政、经济、民事、军政、学校管理等方面的活动规则，我们把这类条例简称为行政类条例。

洪武以后各朝，明廷对精心修订的法律，一般都是以"条例"命名。宣德、正统年间，统治者出于强化军政和吏治管理的需要，按照"情法适中"、"经久可行"的立法原则，先后对前朝和本朝制定的一些行政例进行编纂和修订，颁行了《军政条例》、《吏部条例》等。自弘治朝始，在修订《问刑条例》的同时，又进行了《宗藩条例》、《军政条例》等行政类条例的纂修。明朝颁布的一些以事例命名的单行法规，其功能和性质与单行条例无异，故把这类法规也归入单行条例一起论述。

明代各朝颁行的条例，有些条例已经失传，如《马政条例》[①]、《给驿条例》[②]、《邦政条例》[③] 等。这里仅把现存于世的明代代表性条例的版本作一介绍。

（一）行政类条例

1.《吏部条例》

《吏部条例》系吏部奉敕纂修，于弘治十一年（1498年）七月刊行。据该条例前吏部题奏，清选官王价言称，官吏"考满、给由、丁忧、为事、闻丧、扣俸、附过等项，吏部先年悉有旧例通行"，但未得到有效实施，往往是"起文给批，各无定式，及至到部，查驳不同，多至参问。中间虽有中途患帖，十无一实"。王价提议"乞敕吏部，通将先年行过旧例，重新逐一开款明白，备写定式，通行天下大小衙门"。[④] 经英宗皇帝允准，吏部会同各部、都察院、通政司、大理寺等衙门，抄出先年旧例64件，

[①] 《皇明条法事类纂》卷30《各处议和买补马匹及管寺丞不许带家人作弊例》，见《中国珍稀法律典籍集成》乙编第5册，第160页。

[②] 《皇明条法事类纂》卷31《应付紧急公文马匹、船只并损坏马匹、船只查数，降调驿递官员及承差人不许夹带土产物产货例》，见《中国珍稀法律典籍集成》乙编第5册，第221页。

[③] 《明史》卷97《艺文二》，中华书局1974年版，第2394页。

[④] 《吏部条例》，见《中国珍稀法律典籍集成》乙编第2册，第201页。

吏部又增补了现行事例，纂修为《吏部条例》，颁示天下大小衙门施行。

《吏部条例》辑官吏违碍事例97条，其中《给由纸牌违碍事例》2条，《给由官吏违碍事例》40条，《丁忧起复官吏违碍事例》33条，《听选官吏并阴阳、医生人等给假等项违碍事例》16条，《听拨吏典违碍事例》3条，《除授给由官员违碍新例》3条。条例就天下诸司大小衙门官吏、监生、知印、承差等考满、给由、丁忧、为事、闻丧事宜及违背者应受参问和如何处罚作了具体的规定。如《给由纸牌违碍事例》规定，"不填字号，漏用印信，墨污有迹，破损及遭风水湿，无告官文凭，俱参问。"《给由官吏违碍事例》规定，"给由官吏，前考二十六个月，次考及三考亦历三十六个月。前考若历三十七个月，次考、三考俱历三十七个月，准理。若多历少历者，俱参问"；"在外有司大小官员，今后三年、六年，俱要赴部给由。虽有专责差占，三年、六年亦要一次赴部给由。违者送问，仍照《繁简则例》，降一级"；"官患病三个月者，将该支俸粮住支。调理痊可之日，照旧支给。同署官僚，毋得扶同坐视旷职，虚费钱粮。事发，通行查究如律"。《丁忧起复官吏违碍事例》规定，"服制以闻丧日为始，不计闰二十七个月。或少守，止二十六个月者，送问。假如闰正月初二日闻丧，就作二月初一日起扣算，二十七个月服满。不除闰月算者，参问"；"官吏、监生人等给批，除水程外，违限一年之上者，送问行查"。《听选官吏并阴阳、医生人等给假等项违碍事例》规定："起送阴阳、医生，公文内俱要本学官、生并里老、合干府州县保结。数内欠少者，驳查。其前官老疾致仕，无奏词者，案候。"《听拨吏典违碍事例》规定："办事吏典恃顽不肯办事，私自在逃，若开逃一年之上不复役者，为民。"《除授给由官员违碍新例》规定："今后新官到任，比对本部文凭字号，期限相同，方许到任管事。如字号期限不同，即系诈伪，拿送合干上司究问。"[①]

《吏部条例》曾在明一代通行。现见的该条例的版本有：中国国家图书馆、清华大学图书馆、日本名古屋的蓬左文库和京都的阳明文库藏明嘉靖年间南直隶镇江府丹徒县官刊《皇明制书》14卷本；日本日比谷图书馆市村文库、东京大学东洋文化研究所藏该书14卷本万历四十一年

---

① 《中国珍稀法律典籍集成》乙编第2册，第201—213页。

(1613年)镇江府知府康应乾补刻本。收入《中国珍稀法律典籍集成》时，以国图藏《皇明制书》14卷本为底本。

2.《宪纲事类》

明王朝为完善监察制度，保障监察活动规范化、制度化，使其更好地发挥修明政治、严肃法纪、整饬吏治、纠劾官邪、矫平冤狱、荐举贤良等功能，很注重健全以《宪纲》为基本法律的监察法律体系。据《明实录》载，洪武四年（1371年）正月，"御史台进拟《宪纲》四十条。上览之，亲加删定。诏刊行颁给"；① 洪武六年（1373年）四月，"重刊《律》、《令》、《宪纲》，颁之诸司"②。洪武二十六年（1393年）三月颁行的《诸司职掌》中，对十二道监察御史照刷卷宗衙门、监察御史职掌及出巡、照刷文卷、追问、审录、问拟刑名等一应事宜作了详细规定。在此之后，惠帝、成祖、仁宗、宣宗历朝对《宪纲》均有增补。宣德年间，鉴于当朝与前代官制有所变化，中外宪臣对于《宪纲》有任情增益的情况，明宣宗屡次敕令臣下遵行洪武朝所定监察法规，并下令礼部同翰林院儒臣修订《宪纲》："以洪武、永乐以来，祖宗所定风宪事体著在简册者，悉载其中，永示遵守，而益之以训戒之言。凡出臣下所自增者，并削去之。"③ 书成，宣宗皇帝去世，《宪纲》未及颁行。英宗"嗣位之初，切以风宪为重"，群臣也请求早日颁行《宪纲》。于是，朝廷依宣德时修订的《宪纲》为蓝本，补充了正统初颁行的有关条款。正统四年（1439年）十月二十六日，英宗敕谕"礼部即用刊印，颁布中外诸司遵守"。④

英宗正统朝颁布的《宪纲》，曾在明一代实行。此书在明嘉靖、万历年间朝臣、地方官府刊行的《皇明制书》中，称为《宪纲事类》，但官修《大明会典》称其为《宪纲条例》，如该书《都察院·风宪总例》曰："在京都察院及十三道在外按察司俱称风宪衙门，以肃政饬法为职。见《诸司

---

① 《明太祖实录》卷60。
② 《明太祖实录》卷81。
③ 《宪纲事类》，见《中国珍稀法律典籍集成》乙编第2册，第31页。
④ 同上。

职掌》及正统中所定《宪纲条例》甚备，各以类分列其通行难附者在此。"①《会典》卷二〇九至二一一"都察院"部分，标有"正统四年定"字样以下所辑定例，标有"以上《宪纲》"、"以上《宪体》"、"以上《出巡相见礼仪》"字样之前所辑定例，均指选自《宪纲条例》。成化元年（1465年）二月初一日，刑部尚书陆瑜等人的题奏中，亦称《宪纲》为《宪纲条例》。②显然，明代官方是把《宪纲》作为重要的条例对待的。

《宪纲》共95条，由"宪纲"、"宪体"、"出巡相见礼仪"、"巡历事例"、"刷卷条格"五部分组成。其中，"宪纲"34条，下设纠劾百司、朝会礼仪、祭祀礼仪、点差御史、官吏取受、嘱托公事、禁再纠劾、互相纠劾、出巡期限、出巡随从、分巡回避、巡视仓库、追问刑名、亲问公事、理断词讼、沮坏风宪、装诬风宪、拟断公事、约会问事、巡按失职、照刷文卷、审理罪囚、直言所见、举明孝义、巡按卷宗、声诉冤枉、官吏诉罪、回避仇嫌、禁约迎送、讲读律令、选用风宪、选用吏典、比律事理、公用物件等目，对风宪官的职掌和选任作了规定。在此之后，设有"宪体"15条，"出巡相见礼仪"4条，"巡历事例"36条，"刷卷条格"6条，分别对都察院官、监察御史、按察司官的行事规则、纪纲禁例、与各方面官员的相见礼仪、巡历中的按治事宜、照刷文卷的要求及对违背纪纲者如何处置作了详细规定。

现见的该条例的版本有：中国国家图书馆、清华大学图书馆、日本名古屋的蓬左文库和京都的阳明文库藏明嘉靖年间南直隶镇江府丹徒县官刊《皇明制书》14卷本；日本日比谷图书馆市村文库、东京大学东洋文化研究所藏该书14卷本万历四十一年（1613年）镇江府知府康应乾补刻本；大连图书馆、美国国会图书馆和日本东洋文库、尊经阁文库藏有明万历七年（1579年）保定巡抚张卤校刊《皇明制书》20卷本；上海图书馆藏该书明嘉靖三十一年（1552年）曾佩刻本；南京图书馆藏该书明刻本。收入《中国珍稀法律典籍集成》时，以明嘉靖年间南直隶镇江府丹徒县官刊

---

① （明）申时行等重修：《明会典》卷209《都察院一·风宪总例》，中华书局1989年影印本，第1039页。

② 《皇明条法事类纂》卷30《御史惩戒军职及御史等官出差边境用军防送例》，见《中国珍稀法律典籍集成》乙编第5册，第1034页。

《皇明制书》14卷本为底本，以明万历七年（1579年）保定巡抚张卤校刊《皇明制书》20卷本为主校本。

3. 《军政条例》

《军政条例》是有关军政管理方面的法律规定，以清理军伍、勾捕逃军为主要内容。《军政条例》初颁于宣德四年（1429年）六月。条例前所书行在兵部尚书张本等奏曰，"天下卫所递年以来勾取逃亡等项军人，为因比先未曾奏定条例，颁布申明，其各该卫所往往泛滥申填勘合，差人前去各府州县勾取。所差人员，每岁不下二三万数。该勾军士，又不从实开写原报姓名、乡贯并充军来历缘由。以致差去官旗，通同有司、里老人等作弊……合无通将条例申明遵守"，并随同奏书，附上《军政条例》草拟件。六月七日，宪宗皇帝降旨准奏。六月十三日，又令"刊印成书，发去永为遵守"。①

该条例共33条，其内容涉及清理军政、勾捕、编发军役、根捕、起解逃军等方面的事宜。条例规定：逃军除自首免问、责限起解外，其余拿获者，初犯、再犯管解原卫所着役，三犯者依律处决；逃军正身未获，先将户丁解补；各处有司起解逃军及军人军丁，量地方远近，定立程限，依限管送；更改姓名或诈称病故的逃军，许令出首改正，违者发边远充军；正军户下本有人丁，朦胧捏作无勾者，改正免罪，仍捏造回申者发边远充军；选差的当人员并在营有丁之人前取勾军，不许泛差无籍之徒；新勾军士限期候安插定，方许差操；每军一名，优免原籍户下一人差役；勾军违限，分别情况予以惩处；差人前去勾取，务要填给勘合；殷实之家买求官吏，冒名顶替者，许令改正，违者全家调发别卫充军，顶替之人就收本卫补伍；军户壮丁故自残伤者，全家发烟瘴地面充军；军户被重复勾取者，复勘开豁；精壮军人买求贪污头目，由户下软弱之人私自轮流替换，依律照例论断；军户全家在逃，里邻知情不拿解者，正军发边卫充军，知情不举者发附近卫所充军；军户丁尽户绝者，经三次查勘，有司保结回申，予以开豁。条例还就家族分户之后、军户止有幼丁或年老废疾之人、义男替义父当军、女婿替妻父之家当军、同姓名冒勾补役、僧道为事充军等如何

---

① （明）张本：《条例事奏》，见明人黄训编《皇明名臣经济录》卷44，文渊阁四库全书本。

解补军役作了规定。①宣德四年《军政条例》是纂修本朝和前朝题定的军政条款而成，是明代颁布最早的一部军政管理方面的条例。

宣德《军政条例》曾在宣宗、英宗、景帝、宪宗、孝宗、武宗、世宗各朝实行，先后达百年之久。在此期间，各朝针对清理军伍、勾补逃军中遇到的新问题，又制定了许多军政条款。如英宗执政时期，曾于正统元年（1436年）八月十二日颁布了军政榜文14条，该榜文除设专条重申遵行宣德《军政条例》外，其他13条涉及的内容主要是：（1）委官将勾补军丁督解；（2）逃军正军连当房妻小同解赴卫着役；（3）供招更改姓名乡贯及诈文潜回；（4）轮流在役者未满即逃；（5）远年因勾军官旗苦害，全家迁移；（6）军丁口粮并司卫交割；（7）卫所官员役卖逼逃军人；（8）潜住军丁自首；（9）抚恤流移军丁；（10）官员朦胧造报勾扰；（11）冒籍开户逃避军役；（12）原带操军士收入正伍当军；（13）派出勾军官旗人等潜住不回。此外，还于正统二年（1437年）颁布了《计议事例》14条，正统三年（1438年）颁布了《计议事例》3条及所定改调卫分事例。各朝颁布的军政条款，补充了宣德《军政条例》规定的不足，进一步完善了明代的军政制度。

明代到世宗嘉靖朝时，逃军问题更加突出，"营伍缺乏，虽时廑清理，率难复旧"。②嘉靖三十一年（1552年），巡按浙江监察御史霍冀奏请增修《军政条例》："如蒙敕下该部将《军政条例》，查自宣德以来及我皇上嘉靖元年以后钦定事例，通行备细查出，或旧例有所当更，或新例有所当入，逐一因事搜检，随宜酌议，各要条款切当而人俱易晓，情罪适均而法可久行。伦次参附，括成一书刊布，大小清军衙门，一体永为遵守。仍照《问刑条例》事例，各发一部，两直隶行顺天、应天二府，浙江等十三省行各布政使司，照式翻刊给发各府、州、县、卫、所官吏军民人等，遵照施行。"③兵部赞同霍冀修订《军政条例》的提议，世宗皇帝也降旨允准。

---

① （明）张本撰：《条例事奏》，见明人黄训编《皇明名臣经济录》卷44，文渊阁四库全书本。
② （明）薛应旂撰：《军政事例序》，见（明）霍冀辑《军政条例类考》。收入《中国珍稀法律典籍续编》第4册，第299页。
③ （明）霍冀辑：《军政条例类考》卷6《题为陈愚见以厘时弊以肃军政事》，见《中国珍稀法律典籍集成续编》第4册，第459页。

据《南枢志》记载，万历初兵部尚书谭纶等的奏本中曾指出，嘉靖三十一年，兵部"将嘉靖十一年以后节行事例原条例所未载者，斟酌损益，锓梓成书，刊布天下，遵行已久"。① 这说明嘉靖朝曾重修过《军政条例》。万历元年（1573年），巡按直隶等处监察御史余乾贞再次上书要求修订《军政条例》。同年八月，神宗皇帝降旨批准。该条例由兵部尚书谭纶等纂修，于万历二年（1574年）十二月成书，但未得到很好实施，乃至被"皆视为虚文，不惟慢不遵行，且各官不一经目"。万历十二年（1584年）十二月二十八日，兵部尚书张学举奏请把万历二年《军政条例》"量支官银刷印，每省发五部，分给抚按布按都司。直隶者，发抚、按各一部。俱令彼中再行分刻，每府、每卫、每州县各发一部……一一着实遵行"。世宗皇帝圣旨："是。这清理军册旧例，着各巡按御史督率该管有司卫所官，着实举行，不许虚文塞责。"②

万历二年（1574年）重修《军政条例》8卷，共377条，分为7类编纂。其中：(1) 卫所类54条，内有卫所不许擅自勾扰、都司卫所定清军官、军职卖放余丁发遣等条目；(2) 户丁类46条，内有军户冒顶变乱版籍、军户不许隐蔽人丁、军户田土不许绝卖等条目；(3) 册单类61条，内有解军文簿守巡查考、清勾文册违限究罚、造册明开军户丁产等条目；(4) 逃故类50条，内有逃军拿获罪及窝家、逃军自首改编附近、逃军不首罪及邻里等条目；(5) 清勾类62条，内有有丁捏作无勾坐罪、勾军违限照例缉拿、调卫重勾发补本伍等条目；(6) 解发类61条，内有解军违限照例坐罪、军解口粮司卫交割、卫所军人今定解补等条目；(7) 优恤类43条，内有充军病故家口释放、被灾军丁秋成起解等条目。③

该条例是纂修宣德四年（1429年）至万历元年（1573年）历朝颁行的代表性军政条款而成。除宣德《军政条例》33条全部被分类收入外，其他344条均为各朝所颁军政条款，其中大多为成化、弘治、正德、嘉靖四朝所颁。万历《军政条例》较之宣德《军政条例》，所收条款数量扩大

---

① （明）范景文：《南枢志》卷87，中国国家图书馆藏明崇祯刻本。又见《中国方志丛书》辑《江苏省南枢志》，台湾成文出版社有限公司1983年影印本，第2230页。

② 同上书。

③ （明）范景文：《南枢志》卷87。

了10倍之多，内容更加丰富，对清理军伍、勾补逃军中册单的编造和核查、卫所和有关衙门遵循的规则、军丁的补伍与开豁、逃军的拿解与惩处、清勾、解发逃军的各类事宜及优恤军士等规定也更加详细。

明人黄训编《名臣经济录》卷四四收录了张本《条例事奏》，宣德四年《军政条例》被全文收录。中国国家图书馆藏有《名臣经济录》明嘉靖三十年（1551年）刻本，文渊阁四库全书也收有该书。此外，14卷本《皇明制书》所收《军政条例》前33条，即宣德四年（1429年）颁行的《军政条例》。收入《军政条例》的《皇明制书》的版本有：中国国家图书馆、清华大学图书馆、日本名古屋的蓬左文库和京都的阳明文库藏明嘉靖年间南直隶镇江府丹徒县官刊《皇明制书》14卷本；日本日比谷图书馆市村文库、东京大学东洋文化研究所藏该书14卷本万历四十一年（1613年）镇江府知府康应乾补刻本。现知的万历二年（1574年）重修《军政条例》的版本有：日本内阁文库藏明刻本。明人范景文撰《南枢志》卷八七至卷九三所收《军政条例》为残卷本，其中，"优恤类"缺文，"单册类"、"解发类"各有十余条无正文。台湾成文出版社有限公司1983年影印的《中国方志丛书》中，收入《南枢志》明末刻本。该书虽系残卷本，然仍保留了340余条条款的全文，从中仍可大体了解万历《军政条例》的基本内容。

4.《宗藩条例》

《宗藩条例》，2卷，系明嘉靖时礼部尚书李春芳主持纂修，于嘉靖四十四年（1565年）二月经世宗旨允颁行。其书卷首辑有题本5件：首录嘉靖四十四年二月初七日《礼部尚书李春芳等进〈宗藩条例〉表》及同年二月十三日世宗朱厚熜允准施行并赐名为《宗藩条例》的圣旨；次录嘉靖四十一年（1562年）十月二十四日《礼部尚书严讷等题本》，续录嘉靖四十二年（1563年）十一月二十九日、嘉靖四十三年（1564年）十二月初二日及四十四年（1565年）正月十六日礼部尚书李春芳题本3件。此5件题本叙述了编纂《宗藩条例》的缘由和过程，大意是：先是巡按直隶监察御史林润上书，力陈宗藩积弊，指出："宗藩迩年以来，愈加蕃衍，岁征禄粮，不足以供禄米之半。将军、中尉而下，多不能以自存。乞要命诸大臣、科、道各献其猷，仍谕诸王示以势穷弊极，不得不通之意，令其各陈所见，然后斟酌定制，垂为亿万年不易之规。"① 林润的提议，得到神宗皇帝的支持。在此之后不久，周府南陵王陆㮣条奏"立宗学以崇德教"等旨在加强宗藩管理7事。礼部奉旨征求各王府意见并会同六部等衙门，从历年皇帝钦准的有关宗藩事宜的定例中，选择可行者67件编为一书。世宗皇帝圣旨："是。事宜既经多官会议，都准行，书名与做《宗藩条例》。"②

《宗藩条例》正文67条。其条名主要有：《修明宗范》、《宗支奏报》、《亲支袭封》、《追封亲王》、《亲王袭封》、《初封禄米》、《住支禄米》、《庶子争袭》、《另城请封》、《查革冒封》、《自备仪仗》、《改封世子》、《酌处庶粮》、《亲王削封》、《郡王革爵》、《管理府事》、《降发高墙》、《释放庶人》、《选择婚配》、《冒妾子女》、《藩僚考察》、《裁革冗职》、《仪宾守制》、《恩恤限制》、《停给工价》、《行礼次序》、《宗仪服饰》、《越关奏扰》、《私放钱债》等。这些条款均是洪武至嘉靖年间亲王、郡王及有关朝臣的题奏，经皇帝钦准后确认的定例，其中亲王、郡王的题奏占绝大部分。就定例的形成时间而言，以嘉靖和弘治两朝为最多，最早的出自明太祖洪武二十八年（1395年）颁行的《皇明祖训》，最晚的为嘉靖四十三年（1564年）六月。

《宗藩条例》实施的时间并不长。隆庆初，李春芳受排挤辞归。万历初，一些朝臣认为该条例"集议之始，未暇精详"，③ 要求重新修订。如万历五年（1577年）七月，礼科都给事中林景旸言，"《宗藩条例》一书定自世宗，续此损益，不无异同"④；万历七年（1579年）二月，大学士张居正题奏："惟宗藩一事条例最繁，前后参差不一……见今重修《会典》，此等条例都着议拟停当改正，合无敕下礼部，遵照前旨，将前项条例再加斟酌，并上请圣裁，著为宪令，然后开送臣等，纂入

---

① 《宗藩条例》卷首《礼部尚书李春芳题本》，见《中国珍稀法律典籍集成》乙编第2册，第527页。
② 《宗藩条例》卷首《礼部尚书李春芳等进宗藩条例表》，见《中国珍稀法律典籍集成》乙编第2册，第513页。
③ 《明神宗实录》卷84。
④ 《明神宗实录》卷64。

《会典》。庶法以划一，万世可遵矣。"① 经神宗皇帝允准，礼部又纂修累朝事例。万历十年（1582年）三月书成，"分为四十一条，附奏格册式于各条之后"。② 通过修订，宗藩事宜"删订划一，名曰《宗藩要例》"③，颁行天下遵行。《宗藩要例》今已佚，其重要条款被收入《明会典》。《宗藩条例》自首次刊行后迄无再版，中国国家图书馆藏有该书嘉靖礼部刻本，原书除目录、李春芳进呈题本及严讷题本共11页已残外，其余文字完整齐备。

5. 《节行事例》

明代以事例命名的礼制方面的单行法律，最有代表性的是《节行事例》。《节行事例》辑录了洪武年间颁行的开读遣使、奉使王国、奉使诸司、奉使藩国等出使礼仪，以及在京在外官员资格俸给、吏员资格、新官到任仪注、官吏更姓给由、丁忧起复、释奠礼仪、乡饮酒礼等事例规定，其中也包含了永乐、宣德、成化、弘治、正德等朝的有关礼仪方面的规定。该书刊行于何时，有待详考。然详阅此书，内记有正德十六年（1521年）二月户部题奏《优免则例》，而《皇明制书》镇江府丹徒县嘉靖刻本中收录有《节行事例》，由此可以推知它成书于正德或嘉靖年间。现见的该书的版本有：中国国家图书馆、清华大学图书馆、日本名古屋的逢左文库和京都的阳明文库藏嘉靖间南直隶镇江府丹徒县官刊《皇明制书》14卷本；日本日比谷图书馆市村文库、东京大学东洋文化研究所藏该书14卷万历四十一年（1613年）镇江知府康应乾补刻本。大连图书馆、美国国会图书馆、日本东洋文库和尊经阁文库藏明万历七年（1579年）保定巡抚张卤校刊《皇明制书》20卷本。该书标点本收入《中国珍稀法律典籍集成续编》第3册。标点本以中国国家图书馆藏明嘉靖镇江府丹徒县官刊《皇明制书》14卷本为底本，以日本东洋文库藏明万历张卤校刊《皇明制书》20卷本为主校本。

6. 《工部新刊事例》（弘光）

---

① 《明神宗实录》卷84。
② 《明神宗实录》卷122。
③ （明）申时行等重修：《明会典》卷55《礼部十三·王国礼仪·封爵》，中华书局1989年影印本，第346页。

《工部新刊事例》，1卷，南明弘光年间南京工部纂修。它是在南明福王朝廷朝不保夕、民穷财尽之时，为筹措修缮宫殿、陵庙费用而制定的。崇祯十七年（1644年）七月书成奏进，同月奉福王圣旨颁行。中国科学院图书馆藏明弘光元年（1645年）刻本，《玄览堂丛书》第118册收有此例。

《工部新刊事例》辑明朝特别是崇祯朝捐纳事例23种，主要有《光禄寺署丞监事例》、《光禄寺典簿例》、《鸿胪寺丞署序班例》、《上林苑监署丞录事例》、《营缮所所正例》、《两殿中书例》、《杂职吏典加纳例》、《都司首领例》、《布政司首领例》、《府首领例》、《援考例》、《恩岁贡考定府首领县佐贰者加各官纳银例》、《省祭乞年例》、《禀增附青衣等生纳银入监并俊秀纳儒例》等。该《事例》分别对监生、生员、廪生、贡生、俊秀等人员，捐光禄寺署丞和监事、光禄寺典簿、鸿胪寺署丞和序班、上林苑监署丞和录事、营膳所所正、武英殿和英华殿中书舍人、都司经历和断事、布政司理问和经历、按察司经历、府经历等官职应缴纳的银两数，对于恩贡、岁贡生考定府经历或县丞、主簿后，加官至布政司理问和经历、按察司经历、都司经历和断事、州同知、州判官等官职应缴纳的银两，对于杂职吏典捐县丞、主簿以及卫经历加官至京经历等应缴纳的银两数，都作了详细的规定。该《事例》虽系明亡国3个月后颁行，但因它是从前朝"新旧例中择其可行者"编纂而成，其内容辑录了大量的明末捐纳事例，对研究明代的制例和法律制度仍有重要的价值。

（二）刑事类条例

1. 弘治《问刑条例》、嘉靖《重修问刑条例》和万历《重修问刑条例》

《问刑条例》是明代中后期最重要的刑事法律。它初颁于明孝宗弘治十三年（1500年），系由刑部尚书白昂奉敕主持删定，计279条，曾在弘治、正德、嘉靖三朝实行50年之久。嘉靖二十九年（1550年），刑部尚书顾应祥奉诏主持重修《问刑条例》，增至385条，在嘉靖、隆庆和万历初实行30余年。万历十三年（1585年），刑部尚书舒化主持再次重修《问刑条例》，计382条，并以律为正文，将例附于各相关刑名之后，律例合刊，颁行于世，迄明末未改。三次删定的《问刑条例》，均贯彻了"革冗琐难行"，"情法适中"、"立例以辅律"、"必求经久可行"的指导思想，对《大明律》和前一《问刑条例》的过时条款予以修正，针对当时出现的社会问题，适时补充了许多新的规定。《问刑条例》的修订和颁行，突破了"祖宗成法不可更改"的格局，革除了明王朝开国百年来因事起例、轻重失宜的弊端，使刑事条例整齐划一，对维护明王朝的统治起了重要作用。

弘治《问刑条例》颁行之初，只有单刻本，稍后有私人编纂的律例合刊本行世。现见的该条例单刻本，载于明镇江府丹徒县官刊《皇明制书》嘉靖刻本和万历四十一年（1613年）补刻本中。据此书所载，《问刑条例》计281条，而《明孝宗实录》则记为279条。参阅各版本校勘，可知两者不同处系翻刻所误。即原为279条，其中有的条款翻刻时提行误加"一"字，而成281条。现见的弘治《问刑条例》律例合刊本，有中国国家图书馆藏《大明律疏附例》明隆庆二年（1568年）河南府重刊本，其书所载《问刑条例》，各条散附于相关律条之后，排列顺序、条数与单刻本有异，然文句相同。另外，也有一些把弘治《问刑条例》同其后续定的条例混编在一起的律例合刊本，如明胡琼撰《大明律集解》30卷正德十六年（1521年）刻本（此书系现存最早的明代律例合刊本，中国国家图书馆和日本尊经阁文库各收藏一部），《大明律直引》明嘉靖五年（1526年）刊本（现藏尊经阁文库）等。

嘉靖《重修问刑条例》颁行后，有单刻本和律例合刻本行世。美国国会图书馆藏有该书嘉靖单刻本。现见的该典籍律例合刊本有：台北"中研院"史语所藏嘉靖三十三年（1554年）江西布政使汪宗元、潘恩重刊《大明律例》30卷本，台湾"中央"图书馆藏明雷梦麟著《读律琐言》嘉靖四十二年（1563年）歙县知县熊秉元重刊本，日本内阁文库藏《大明律例附解》嘉靖池阳秋浦象山书舍重刊本，蓬左文库、东京大学东洋文化研究所分别藏《大明律例附解》嘉靖二十三年（1544年）刊江书院重刊本和刊江书院原版嘉靖重刊本，中国国家图书馆藏隆庆元年（1567年）陈省刻《大明律例》本、万历初年巡按山东监察御史王藻重刊《大明律例》30卷本等，在诸律例合刊本中，以例附律的编排顺序不尽一致，雷梦麟《读律琐言》和陈省刻《大明律例》在编排上较为尊重单刻本的原来次序。

万历《重修问刑条例》于万历十三年（1585年）四月纂修完成，这是明廷对《问刑条例》的第三次修订。这次修订"除各例妥当，相应照旧者共一百九十一条，其应删应并应增改者共一百九十一条"。① 之后，又依舒化的建议，对流行于世的《大明律》律文进行核对，将《律》、《例》合刻，"律为正文，例为附例"，编为《大明律附例》一书于万历十三年九月颁行天下。同年，该《问刑条例》编入万历十五年（1587年）刑行的《大明会典》。现见万历《问刑条例》版本较多。但均是以舒化纂修《大明律附例》30卷明万历十三年刻本为蓝本。

2.《真犯死罪充军为民例》

《真犯死罪充军为民例》，系万历十三年（1585年）奏定，其后又于万历年间增补续题。现见的该书的较早版本有：日本内阁文库藏明郑汝璧纂注《大明律解附例》万历二十二年（1594年）刊本（简称郑本），尊经阁文库藏明衷贞吉等纂注《大明律集解附例》万历二十四年（1596年）刊本（简称衷本）；中国国家图书馆藏万历二十四年（1596年）都察院重修、二十九年（1601年）巡按直隶监察御史应朝卿校增本（简称应本），台湾"中央"图书馆藏万历三十八年（1610年）浙江巡抚高举发刻《大明律集解附例》本（简称高本）。高本依据郑本，内容有所增损。黄彰健先生在《明代律例汇编》一书中，曾将高本所附此例点校收录。在诸版本中，以郑本成书为早；高本例的总数最多，计309条；应本系损益万历间所颁此例的基础上而成，更加定型化，实施的时间也较长，并为清代所沿袭。应本与高本相比较，新增9条，删并28条，总条目数为290条。这两种版本，内容大多相同，有十余条刑罚有所变动，文字相异者几乎涉及所有条款，达数百处之多。另外，高本"为民例"共22条，而应本未设，这些例有些在应本中被改为"极边口外"充军等例，有些则被删掉。考虑到应本与高本文字差异甚多，《真犯死罪充军为民例》收入《中国珍稀法

---

① （明）舒化撰：《重修问刑条例题稿》，见《中国律学文献》第3辑第2册，黑龙江人民出版社2006年影印本，第122页。

律典籍集成》第2册时，以应本为底本，以高本为主校本，凡高本与应本的重要相异之处，均出校标明，供读者参阅。将此例的上述4种明刻本和清顺治四年（1647年）所颁《清律集解附例》附《真犯死罪充军为民例》比较研究，就会对它在明代后期至清初的沿革变化情况有个大体了解。

三　定例汇编文献

明代除朝廷颁行的单行条例外，还编纂有许多事例、条例汇编性文献，这类文献虽大多系官员或文人个人编纂，但也真实地记录了当时颁行的各类重要定例。

明人编纂的定例汇编文献，多数以"条例"为书名，如《条例全文》、《条例备考》、《增修条例备考》、《军政条例类考》等。也有一些定例汇编文献以"条款"、"事例"、"事类"、"例"、"新例"为书名，如《御倭条款》、《嘉靖事例》、《皇明条法事类纂》、《军政备例》、《嘉隆新例》等。详细阅读这些文献可知，虽然各书编纂的定例的具体内容和制定时间有所不同，但就其编纂的形式、定例的效力等级和性质而言，彼此并没有多少区别。也就是说，很难区分书名以"条例"命名者与以"事例"、"事类"等命名者的法律文献性质有何不同。

在明代，作为法律形式的"条例"与"事例"功能的不同之处主要是，事例是皇帝因时因事制定的作为有司行事规范的某一具体事项或单个的案例，在法律体系中属于"权宜之法"的性质；从例的数量构成和表述方式看，事例属于单数结构，内容具体。它们是通过行政、司法、立法等多个途径产生的，单数结构性事例是事例的基本形态。"条例"的概念则有狭义和广义两种，严格意义上的、狭义性质的条例，是指统治者通过一定立法程序精心修订的规范性文件，在法律体系中居于"常法"的地位，具有相对较长的稳定性；它是复数结构，一般情况下由多个条文构成，其形态表现为概括的方式，不是针对某个具体的人和事。

然而，由于明代人往往把各种具有"条举事例"特征的例都泛称为条例，这样，从广义上讲，事例、则例、榜例又都属于条例的范畴。同时需要指出的是，明代的"事例"也是个多义项的词语。明人除把皇帝因时因事及时颁行的单个定例称为事例外，还在下述两种意义上使用"事例"这一法律用语。一是用事例表示通过汇编、修订事例并以"事例"命名的具有独立地位的法规。此种法规也称为"条例"。二是《会典》事例。明代中后期，曾三次编纂和修订《大明会典》，有关行政、经济、军政、民事、学校管理等方面的事例多附于《会典》之后，这是与前两者编纂方法不同的事例。《会典》所记事例有双重功能，它既"杂考故实"、"以备一代之制"，又可供各级官吏查考适用，特别是《会典》中被朝廷确认的"现行事例"或重申为"永为定例"的事例，是各级衙门和官吏必须遵守的法律和典章制度。

由于明代在使用"事例"、"条例"这两个法律用语过程中，没有对其概念和功能进行严格区分，致使二者既有区别，很多时候又交叉含混使用。因而定例汇编类文献的名称就出现了条例、事例、事类等多种称谓。在明代例的体系中，以事例制定最多，变革最繁，围绕事例的立法和执法活动也最为活跃。事例是条例编纂的基础，榜例中有关某一事项的定例或某一时弊的禁例实际上也属于事例的范畴。明代的定例性文献就其内容而言，实际上大多是对皇帝发布的事例的编纂。

明人编纂的定例汇编性文献甚多，本文主要对11种有代表性文献的版本予以简述。

1.《吏部四司条例》、《兵部武选司条例》

《吏部四司条例》不分卷，书前无序目，天一阁藏明抄本6册。前2册是有关中央、地方官制和职掌的规定，为永乐初吏部尚书蹇义奉诏恢复洪武旧制呈奏永乐帝的造册文书。后4册分别为文选、验封、稽勋、考功四清吏司条例，其内容除部分是永乐初奉诏恢复的洪武旧例外，均是永乐至弘治年间各朝奏准、题准的定例。其中《文选司条例》168件，是关于官员秩迁、改调的定例；《验封司条例》144件，是关于封爵、荫叙、褒赠及散官、吏役、皂隶管理制度的定例；《稽勋司条例》41件，是关于官员丁忧、俸给方面的定例；《考功司条例》128件，是关于官吏考课、黜陟的定例。

原抄本注录该书系明蹇义编。蹇义系明初四川巴县人，字宜之。洪武十八年（1385年）进士，授中书舍人。建文时超擢吏部右侍郎。明成祖废建文帝登基后，被任为吏部尚书，于永乐朝22年间和仁、宣两朝，长期担任吏部尚书一职，宣宗宣德十年（1435年）卒。现存文选、验封、稽勋、考功四司条例，许多条例为英宗、景帝、宪宗、孝宗时制定。原注录有误，该书后4册应是后人续编而成。

《兵部武选司条例》，不分卷，不著撰者，天一阁藏明嘉靖抄本。该书所辑条例，均是正德《会典》未载或"略节"的明初至正德十六年（1521年）间皇帝钦准的规范兵部武选司选授武官的各类条例。全书仿照《会典》体例，采取"先分门，次分类"、每类"以编年为序"的编辑方法。按书前所列《目录》，该书分为《铨选》、《除授》、《升赏》、《推举》、《考选》、《袭替》、《比试》、《旗役》、《贴黄》、《优给》、《诰敕》、《赏赐》12门。其中《铨选》门下"官制"、"勋禄"、"武官资格"、"土官资格"4类因《会典》有详载而未刊；《赏赐》门下"给赏"、"加赏"、"量赏"3类无文。其他门下各类虽有不少正文标题、内容与目录相异之处，但多数类名及其包括条例的内容，与目录相符。如《除授》门下记有"有功升除"、"调除别卫"、"为事复职"、"王府官选授"、"都指挥铨注"、"军官给凭"等类条例；《升赏》门下记有"北方功次"、"番贼功次"、"流贼功次"、"内地反贼功次"、"升赏通行"等类条例；《推举》门下有"推举五府官"、"推举锦衣卫官"、"推举留守官"、"推举都司官"等类条例；《考选》门下有"在外军政"、"两京军政"、"腾骧等卫"等类条例；《袭替》门下有"流官承袭"、"犯堂减革"、"不由军功"、"年远袭职"、"降调袭职"、"庶长袭职"、"将军儿男袭替"、"纳级袭职"、"阵亡袭陞"、"保勘袭替"、"土官袭替"等类条例；《贴黄》门下有"续写贴黄"、"清理贴黄"、"岁报贴黄"、"罢职揭黄"、"武官选簿"、"更名复姓"等类条例。如把正德《会典》所载兵部武选司职掌与本书结合研究，就能够对明代的武官选授制度有更全面的了解。

2.《条例备考》

《条例备考》24卷，不著辑者。该书辑明初至嘉靖三十七年（1558年）明代累朝皇帝敕准颁行的各种定例共1474目，分为8类编辑。其中都察院、通政司、大理寺条例1卷，内有《御史审看本状先具说帖送堂》、

《守巡官出巡限期》、《镇守等官擅受民词》、《调问奏送拟罪人犯》、《巡抚职掌》、《巡按职掌》、《备两造》、《定参驳》、《惩积弊》、《诬告致死随行有服亲属》等 108 目。都察院条例 2 卷，内有《王官故虐民命搜检家财》、《治贪酷》、《辩问矜疑》、《内府钱粮册籍收支数目不对》、《军职侵欺百两以下遇革免罪》、《约束宗室不许出城交易》、《议掌道及专管考察御史》等 85 目；吏部条例 3 卷，内有《考功司朝觐事宜》、《三年六年给由》、《推用提学》、《精选任》、《重迁转》、《严旌举》、《重师儒》、《正士风》、《议勘合以便遵守》等 90 目；户部条例 2 卷，内有《漕运稽迟》、《无产之赋》、《兴贩假钱》、《禁投献以安良弱》、《钱关钱钞折银》、《编审徭役》、《定钱法》、《广储蓄》、《议处仓官考满》、《工价工食则例》、《科取里甲》等 98 目；礼部条例 3 卷，内有《正历元》、《议请封》、《怀远人》、《陵寝祭祀》、《添设卫学》、《官员服色》、《条陈监规》、《重刊仪制》、《考官学行》、《应试生儒》等 82 目；兵部条例 9 卷，内有《拏获逃军》、《军丁优免》、《勾军违限》、《审编民兵》、《专责委以杜聚寇》、《选举将材》、《预议军粮》、《官军有功陞授》、《擒获强盗》、《考选军政限期》、《考选锦衣卫各所官》、《各省官加赏》、《比试违限》、《行军条令》、《足边储》、《御夷乡约》、《节省文移以甦边困》、《清解文册》、《充调军人补伍》等 890 目；刑部条例 3 卷，内有《老幼免枷号》、《两京热审审录减徒》、《威逼一家二命》、《禁酷刑淹滞》、《申明钱钞收赎》、《禁繁例以息刁风》、《区别夷夏以正婚姻》、《定新例以补律意》、《录囚使用》、《强盗亲属首发》、《申议关防》等 84 目；工部条例 1 卷，内有《明赏罚以济大工》、《定工价以和人心》、《督造军器》、《催督工料》、《处置抽分》、《查议矿银》、《修水利以求实效》等 37 目。日本内阁文库藏有该书明嘉靖刻本。

3. 《增修条例备考》

《增修条例备考》，24 卷，明人翁汝遇等辑，史继辰等校定。因嘉靖、隆庆以来条例款文甚繁，辑者奉江西巡抚之命，对原《条例备考》重新删定并续入嘉靖、隆庆以来部、院通行条例而成此书。全书共 1062 目。其中：吏部条例 3 卷，内有《六年考察长史等官》、《议督抚交代》、《外官封赠》、《条陈吏治》、《官员给由》、《优奖贤能》、《禁止立碑建祠以要虚誉》、《议处考满事例》、《被论官员不许管事》、《恩诏》、《官员诣告》、《部属抗拒堂官》、《禁建碑词》等179目；户部条例4卷，内有《议处茶课》、《赈饥民给牛种》、《王府禄米加耗定例》、《禁贩私盐越境》、《管解钱粮期限》、《官司买办两平给价》、《议立社仓》、《议给水脚则例》、《灾伤改折银数则例》、《起解钱粮事例》、《条议黄册事宜》、《申饬漕规》、《中盐规则》等196目；礼部条例2卷，内有《诋訾程朱》、《就近乡试》、《议给王府冠服》、《官员服色》、《正文体》、《禁革宴会繁文》、《诈伪诰命》、《恩诏》、《选贡期限》、《革大臣补荫子孙》等111目；兵部条例6卷，内有《袭职人文年限》、《纳粟军职子孙》、《文官愿袭武职》、《立功授职子孙袭替》、《先后功次并论》、《武职降级》、《军职犯罪知会兵部》、《军职更名》、《禁革滥差》、《条陈兵政》、《奏报盗情期限》、《军政考选事宜》、《边臣赏罚》、《禁阉人弟侄授锦衣官》等281目；刑部条例2卷，内有《亲王叛逆党恶罪犯》、《定拟受献罪名》、《老幼三犯窃盗》、《遇赦分别大小赃罪》、《巡捕官不许拷讯盗情》、《停止热审事例》、《申严检验尸伤》、《真盗刺字坐侵免刺》、《续议问刑未尽条例》等80目；工部条例2卷，内有《奏止变染银鼠皮》、《弓箭弦条折价》、《严出纳以杜侵欺》、《议处侵欠物料》、《委官买解物料》、《改建公署必须题请》等23目；通政司、大理寺条例合1卷，内有《条陈奏章事宜》、《申明亲属犯奸》、《奏辩仍依原拟不得重覆转详》、《死罪不宥》6目；都察院条例4卷，内有《文武官员为事脱逃》、《分别失事轻重》、《失事重者难比降罚》、《申明王府禁例》、《覆奏限期》、《省直巡按兼管刷卷》、《诬兄致死比律拟斩》、《科敛赃多引例拟成》、《宗室致死服兄革禄并革管理》、《县君侄婶相奸勒令自尽》、《宗室殴死佃户降为庶人》、《宗室出外补支禄米》等186目。日本尊经阁文库藏该书明万历刻本，南京图书馆藏明万历刻本残卷本。

4.《军政条例类考》

《军政条例类考》，6卷，明嘉靖侍御史霍冀辑。中国国家图书馆、日本尊经阁文库藏有该书明嘉靖三十一年（1552年）刻本。霍冀，字尧封，号思斋，山西孝义人。嘉靖二十三年（1544年）进士，历任推官、监察御史、右佥都御史、兵部尚书等职。嘉靖三十一年，霍冀任巡按浙江监察御史，奉命清理浙江军政。据该书序云：霍公"奉命清理两浙军政，深惟宪度，究观典章，博采群情时事，凡所施为建白，悉中机宜，参酌成书，厘为六卷，名曰《军政事例》云。于是方伯西潭汪君、副宪罗江陈君，请刻以布，用式有政"。"嘉靖壬子（三十一年）秋七月既望，浙江按察司副使奉敕提督学校武进薛应旂谨序。"[①]《军政条例类考》辑录了明代自宣德四年（1429年）至嘉靖三十一年（1552年）100余年间，累朝颁布的军政条例169条，其中：（1）《军卫条例》53条，内有军卫造发勾册、解到军人不许卫所作弊、不许给文卖军回家、查验军器等条目；（2）《逃军条例》26条，内有逃军三次发边嘹哨、逃军复业次年解补、逃军冒纳冠带、逃军老疾解壮丁等条目；（3）《清审条例》65条，内有军户不许充兵房吏书、三犯盗窃编军、冒解诉理改正、军田许召种顶军等条目；（4）《解发条例》25条，内有有司佥解分三等、长解受财违限充军、应解军丁犯罪、军丁中途病故等条目。该书还辑录了朝臣有关清理军务的题本、奏本24件。这些题本、奏本均是经皇帝圣旨"准拟"的通行之例，具有法律效力。该书比较详细地辑录了明代嘉靖朝及其以前各朝制定的有关军卫制度、逃军的解补、军伍的清理、军丁的解发等方面的法律规定，对于研究明代的军政制度特别是万历二年（1574年）颁行的《军政条例》有重要的史料价值。

5.《军政备例》

该书是明代军政事例的汇编，不分卷，系明嘉靖年间广信府知府赵堂辑，天津图书馆藏清抄本。赵堂，江陵人，明嘉靖年间进士，曾任监察御史。由于军政管理的状况如何，关系到军士"捍外卫内、冲锋破敌、戍边守城"职能是否有效实现，关系到国家的治乱安危，明代很重视军政法律制度的完善，累朝都颁行了不少这方面的事例。然"法久则弊生，政弛则人玩"。为了使有司官吏检阅军政事例方便，赵堂于处理政务之暇，"检阅诸诏敕制诰及《会典》、律例等书，取其有关于军政者编辑"萃为一书，"总名之曰《军政备例》"。《军政备例》收入宣德四年（1429年）至嘉靖

---

① （明）霍冀辑：《军政条例类考》书首《军政事例序》，见《中国珍稀法律典籍续编》第4册，第299—300页。

三十九年（1560年）130余年间，累朝制定的重要军政事例894件。该书分为10类编纂："曰清理，曰册籍，曰逃故，曰清解，曰优恤，曰替放，曰首补，曰调卫，曰改编，曰逃绝。"在这些事例中，除各朝颁布的事例外，还收入明宣德四年制定的《军政条例》33件，收入宣德、正统年间颁行的榜例35件。《军政备例》集明代军政事例之大成，内容涉及这一领域的各个方面，是研究明代军政事例的重要文献。

6.《皇明条法事类纂》

旧抄本《皇明条法事类纂》64册，50卷。50卷正文之末，附有各类有关制例的题本及大赦令一大宗，不分卷，亦无类编。此书明抄本现藏日本东京大学总合图书馆。日本古典研究会于昭和41年（1966年）将其影印，影印本分订为上下两册。为叙述方便起见，我们把正文50卷简称为"正编"，附录部分简称为"附编"。

在中国古代，一些朝代为使各级衙门和官员检阅法律方便，常把敕、令、律、例、格、式和其他法律规定随事分门别类纂为一书，称为"条法事类"。"条法"的名称出现较早，《后汉书·陈宠传》中，就有"（陈）宠又钩校律令条法，溢于《甫刑》者除之"的记载。[①] 以"条法事类"形式编纂法律文件，在宋代时颇为盛行。如宋孝宗朝编有《淳熙条法事类》，宋宁宗朝编有《庆元条法事类》等。明承宋制，重视编例，凡六部、都察院等衙门及人臣进呈的题本，一经皇帝圣旨"是"、"准议"、"准拟"了的，当时被称为"例"，也叫事例。事例具有法律效力，在律无明文规定的情况下，各级官吏在执法、司法实践中必须依例而行。《皇明条法事类纂》所辑题本中，基本上都属于"题准"、"议准"的事例。因此，它是一部事例汇编性文献。

"正编"占全书四分之三以上篇幅，分8类175目，1276条，每条为一个事例。其中，有条名无文者235条。除2条各含有2个题本外，各条均辑录1个题本，这样，"正编"实辑各类事例1043件。具体是：五刑类1卷，31条；名例类5卷，136条（含有条名无文者32条）；吏部类5卷，153条（含有条名无文者52条）；户部类9卷，254条（含有条名无文者

[①]《后汉书》卷四六《陈宠传》，中华书局1982年版，第1554页。

33条）；礼部类2卷，62条（含有条名无文者15条）；兵部类9卷，222条（含有条名无文者60条）；刑部类17卷，381条（含有条名无文者43条）；工部类2类，37条。各类、目名称及编纂顺序，基本上同《大明律》，稍有不同的是，"五刑"属《大明律·名例律》的首篇，而《皇明条法事类纂》把"五刑"单列为一类，予以突出。另外，该书卷二设"王府条例"专卷，这与《大明律》刑名相异。总体来说，"正编"的编纂方式，是以《大明律》的律名、刑名为序，把定例按内容类编，分别辑录在律条的相关刑名之后。

"附编"共辑各种事例216件，其中：吏部10件，户部32件，礼部25件，兵部67件，刑部42件，工部1件，都察院29件，通政司1件，圣谕1件，诏书5件，无部别者3件。大概是未系统整理的缘故，这部分编纂工作十分粗糙，书前"总目"和"附编"前也均未开列本编的条名目录。

在《皇明条法事类纂》实辑的1259件文书中，除个别外，均属事例性质。其中，除有英宗正统朝、世宗嘉靖朝各一件外，均系明宪宗、孝宗两朝各部及都察院等衙门于天顺八年（1464年）至弘治七年（1494年）31年间事例。在这些事例中，天顺八年31件，成化年间891件，弘治年间328件，属于这两朝题本而未书年代者7件。进呈时间最早者为天顺八年四月十二日，最晚者为弘治七年十二月二十日。天顺虽系明英宗朱祁镇年号，因英宗死于天顺八年正月，故是年所进题奏，实是宪宗朝的。

《皇明条法事类纂》所辑事例，其内容基本上分为四部分：（1）标题。概括题奏的主要内容和处理意见。（2）各部、院题奏。交代时间、题奏部门、题奏人和题本、奏本内容。（3）引录与题奏相关的前朝条例或现行条例，作为拟议的参考。（4）下达圣旨。成化、弘治条例全部系明代档案，其中绝大多数是首尾齐备的题本、奏本。

《皇明条法事类纂》的史料价值是：其一，它辑录的材料全部出自明代档案，其中绝大部分是内容完整的题本、奏本，并多为《明实录》、《明史》、《大明会典》及明代诸史籍所不载，部分有记载者也是行文简略，故它具有考史、证史、补史的作用。其二，本书不仅为研究成化、弘治两朝的法律制度、法律思想、制例的过程及法律实施状况，提供了大量生动、具体的资料，而且对于研究整个明代法律史也是不可缺少的宝贵文献。成化朝以前颁行的事例、条例多已失传，弘治朝以后的事例、条例不少是沿袭成化、弘治两朝而来，且又多是采其条文，不书制例缘由。《皇明条法事类纂》所辑题本、奏本，在论及制定新例的依据时，往往是针对社会时弊，阐发律意，引用前朝敕、例，陈述制例的必要性，故它对于考察已散失的明前期的事例，对于研究明代中后期例的产生、沿革变化及所体现的法律思想，对于研究律例关系及法律实施情况等，提供了丰富的史料。其三，该书的内容不仅涉及明律的各种刑名，而且涉及朝政和社会经济生活的各个领域，对于研究明代中叶社会史的诸方面及宫廷贵族生活、民间习俗、外交关系、少数民族事务，都有重要的史料价值。

这部珍贵的文献也有其严重的缺陷，主要是：原抄本错、脱、衍文字极多，几乎达到了每页乃至每段都有错字的地步。文意不通、难解的句子比比皆是，将此条文字错间于另条，或将内容无关的文字错入以及有文无目、有目无文、目录标题与正文标题文字相异等情况亦不少。所有这些，都给阅读者造成很多困难。另外，围绕作者、御制序、题识的真伪产生的疑问，也影响了人们对这本书的价值的认识。

《皇明条法事类纂》的标点本，收入《中国珍稀法律典籍集成》乙编。关于该文献的作者及流传情况，笔者曾在《明代中后期重要条例版本考略》一文中作过考证。[①] 从抄本笔迹不同这一点看，它是由多人抄写而成。关于这部抄本的流传情况，明、清两代史籍也均未见著录。它被东京帝国大学附属图书馆收藏，乃是清朝末年的事。

对于这部文献的价值及抄本存在的一些问题，已故的日本著名法律史学者仁井田陞先生于1939年所撰《旧抄本皇明条法事类纂我见》（见［日］仁井田陞著《中国法制史研究》之《法与习俗・法与道德》，1964年东京出版）和我国著名明史学者王毓铨先生所撰《〈皇明条法事类纂〉读后》（《明史研究论丛》第1辑，江苏人民出版社，1982）两文，都提出了很好的见解。两人在介绍抄本的基本情况、充分肯定它的史料价值的

---

① 杨一凡：《明代中后期重要条例版本考略》，《法学研究》1994年第3期。

同时，分别就书前所列"御制序"、清人题识和抄本编者真伪等作了考辨，指出：（1）所谓"御制序"，系伪作，它实由《大明会典》的正德四年《御制大明会典序》和万历十五年《御制重修大明会典序》拼凑而成。（2）各种清人题识漏洞甚多，也不可信。（3）抄本"总目"之首旧题"监察御史臣戴金奉敕编次"，也有令人费解之处。戴金于明世宗嘉靖年间方任监察御史，他的编纂事业当与孝宗无关。如果说该书编者的真伪尚须进一步考证的话，那么，"奉敕编次"之说，则显属虚构。（4）把该书"总目"书为"大明文渊阁抄写《永乐大典·条法事类纂总目》"及在"附编"塞进嘉靖六年户、刑二部的题本，于事理乖谬，可能是好事者所为，不足为信。笔者赞同仁井田陞先生和王毓铨先生的上述观点，认为他们对这部文献总的评价是中肯的。

7.《条例全文》

《条例全文》不分卷，辑者不详，明抄本。原书40册，天一阁博物馆存8册，即第11、13—15、19、35、39—40册。这8册收入《天一阁藏明代珍本丛刊》第3、4册，已于2010年由线装书局影印出版。

该书是成化、弘治年间条例题奏文本的汇编，按年月先后编排。天一阁藏8册所辑定例的条数及其制定的年月情况是：（1）第11册为《皇明成化六年条例》，收入成化六年七月至十二月条例31条；（2）第13册为《皇明成化八年条例》，收入成化八年正月至十二月条例37条；（3）第14册为《皇明成化九年条例》，收入成化九年正月至十二月条例38条；（4）第15册为《皇明成化十年条例》，收入成化十年正月至十二月条例30条，此册前缺正月至七月目录及部分条目；（5）第19册为《皇明成化十三年条例》，收入成化十三年七月至十二月条例16条；（6）第35册为《皇明弘治二年条例》，收入条例25条，这册前残缺，无目录，内容基本是弘治二年八月至十二月条例24条，但又抄入了弘治五年、六年、七年条例；（7）第39册为《皇明弘治六年条例》，收入弘治六年正月至十二月条例24条；（8）第40册为《皇明弘治七年条例》，收入弘治七年正月至十二月条例26条。天一阁所藏8册共收入条例227条，其内容是朝廷六部、都察院等衙门及朝臣的题本、奏本和经皇帝钦准的定例。

据《明史·艺文志》故事类存目记载，有《条例全文》30卷，然至今未见有刻本传世。天一阁所藏条例全文8册是否与《艺文志》所记同为一书，有待考证。此外，中国国家图书馆存成化二十三年条例一册，收入成化二十三年正月至十二月条例34条。此册已收入《中国珍稀法律典籍集成》乙编第2册出版。① 据黄彰健《明代律例汇编》，台北"中研院"史语所刊有成化七、十一、十三、十四、十六至十九、二十二年条例，共9册；另存一部两册，为成化十四、十五年条例各一册；还存有弘治元年、四年条例20册，史语所所存成化、弘治条例抄本与天一阁藏本是否属于同一个系列，也有待查阅后确定。

20世纪90年代初，笔者主持《中国珍稀法律典籍集成》乙编整理时，当时只复制到《皇明成化二十三年条例》和《皇明弘治六年条例》，故《集成》只把这两册整理后收入。《皇明成化二十三年条例》为34条，《皇明弘治六年条例》为29条（其中《条例全文》第39册收入24条，抄补窜入别册的弘治六年条例5条）。从天一阁藏本成化八年（1472年）条例封面标有"条例全文"字样及有关抄本体例、字迹与其相同的情况看，《皇明成化二十三年条例》和《皇明弘治六年条例》应是《条例全文》的一部分。笔者曾把这两种条例与《皇明条法事类纂》所辑成化二十三年条例和弘治六年条例逐字作过对勘，发现《皇明条法事类纂》所收条例与此两朝条例不仅条数篇名大多一致，各篇内容也基本一样。不同的是，两朝条例是以题本、奏本的进呈时间为序编排，错、脱、衍文字甚多，而《皇明条法事类纂》是以类编次，错脱文字虽然也达到每页、每段均有错的地步，但较两朝条例要好得多。据初步考证，笔者认为两朝条例成书在前，《皇明条法事类纂》成书在后。《皇明条法事类纂》作为成化、弘治两朝条例的分类汇编，两者参照对校，可以厘正彼此的失错之处。

8.《嘉靖新例》和《嘉靖各部新例》

《嘉靖新例》，1卷，嘉靖年间御史萧世延、按察使杨本仁、左参政范钦编，嘉靖二十七年（1548年）梧州府知府翁世经刊。该书收入嘉靖元年（1522年）至二十五年（1546年）制定的刑例凡202条，全书分为名

---

① 《中国珍稀法律典籍集成》乙编第2册，第63—140页。

例、吏、户、礼、兵、刑、工7部分，按照《大明律》条名排列的先后顺序，把嘉靖年间制定的新例分别编在相关的条名之后。其中：《名例》31条，《吏例》37条，《户例》34条，《礼例》3条，《兵例》23条，《刑例》71条，《工例》3条。书后有嘉靖二十七年（1548年）秋七月梧州府儒学训导丘云霄题跋，就编刊此书的缘起作了简要说明。《嘉靖新例》中的例，除绝大部分系六部"题准"、"议准"、"奏准"外，还编入皇帝圣旨原文23件，诏令10件。这些定例，多是嘉靖朝为适应时变而制定的新例，也有一些系对旧例的修订或重申先例的法律效力。现见的此书版本有：日本东京大学东洋文化研究所藏嘉靖二十七年梧州知府翁世经刻本，浙江天一阁文物保管所藏《嘉靖新例》不分卷明抄本，南京图书馆藏翁世经原刊本《玄览堂丛书》3集影印本。此外，嘉靖年间，巡抚四川右副都御史张时彻也编有《嘉靖新例》一卷，台北"中研院"史语所藏明嘉靖二十五年（1546年）张时彻刊《嘉靖新例》刻本，其体例与萧世延等所编本不同，非为一书。

《嘉靖各部新例》，6册，台北"中研院"史语所傅斯年图书馆藏明抄本，原书辑者及抄录者姓名不详。《新例》辑录明世宗嘉靖朝礼、兵、刑诸部题奏经皇帝钦准的事例。刑部类有地方事、欺善事、巡捕事、实恤事、缉访事、申明律意以便遵守事等条目；兵部类有调遣军政官员、两广功升袭替事例、陈愚见以祛风弊以裨盐法以绥地方事等条目；礼部类有严选考官以图得人事、革贪风以隆圣治事、申明禁例以正风俗事等条目。

9. 《嘉靖事例》

《嘉靖事例》，不分卷，明人范钦等辑。中国国家图书馆藏有该书明抄本。范钦，明浙江宁波府鄞县人，字尧卿，一字安卿，号东明。嘉靖十一年（1532年）进士。曾任随州知府、工部员外郎、袁州知州、都察院右副都御史等职，累官兵部右侍郎。范钦为明代著名藏书家，喜购书，筑天一阁藏之。有《天一阁集》19卷，《嘉靖事例》是其所编书之一。该书辑录明嘉靖八年（1529年）至十九年（1540年）间，朝臣所上题奏经皇帝敕准颁行的事例83件。其中，嘉靖八年20件，九年23件，十年7件，十五年9件，十六年5件，十八年2件，十九年4件，题奏时间不明确者3

件。这些事例的内容是有关屯田、征田、国公田土、寺田、屯种、田粮、田租、赈田、盐法、茶法、钱法、酒醋、马羊、鱼课、草料、瓜果蔬菜、菜户、积谷造册、桑园、采矿、边储、边饷、禄米、香钱、军粮及内府收纳、米俸、仓粮除耗、赈济灾民、议处荒政、商税、内府丝料、官引、违例支俸等方面的法律规定。由于明王朝各地的自然条件和经济发展的状况千差万别，朝廷对于社会经济的管理及相关矛盾的法律调节，主要是通过适时制定各类事例、则例进行的。与社会经济生活的多样性和管理制度经常调整的实际相适应，经济立法也呈现出多变的特点。在这种情况下，不仅朝廷制定的通行全国的单行经济法规甚少，而且把同一朝的各类经济立法汇编在一起的法律文献也是凤毛麟角。《嘉靖事例》是现存的不多见的同一朝经济管理类事例的汇编。

10.《嘉隆新例》

《嘉隆新例》（附万历新例），6卷，附于明张卤辑《嘉隆疏钞》后，神宗万历年间刊。辑者张卤，明河南仪封人，字召和，号浒东。嘉靖三十八年（1559年）进士。历官右佥都御史、保定巡抚、大理卿，后出为南京太常卿，以忤张居正致仕。此书辑嘉靖朝、隆庆朝及万历元年（1573年）至六年（1578年）定例338条，依吏、户、礼、兵、刑、工六例分类逐年编排，其中：《吏例》71条，《户例》59条，《礼例》16条，《兵例》126条，《刑例》57条，《工例》9条。在这些定例中，嘉靖朝定例166条，隆庆朝定例76条，万历朝定例96条。以该书所辑嘉靖朝的定例与《嘉靖新例》对校，可知二者重复甚多。《嘉靖新例》中的许多定例，为嘉靖、万历年间重修《问刑条例》时所采纳。因此，此书对于后人比较全面地了解嘉靖、隆庆、万历三朝例的制定及其沿革情况甚有用处。《嘉隆新例》万历刊本，现藏台湾"中央"图书馆，中国国家图书馆藏有原书缩微件。《玄览堂丛书续集》第104册收入该书影印本。

11 其他条例、事例汇编文献

现存世的明代条例文献还有多部。其中：有关六部职掌方面的文献有：（1）《六部条例》不分卷，中山大学图书馆藏明抄本；（2）《六部纂修条例》不分卷，中国国家图书馆、天津图书馆藏明抄本；（3）《明六部条例各衙门条例》不分卷，中国国家图书馆藏明抄本；（4）《吏部四司条例》3卷，明蹇义辑，天一阁、中国国家图书馆藏明抄本；（5）《考功验封司条例》3卷，天一阁、中国国家图书馆藏明抄本；（6）《兵部武选司条例》不分卷，中国国家图书馆、天一阁藏明抄本；（7）《南京工部职掌条例》5卷，明人刘汝勉等纂，中国国家图书馆藏清抄本。这些文献记录了六部、吏部四司及兵部武选司、南京工部的官制、职掌和行事规则。此外，《明史·艺文志》所录书目中，有明人曾同亨纂《工部条例》10卷，崔国辑《国子监条例类编》6卷，陆深纂《科场条贯》1卷，不著撰人《国子监规》1卷，这四部文献均未见有版本传世。

有关军政管理方面的条例汇编性文献还有：（1）《军政条例续集》5卷，明人孙联泉辑，天一阁藏明嘉靖三十一年（1552年）江西臬司刻本，中国国家图书馆藏明嘉靖三十一年江西臬司刻本残卷本；（2）《御倭军事条款》1卷，中国国家图书馆藏明嘉靖刻蓝印本；（3）《明御倭行军条例》，明人李遂辑，1994年上海书局影印；（4）《御倭条款》1卷，明人王邦直辑，中国国家图书馆藏明万历四十五年（1617年）刻本。此外，明人纂辑的一些军政条例文献，如《千顷堂书目》录有不著撰人《军政条例》7卷，《军政条例摘抄》10卷和《军政律条》等[1]，书名虽存，尚未见到有版本传世。

有关监察制度方面的文献有：重庆市图书馆藏有明万历蓝印本《出巡条规》，该条例共14条，对都察院官员和御史巡察各地的职责、途行规式、各官参见礼仪及禁约事项等规定甚详，是明正统朝颁行《宪纲条例》后又一部重要的检察制度方面的重要文献。

在田土、钱粮、盐茶、赋税、工匠等管理方面，由于这方面的情况处于经常的变动之中，明朝主要是通过颁行事例、则例来调整的，制定的条例相对较少。现见的这类条例汇纂性文献有《盐法条例》和《洲课条例》等。《盐法条例》现有上海图书馆藏明嘉靖刻本、大连市图书馆藏清抄本、中国国家图书馆藏清抄本。《洲课条例》系明人王侹辑，内载明朝南京沿江一带芦洲课银事例。内有各府卫州县每年洲地洲田出办课银数目、工部

---

[1] （清）黄虞稷：《千顷堂书目》卷9《典故类》，上海古籍出版社1990年版。

每年取用课银、钦赐各衙门及寺观洲场、各年题奉钦依事例、各年领敕官纂酌处事宜等5目。台北"中研院"史语所傅斯年图书馆藏旧抄本，抄录年代不详。

明代地方长官发布的地方法规中，也出现了条例这一法律形式。如嘉靖四十一年（1562年）海瑞在淳安知县任上，曾制定《兴革条例》。该条例分为吏属、户属、礼属、兵属、刑属、工属6类编辑，内容是关于地方事务治理方面的规定。陕西省图书馆藏《海刚峰集》重刻本中收有该条例，刊印时间不详。

以事例为书名的文献还有：台北"中研院"史语所傅斯年图书馆藏有《大明九卿事例案例》明抄残卷本，天一阁、中山大学图书馆藏《六部事例》明抄本，天一阁藏《催征钱粮降罚事例》明万历五年（1577年）福建布政司刻本、《西都杂例》明抄本。

《大明九卿事例案例》系明抄残卷本，册数不详，现仅存27册。辑者及抄录时间不详。其内容为辑录明英宗天顺至世宗嘉靖年间由六部尚书、都察院都御史、通政使、大理寺卿奏呈经皇帝钦准通行的事例。每一事例均是先叙述案由，次载明例文，后记录皇帝谕旨。内有军卫有司官的问罪因不许托故延调例、乐户设计诱买良人为娼事发充军事、各处强盗人命重事官从公问断不许坐视酿成民害事、军民约问词讼行就近衙门委官勘问有违定限者并听参问例、人命干连囚犯俱照例原免等多目。

《六部事例》不分卷，不著撰者。该书收录明成化年间和弘治初年的事例。原书应为6册，天一阁藏《礼律》、《兵律》、《工律》各1册，系明抄本。该书各册前有目录，但与正文内容并不完全相符，抄写格式也不统一。天一阁所藏3册共收入事例72件，其中《礼律》26件，系祭享、禁止迎送、仪制、失仪等方面事例；《兵律》29件，系清解军人、卫所军人犯罪、官军失班、混造文册等方面的事例；《工律》17件，系营造、物料及人匠应役等方面的事例。中山大学图书馆藏有《六部事例》的《吏律》、《户律》、《刑律》明抄本，计3册，因笔者尚未详阅，此3册是否与天一阁藏本同为一书，有待进一步确定。

此外，在《四译馆则》一书中，记载了大量有关明代四夷馆制度的事例。明初设四夷馆，掌管外国朝贡通译语言文字之事。四夷馆初设时隶属翰林院，弘治七年（1494年）始改隶太常寺。清初改称四译馆。《四译馆则》系明人郭棐原辑，清人曹溶等续辑、霍维翰增辑。该书20卷，首1卷。全书分为两部分。前部为《新增馆则》，系清顺治十五年（1658年）曹溶等原辑，清康熙二十七年（1688年）霍维翰增辑刊行，记清顺治十年（1653年）至康熙二十三年（1684年）30余年间事例。后部为《增订馆则》，系明嘉靖二十二年（1543年）郭棐原辑，后经明万历四十年（1612年）洪文衡、崇祯三年（1630年）吕维祺、清康熙十二年（1673年）袁懋德三次增补，康熙二十七年复由霍维翰补阙订正。《增订馆则》记明初至崇祯三年四夷馆事例。其内容有敕谕、建设、典制、训规、官方、题名、属员、俸廪、经费、仪注、杂志、文史等多目。台北"中研院"史语所傅斯年图书馆、台北"中研院"近代史研究所图书室藏日本裕仁天皇昭和二年（1927年）京都帝国大学文学部东洋史研究室据清康熙二十七年四译馆刊重印本。

四 《大明会典》、《皇明诏令》和《皇明制书》

明代的重要法律典籍除前面所述者外，还有《大明会典》、《皇明诏令》、《皇明制书》三书值得关注。《大明会典》是明朝的大经大法，在法律体系中居于最高地位。皇帝随时发布的诏令，具有适时补充和修改法律的作用，其法律效力往往高于其他法律，明人傅凤翔辑《皇明诏令》汇编了明代10位皇帝的诏令，堪称这方面的代表性成果。嘉靖、万历刊刻的《皇明制书》，收入明代代表性法律21种，是研究明代法制的必读之书。

1. 《大明会典》

《大明会典》，简称《明会典》。为记载明代典章制度的官修书，其内容以行政法规为主。

该书始纂于弘治十年（1497年）三月，其时，孝宗以累朝典制散见于简册卷牍之间，百司难以查询，民间无法悉知，敕大学士徐溥、刘健等编修，十五年（1502年）十二月成书，凡180卷，赐书名为《大明会典》。会孝宗死，未及颁行。武宗继位后，于正德四年（1509年）五月，命大学士李东阳等重校，六年（1511年）颁行，世称《正德会典》。《正德会典》弁以宗人府一卷，1—163卷为六部掌故，164—178卷为诸文职，末二卷为诸武职，详记明初至弘治之行政法规和典章制度，其书开创了《明会典》的基本体例，今有明刻本传世。

嘉靖年间，会典凡两续修。八年（1529年），将弘治十五年（1502年）至嘉靖七年（1528年）续定事例，照前例查出纂集，以类附入。嘉靖二十四年（1545年）至二十八年（1549年），又诏阁臣续修新例。嘉靖年间前后续修达53卷，世称《嘉靖续纂会典》，然未颁行。

神宗万历四年（1576年）六月，重修《大明会典》，十三年（1585年）书成，十五年（1587年）二月刊行，世称《万历重修会典》，题为申时行等修，共228卷，增补了嘉靖二十八年（1549年）至万历十三年（1585年）事例。今存《大明会典》有内容简繁不同的两种版本，一般称引的《明会典》，多指万历本而言。以下简介以万历本为据。

《大明会典》以六部官制为纲，以事则为目，分述明代开国至万历十三年（1585年）200余年间各行政机构的建制沿革及所掌职事。首卷为宗人府，其下依吏、户、礼、兵、刑、工六部及都察院、六科与各寺、府、监、司等为序，计宗人府1卷，吏部12卷，户部29卷，礼部75卷，兵部41卷，刑部22卷，工部28卷，都察院3卷，通政使司和中书舍人、六科、大理寺、太常寺、詹事府（及左右春坊、司经局、顺天府、应天府）、光禄寺、太仆寺、鸿胪寺、国子监、翰林院、尚宝司、钦天监、太医院、上林苑监（及五城兵马指挥司）、僧禄司（及道录司、神乐观）各1卷。以上为文职衙门，共226卷。武职衙门仅两卷，列叙五军都督府和锦衣卫等22卫。各官职之下都列有详细统计数字，如田土、户口、驻军、粮饷等。

《大明会典》是一部记载明代基本法律制度，特别是行政法规的珍贵文献。其所依据的材料以洪武二十六年（1393年）刊布的《诸司职掌》为主，参以《皇明祖训》、《大诰》、《大明令》、《大明集礼》、《洪武礼制》、《礼仪定式》、《稽古定制》、《孝慈录》、《教民榜文》、《大明律》、《军法定律》、《宪纲》等10余种法律典籍和百司之册籍及历年有关事例汇辑而成。该书所记明代行政法规和典章制度颇为完备，史志所载不详者，多具始末。它是当时百司必参阅之书，也是后世研究明史特别是明代典章制度的典籍。后为清人效仿而作《大清会典》及事例。

现存的《大明会典》版本有多种,其中,明申时行纂修《大明会典》228卷万历十五年内府刻本、明天启元年张京元等刻本存世者较多。除此以外,比较珍贵的版本有:国图、北京大学图书馆、复旦大学图书馆、天津图书馆、辽宁省图书馆、大连市图书馆藏明徐傅等纂修《大明会典》180卷明正德六年司礼监刻本。国图藏申时行等纂修《大明会典》明万历刻本,北京大学图书馆、清华大学图书馆、北京师范大学图书馆、陕西师范大学图书馆、南京图书馆藏万历《大明会典》明刻本,国图藏明张居正等纂修《大明会典》280卷内府抄本残卷本,中国科学院图书馆、中山大学图书馆藏《大明会典》抄略不分卷明万历刻本。

2.《皇明诏令》

《皇明诏令》,明人傅凤翔于嘉靖十八年(1539年)任巡按浙江监察御史、福建按察司副使期间辑成刊行。其后,浙江布政使司又于嘉靖二十七年(1548年)校补重刊。此书收录自小明王韩林儿龙凤十二年(1366年)至明嘉靖二十六年(1547年)共182年间,明代十位皇帝的诏令507篇。其中:太祖72篇,成祖73篇,仁宗15篇,宣宗71篇,英宗95篇,景帝20篇,宪宗62篇,孝宗24篇,武宗22篇,世宗53篇。这些以皇帝名义发布、具有最高法律效力的诏敕和文告,内容涉及军国大政、律例刑名、职官职掌、户婚钱粮、赋役税收、钱法钞法、马政漕运、盐茶课程、祭祀礼仪、宗藩勋戚、科举学校、军务征讨、关津海禁、营造河防、外交事务、抚恤恩宥等各个方面,均系明代十朝有关重大朝政要事和法律、制度的决策性文献。

嘉靖时,都察院右副都御史黄臣在其写的《〈皇明诏书〉后序》一文中,称赞该书"兹册肇于国初,以至近日,实备一代之全文","圣朝所立之法,力行罔遗"。黄臣的评价固然有些言过其实,如傅氏所辑诏令,以"奉颂列祖列宗"、"书善不书恶"为选辑标准,专取"足为世师"的"温和之旨",凡有损君主形象者就概未收录。然而,如果说明代十朝皇帝发布的最重要的决策性诏令,大多已被收入其书,则并非夸张。《皇明诏令》一书的历史贡献,是它为后世保存了如此众多的、首尾齐备的诏令全文。这些诏令许多为诸史所不载,即使像《明实录》这一详记明代典章制度的浩浩巨著，也有不少未曾列入；已记载的也往往多有删节。因此，《皇明诏令》此书，无论是对于研究明代法律史，还是对于研究明代政治、经济、文化、军事、对外关系史，都有他书不可替代的史料价值。

现知的该书善本，有美国国会图书馆藏《皇明诏令》21卷明嘉靖刻本、《皇明诏令》27卷明嘉靖刻本和中国国家图书馆藏《皇明诏令》21卷明嘉靖二十七年（1548年）刻本。此外，中国人民大学图书馆藏有该书明嘉靖二十七年本依明1941年抄本。美国国会图书馆藏此书21卷本，目录所记诏令篇名，止于嘉靖十八年（1539年），而卷内诏令实收录止嘉靖二十八年（1549年），其原刻续刻，尚难分辨。美国国会图书馆藏此书27卷本所辑诏令篇数、内容，与国图藏该书21卷本不仅一致，且文字也较模糊。从27卷本辑录的太祖一朝（前3卷）诏令较国图藏本多续有17篇这一点可知，其校补印行时间当在嘉靖二十七年之后。三书比较，国图藏《皇明诏令》21卷本成书时间相对要早，印刷得也较为清晰。收入《中国珍稀法律典籍集成》第3册的《皇明诏令》整理本，以国家图书馆藏《皇明诏令》21卷明嘉靖二十七年刻本为底本。

3.《皇明制书》

《皇明制书》是明朝代表性法制文献的汇集。该书收入《大明令》、《御制大诰》、《御制大诰续编》、《御制大诰三编》、《大诰武臣》、《洪武礼制》、《诸司职掌》、《孝慈录》、《礼仪定式》、《教民榜文》、《稽古定制》、《资世通训》、《学校格式》、《皇明祖训》、《大明律》、《大明官制》、《宪纲事类》、《吏部条例》、《军政条例》、弘治《问刑条例》、《节行事例》等21种。除《资世通训》属于祖训性质的政书外，均系明代的代表性法律或记载国家基本制度的文献。这些文献不仅是研究明代法律史的珍贵资料，对于研究明代政治制度史、经济史、军事史、文化史也有重要的史料价值。

长期以来，许多学者通常是通过研读《大明会典》等史籍了解明代法制。《大明会典》以六部官制为纲，以事则为目，分述明朝开国至万历十三年（1585年）200余年间各行政机构的建制沿革及所掌职事。该书记述的明代行政类法律和典章制度较为完备，人们重视《大明会典》是有其道理的。然而，《皇明制书》有《大明会典》无法取代的价值。《会典》依据的资料，以洪武二十六年（1393年）编定的《诸司职掌》为主，参以《皇明祖训》、《大诰》、《大明令》、《大明集礼》、《洪武礼制》、《礼仪定式》、《稽古定制》、《孝慈录》、《教民榜文》、《大明律》、《军法定律》、《宪纲事类》等12种法律典籍和百司之法律籍册编成，附以历年有关事例。其中《大明律》被全文收录，《诸司职掌》虽被正德《会典》"旧文皆全录"，但分编于各条目之中。至于其他文献则是摘选，分类归于相关的职掌之下。与《大明会典》相比较，《皇明制书》的内容不及《大明会典》宽泛，但都是明代最基本的法律辑录。要了解这些法律的原貌，《皇明制书》是必读之书。要弄懂《大明会典》的内容和依据的基本资料，也须研读《皇明制书》。

现见的《皇明制书》版本，主要有嘉靖年间（1522—1566年）南直隶镇江府丹徒县官刊《皇明制书》14卷本（简称14卷本），及该书万历四十一年（1613年）镇江府知府康应乾补刻本（简称14卷补刻本）；明万历七年（1579年）钦差巡抚保定等府地方兼提督紫荆等关都察院右副都御史张卤校勘、大明府刊刻《皇明制书》20卷本（简称20卷本），以及《皇明制书》不分卷本明刻本（简称不分卷本）。1967年（日本昭和42年），日本古典研究会把《皇明制书》影印，书后附有山根幸夫先生撰写的《皇明制书》题解和日本藏《皇明制书》14卷本、20卷本、不分卷本文献校对表。影印本的问世，对于《皇明制书》的流传和促进对它的研究，发挥了良好的作用。然而，此书出版时，正值中国"文化大革命"爆发，书籍进口业务遂被搁置，所以中国学者长期未曾得见。据笔者所知，现今全国只有个别图书馆藏有此影印本。

关于《皇明制书》的成书缘由和过程，山根幸夫先生在《皇明制书题解》一文中曾有详细的阐述。张卤撰《皇明制书》序及康应乾《补刊制书小引》中，记述了当时地方官吏皆不知这些法律的状况，说他们刊刻《皇明制书》的目的，是为了祖宗成法"是训是彝，家传人诵"，"万民世世守之无替"。

《皇明制书》14卷本、20卷本、不分卷本收入的文献及现见的本藏馆情况是：

（一）14卷本：收录《大明令》、《洪武礼制》、《诸司职掌》、《孝慈录》、《礼仪定式》、《教民榜文》、《稽古定制》、《宪纲事类》、《吏部条例》、《军政条例》、《问刑条例》、《节行事例》等12种。中国国家图书馆、清华大学图书馆、日本名古屋蓬左文库和京都的阳明文库藏有该书明嘉靖刻本。日本日比谷图书馆市村文库、东京大学东洋文化研究所藏有该书明万历四十一年（1613年）补刻本。在现见的《皇明制书》诸版本中，14卷本刊刻年代相对较早，且《吏部条法》、《军政条例》、弘治《问刑条例》3种文献，其他版本未予收录。

（二）20卷本：收录《大明令》、《御制大诰》、《诸司职掌》、《洪武礼制》、《礼仪定式》、《教民榜文》、《资世通训》、《学校格式》、《孝慈录》、《大明律》、《宪纲事类》、《稽古定制》、《大明官制》、《节行事例》等14种。中国大连市图书馆、美国国会图书馆、日本东洋文库和尊经阁文库藏有明万历七年刻本。与《皇明制书》14卷本、不分卷本比较，该书收录的文献种类最多，其中，《资世通训》、《学校格式》、《大明律》、《大明官制》为其他版本未收录。

（三）不分卷本。该书的编者和刊刻年代不详，但系明刻本无疑。内收有《皇明祖训》、《孝慈录》、《大明令》、《御制大诰》、《御制大诰续编》、《御制大诰三编》、《大诰武臣》、《洪武礼制》、《稽古定制》、《礼仪定式》、《教民榜文》等11种。日本内阁文库藏有该书明刻本。与《皇明制书》14卷本、20卷本相比较，不分卷本辑录而他本未辑录的文献是《御制大诰续编》、《御制大诰三编》和《大诰武臣》。

《皇明制书》所收21种文献的版本，《大明令》、《御制大诰》、《御制大诰续编》、《御制大诰三编》、《大诰武臣》、《洪武礼制》、《诸司职掌》、《孝慈录》、《礼仪定式》、《教民榜文》、《稽古定制》、《学校格式》、《皇明祖训》、《大明律》、《宪纲事类》、《吏部条例》、《军政条例》、《问刑条例》、《节行事例》等19种的版本已在前文中作了介绍，不再赘述。现将《资世通训》、《大明官制》两书的版本补写于后。

（1）《资世通训》

《资世通训》，明太祖朱元璋撰，洪武八年（1375年）二月成书。①

---

① 《明太祖实录》卷97。

书凡 14 章，首为《君道章》，曰勤俭、仁敬之类十有八事。次为《臣道章》，曰忠孝、勿欺勿蔽之类十有七事。后依次为《民用前章》、《民用后章》、《士用章》、《农用章》、《工用章》、《商用章》、《僧道章》、《愚痴章》、《教子章》、《造言章》、《民祸章》、《民福章》12 章，皆申诫士庶之意。书前有明太祖《御制资世通训》序云："古有圣经贤传，立意深长。为先儒注以繁辞，评论不一，愈愚后学者。朕特以一己之见，总先贤之确论，托谒者评之，直述其意，以利于后人。"书后有洪武八年二月翰林国史院编修官赵壎写的《后序》，《后序》云："皇上以生知之圣，聪明神武，拨乱世而归之正，创业垂统，纪纲灿然，法度昭著，其于君道备矣，善政得矣。尚虑夫百官、庶民未能尽其职分之所当为，乃著书……以劝惩之辞，意明切诲谕谆至，无非欲其改过迁善，同享太平之乐。故名曰《资世通训》。"在《皇明制书》诸版本中，仅 20 卷本收录了《资世通训》。另外，中国国家图书馆藏有《资世通训》明刻本一卷。收入笔者整理的《皇明制书》校勘本时，以日本东洋文库藏《皇明制书》20 卷本为底本，以中国国家图书馆藏《资世通训》明刻本为主校本。

（2）《大明官制》

《大明官制》，又名《大明一统文武衙门官制》，或《大明官制大全》。该书是明代各级文武衙门的设置、辖地和职官制度的汇纂，以京师、南京和山西、山东、河南、陕西、浙江、江西、湖广、四川、福建、广东、广西、云南、贵州十三布政使为序，首列两京文武各衙门，次及两京府直隶，次为各布政使司、各按察使司、各都指挥使司，各所属府州县、卫所大小衙门并各封藩、各土官，记述各职官品秩崇卑、编户多寡、道里远近和官员勋阶资品等。书后附《新官到任仪注》，内有《上任选择日期法》、《文官服色》、《武官服色》、《吏员出身资格》、《吏员月支俸米》、《鞭春礼仪》、《有司官下学行香礼仪》、《迎接诏敕官班仪仗行次图》、《开读诏敕文武官拜位图式》、《两京门名》、《祭先师孔子礼仪》、《乡饮酒礼律仪》等。阅读此书，明朝特别是明代末叶文武衙门、职官设置清晰可知。

现见的《大明官制》版本，除《皇明制书》20 卷本刊载该书外，我国尚藏有几种单刻本，主要有：中国国家图书馆、台北"中央"图书馆藏明嘉靖二十年（1541年）焦琏、祝咏刊刻该书16卷本（简称焦、祝本），中国社会科学院近代史研究所图书馆藏陶承庆校正、叶时用增补该书明万历十四年（1586年）宝善堂刊刻5卷本（书名为《大明官制大全》，简称陶、叶本），中国国家图书馆藏陶、叶本明万历四十一年（1613年）宝善堂刻本，北京大学图书馆藏陶、叶本明万历刻本，南京图书馆藏陶、叶本明刻本。笔者曾把宝善堂于万历十四年、万历四十一年分别刊刻的两种陶、叶本进行对校，发现除万历四十一年刻本有个别文字补刻外，两种版本的文字、字体，每页的行数、字数及首尾两字完全一样。这说明，宝善堂万历四十一年刊刻的《大明官制》，是万历十四年刻本的重印本。

焦、祝本书前有嘉靖二十年（1541年）三月资善大夫、南京礼部尚书张璧写的《大明官制序》、户部左侍郎兼都察院右副都御史叶相写的《刻大明一统官制叙》。《皇明制书》本与焦、祝本相比较，京师、南京和十三布政使司排列顺序相同，但辖地内的许多衙门排列序次相异，也有一些名称不同。焦、祝本后所附礼仪事例的内容较《皇明制书》本为多，如《御宝》、《巡检军囚级数例》、《官吏考满给由闻丧丁忧起复例》、《官吏给由考满给由到京程限》、《考功升黜事例》、《优免员官员田土》等，《皇明制书》本未予收录。叶相《叙》曰："《大明官制》，旧刻有成本，传布天下……凡为卷一十有六，肆今百七十年余。"又云："御史臣焦琏出按两淮事寮贞度之余，举度外罐，检阅旧刻，讹漏颇多，而浸蚀亦甚，深用悚惕，迺属转运司恭承校正，重刻之梓，以广布传。"张碧序云："《大明官制》，我国初以来，闻人之所衷记。"由此可知，《大明官制》初成书于明初，焦琏、祝咏勘刻此书是为了以广流传，使制法得以遵守。

陶、叶本记述的诸司衙门和职官的设置内容与《皇明制书》基本相同，不同之处主要是，书前有《重修官制凡例》、《舆地总图》、《九边总图》、《四夷总图》等。各布政使司的编排顺序有所变动，并记载了各地方的历史名人、土产及社会风情。该书《凡例》云："《官制》旧有成书，备载寰宇之内文武诸司衙门官员品秩、道里远近、编户多寡，到任期限仪注等项，颇为详悉，簿海内外，一目了然，诚仕官之要览也。顾书坊所刻，考据未详，图注简略，统驭皆舛，兼以岁月经久，兴革殊多，未免仍讹习谬之病。近两淮盐运司翻刻者，字画工楷，规式条贯，似乎彼善于此，惜乎未尝订正，徒录旧格，卒亦非善本也，观者憾焉。伏龙飞首，政百度维新，而此编其可不辑哉。故遵照《大明会典》、《一统志》、《广舆图》诸书及见行事宜，参互考校，采辑成编锓梓，以广其传，庶几少裨士君子披览之一助耳。"《凡例》又云："旧本原无郡邑、冲僻、钱谷盈缩之目，隆庆元年八月，题准《新定地里繁简考》，深裨时政，逐款附入，以广传览。"阅此序可知，两淮御史焦琏刊刻的《大明官制》旧有成书，明初编刻的《大明官制》在万历初仍有传本存世。也说明陶、叶本是在旧有《大明官制》成书的基础上，参阅隆庆元年（1567年）题准《新定地里繁简考》、万历十三年（1585年）颁行的《大明会典》诸书及现行事宜而成，此书所辑反映了万历朝前期明廷文武衙门设置的实际状况。

《大明官制》《皇明制书》本与焦、祝本及陶、叶本录比较研究的结果表明，此三书非同一版本，其中焦、祝本成书在前，次为《皇明制书》本，陶、叶本在后。就其内容而言，焦、祝本沿袭了《大明官制》旧有成书，《皇明制书》本所辑反映了万历初年的文武衙门状况，陶、叶本内容较之《皇明制书》本更加完善，其书在万历末仍然重印，反映了该书所述是万历中后期文武衙门设置的状况。《皇明制书》本虽然不及陶、叶本内容完善，但内容基本相同，仍不失研究明代官制变迁的重要价值。收入笔者整理的《皇明制书》校勘本时，以《皇明制书》本为底本，以焦、祝本和陶、叶本为主校本。

明代的则例

则例是明代例的基本形式之一。它作为法律用语和立法形式始于唐、五代时期，后为宋、元两代沿相使用。明代时，则例这一法律形式被广泛用于国家经济、行政、军政、司法管理等领域。明王朝制定和颁行了大量的赋役、盐法、商税、捐纳、赎罪、宗藩、军士优给和给赏以及官吏考核、钱法、钞法、漕运、救荒等方面的则例，就其内容而言，除极少数则例是用于规范某一事项的具体运作规则外，基本上都是钱物和朝廷财政收入、支给管理方面有关标准、数额等差的规定。明代则例的名目甚多，内容前后多有变化，又散存于各类史籍之中，本文只能就这一时期制定则例的情况予以概述。

1. 赋役则例

田赋和徭役是明朝财政来源的两大支柱。为了给政府征调赋役提供可靠的依据，明太祖洪武年间，命各府州县在丈量土地的基础上推行登记和管理土地的鱼鳞册制度，在核查户口的基础上推行编制黄册制度，制定了赋役之法。自明初始，各朝根据国情实际制定了不少实施细则性则例，不断完善了赋役制度。

为了确保田赋的征调和防止粮税严重不均，明朝依照土地的所有权和用途的不同，把土地区分为官田、民田两类。官田又有还官田、没官田、断入官田、学田、皇庄、牧马草场、庄田、职田、军屯、民屯、商屯等之别。因官田与民田、不同种类的官田承担的田赋不一，朝廷颁行了"官田则例"和"民田则例"。《明会典》卷一七载："洪武二十六年定：凡各州县田土，必须开豁各户若干及条段四至。系官田者，照依'官田则例'起科。系民田者，照依'民田则例'征敛。务要编入黄册，以凭征收税粮。如有出卖，其买者，听令增收；卖者，即当过割，不许洒派诡寄。犯者，律有常宪。"① 洪武二十六年（1393 年），还重申了"民间桑株征税则例"，"凡民间一应桑株，各照彼处官司原定则例起科丝绵等物。其丝绵每岁照例折绢，俱以十八两为则，折绢一匹。所司差人类解到部，札付承运库收纳，以备赏赐支用。其树株果价等项，并皆照例征收钱钞，除彼处存留支用外，其余钱钞，一体类解户部，行移该库交收。仍将存用数目，出给印信通关，具本入递奏缴。本部查领附卷作数，其进纳绢匹钱钞一节，俱照依后项金科课程条款，一体施行。"② 同年，又制定了"在京征收刍草则例"，规定："凡在京征收刍草，俱于田亩内照例科征。当征收之时，户部先行定拟具奏，行移该征有司，限定月日。先取部运官吏姓名开报，候起运至日照数填定，拨各该卫所并典牧千户所等衙门交纳，以备支用。其在外衙门，亦各照依已定则例征收施行。"③ 世宗嘉靖九年（1530 年），"令直隶苏、松、常、镇、浙江杭、嘉、湖等府田地科则，只照旧行，不必纷扰。其有将原定则例更改生奸作弊，通行禁革"。④

由于各地的自然条件千差万别，土地肥瘠相殊，朝廷又根据不同地区的实际情况，以则例的形式规定了某一或某些地区承担田赋的数量。如景帝景泰七年（1456 年），制定了"浙江嘉、湖、杭官民田则例"，规定这三个地区"官田每亩科米一石至四斗八升八合，民田每亩科米七斗至五斗三升者，俱每石岁征平米一石三斗。官田每亩科米四斗至三斗，民田每亩科米四斗至三斗三升者，俱每石岁征平米一石五斗。官田每亩科米二斗至一斗四合，民田每亩科米二斗七升至一斗者，俱每石岁征平米一石七斗。官田每亩科米八升至二升，民田每亩科米七升至三升者，俱每石岁征平米二石二斗"。⑤ 宪宗成化十七年（1481 年）议准："山东登、莱沿海瘠地，

---

① （明）申时行等重修：《明会典》卷 17《户部四·田土》，中华书局 1989 年影印本，第 112 页。
② 同上书，第 116 页。
③ （明）申时行等重修：《明会典》卷 29《户部十六·征收》，中华书局 1989 年影印本，第 219 页。
④ （明）申时行等重修：《明会典》卷 17《户部四·田土》，中华书局 1989 年影印本，第 112 页。
⑤ 《明英宗实录》卷 270。

照轻科则例,每亩三升三合。"①

遇到灾年,朝廷往往根据受灾的严重程度,确定是否减免粮税,并制定或申明相关则例,以便有司遵行。如明英宗正统四年(1439年)奏准:"浙江、江西、福建并直隶苏、松等府,凡官民田地有因水塌涨去处,令所在有司逐一丈量,涨出多余者,给与附近小民承种,照民田则例起科。塌没无田者,悉与开豁税粮。"② 宪宗成化十九年(1483年),凤阳等府受灾,朝廷明令:"秋田粮以十分为率,减免三分。其余七分除存留外,起运者照江南折银则例,每石征银二钱五分,送太仓银库。另项收贮备边。以后事体相类者,俱照此例。"③

有明一代,扩大额田即登入册籍、向国家输租纳粮的田土,始终是朝廷确保田赋收入关注的重大问题。鉴于明初因长期战乱,土地大量荒芜;明中后期又因奸豪兼并、欺隐,额田减半,朝廷在核实田土的同时,实行鼓励农民开荒的政策。明朝制定了一些则例,对于新开垦的荒田、受灾后无人耕种土地负担的赋役及是否豁免、减轻田赋等作了具体规定。以英宗正统朝为例。正统四年(1439年),浙江、江西、福建和直隶苏、松等府遭遇水灾,朝廷明令:"凡官民田地有因水塌涨处,令所在有司逐一丈量。涨出多余者,给与附近小民承种,照民田则例起科。塌没无田者,悉与开豁税粮。"④ 正统十三年(1448年),"令各处寺观僧道,除洪武年间置买田土,其有续置者,悉令各州县有司查照,散还于民。若废弛寺观遗下田庄,令各该府州县踏勘,悉拨与招还无业及丁多田少之民,每户男子二十亩,三丁以上者三十亩。若系官田,照依减轻则例,每亩改科正粮一斗。俱为官田,如有绝户,仍拨给贫民,不许私自典卖。"⑤ 天顺二年(1458年),"令各处军民有新开无额田地,及愿佃种荒闲地土者,俱照减轻则例起科"。⑥

---

① (明)申时行等重修:《明会典》卷18《户部五·屯田》,中华书局1989年影印本,第121页。
② 同上书,第113页。
③ 同上书,第117页。
④ 同上书,第113页。
⑤ 同上书,第114页。
⑥ (清)龙文彬撰:《明会要》卷53《食货一》,中华书局1998年版,第984页。

屯田是官田的一种，屯田制度是明代的重要田制。明建国之初，粮饷匮乏，朝廷命诸将分屯边疆各地，屯田制度由此形成。明代的屯田有军屯、民屯、商屯三种，"其征收则例，或增减殊数，本折互收，皆因时因地而异云"。① 成祖永乐三年（1405年），更定军士屯田则例。"令各屯置红牌一面，写刊于上。每百户所管旗军一百一十二名，或一百名、七八十名；千户所管十百户或七百户、五百户、三四百户；指挥所管五千户或三千户、二千户；总以提调屯田都指挥。所收子粒多寡不等，除下年种子外，俱照每军岁用十二石正粮为法比较，将剩余并不敷子粒数目通行计算，定为赏罚，令按察司、都司并本卫隔别委官点闸是实，然后准行。直隶卫所从巡按御史并各府委官及本卫隔别委官点闸。岁收子粒，如有稻、谷、粟、薯、秫、大麦、荞麦等项粗粮，俱依数折算细粮。如各军名下除存种子并正粮及余粮外，又有余剩数，不分多寡，听各该旗军自收。不许管屯官员人等巧立名色，因而分用。"② 景帝景泰六年（1455年），朝廷下令："顺圣地土肥饶，筑立城堡，拨军耕种，定为则例起科。"③ 穆宗隆庆二年（1568年），"令宣镇屯种官地，每亩原征粮不及一斗者，照旧征纳；如一斗以上者，亦以一斗为止。其地亩起科新增牧地等项田土，应征粮石酌量定为三等。除本色照旧米豆中半折色，照各城堡月粮则例上纳，该镇屯田地亩等粮，以原额为准。以后虚增粮数，尽行除豁。将来征收务足一十八万四千五百三十五亩之数"。④

明代于征收赋税外，还制定有役法。全国除皇室、勋臣、国戚及少数钦赐优免者外，均承担徭役。明太祖洪武十四年（1381年）至明世宗万历十年（1582年）张居正实行一条鞭法期间，明朝依黄册制度把人户分为民户、军户、匠户三大类，不同的户类承担不同的差役。民户支应一般的差役，军户支应军役，匠户支应匠役。民户承担的徭役有三种：里甲正役、均徭和杂役。里甲正役是指以里甲为单位承担的催征、解送

---

① （明）申时行等重修：《明会典》卷18《户部四·屯田》，中华书局1989年影印本，第119页。
② 同上书，第122页。
③ 同上书，第120页。
④ 同上书，第121页。

钱粮等徭役，每里十甲，十年之内，每甲轮流在一年中的某些日子服役。均徭是朝廷向各地摊派的徭役，被佥派的对象是以丁为单位。均徭又分为力役、银差两种。力役即亲身服役，银差即输银代役。杂役主要是指地方各级衙门的差役或民间非经常性的差役。明代役法前后多变，朝廷根据实施役法过程中的具体情况，通过制定则例对有关事宜进行调整。据《明会典》载："洪武二十六年又定，凡在京垣河道，每岁应合修缮，其用工数多，须于农隙之时，于近京免粮应天、太平、镇江、宁国、广德等五府州预先定夺奏闻，行移各府起取。除役占等项照依钦定则例优免外，其余人户每四丁共辏一夫，著令各备锹杵篮担，委官部领，定限十月初赴京，计定工程分拨做造，满日放回。若有不当夫役，及做工未满逃回者，并行治罪。及各处起到仓脚夫，俱发应大府收籍为民。遇有官差，度量差拨，著令轮流，周而复始。若差使数多，做工日久，照例每名月给工钱五百文。坊长减半，以周养赡。优免则例：优免二丁：水马驿夫，递运船水夫，会同馆夫，轮班人匠，在京见役皂隶，校尉力士，见任官员，廪膳生员训导，马船夫，光禄寺厨役，防送夫，军户，铺兵。免一丁：凡年七十以上及废疾之人。"[1]"弘治二年，令各场灶丁，离场三十里内者，全数煎办；三十里外者，全准折银。每年十月以里，征送运司解部。其折银则例，每一大引，浙西六钱，浙东四钱。"[2]武宗正德十一年（1516年）议准："长芦运司灶户，照依有司上中下户则例，编审造册。除上中户丁多力壮者，量将二三丁帮贴办盐。此外多余人力，照旧编当别项差役。下户者，止令营办盐课，一切夫役民快边饷马价军器等杂差，俱与优免。"同年又下令："令长芦运司每五年一次，选委能干佐贰官一员，亲诣有场分州县，会同各堂印官，将概场人户照依均徭则例，逐一编审。丁力相应者为上户，独当总催一名，次者两户朋当一

---

[1] （明）申时行等重修：《明会典》卷206《工部二十六·夫役》，中华书局1989年影印本，第1027页。

[2] （明）申时行等重修：《明会典》卷32《户部十九·课程一·盐法一》，中华书局1989年影印本，第229页。

名，贫下者听其著灶。"①

2. 开中则例

开中制是明代重要的盐政制度。所谓开中，是指政府出榜召商，应召商人根据其上纳地点和数量，把政府需要的实物如粮、茶、马、豆、麦、帛、铁等，代为输送到边防卫所或其他地点，由政府酬之以相应的官盐。开中制的实质是商人以力役或实物等方式为政府效力，并向朝廷换取盐的专卖权。开中制源于宋、元时期的"入中"。"商输刍粟塞下而官给之盐"的中盐之法，起于北宋宋太宗赵炅雍熙年间（公元984—987年），当时是宋朝为解决与西夏政权战争所需军饷和物资供应而设。元代继续实行中盐之法，"募民中粮以饷边"。明开国之初，明太祖即制盐法，令商人贩盐，二十取一，以资军饷。太祖洪武三年（1370年），出于济边需要，"召商输粮而与之盐，谓之开中"。②"四年定中盐例，输米临濠、开封、陈桥、襄阳、安陆、荆州、归州、大同、太原、孟津、北平、河南府、陈州、北通州诸仓，计道里近远，自五石至一石有差。先后增减，则例不一，率视时缓急，米直高下，中纳者利否。"③洪武年间，朝廷对制定开中则例十分重视，"凡遇开中盐粮，务要量其彼处米价贵贱及道路远近险易，明白定夺则例，立案具奏，出榜给发各司府州并淮、浙等运司张挂，召商中纳"。④如洪武二十六年（1393年）正月，"户部奏定云南乌撒中盐则例。凡输米一斗五升给浙盐一引，输米二斗给川盐，输米一石八斗给安宁井盐，输米一石六斗给黑盐井盐"。⑤"洪武二十八年，定'开中纳米则例'，出榜召商，于缺粮仓分上纳。仍先编置勘合并底簿，发各该布政司并都司卫分及收粮衙门收掌。如遇客商纳粮完，填写所纳粮并该支引盐数目，付客商赍赴各该运司及盐课提举司照数支盐。其底簿发各运司及盐课提举司

---

① （明）申时行等重修：《明会典》卷34《户部二十一·课程三·盐法三》，中华书局1989年影印本，第243页。

② 《明史》卷80《食货四》，中华书局1974年版，第1935页。

③ 同上。

④ （明）申时行等重修：《明会典》卷34《户部·课程三·盐法三》，中华书局1989年影印本，第238页。

⑤ 《明太祖实录》卷224。

收掌。候中盐客商纳米完,赍执勘合到,比对朱墨字号相同,照数行场支盐。"①

明代的开中之制,因盐运而生,其开中方式和内容又多有变化。初期以纳米中盐为主,后期以纳银中盐居多,期间还有纳钞、纳马、纳豆、纳麦、纳铁、纳帛等形式。明朝在推行开中制的过程中,与开中方式、内容的变化相适应,以则例的形式颁行了许多实施细则。纳钞中盐主要是实行于宣宗、仁宗朝。据《明史》载:"仁宗立,以钞法不通,议所以敛之之道。户部尚书夏元吉请令有钞之家中盐,遂定各盐司中盐则例,沧州引三百贯,河东、山东半之,福建、广东百贯。"② 纳马中盐在英宗正统朝开始实施。"正统三年,宁夏总兵官史昭以边军缺马,而延庆、平凉官吏军民多养马,乃奏请纳马中盐。上马一匹与盐百引,次马八十引。"③ 正统十年(1445年)九月,因"盐商以道路险远,中纳者少",朝廷采纳总兵官都督黄真的建议,增定"定边中盐纳马则例","每上马一匹,盐一百二十引;中马一匹,盐一百引。"④ 纳银中盐在宪宗成化朝已经出现,孝宗弘治五年(1492年),"商人困守支,户部尚书叶淇请召商纳银运司,类解太仓,分给各边。每引输银三四钱有差,视国初中米直加倍,而商无守支之苦,一时太仓银累至百余万"。⑤ 自此以后,朝廷颁布了多个则例,就如何实施中盐纳银作了具体规定。弘治六年(1493年),"令各关照彼中则例,每钞一贯折银三厘,每钱七文折银一分"。⑥ 世宗嘉靖十年(1531年),令"四川大宁、安云等一十五场额办盐课,俱照弘治十五年则例征银存留本省,以备接济松茂运粮脚价之费。每年按季征收,与秋种一体起解。其小民边粮本色,止征正米价银,不许重派脚价"。⑦

---

① (明)申时行等重修:《明会典》卷34《户部·课程三·盐法三》,中华书局1989年影印本,第238页。
② 《明史》卷80《食货四》,中华书局1974年版,第1936页。
③ 同上。
④ 《明英宗实录》卷133。
⑤ 《明史》卷80《食货四》,中华书局1974年版,第1938页。
⑥ (明)申时行等重修:《明会典》卷35《户部二十二·课程四·钞关》,中华书局1989年影印本,第246页。
⑦ 同上书,第236页。

考明一代开中制实施的情况，因钞法、钱法累更，粮草价格和各类物值多变，上纳的地点远近不一，加之客商与官吏勾结变乱盐法的事件时有发生，各朝针对各地的不同情况及新出现的问题，为推行开中制的实施制定了大量的则例。如明成祖于永乐十六年（1418年）制定了"开中四川、河东、云南、福建盐粮则例"①；仁宗于永乐二十二年（1424年）九月制定了"用钞中盐则例"②；宣宗于宣德五年（1430年）制定了"各处中纳盐粮则例"③，于宣德八年（1433年）六月制定了"松潘中纳盐粮则例"④，于宣德九年（1434年）八月制定了"辽东广宁卫纳粮开中则例"⑤；英宗于宣德十年（1435年）十二月发布了"中盐运粮则例"⑥，正统三年（1438年）二月发布了"马营中纳盐粮则例"⑦，正统八年（1443年）十月发布了"陕西沿边中盐则例"⑧，正统十三年（1448年）五月发布了"云南腾冲卫指挥司中纳盐粮则例"⑨；景帝于景泰元年（1450年）六月颁布了新的"中盐则例"⑩，景泰二年（1451年）十二月颁布了"辽海、三万、铁岭等卫开中盐粮则例"⑪。景泰三年（1452年）闰九月颁布了"遵化县召商中纳粮米则例"⑫。景泰三年十月颁布了"贵州平越、都匀、普定、毕节四卫中盐则例"⑬等。

明朝制定的中盐则例繁多，每一则例都对上纳物资的地点、数量和商人取得的盐引数有详细规定。因史料浩瀚，笔者不能一一列举。这里仅把《明宪宗实录》所载成化朝颁行的中盐则例的名称列表述后。

---

① 《明太宗实录》卷196。
② 《明仁宗实录》卷2上。
③ 《明宣宗实录》卷65。
④ 《明宣宗实录》卷103。
⑤ 《明宣宗实录》卷112。
⑥ 《明英宗实录》卷12。
⑦ 《明英宗实录》卷39。
⑧ 《明英宗实录》卷109。
⑨ 《明英宗实录》卷166。
⑩ 《明英宗实录》卷193。
⑪ 《明英宗实录》卷211。
⑫ 《明英宗实录》卷221。
⑬ 《明英宗实录》卷222。

《明宪宗实录》所载成化朝颁行的中盐则例举要

制定时间	则例名称	文献出处
成化元年春正月壬戌	遵化县永盈仓开中淮盐则例	卷一三
成化二年二月丁亥	独石马营各仓中盐纳豆则例	卷二六
成化二年二月癸巳	诏减徐州、淮安仓中盐则例	卷二六
成化二年十二月壬寅	辽东边卫开中盐粮则例	卷三七
成化三年五月辛未	大同开中盐草则例	卷四二
成化三年五月丁亥	辽东诸仓开中淮盐则例	卷四二
成化三年九月丙戌	命减四川盐引纳米则例	卷四六
成化三年冬十月甲寅	蓟莲台新设万亿仓开中淮浙官盐粮草则例	卷四七
成化六年二月己巳	四川、云南开中引盐则例	卷七六
成化六年十一月戊戌	河东盐运司开中银马则例	卷八五
成化七年十二月辛巳	减中长芦盐则例	卷九九
成化八年春正月乙卯	大同、玉林等草场开中盐草则例	卷一〇〇
成化八年十一月戊戌	辽东开中盐米则例	卷一一〇
成化九年三月壬子	淮、浙、山东、长芦、福建、河东等运司盐课开中则例	卷一一四
成化十年九月癸亥	淮安、徐州、临清、德州诸仓开中盐引随纳米麦则例	卷一三三
成化十一年二月壬午	改定淮安常盈仓并临清广积仓所中盐课则例。	卷一三八
成化十三年春正月戊辰	辽东各仓开中成化九年、十年盐引则例	卷一六一
成化十三年十一月壬辰	宣府柴沟、马营、葛峪堡开中河东盐则例	卷一七二
成化十四年十一月壬午	辽东开中淮、浙、河东盐课则例	卷一八四
成化十五年秋七月丁丑	宣府沿边开中成化十三年引盐则例	卷一九二
成化十五年八月戊申	辽东等仓中盐则例	卷一九三
成化十六年二月甲子	贵州都匀等处中纳粮则例	卷二〇〇
成化十六年壬戌	宁夏、固原开中两淮存积盐纳粮豆则例	卷二〇六
成化十七年二月戊申	开中成化十年以后两淮盐引则例	卷二一二
成化十七年十一月丙子	改长芦运司卖盐纳银则例	卷二二一
成化十八年三月丁丑	山西开中河东盐纳粮则例	卷二二五
成化十九年冬十月丙寅	运赴大同纳米中盐则例	卷二四五
成化二十一年闰四月乙巳	庄浪、西宁二仓中盐纳粮则例	卷二六五
成化二十一年八月甲午	宁夏于陕西庆阳府、灵州、花马池等处盐池中盐则例	卷二六九
成化二十二年秋七月乙未	云南黑、白、安宁、五井提举司盐课召商中纳则例	卷二八〇

明宪宗在位23年，其在成化年间到底颁行了多少中盐则例，有待详考。然从《明宪宗实录》所记可以看出，成化朝几乎每年都颁行了此类则例。这些则例的内容以中盐纳粮为主，兼有纳豆、纳草、纳马、纳银，召商中盐的目的主要是为了解决边防军需或赈灾急用。即使同一上纳地点，或因路程远近不同，或因上纳物资不同，或因前一个则例规定的上纳物与盐引比价失当，都要颁行新的则例予以调整。成化朝颁行的中盐则例如此繁多，表明朝廷对推行开中制十分重视，也反映了实施中盐过程中的情况是多么复杂。

《明史》云："有明盐法，莫善于开中。"① 自太祖洪武三年（1370年）到明末，虽然在实行这一制度的过程中发生过诸多的问题和弊端，但基本没有中断。究其原因，主要是以下三点：其一，盐业生产较为稳定，又由朝廷垄断，这为朝廷与盐商的长期交易提供了保障。其二，利用盐商供应军需或朝廷需要的其他物资，不仅减轻了朝廷和百姓的负担，对边地经济的发展也有促进作用。其三，对于开中商人而言，上纳物资的数量、道里远近及相关规定是否有利可图，是商人能否接受盐粮交易的前提。明代各朝从鼓励商人召商积极性出发，适时修正或颁布新的中盐则例，对推行开中制过程中出现的利益冲突适时调整，从而保障了开中制在曲折的实施过程中得以继续。

3. 商税则例

商税则例是商业活动中税法的实施细则。明代各朝为加强市场贸易的管理和保障商税的征收，以则例为立法形式，就应征收的各类商税作出详细规定。由于明代商品经济经历了一个由复苏、发展到繁荣的过程，各朝商税的规定不尽相同，总的趋势是前轻后重，前简后繁。洪武时期，基于恢复民力和社会经济的需要，商税较轻，三十税一。洪熙、宣德以后，市场贸易有了较快发展，政府征收门摊税，对商贾较多的地方提高了征收额度，并制定了一些商税则例。英宗正统七年（1442年），因在京宣课、都税二司收课钞则例不一，颁行了"在京宣课、都税二司税钞则例"，规定："每季缎子铺纳钞一百二十贯，油磨、糖机、粉、茶食、木植、剪截、绣

---

① 《明史》卷80《食货四》，中华书局1974年版，第1935页。

作等铺三十六贯，余悉量货物取息及工艺受直多寡取税。"[1] 明代中后期，市场贸易日趋繁荣，商品经济在国家经济结构中所占比重增大，各朝进一步完善了商税征收则例。以明景帝景泰初制定的"收税则例"为例。据《明会典》载：

> 景泰二年，令大兴、宛平二县于和远店等塌房，每塌房佥殷实大户二名或四名看管。顺天府及二县俱集各行依时估计物货价直，照旧折收钞贯，仍造册二本，一本发都税司，一本送部查考。巡视塌房御史务禁管店小脚，不得揽纳客商课程，以不堪钞抵数送官，及邀截客货骗害商人。其收税则例：上等罗缎每匹，税钞、牙钱钞、塌房钞各二十五贯。中等罗缎每匹，税钞、牙钱钞、塌房钞各一十五贯。下等罗缎每匹，税钞、牙钱钞、塌房钞各一十贯。上等纱绫锦每匹，青红纸每一千张，篦子每一千个，税钞、牙钱钞、塌房钞各六贯七百文。中等纱绫锦每匹，细羊羔皮袄每领，黄牛真皮每张，扇骨每一千把，税钞、牙钱钞、塌房钞各五贯。清三梭布每匹，红油纸每八千张，冥衣纸每四千张，铁锅每套四口，藤黄每斤，税钞、牙钱钞、塌房钞各四贯。褐子棉绸每匹，毛皮袄、毡衫每领，干鹿每个，税钞、牙钱钞、塌房钞各三贯四百文。官绢、官三梭布每匹，绒线每斤，五色纸每四千五百张，高头黄纸每四千张，税钞、牙钱钞、塌房钞各二贯。小绢白中布、青䤴线夏布每匹，手帕每连三个，手巾每十条，皮裤每件，小靴每套三双，板门每合，响铜每斤，连五纸每千张，连七纸每一百五十张，税钞、牙钱钞、塌房钞各一贯。青大碗每二十五个，青中碗每三十个，青大碟每五十个，税钞、牙钱钞、塌房钞各七百四十文。洗白夏布、青绿红中串二布每匹，包头每连二十个，毡条每条，大碌、铜青碌、枝条碌、生熟铜、苏木、胡椒、川椒、黄蜡、蘑菇、香蕈、木耳每斤，酒坛、土酒海每个，青中碟每五十个，白大盘每十个，书房纸每四篓，笔管每五百个，油革占每副，税钞、牙钱钞、塌房钞各六百七十文。青小碟每五十个，白中盘每十五个，税钞、牙钱

---

[1] 《明英宗实录》卷88。

钞、塌房钞各六百文。花布被面每段，白中串二布每匹，靛花青、红花、针条每斤，青靛、银杏、菱米、莲肉、软枣、石榴每十斤，青大盘每十二个，青盘每十五个，青小盘每二十个，青小碗每三十个，干鹅、天鹅等野味每只，南丰大篓纸每四块，竹椅每把，税钞、牙钱钞、塌房钞各五百文。喜红小绢每匹，税钞、牙钱钞、塌房钞各四百七十文。麻布每匹，花椒、水牛、底皮每斤，土青盘每十五个，土青碗、小白盘每二十个，土青碟每五十个，青茶钟每七个，税钞、牙钱钞、塌房钞各四百文。小粗棉布每匹，毡袜每双，土降香、白砂糖饧每斤，草席每领，雨伞每把，翠花每朵，草花每十朵，刷印马纸每四块，土尺八纸每块，南丰篓纸每六块，连三纸每一千张，毛边纸、中夹纸每一百张，酒曲每十块，税钞、牙钱钞、塌房钞各三百四十文。灯草每斤，土青酒钟、土青茶钟每十二个，土青香炉、大白碗每十个，中白碗每十五个，白大碟每二十个，白小碟每二十五个，税钞、牙钱钞、塌房钞各三百文。马牙速香、鱼胶每斤，税钞、牙钱钞、塌房钞各二百四十文。药材每斤，白小碗每十五个，税钞、牙钱钞、塌房钞各二百文。荔枝、圆眼、冬笋、松子、桐油、柏油、黑砂糖、蜂蜜每斤，腊、胭脂每两，土粉、土硝、碱、松香、墨、煤苘麻、肥皂、末香、槐花、胶枣、鸡头、螃蟹、蛤蜊每十斤，干兔、鸡、鸭每只，白茶钟每六个，甘蔗、藕每十根，竹箸每一百双，竹扫帚每十把，蒲席每领，杂毛小皮每张，毡帽每个，草鞡每十双，税钞、牙钱钞、塌房钞各一百七十文。明干笋、葡萄、海菜、金橘、橄榄、牙枣、苎麻每斤，税钞、牙钱钞、塌房钞各一百四十文。棉花、香油、紫草、红曲、紫粉、黄丹、定粉、芸香、柿饼、栗子、核桃、林檎、甘橘、雪梨、红枣、杨梅、枇杷、榛子、杏仁、蜜香橙、乌梅、五倍子、咸弹、黑干笋、叶茶、生姜、石花菜、虾米、鲜干鱼、鲜猪、羊肉、黑铅、水胶、黄白麻、钢、熟铁每斤，棉絮每套，芦席每领，绵胭脂每帖，西瓜每十个，税钞、牙钱钞、塌房钞各一百文。干梨皮、荸荠、芋头、鲜菱、乌菱、鲜梨、鲜桃、杏子、李子、鲜柿、柿花、焰硝、皂白矾、沥青、生铁每斤，干葱、胡萝卜每十斤，冬瓜每十个，萝卜、菠芥等菜四十斤，税钞、牙钱钞、塌房钞各六十五文。其余估计未尽物货,俱照价值相等则例收纳。其进塌房钞,并抽分布匹,及按月该纳房钞,俱为除免。①

这一则例是对各种货物的税钞、牙钱钞、塌房钞所作的规定,其涉及的商品种类之周详,达到了几乎无所不包的地步。

明代中后期,随着市场贸易的活跃,朝廷征收商税的名目愈来愈繁,有京城九门税、各种市易商品税、塌房库房税、门摊税、店舍税、驴车马车运输税等,并制定有相应的收税则例。据《明武宗实录》载,正德五年(1510年)十月,"监察御史李元言:九门车辆之税,自刘瑾专政,欲如成化初所入钞必五百四十余万贯,钱必六百二十余万文,而监受官于常课之外又多私取,甚为民害。请斟酌议拟,勿拘定数。下户部再议,以为宜斟酌轻重,定为则例,每岁进纳约钞二百万贯,钱四百万文,庶国课易足。至于侵克过取之弊,皆当严禁。上是之。每年进纳定为钞三百三十万八千二百贯,钱四百二十万二千一百四十四文。监受官若侵克或过收及纵容索取以致客商嗟怨,事觉皆罪不宥"。② 又据《明会典》:"正德七年,令正阳门等七门门官,凡日收大小车辆、驴、骡、驼、驮钱钞,眼同户部官吏、监生,照依则例收受,即时附簿。钱钞簿籍,俱封贮库。不许纵容门军家人伴当出城罗织客商,阻截车辆,索取小门茶果起筹等项铜钱。"③

商税则例的实施,使朝廷的税收大为增加。以京城九门商税为例。据《明世宗实录》载:"弘治十年京城九门岁入税钞六十六万五千八十贯,钱二百八十八万五千一百三十文。至二十年后,岁入钞七十一万五千八百二十贯,钱二百五万四千三百文。及正德七年以迄嘉靖二年,则岁入钞二百五十五万八千九百二十贯,钱三百一十九万三百六十六文。"④ 神宗万历时期,商税的名目繁多,税率加重,仅万历六年(1578年)九门商税就

---

① (明)申时行等重修:《明会典》卷35《户部二十一·课程四·商税》,中华书局1989年影印本,第255—256页。
② 《明武宗实录》卷68。
③ (明)申时行等重修:《明会典》卷35《户部二十二·课程四·商税》,中华书局1989年影印本,第257页。
④ 《明世宗实录》卷41。

征得本色钞 665180 贯，折色钱 2432850 文。明代的商税则例，发挥了调节和规范市场贸易的作用，但由于制例太繁，苛捐杂税过多，在一定程度上阻碍了商品经济的发展。

4. 捐纳则例

捐纳又称资选、开纳、捐输、捐例，是中国古代朝廷以卖官爵增加财政收入的措施。古代入仕，有正、异途之分。正途是通过科举入仕。异途是通过捐纳取得官爵，其内容是官吏捐加级、封典，平民捐职衔，生员捐贡生、监生。朝廷卖官敛财的做法在汉代已经出现，历朝沿相援用。明代洪武、永乐、洪熙、宣德四朝，尚无捐纳之举。自明景帝景泰朝起至明末，朝廷常常是在遇到灾荒或边防等急用时，出于筹措粮米或有关物资的需要，鼓励官民捐纳，根据出资多寡，给予官员以记录、加级，给予百姓以入仕的出身资格，对捐纳的官民给匾示旌、顶戴荣身等。明朝的捐纳以明码标价的公开方式进行，每逢捐纳都制定了相应的捐纳则例，就官民捐纳的数量和应受的待遇予以明确规定。

史籍中记载了不少明代的捐纳则例。仅以景帝景泰三年（1452 年）下半年颁布的捐纳则例为例。据《明英宗实录》载，景泰三年九月，因江西各州县赈济灾荒备用粮米不足，重定"纳粟冠带则例"，规定："山东、山西、顺天等八府，每名纳粟米八百石；浙江、江西、福建、南直隶，每名纳米一千二百石；苏州、松江、常州、嘉兴、湖州五府，每名纳米一千五百石。各输本处官仓。有纳谷麦者，每石准米四斗，纳完通关缴部，给冠带以荣其身。"①"景泰三年十一月癸亥，巡抚山西右副都御史朱鉴奏：户部原定则例，山西民能出米八百石或谷两千石助官者，给与冠带。缘山西民艰，其富贵大户亦止能出米四百石。事下，户部改拟，能出米五百石、谷一千石者，亦给冠戴；出一半者，立石旌异。从之。"②"景泰三年十一月乙亥，巡抚江西右佥都御史韩雍奏：户部原定则例：江西民能纳米一千二百石于官者，给冠带；六百石者，立石免役。缘今江西民艰难，乞减则例。户部请令出谷一千六百石以上者，给冠带；谷六百石者，立石免

---

① 《明英宗实录》卷 220。
② 《明英宗实录》卷 223。

役。从之。"①

又据《明宪宗实录》载:"成化十五年夏四月己丑,巡抚湖广右副都御史刘敷以属府灾伤,乞开中引盐存留解京银及听愿充承差、知印者,纳米以备赈济。户部议以淮、浙诸处盐课先已奏准照新减则例,开中三十一万引以济江西、湖广、河南灾伤之急。今宜即其数内拨两淮七万引,两浙四万引,令委官会同巡盐御史处变卖银价领回,俟秋成之日籴粮备用。民间子弟原充差者纳米一百石,知印一百五十石……上从之。"② "成化十七年春正月庚寅,户部定拟巡抚云南都御史吴诚所言救荒则例。……保任阴阳、医学、僧道官者,纳米一百石,或银一百二十两;承差、知印者,米八十石,或银一百两。……军民舍余客商纳米,给授冠带。散官者,米四十石,或银五十两,给冠带;米五十五石,或银七十两,与从九品;米六十五石,或银八十两,正九品;米七十石,或银九十两,从八品;米八十石,或银一百两,正八品;米一百石,或银一百二十两,从七品;米一百二十石,或银一百五十两,正七品。军职并总小旗纳米,免赴京比试;并枪指挥,米四十石,或银五十两;两卫镇抚、千户,米二十四石,或银三十两;所镇抚、百户,米一十六石,或银二十两;总小旗,米八石,或银一十两;其役满土吏例不叙用者,纳米五十石,或银六十两,则给冠带。议上,从之。"③ "成化十七年六月庚戌,户部议奏:巡抚河南都御史孙洪等所言旱灾宽恤事宜。……原充知引、承差、吏典者,巡抚等官斟酌米价,定立则例,纳米完日,以次参充。议入,从之。"④ "成化二十年九月戊子,太子太傅吏部尚书兼华盖殿大学士万安等,以山西、陕西荒甚,上救荒策十事。……凡舍余军民人等愿输粟者,赴山、陕缺粮所在上纳:百户二百石,副千户二百五十石,正千户三百石,指挥佥事倍百户,指挥同知倍副千户,指挥使倍正千户。从巡抚官定以卫分,带俸闲住。其有官者,每百石升一级,止终本身。若后有军功,仍照军功例升袭。军职有带俸欲见任者,亦从巡抚官。各照地方品级定与则例,令其上纳杂粮准令见

---

① 《明英宗实录》卷223。
② 《明宪宗实录》卷189。
③ 《明宪宗实录》卷211。
④ 《明宪宗实录》卷16。

任。……疏入，上嘉纳之，命所司悉举行。"① "成化二十年冬十月丙辰，巡抚山西右佥都御史叶淇奏：山西岁歉民饥，而平阳尤甚。其廪增生员有愿纳粟入监者，令巡按并提学官考中，仍定则例，令于本处输纳为便。礼部覆奏：平阳一府有限，乞令山西各府并天下生员随亲仕宦及游学山西者，俱许纳粟如陕西则例，以五百名为率。奏上，制可。既而淇复奏人数少，所得粟不足赈饥，命仍以五百名益之。"②

万历时，王圻对明代生员捐纳入监例的制定及实施情况作了这样的概述："我朝宣德以前，科贡之途入太学者，犹须精择。至于景泰时，始开生员纳粟、纳马入监之例。然是时，多不过八、九百人。已而从礼部侍郎姚夔议，遂尼不行。成化初，复开纳粮、纳草、纳马之例，未久而止。二十年，山、陕大饥，民相食。大臣以救荒无策，不得已有令纳粟入监，限年余即止，时入监者已至六七千人。正德以后，纳银之途益广。世宗入继大统，诏严止之。嘉靖四年，又复暂开。近年太仆缺马，户部缺边费，开例益滥。市井恒人，皆得借俊秀名目，输粟入监，注选铨部者，至数万人。"③ 王圻尚未言及官员捐纳加官晋级和富人捐纳官爵的情况，仅就生员捐纳入监而言，由此途入仕者的数字就相当惊人。捐纳对当时的政治、经济、军事产生了重大影响。从积极方面讲，在一定程度上解决了朝廷国库匮乏的困难，为一大批怀抱经世之志但屡试不第的知识分子提供了施展才华的机会；从消极方面讲，因捐资入仕的人员在官吏队伍中占了很大的比重，加速了吏治的腐败。捐纳措置弊大于利。捐纳则例作为推行这一举措的实施细则，其历史作用也是弊大于利的。

5. 赎罪则例

赎罪之制始于先秦。明代以前各朝，一般是对于依照法律应"议"、"请"、"减"者和品官及老幼笃疾、过失犯罪者适用赎刑。明代较之前代的一个重要发展，就是不仅通过制例特别是修订《问刑条例》，扩大了赎刑的适用范围，而且颁行了大量的规范物赎或力赎具体数量的则例。赎罪

---

① 《明宪宗实录》卷256。
② 《明宪宗实录》卷257。
③ （清）龙文彬：《明会要》卷49《选举三》，中华书局1998年版，第931页。

则例作为赎罪之法的实施细则，为明王朝在不同时期和国情千变万化的情况下实施赎刑制度提供了法律保障。

明代的赎罪则例有律赎则例、例赎则例两种。这种区分是与当时赎刑制度相适应的。明王朝的赎刑有律赎、例赎之别。律赎是"律得收赎"的简称，即按《大明律》有关条款的规定赎罪。律赎的规定主要是：文武官吏犯公罪该笞者，以俸赎罪；军官犯私罪该笞者，附近收赎；民年七十以上、十五以下及废疾犯流罪以下，收赎；妇人和习业已成、能专其事的天文生犯徒流罪者，各决杖一百，余罪收赎；家无次丁者犯徒流罪者，自杖一百，余罪收赎，存留养亲；过失杀伤人者，依律收赎；告二事以上情节有某些出入该笞者，收赎。然而，明太祖朱元璋因"明律颇严"，基于"济法太重"和增加国家财政收入的双重目的，"自洪武中年已二下令，准赎及杂犯死罪以下"①。洪武三十年（1397年），明太祖又颁行了《赎罪事例》："凡内外官吏犯笞、杖者记过，徒流、迁徙者以俸赎之。"② 同年所颁《大明律》序云："杂犯死罪并徒、流、迁徙、笞、杖等刑，悉照今定《赎罪条例》科断。"③ 这样，自洪武朝起，赎罪除律赎外，还形成了例赎制度。例赎是"例得纳赎"的简称，即依照各类例规定的赎罪条款赎罪。明代的赎罪方式，一是以役赎罪，二是以物赎罪。役赎是指罪犯向国家无偿提供劳动力，通过承担种地、运粮、运灰、运砖、运水、运炭、做工、摆站、嘹哨、发充仪从和煎盐炒铁等劳役以赎其罪。物赎是指罪犯向国家无偿缴纳　定的财物以赎其罪，其财物可以是实物，亦可以是货币。律赎与例赎的区别：一是律赎适用的范围是《大明律》确认的特定对象，例赎则适用于除真犯死罪外的所有罪犯；二是"律得收赎"是赎余罪，"例得纳赎"是赎全罪；三是律赎具有长期稳定性，例的纳赎则因时权宜，经常发生变化。由于《大明律》系明太祖钦定，律赎不能更改，收赎对象又较少，明代的赎罪立法主要是制定例赎之例，赎刑范围的扩大主要体现在例赎上，司法实践中赎刑的运作也是主要依例赎之例进行的。因此，在

---

① 《明史》卷93《刑法一》，中华书局1974年版，第2293页。
② 《明太祖实录》卷253。
③ 《大明律》卷首《御制大明律序》。

现见的明代的赎罪则例中，以例赎则例居多，律赎则例甚少。

明代律赎则例的内容，是在忠实律意和对有关律条的赎罪规定不作实质性变动的情况下，把原来的收赎铜数改为以纳钞计算，或在律赎与例赎轻重不一的情况下，对"律得收赎"如何以钞折银的数额等根据市值予以调整。《明史》曰："赎罪之法，明初尝纳铜，成化间尝纳马，后皆不行，不具载。惟纳钞、纳钱、纳银常并行焉，而以初制纳钞为本。故律赎者曰收赎律钞，纳赎者曰赎罪例钞。"[1] 明太祖颁行的《大明律》规定以铜钱赎罪，后来各朝对律赎又以纳钞计算，加之钞法日坏，就需要以则例的形式，对依律收赎的钞的数量予以重新规定。如《大明律》规定："徒一年，杖六十，赎铜钱一十二贯。"[2] 于明代中期实行的《老少废疾并妇人收赎则例》则变动为："杖六十，徒一年，全赎钞一十二贯。杖六十，该钞三贯六百文。徒一年，该钞八贯四百文，每月该钞七百文，每日二十三文三分三厘。每一下，该徒六日；十下，六十日；六十下，三百六十日，即一年也。"[3] 又如，世宗嘉靖七年（1528年）十二月，颁行了《赎罪与收赎钱钞则例》。据《明世宗实录》载："时巡抚湖广都御史朱廷声言：收赎与赎罪有异，在京与在外不同，钞贯止聚于都下，钱法不行于南方。故事审有力及命妇、军职正妻及例难的决者，有赎罪例钞；老幼废疾及妇人余罪，有收赎律钞。赎罪例钞原定钱钞兼收，如笞一十该钞二百贯，收钱三十五文，其钞一百贯折银一钱；杖一百该钞二千二百五十贯，收钱三百五十文，其钞一千二百五十贯折银一两。今收赎律钞笞一十，止赎六百文，比例钞折银不及一厘；杖一百赎钞六贯，折银不及一分，似为太轻。盖律钞与例钞贯数既不同，则折银亦当有异，请更定为则。凡收赎者，每钞一贯，折银一分二厘五毫；如笞一十，赎钞六百文，则折银七厘五毫。以罪轻重递加折收。令天下问刑诸司，皆以此例从事。刑部议以为可，遂命行之。"[4] 明代史籍中记载的赎罪则例，除极少数律赎则例外，其他均为

---

[1] 《明史》卷93《刑法一》，中华书局1974年版，第2294页。
[2] 《大明律》卷1《名例律·五刑》。
[3] 《大明律直引》卷1《老少废疾并妇人收赎则例》，日本尊经阁文库藏明嘉靖五年刻本。又见杨一凡编《中国律学文献》第3辑第1册，黑龙江人民出版社2006年版，第71—72页。
[4] 《明世宗实录》卷96。

例赎则例。

明代以例赎罪的规定，各朝均有更定，内容前后互异。考察明代例赎则例的变迁，其制定的起因及有关情况，大体可概括为以下五点：

其一，明代的例赎则例，基本上都是为解决边防、赈灾或朝廷的其他急需而制定的。明朝疆域辽阔，边防开支浩大；永乐朝时迁都北京，与物资富庶的南方相去甚远，南粮北运常年不息；加之各地自然灾异颇多，仅《明实录》所载就有数千起。为解决国库匮乏和边防、京师急需的问题，朝廷制定了各种旨在增加国家财政收入的则例，罪犯例赎则例也因此屡颁。仅以宪宗成化朝为例。成化二年（1466年）二月初八日，针对"京仓料豆见在数少"、"刍豆之给，多折银两，军士易于使费，以致马多羸瘦，不堪骑操"的情况，颁行"在京杂犯死罪并徒流笞杖纳豆则例"，令"行内外问刑衙门，将所问罪犯杂犯死罪以下，审有力者，在京纳豆，在外纳米"。规定赎罪纳豆的数额是："死罪：八十石。流罪：五十石。徒罪三年：三十五石；二年半：三十石；二年：二十五石；一年半：二十石；一年：十五石。杖罪一百：一十石；九十：一十石；八十：九石；七十：八石；六十：七石。笞罪五十：六石；四十：五石；三十：四石；二十：三石；一十：二石。"① 成化二年三月，因花马池等处军士急需马草，重定"陕西纳草赎罪则例"，"杂犯死罪：一千束；三流：五百束；五徒：自四百束递减五十，止二百束。俱送右副都御史陈价定拨营分上纳。"② 成化六年（1470年）十二月初十日，为处置顺天府救荒恤民事宜，制定"纳粟赎罪则例"，内容是："行移刑部、都察院及巡按北直隶监察御史，除笞、杖并真犯死罪外，但系杖罪以上囚犯，在京应该运炭、运灰等项者，俱各改顺天府，定立限期，押发前去灾重缺粮州县，自备粮米上纳。在外者，就发所在官司定拨缺赈去处上纳。取获通关，连人送回原问衙门，照例发落。若是各犯不行上紧完纳，过违限期者，每十日加米一斗上纳，候来年秋收，此例停止。"并规定纳米的标准是："斩、绞罪自备米二十石；三流

---

① 《皇明条法事类纂》卷1《在京杂犯死罪并徒流笞杖纳豆则例》，见《中国珍稀法律典籍集成》乙编第4册，科学出版社1994年版，第11—13页。

② 《明宪宗实录》卷27。

并徒三年，自备米一十六石；徒二年，自备米一十三石三斗；徒一年半，自备米九石；徒一年，自备米六石五斗；杖罪，每十下，自备米四斗。"①成化十四年（1478年）五月，因辽东沿边旧草已尽，新草未收，命"凡有囚犯除笞罪及真犯死罪外，杂犯死罪以下俱定则例，纳草赎罪"。②

其二，明代的例赎之法，因不同时期朝廷的急需不一样而有变化。赎铜和运米之赎，始于洪武；纳钞和运砖、运灰、运炭，始于永乐；纳马之法，始于成化；折收银钱之制，确立于弘治；钱钞兼收之制，确立于正德。赎罪之法的每一重大变化，朝廷往往制定则例，把纳赎的细则从法律上确认下来，明令法司遵行。据史载，成祖永乐朝定有"京仓纳米赎罪例"、"运粮赎罪例"和"斩、绞、徒、流、笞、杖赎钞例"；宣宗宣德朝定有"纳米赎罪例"、"在外罪囚赎罪例"；英宗正统朝定有"罪囚赎银例"、"罪囚无力输赎者事例"和"纳草赎罪例"；景宗景泰朝定有"输作赎罪例"、"运砖赎罪例"和"纳米豆赎罪例"；宪宗成化朝定有"纳豆赎罪例"和"罪囚纳马赎例"；孝宗弘治朝定有"折收银钱赎罪例"；武宗正德朝定有"钱钞兼收赎罪例"；世宗嘉靖朝定有"赎罪条例"；思宗崇祯朝定有"赎罪例"等。明代例的形式有条例、事例、则例、榜例等，各种例的功能也不尽相同。事例是指因一时一事之立法，则例是指国家各项事务管理中与钱物和财政收入、支给、运作相关的法律实施细则，榜例是指以榜文形式发布的诸例。条例的含义有广义和狭义两种，广义上的条例，是例的泛称，而狭义上的条例，是指经统治者精心选编修订而成的法规，具有相对较长的法律稳定性。史籍中记述明例的称谓比较含混，明确记为"条例"、"则例"、"榜例"、"事例"有之，泛称为"例"或"条例"者亦有之。检《明实录》、《明史》、《大明会典》诸书，以上所述赎罪例的内容，除个别外，均有较为详细的记载。从中可知，这些例的称谓中除标明"事例"、"条例"或"收赎"字样者外，均为例赎则例。

其三，纳赎的地点和路途远近的变更，也导致例赎则例屡颁。明代罪

---

① 《皇明条法事类纂》卷1《纳米赎罪则例》，见《中国珍稀法律典籍集成》乙编第4册，科学出版社1994年版，第21—25页。

② 《明宪宗实录》卷178。

因纳赎，不仅有以役赎罪与以物赎罪之分，纳赎地点也常有变化。每遇这种变化，朝廷就制定新的则例，对纳赎钱物、地点、不同刑罚纳赎的数量等予以详细规定。如景泰三年（1452年）十一月，景帝批准户部奏请，制定"直隶等处罪人纳米赎罪地方则例"，规定："保定、真定、顺德府卫所属，俱倒马关；河间、大名、广平府卫所属并顺天府霸州等州县，俱紫荆关。其则例悉如右佥都御史邹来学所奏：杂犯死罪九十石，三流并徒三年七十石，余徒四等递减十石，杖罪每一十二石，笞罪每一十一石。"①宪宗成化二十年（1484年），"令辽东管粮官会同抚按等官，将附近顺、永二府所属州县并永平、卢龙卫所见问罪囚，内有杂犯死罪以下，酌量地里远近，定拟则例，发山海卫仓关领粮米，送广宁前屯、广远二城仓收贮。及将辽东所属官吏人等有犯各项罪名者，亦照例于辽阳城六仓关领粮米，运送东州、叆阳、清河、碱场、马根单五堡各备用"。②

其四，一些例赎则例是针对赎刑实施过程中遇到的新情况，对原则例内容适当修正后重新颁布的。如英宗正统十四年（1449年）十月制定的"运米则例"规定："通州运至京仓，杂犯斩绞三百六十石，三流并杖一百、徒三年者，二百八十石；余四等递减四十石，杖每一十八石，笞每一十四石。通州运至居庸关、隆庆卫等仓，杂犯斩绞九十石，三流并杖一百、徒三年，七十石；余四等递减十石，杖每一十二石，笞每一十一石。"③景帝景泰六年（1455年）七月，因北直隶一些地区粮食歉收，米价上涨，修订了"在京法司并北直隶囚犯运米赎罪则例"，对原《则例》规定的赎罪纳米的石数作了调整。规定："杂犯死罪九十石，三流并徒三年七十石，俱减二十石；杖九十、徒二年半六十石，减其十五石；杖八十、徒二年五十石，杖七十、徒一年半四十石，杖六十、徒一年三十石，俱减其十石。杖罪每一十二石，减作一石五斗。笞罪不减。"④

其五，为纠正"赎罪轻重不一"的弊端，而制定有调整力赎、物赎数

---

① 《明英宗实录》卷223。
② （明）申时行等重修：《明会典》卷28《户部十五·会计四·边粮》，中华书局1989年影印本，第208页。
③ 《明英宗实录》卷184。
④ 《明英宗实录》卷256。

额及赃物估钞类例赎则例。在明代法律体系中，例赎则例为权宜之法。它发展的基本趋势是：随着赎例屡颁，例赎成为赎刑的主体；随着钞法日坏，钞与银的比价愈来愈低，赎例规定的钞数愈来愈高，例赎重于律赎；例赎的方式，明初以役赎为主，以后逐渐向物赎发展，罚役也多以折工值计算。为适应赎刑制度的变化，以则例的形式规范钱钞、白银以及与各种物品的比价，就成为保障赎刑的规定轻重适宜的重要举措。如英宗天顺五年（1461年）十二月，都御史李宾上疏曰："法司赎罪轻重不一，刑官得以为私，宜定则例，以革其弊。"英宗采纳了李宾的意见，经刑部、都察院、大理寺议定，颁布了"赎罪则例"，"守卫操备官旗将军、校尉、边军、边民犯笞、杖，妇人犯笞、杖、徒，文官、监生犯笞，俱令纳钞。若官员与有力之人，仍如前例运砖、炭等物。笞一十：运灰一千二百斤，砖七十个，碎砖二千八百斤，水和炭二百斤，石一千二百斤，纳钞二百贯。余四笞、五杖：灰各递加六百斤，砖各递加三十五个，碎砖各递加一千四百斤，水和炭各递加一百斤，石各递加六百斤，钞各递加一百贯。至杖六十，钞增为一千四百五十贯；余四杖，各递加二百贯。徒一年：运灰一万二千斤，砖六百个，碎砖二万四千斤，水和炭一万七千斤，石一万二千斤。余四徒、三流：灰各递加六千斤，砖各递加三百个，碎砖各递加一万二千斤，水和炭各递加九百斤，石各递加六千斤。惟三流水和炭同减为加六百斤。杂犯二死：各运灰六万四千二百斤，砖三千二百个，碎砖一十二万八千斤，水和炭九千斤，石六万四千二百斤。"[1] 孝宗弘治二年（1489年）十一月，颁行了"赃物估钞则例"。[2] 明初制定《大明律》时，律文规定赃物以钞计算，每银一两值钞一贯。到弘治时，经百年之变迁，每银一两值钞八十贯。赃罪以原定的钞数论罪，明显轻重失宜。针对这一情况，朝廷制定了"赃物估钞则例"，就金银铜锡、珠玉、罗缎布绢丝棉、米麦、畜产、蔬菜、巾帽衣服、器用等各类物品应值的钞价，逐一详细规定，作为计算赃物价值时使用。这类则例在明代钞法贬值、通货膨胀、物

---

[1] 《明英宗实录》卷335。
[2] 《皇明条法事类纂》卷5《赃物估钞则例》，见《中国珍稀法律典籍集成》乙编第4册，科学出版社1994年版，第206—224页。

价多变的情况下，为解决赎罪轻重不一、刑官得以为私的问题发挥了应有的作用。

史籍中记载的明代赎罪则例，主要是有重大影响的赎例，且多是概述，使人难以得见则例的完整内容。一些明代律学文献中，收录了司法实践中常用的几则赎例。如《大明律直引》①中收有"会定运砖运灰等项做工则例"，明人胡琼撰《大明律集解》②中收有"在京罚运则例"、"在京折收钱钞则例"，雷梦麟撰《读律琐言》③中收有"原行赎罪则例"。这些赎例都经过了一个逐步完善的过程，也是明代司法实践中经常使用的则例。这些则例的内容是关于笞、杖、徒、流、杂犯死罪及各种刑等如何赎罪的规定，在每一种刑罚下，明确规定了各种赎罪的办法。如《会定运砖运灰等项做工则例》关于杖一百收赎的规定是："杖一百：灰六千六百斤，砖三百八十五个，碎砖一万五千四百斤，水和炭一千一百二十斤，石六千六百斤，米十石，做工六个月，钞二千二百五十贯，折铜钱七百文。"④在执行赎刑的过程中，罪囚可根据赎例的规定，选择赎罪的办法。

明代的赎刑律、例有别，赎例的规定多变，且京、外有异，南北不同，显得复杂和混乱。在实施赎刑制度的过程中，朝廷采用则例这一法律形式，对不同时期赎刑的执行作了具体规定，这是明代赎刑能够在多变中得以实施的主要原因。

6. 宗藩则例

明代实行封藩制度。封藩的用意大抵有三：一曰安边，二曰制臣，三曰亲亲，合而言之，即藩屏皇室，永享太平。藩王拥有政治、经济、军事、司法方面的诸多特权，随着宗室人数的膨胀及其为非作歹、横征暴敛事件的增多，宗藩的特殊待遇和权力成为妨害国家和社会发展的一大祸患。为了既确保藩王和皇族宗室人员享有优厚待遇，又防止他们坑害百姓，朝廷以则例的形式规定了其所享受的待遇，并对其特权进行严格限

---

① 《大明律直引》，见《中国律学文献》第3辑第1册，黑龙江人民出版社2006年版。
② （明）胡琼：《大明律集解》，中国国家图书馆藏明正德十六年刻本。
③ （明）雷梦麟：《读律琐言》，台湾"中央图书馆"藏明嘉靖四十二年歙县知县熊秉元刻本。又见《中国律学文献》第4辑第2、3册．社会科学文献出版社2007年版。
④ 见《中国律学文献》第3辑第1册，黑龙江人民出版社2006年版，第661页。

制。据《明会典》载：太祖洪武六年（1373年）令"亲王钱粮就于王所封国内府分，照依所定则例期限放支，毋得移文当该衙门，亦不得频奏。若朝廷别有赏赐，不在已定则例之限"。① 宪宗成化十四年（1478年）颁行了"给价则例"，就山西、湖广、陕西、河南、山东、江西、四川、广西各地的藩王府、郡王、镇国将军、辅国将军、郡主、奉国将军、镇国和辅国中尉、县主、郡君、县君、乡君无房屋者，自行起盖所需银两的数额作了详细规定。孝宗弘治元年、二年、十四年，世宗嘉靖二十二年、二十九年、三十一年、四十四年和神宗万历十年，朝廷又多次补充完善"给价则例"，就藩王和宗室人员自行起盖房屋的有关造价作了补充规定。② 嘉靖八年（1529年）世宗朱厚熜下令："湖广各宗室禄米，俱照楚府则例，亲王每石折银七钱六分三厘，郡王每石折银七钱，将军、中尉、郡主、夫人、仪宾每石折银五钱。"③ 嘉靖十三年（1534年），朱厚熜又题准："郡县等主君病故，仪宾禄粮务要遵奉先年题准一九、二八则例，毋得妄行奏扰。"④

明代自洪武三年起，陆续赐给诸王、勋臣、国戚大量土地，以庄田代之俸禄。凡赐勋戚庄田，宪宗成化六年（1470年）题准："各王府及功臣之家，钦赐田土佃户，照原定则例，将该纳子粒，每亩征银三分，送赴本管州县上纳。令各该人员关领，不许自行收受。"⑤ 随着皇庄和庄田的扩张，明代中叶以后，大量民田被侵夺。为此，朝廷就查勘庄田和打击奸豪、投献田宅制定了一些则例。地处河南开封的周王府，无视朝廷的规定，每亩田征收佃户子粒租粮多至一斗五升，百姓苦不堪言。为此，宪宗成化十九年（1483年）五月，颁布了《周府庄田征租则例》，明文规定：

---

① （明）申时行等重修：《明会典》卷38《户部二十五·廪禄一·宗藩禄米》，中华书局1989年影印本，第272页。

② （明）申时行等重修：《明会典》卷181《工部一·营造一·王府》，中华书局1989年影印本，第919—921页。

③ （明）申时行等重修：《明会典》卷38《户部二十五·廪禄一·宗藩禄米》，中华书局1989年影印本，第273页。

④ 同上。

⑤ （明）申时行等重修：《明会典》卷17《户部四·给赐》，中华书局1989年影印本，第116页。

"每田一亩征子粒八升"①。嘉靖十六年（1537年），世宗敕谕："差科道部属官各一员，前去会同巡按查勘八府庄田。但自正德以来朦胧投献及额外侵占者，尽行查出，各依拟给主召佃，管庄人员尽数取回，着管屯田佥事兼带督管。该征税租，照依原定则例折收银钱。原系皇庄者，解部类进。系皇亲者，赴部关领。不许自行收受。"②隆庆二年（1568年），穆宗朱载垕敕谕："令天下有王府去处，或有仪宾军校诱引奸豪投献田宅，及宗室公然借名置买恃强不纳差粮者，有司验契查实，先将投献人依律究谴，田宅入官。另给军民管种输租，以补各宗禄粮之缺。中有宗室执留占恡，就照民间编纳差粮则例，尽数抵扣应得禄粮，方行补给。有司滥受馈遗，阿纵不举者，抚按纠劾重治。"③

7. 军士供给、给赏、优给则例

《明史·兵志》曰："明以武功定天下，革元旧制，自京师达于郡县，皆立卫所。外统之都司，内统于五军都督府，而上十二卫为天子亲军者不与焉。征伐则命将充总兵官，调卫所军领之，既旋则将上所佩印，官军各回卫所。盖得唐府兵遗意。"④ 鉴于明代逃军问题十分突出，为了稳定军心和确保武官的世袭，朝廷在不断清理军伍和勾捕逃军的同时，就奖赏、抚恤和保障军士的供给颁布了一些则例。

在保障官军供给方面，宪宗成化十三年（1477年）七月，时户部奏："辽东三万仓粮被雨浥烂，所司请以折军士冬衣之赐。"为此，朝廷制定了"辽东军士冬衣布花折色则例"，"命布一匹准米豆兼支二石五斗，棉花一斤兼支四斗，无得侵欺妄费"。⑤ 又据《明宪宗实录》载："成化二十一年三月丙午，真定府知府余瓒奏……陕西、山西大同、宣府、辽东等处，虏贼出没无常，而供饷无限，设法转运，亦不能济。访得边墙内地土肥饶，近皆为镇守内外等官私役，军士尽力开耕，所获粮草甚富。凡遇官民买

---

① 《明宪宗实录》卷240。
② （明）申时行等重修：《明会典》卷17《户部四·给赐》，中华书局1989年影印本，第116页。
③ 同上书，第115页。
④ 《明史》卷89《兵一》，中华书局1974年版，第2175页。
⑤ 《明宪宗实录》卷168。

纳，加倍取息。以此观之，则各边所出皆足各边之用矣。请敕遣科道部属官刚正有为、深达大体者数员，往会巡抚、巡按、镇守内外等官堪视，凡堪种熟地，系军民并千百户以下者，听如旧管业。其在指挥以上者，请定则例，量拨多寡，以资其用。余皆计常操官军若干队分拨，每人宅地二亩，田地二十亩；每队分为班耕守，以备征操。亦但征取十一，则民可免转输之劳，军可无饥寒之苦矣。诏下其章于所司。"① 世宗嘉靖四十一年（1562年）定蓟辽曹家寨军士行粮则例，规定："蓟、辽、曹家寨军士专随游击操练，与别项班军不同。令照客兵行粮则例，每月支米四斗五升。"②

在给赏军士方面，《明会典》对于行赏的原则、运作程序、赏赐的物品及赏赐则例的制定情况作了这样的概述："国初论功行赏，皆临时取旨。差次重轻，不预为令。承平以来，意存激劝，率以首功定赏格，条例渐广。凡官及军有功，查勘明白，造册到部。当升赏者，各照立功地方则例，具奏升赏。"③ 又云："国朝赏赐，用钞锭、胡椒、苏木、铜钱并银两、衣服等项。其系礼兵掌行者，具见二部。惟岁给军士冬衣、布、花等项，沿革则例不一。"④ 由此可知，明朝赏赐军士时，都要制定相应的则例，且则例的内容不尽相同。《明会典》还记述了洪武、永乐年间三次颁行这类则例的情况。洪武六年（1373年），制定"给赏则例"，规定："北平军士：永平、居庸古北口为一等，密云、蓟州为一等，北平在城为一等，通州、真定为一等。"⑤ 洪武二十六年，制定"赏赐则例"，规定，"凡在京赏赐，该用钞锭，户部查数具奏，于内府关支。凡有钦赏官军人等，当该衙门将该赏人名、钞数于户部委官处磨算相同，该赏数目附簿，验名给散。其委官仍将日逐各起赏过钞数，开呈户部，立案备照。候季

---

① 《明宪宗实录》卷263。
② （明）申时行等重修：《明会典》卷39《户部二十六·廪禄一·行粮马草》，中华书局1989年影印本，第282页。
③ （明）申时行等重修：《明会典》卷123《兵部六·功次》，中华书局1989年影印本，第631页。
④ （明）申时行等重修：《明会典》卷40《户部二十七·经费一·赏赐》，中华书局1989年影印本，第283页。
⑤ 同上书，第283页。

终，户部将原关并赏过钞数通类具奏。及赏赐胡椒、苏木、铜钱等项，亦如之。其在外如有钦依赏赐官军及赈济饥民等项，户部酌量会计钞锭具奏，委官赴内府照数关领，点闸明白，于户科给批，差人管运，仍行移所在官司。如运钞到彼，照依坐去则例，眼同验名给散，造册回报户部，以凭稽考。"①永乐十七年（1419年），"定赏山西都司所属卫分布花则例。振武卫：正军有家小，棉布四匹，棉花一斤八两。太原左右中三护卫、太原左右前三卫、镇西卫、宁化千户所：正军校尉、续添校尉并各护卫牧养马匹军人有家小，棉布三匹，棉花一斤八两。山西行都司所属大同左右前后、朔州、天城、阳和、安东中屯等卫正军、恩军校尉并旗手等卫：调去入伍军匠有家小者，棉布四匹，棉花一斤八两。凡各卫所只身旗军校尉，巡营守门铺、养马、看仓、看草、老幼久病、残疾、复役未及三年逃军，及沈阳中护卫，平阳潞州卫，沁州、汾州千户所，正军校尉并旗手等卫，调去入伍军匠，俱各棉布二匹，棉花一斤八两"。②

优给是对伤残、亡故、年老军人及其家属的抚恤方式，其内容包括优给、优养两个方面。明朝制定的这类则例较多。以洪武朝为例。如洪武元年（1368年）十二月制定的"优给将士例"规定："凡武官军士，两淮、中原者，遇有征守病故、阵亡，月米皆全给之。若家两广、湖湘、江西、福建诸处阵亡者，亦全给。病故者，初年全给，次年半之，三年又半之。其有应袭而无子及无应袭之人，则给本秩之禄，赡其父母终身。"③洪武二十六年（1393年），颁布军士《优给则例》，规定："凡阵亡、失陷、伤故、淹没者全支，边远守御出征并出海运粮病故者减半。一品：米六十石，麻布六十匹。二品：米五十石，麻布五十匹。三品、四品：米四十石，麻布四十匹。五品、六品：米三十石，麻布三十匹。"④

---

① （明）申时行等重修：《明会典》卷40《户部二十七·经费一·赏赐》，中华书局1989年影印本，第283页。
② 同上书，第283—284页。
③ 《明太祖实录》卷37。
④ （明）申时行等重修：《明会典》卷101《礼部五十九·丧礼六·恩恤》，中华书局1989年影印本，第559页。

8. 其他则例

明朝除颁布上述各类则例外，还制定了一些行政、经济管理中与财政收支有关的其他则例，主要有：

（1）适用于官吏考核的则例。据《明会典》载，明太祖洪武年间，出于强化吏治和内外官考核的需要，颁行了《繁简则例》。该则例按照管理事务的复杂和重要程度，把中央各部门和各个地方政府划分为简繁两类："在外，府以田粮十五万石以上，州七万石以上，县三万石以上，或亲临王府、都司、布政司、按察司并有军马守御、路当驿道、边方冲要供给去处，俱为事繁。府州县田粮在十五万、七万、三万石之下、僻静去处、俱为事简。在京衙门，俱从繁例。"在事繁、事简不同衙门或地区任职的官员，因承担职责的不同，考核、晋级和处分的标准亦不同："繁而称职、无过，升二等。有私笞公过，升一等。有记录徒流罪，一次本等用，二次降一等，三次降二等，四次降三等，五次以上杂职内用。繁而平常、无过，升一等。有私笞公过，本等用。有记录徒流罪，一次降一等，二次降二等，三次降三等，四次以上杂职内用。简而称职，与繁而平常同。简而平常、无过，本等用。有私笞公过，降一等。有记录徒流罪，一次降二等，二次杂职内用，三次以上黜降。考核不称职，初考繁处降二等，简处降三等。若有记录徒流罪者，俱于杂职内用。"① 《会典》未记《简繁则例》颁行于何年。查阅《明太祖实录》，洪武十四年（1381年）冬十月壬申定考核之法，其内容与《简繁则例》同，可知该例制定于洪武十四年十月。《简繁则例》的特色是把官吏职务的升降与实绩考核结合起来，对于改变当时官场存在的不求有功、但求无过和只钻营升迁、不干实事的不良作风产生了一定作用。

（2）官员俸禄处罚则例。明代为提高官员的工作效率，严惩官员的失职行为，把俸禄处罚作为对官员过失在经济上的一种处罚方式。明太祖洪武元年颁行的《大明令》规定："凡民官月俸钱米，相兼罚俸，止罚俸

---

① （明）申时行等重修：《明会典》卷12《考核通例》，中华书局1989年影印本，第76页。

钱。"① 俸禄处罚有罚俸、住俸、奖俸、减俸和扣俸之分。明代法律规定的官员的失职行为有多种，各朝俸禄处罚的规定也不尽相同。然而，《照刷文卷罚俸则例》却始终没有变动。明代律学文献《律解辩疑》②、《律条疏议》③、《大明律直引》④诸书都收录这一则例，其内容是：

> 每俸一石，罚钞一百文。知府：例合罚俸十日，该钞八百文；若一月，该钞二贯四百文。同知：例合罚俸十日，该钞五百三十四文；若一月，止该钞一贯六百文。通判：十日，三百三十三文；一月，钞一贯。推官：十日，二百五十文；一月，七百五十文。知州：十日，四百六十文；一月，一贯四百文。州同知：十日，二百三十四文；一月，八百文。州判：十日，二百三十四文；一月，七百文。知县：十日，二百五十六文；一月，七百五十文。县丞：十日，二百一十七文；一月，六百五十文。
>
> 主簿：十日，一百八十三文。一月，五百五十文。
>
> 巡检：十日，四十文。一月，一百二十文。教官、训导同例。

《律解辩疑》系明初人何广撰，成书于洪武十九年（1386年）；《律条疏议》系弘治朝张楷撰，刊于明英宗天顺五年（1461年）；《大明律直引》刊于明嘉靖二十三年（1544年）。多书刊载这一则例，表明它在明代曾长期实行。

（3）减免官吏及监生、举人、生员赋役方面的则例。如嘉靖二十四年（1545年）发布了《优免则例》，规定："京官一品，免粮三十石，人丁三十丁；二品，免粮二十四石，人丁二十四丁；三品，免粮二十石，人丁十

---

① 《大明令》之《刑令》，见《中国珍稀法律典籍集成》乙编第1册，科学出版社1994年版，第43页。
② （明）何广：《律解辩疑》，台湾"中央图书馆"藏该书明刻本。又见《中国珍稀法律典籍续编》第3册，黑龙江人民出版社2002年版。
③ （明）张楷：《律条疏议》，上海图书馆藏明天顺五年刻本，日本尊经阁文库藏明嘉靖二十三年重刻本。又见《中国律学文献》第1辑第1、2册，黑龙江人民出版社2004年版。
④ 《大明律直引》，日本尊经阁文库藏明嘉靖五年刻本。又见《中国律学文献》第3辑第1册，黑龙江人民出版社2006年版。

二丁；四品，免粮十六石，人丁十六丁；五品，免粮十四石，人丁十四丁；六品，免粮十二石，人丁十二丁；七品，免粮十石，人丁十丁；八品，免粮八石，人丁八丁；九品，免粮六石，人丁六丁。内官内使亦如之。外官各减一半。教官、监生、举人、生员，各免粮二石，人丁二丁。杂职省祭官承差知印吏典，各免粮一石，人丁一丁。以礼致仕者，免十分之七。闲住者，免一半。其犯赃革职者，不在优免之例。如户内丁粮不及数者，止免实在之数。丁多粮少，不许以丁准粮。丁少粮多，不许以粮准丁。俱以本官自己丁粮照数优免，但有分门各户，疏远房族，不得一概混免。"①

（4）钱法和钞法管理则例。明建国之初，确定铜钱和宝钞是法定货币，而白银在禁例之中。然钞法行之未久，日渐贬值。永乐至景泰间，凭国家采取的各种措施，使钞法得以维持。在民间力量的推动下，正统至成化朝，白银逐渐成为实际货币。与此相适应，朝廷就维持法定货币和银、钱通融行使颁行了一些则例。据《明会典》载："成化二年，差主事二员于九江、金沙洲监收钱钞，定为则例。候一年满日，该府各委佐贰官一员，照例输收。"②又据《明宪宗实录》："成化十七年二月戊午，户部以京城内外私钱滥行，旧钱阻滞，是致钱轻物贵，不便于民，虽尝奏请禁约，犯者枷项示众；然愚民贪利，鼓铸私贩者益多，请严加禁治，且定'银钱通融则例'。上曰：今后只许使历代并洪武、永乐、宣德钱，每八十文折银一钱。能告捕私造者，量赏。及私贩者，官校用心缉捕，有知情容隐者咸究问。见今拣钱枷项监问者，姑宥之。"③《明会典》在记述《钞法》时说："国初宝钞，通行民间，与铜钱兼使，立法甚严。其后钞贱不行，而法尚存。今具列于此。其折禄折俸罪赎，及各项则例，轻重不等，详见各部。"④又云："弘治六年，令各关照彼中则例，每钞一贯折银三厘，

---

① （明）申时行等重修：《明会典》卷20《户部七·户口·赋役》，中华书局1989年影印本，第135页。

② （明）申时行等重修：《明会典》卷35《户部二十二·课程四·钞关》，中华书局1989年影印本，第245页。

③ 《明宪宗实录》卷212。

④ （明）申时行等重修：《明会典》卷31《户部十八·库藏二·钞法》，中华书局1989年影印本，第224页。

每钱七文折银一分。"① 由于朝廷对通货不能有效管理，最终以宝钞的贬值和铸钱的混乱而告终。这一结果有利于白银作为国家主币地位的确立，但同时也给明朝的财政金融体系和人民的生活造成了负面影响。

（5）漕运则例。明朝是中国历史上漕运高度发展时期。这一时期，江南漕粮输往北方，运输方式发生了一系列变革。洪武年间采用海运，永乐前期海陆兼运，永乐中期以后运法有三变："初支运，次兑运、支运相参，至支运悉变为长运而制定"。② 所谓支运，是江南民户运粮到所指定的各个官仓后，再分遣官军分段递运至京师。因各地官军运粮时先要从各仓支出再运，故称"支运法"。支运法推行后，民运漕粮到各地粮仓，往返时间甚长，经常耽误农时。宣宗宣德六年（1431年），朝廷决定运粮由官军承担，由民户向官军"加耗"，即量路程远近，给予官军路费和耗米，这种做法称为"兑运"。自宣德朝起至成化十年（1474年），南粮征调多采取兑运或兑运、支运相参的办法，朝廷颁布了不少则例，对兑运加耗的数量作了规定。宣德六年十一月，行在户部定"官军兑运民粮加耗则例"，规定江南各地民向运军付给每石米"加耗"的数量是："每石湖广八斗，江西、浙江七斗，南直隶六斗，北直隶五斗。民有运至淮安兑与军运者，止加四斗。"并规定："如有兑运不尽，令民运赴原定官仓交纳。不愿兑者，听自运官，军补数不及，仍于扬州卫所备倭官军内摘拨。其宣德六年以前军告漂流运纳不足者，不为常例，许将粟米、黄黑豆、小麦抵斗于通州上仓。军兑民粮请限本年终及次年正月完就出通关，不许迁延，妨误农业。其路远卫所，就于本都司填给勘合。"③ 宣德十年（1435年）九月，又对兑运法有关"加耗"的规定作了调整："湖广、江西、浙江每米一石，加耗六斗，南直隶五斗，江北直隶四斗，徐州三斗五升，山东、河南二斗五升。"比初行时有所减轻。同时又规定："耗粮以三分为率，二分与米，一分以物折之。"④ 英宗正统元年（1436年）九月，定"运粮官军兑运各处

---

① （明）申时行等重修：《明会典》卷35《户部二十二·课程四·钞关》，中华书局1989年影印本，第246页。
② 《明史》卷97《食货三》，中华书局1974年版，第1915页。
③ 《明宣宗实录》卷84。
④ 《明英宗实录》卷9。

民粮来京输纳加耗则例",规定:"湖广、江西、浙江每石六斗五升,南直隶五斗五升,江北扬州、淮安、凤阳四斗五升,徐州四斗,山东、河南三斗。若民人自运至淮安、瓜州等处兑与军运者三斗。正粮尖斛,耗粮平斛。务令军士装载原兑干圆、洁净粮输纳,抵易粗粝者罪之。民不愿兑,令自运至临清仓纳……"① 宪宗成化以后,朝廷再次改革漕粮运输之法,实行"长运",即漕粮运输全部改为由官军承担。

（6）给驿和起运物品则例。《明会典》卷一四八载:"国初,公差人员应合给驿及应付脚力,各有等差。累朝以来,给驿渐广,事例不一。嘉靖中,申明旧制,公差俱改给勘合,其应给勘合及拨夫俱有则例。"② 并记述了洪武二十六年（1393年）制定的《应合给役例》6条,《应付脚夫例》6条,嘉靖三十七年（1558年）制定的《应给勘合例》51条,《拨夫例》6款,就公差人员享受给驿和脚力的资格、交通工具、随从人员、口粮和其他事宜作了详尽的规定。又据《明会典》卷一五八:"嘉靖元年题准:马船水夫逃回,行各该司、府州县,查照江西则例,计日扣算歇役银两,追征解部,作修理船只等项支用。逃夫解部,照例参问。"③ "嘉靖三十一年题准,会同内外守备礼、工二部并科道等官,将南京各衙门起运品物共四十七起,逐一查议某项原额若干,续添若干,某项相应照旧供运,某项应并,某项应省。先论物数轻重,次计用扛多寡,后定船只数目。如制帛龙衣等扛,则宽以计之,其余则稍加多载。内官监戗金、膳桌、铜器等件,约二三年起运一次。巾帽局苧布等物,就于原来箱内带回。添造新箱应当查革,如竹器节年供造已多,可以会计暂停。将快船四十只改造平船,以便装载板枋、竹木。自后一应取用物料,俱由该科抄出,兵部咨送本部,转行各该衙门,查照供应。即将议过船只则例,刻石记载,永为遵守。"④

---

① 《明英宗实录》22。
② （明）申时行等重修:《明会典》卷148《兵部三十一·驿传四·驿传事例》,中华书局1989年影印本,第759页。
③ （明）申时行等重修:《明会典》卷158《兵部四十一·南京兵部》,中华书局1989年影印本,第813页。
④ 同上书,第816页。

（7）救荒则例。明代时，各地遇到重大灾荒，地方官府须把荒情和赈灾措施紧急上报朝廷。朝廷根据灾情的严重程度确定救灾应发给受灾人员粮米的斗数，并以则例的形式予以规定，以便在赈灾中遵行。据《明会典》卷一七载："洪武二十七年定灾伤去处'散粮则例'。大口六斗，小口三斗，五岁以下，不与。"①"永乐二年，定苏、松等府水淹去处'给米则例'。每大口米一斗，六岁至十四岁六升，五岁以下不与。每户有大口十口以上者，止与一石。其不系全灾，内有缺食者，原定'借米则例'：一口借米一斗，二口至五口二斗，六口至八口三斗，九口至十口以上者四斗。候秋成，抵斗还官。"②

明廷除颁布上述各类则例外，还制定了不少行政、经济管理中与钱物、财政收支或某一事项操作规则有关的其他则例，如规定损害官马赔偿标准的马政则例，规定造修船只物料标准的马船大修则例，规定学校经费管理、伙食待遇方面的则例等。明代则例名目繁多，不再一一赘述。

则例还适用于地方立法。明代时，有些地方官府和长官为加强地方经济事务的管理，也制定了则例。《明史·崔恭传》记述崔恭天顺年间巡抚苏、松期间，恢复了"耗羡则例"一事："初，周忱奏定'耗羡则例'，李秉改定以赋之轻重递盈缩。其例甚平，而难于稽算，吏不胜烦扰。恭乃罢去，悉如忱旧。"③《王阳明文集》记述了王守仁于正德朝后期至嘉靖朝初巡抚任内制定则例的情况。《颁定里甲杂办》云："今申前因，看与本院新定则例相同，及照宁都等九县，及南安所属大庾等县事体民情，当不相远，合就通行查编。"④《奖劳剿贼各官牌》云："照得八寨积为民患，今克剿灭，罢兵息民，此实地方各官与远近百姓之所同幸。昨支库贮军饷银两，照依后开则例，买办彩币羊酒，分送各官，用见本

---

① （明）申时行等重修：《明会典》卷17《户部四·灾伤》，中华书局1989年影印本，第117页。
② 同上。
③ 《明史》卷159《崔恭传》，中华书局1974年版，第4339页。
④ （明）王阳明：《王阳明全集》，《知行录·公移二·颁定里甲杂办》，红旗出版社1996年版，第234页。

院嘉劳之意。开报查考。"①《督责哨官牌》中说:"其各兵快义官百长人等口粮,各照近日减去五分则例。每月人各二钱,义官百长各三钱五分,总小甲各二钱五分,俱仰前去赣州府支给,亦不许冒名顶替关支,查访得出,定行追给还官,仍问重罪发落。"② 海瑞为使赋役均平,民得安生,嘉靖年间在淳安知县任上,曾制定了"量田则例"③;隆庆年间,他在任应天巡抚时期制定了"均徭则例"④,在琼山闲居时期还写了"拟丈田则例"⑤。

明代颁行的则例,因年代久远,大多已经失传。但是,考察诸多史籍中有关明代则例的记述,仍然能够揭示这一时期则例的大体面貌。大量的资料表明,明代朝廷发布的则例,都是经过一定的立法程序,经皇帝批准,或官府、长官奉旨制定的,它是规范钱物管理、收支的标准、等差及有关事项具体运作规则的定例,具有法律效力。由于明代社会经济处于不断发展变化之中,各类则例的制定、修订和实施都很频繁,它作为明王朝的法律形式之一,始终处于权宜之法的地位。

需要特别指出的是,则例在调整明代社会经济关系方面,具有其他法律形式不可替代的功能:

其一,它是国家经济立法的重要形式和法律细则性定例,具有因时、因地制宜实施国家基本经济法律制度的功能。明代各地自然条件千差万别,经济发展状况前后多变,无法制定通行全国的经济法典或比较系统的经济管理方面的法律,统一规范全国的经济活动。在明代法律体系中,律是刑事法律;经统治者精心修订的条例,除《问刑条例》外,基本上都是有关行政、军政管理方面的单行法律,是与刑律并行的国家基本法律;事例、榜例往往是一事一立法,其内容涉及刑事和非刑事多个方面,但较少涉及经济管理的具体制度和措施。为了健全国家经济法律制度和加强经济

---

① (明)王阳明:《王阳明全集》,《知行录·公移七·奖劳剿贼各官牌》,红旗出版社1996年版,第335页。
② (明)王阳明:《王阳明全集》,《知行录·三征公移逸稿·督责哨官牌》,红旗出版社1996年版,第309页。
③ (明)海瑞:《海瑞集》,中华书局1981年版,第190—201页。
④ 同上书,第269—272页。
⑤ 同上书,第278—287页。

活动的管理，明王朝制定了田制、赋役法、盐法、茶法、钱法、钞法、税法和漕运、仓库、马政、俸饷等方面的法律，但这些法律往往不能适应千变万化的各地经济活动的实际状况。在这种情况下，因时因地、有针对性地制定则例，就成为保障国家经济正常运转的重要立法举措，国家经济政策、社会生活中经济关系的调整及相关法律的执行，主要是通过实施各种则例得以实现的。

其二，则例具有法律规范具体、详细和数字化的特点，有利于在执法中准确遵行。则例基本上是根据经济、行政、军政、司法等管理中遇到的与钱物、运作相关的问题制定的，内容多是钱粮、税收、供给、赏赐、财政、俸禄等方面的收支标准。它与条例、事例、榜例内容的表述方式的不同之处，绝大多数则例的规定都是用具体的数字表示的。譬如，根据不同出土的性质和土地瘠肥的等级，分别规定不同的赋役数量；根据不同的物品，规定不同的价格；等等。这样做，是为了地方官员在执法中有具体的标准可以遵循，可以有效地加强经济管理，也有利于防范官吏曲法为奸。

其三，则例兼有立法适时和具有稳定性的优点。则例的内容针对性很强，有些适用于某一地区，有些适用于某一群体，也有些适用于全国。在明代例的体系中，单行条例是统治者精心制定的，立法的周期相对较长，稳定性也较强，其公布后往往多年或数十年才进行修订。榜例、事例是统治者针对随时发生的问题及时制定的，立法适时，但稳定性相对较差。则例同榜例、事例一样，也是及时制定和颁行的，由于它是遇到经济条件变化时才进行修订，或颁行新的则例，因此，则例的稳定性虽然不及条例，但多数则例较榜例、事例的时效性要长。比如，"救荒则例"在完成赈灾任务后就失去效力，但针对某一地区制定的"赋役则例"则在较长时间内实施。

明王朝在长期的治国实践中，针对不同时期、不同地区、不同行业的社会经济的变化情况，制定了大量的各式各样的则例，用以调整各种错综复杂、不断变动的社会经济关系。虽然由于国家基本政治、经济制度方面存在重大缺陷，各地经济发展失衡、贫富悬殊和社会矛盾激化的问题始终没有得到有效解决，但是则例的制定和实施，对于调整经济关系和缓和社会矛盾、保障国家经济在绝大多数时间内仍能基本正常运转发挥了重大作用。

　　长期以来，不少著述往往从刑律中搜寻资料，作为描述古代行政、经济、军政法律制度的基本依据。实际上，中国古代存在着极其丰富的诸如明代则例这样的各类立法资料。只有走出"以刑为主"的误区，开阔学术视野，加强中国古代基本法律资料的收集和研究，才能够比较全面和科学地阐述中国法律发展史。

明代榜例考

"榜例"作为国家确认的法律形式始于明初。在明代法律体系中，榜例始终被赋予"一时权宜"的法律地位，并在国家的立法和司法活动中广泛使用。鉴于前人对榜例这一法律形式尚未进行研究，本文用稍多一点文字予以考证。

一 洪武榜例的制定及其功能

明初统治者在总结前代运用榜文、告示公布法律经验的基础上，经过反复的立法实践，把"榜例"确认为国家重要的法律形式之一。

中国古代在信息传播技术不够发达的情况下，榜文曾在很长的一段历史时期内，成为朝廷和官府向民众公布法令、政令及上情下达的重要载体。把公开发布的官方文告称为"榜"或"榜文"，至迟在汉、晋时期就出现了。《后汉书》记："灵帝时，开鸿都门榜卖官爵，公卿州郡下至黄绶各有差。"[1] 又据《全晋文》卷一五六、《晋书》卷一二〇载，西晋惠帝时，宣威将军、长乐侯李特与广汉太守辛冉因处理流民事交恶，辛冉"遣人分榜通逵，购募特兄弟，许以重赏"，李特则发布《改辛冉购募榜文》，其榜文曰："能送六郡之豪李、任、阎、赵、杨、上官及氏、叟侯王一首，赏百匹。"当时之所以把官府发布的文告称为"榜文"，与发布这类官文书使用的材料有关。自原始社会末到春秋战国时期，文字载体经历了从甲骨、金石到竹木简、缣帛的漫长的演变和发展过程。战国、秦、汉时期，竹简、木简和缣帛成为文字载体的主要形态。汉、晋时期，官方向民众发布并张

---

[1] 《后汉书》卷52《崔骃传》，中华书局1982年版，第1731页。

贴、张挂的文告，许多是写在木板或简册上，因古人通常把"木片"、"匾额"称为"榜"，榜文也逐渐成为这类文告的称谓。魏晋以降，随着造纸技术的日益成熟，特别是东晋末桓玄颁"以纸代简"令之后，纸逐渐成为官方文告的主要载体，"榜"、"榜文"的称谓被继续沿用。隋、唐、宋、元各代，榜文的含义扩展为泛指官方张贴、张挂的各类官方文书。

自先秦到明代，官方向民众发布的文告的称谓有多种。因不同历史时期文告的载体及发布的方式有别，其称谓也有变化。宋代人朱熹说："《典》、《谟》之书恐是曾经史官润色来。如周《诰》等篇，恐只似今榜文晓谕俗人者，方言俚语，随地随时各自不同。"[1] 也就是说，《周书》记载的周王发布的"诰"，就是类似明代榜文一样的文告，只是名称不同而已。明以前各代，官方文告的称谓除"诰"、"榜文"外，还有悬书[2]、露布[3]、榜谕[4]、告示、布告等称呼。现存古代文献记载的这类文告，以"榜文"、"告示"为称谓的居多。进入明代以后，大概是出于"上下有别"并区分其适用地域的范围以及榜例在国家法律体系中地位提升的缘故，以君主名义或奉皇帝圣旨发布的文告称榜文，以地方各级官府和长官

---

[1] （宋）朱熹：《朱子语类》卷78《尚书一》，清吕留良宝诰堂刻本。

[2] 悬书，指悬挂或张贴的文书。（汉）郑玄注，（唐）贾公彦疏《周礼注疏》卷36《秋官·布宪》云："司寇正月布刑于天下，正岁又县其书于象魏，布宪于司寇，布刑则以旌节。出宣令之于司寇，县书则亦县之于门闾及都鄙邦国。刑者，王政所重，故屡丁宁焉。诘谨也，使四方谨行之。"中华书局1996年影印清阮元校刻《十三经注疏》本，第884页。县者，悬也。又据《吕氏春秋》卷18《审应览·离谓》："郑国多相县以书者。子产令无县书，邓析致之。"据以上记载可知，先秦时期有官方悬书悬于魏象，也有民间悬书出现，子产明令禁止的是非官方的"悬书"。

[3] 露布，亦称"露章"、"露板"，指不缄封的文书。（唐）封演《封氏闻见记》云："露布者，谓不封检，露而宣布，欲四方之速闻也，然亦谓之露板。"见《说郛》卷四，明抄本。查阅史籍中有关汉代至隋唐时期"露布"的记载，汉代"露布"多用于朝臣的奏章或皇帝发布的赦、赎令，魏晋时期的"露布"更多地用于军事活动，常作为檄文和捷报传递使用。北魏以后，"露布"基本上专用于传递军事捷报。

[4] 汉代皇帝的诏敕和官府的政令，常是书写在乡亭墙壁（即粉壁）或录写于木板悬挂其上，公之于众，以使民知晓，故后者又有"扁书"之称，这是后代榜谕的前身。唐宋时期，运用榜文公布皇帝诏敕和官府政令、法令和劝谕成为官府经常采用的形式，人们称这种榜文为"榜谕"。有关研究汉、唐、宋时期"扁书"、"粉壁"、"榜谕"方面的成果，参见［日］中村裕一《唐代制敕研究》，东京汲古书院1991年版，第859—909页；汪桂海：《汉代官文书制度》，广西教育出版社1999年版，第153—159页；丁建军：《中国题壁文化的巅峰——宋代题壁文化论略》，《河北大学学报》2004年第4期，第64—67页；高柯立：《宋代的粉壁与榜谕：以州县官府的政令传布为中心》，收入邓小南主编《政绩考察与信息渠道——以宋代为重心》，北京大学出版社2008年版，第411—460页。

名义发布的文告称为告示。现见的明代榜文，除明代前期尚有几则是由朝廷大臣或府官在治理地方时出榜且榜文渊源不明外，均是由皇帝颁布或中央各部院及其他衙门、长官奉旨颁发的。

榜文作为以"直接公布于众"为特色的官方文书，具有晓示事项、公布法律、教化百姓等功能。榜文形式多样，涉及的内容也相当广泛。以榜文形式公布的官方文书中，既有法律文书，也有各种非法律文书。就榜文的内容、功能而言，大体可分为两种类型：一是晓示、劝谕、教化类榜文。内容或是晓谕某一事项，或是公示某一案例，或是指陈时弊，申明纲常礼教和治国之道，意在使百姓周知，趋善避恶。二是公布朝廷和地方官府制定的法律、法令、政令，要求臣民一体遵守。后一类榜文具有法律的规范性和强制性，其作为有法律效力的文书，是国家法律体系的有机组成部分，也是古代法律的重要载体。

运用官府文告发布法令、政令在中国有悠久的历史。历代为把法律和政令贯彻到基层，使百姓知法守法，都很重视法令和政令的公布。《周礼》成书于战国，但反映了大量的周代礼制，其所载"悬法象魏"①之制，就是朝廷把法令悬挂在宫廷外的阙门向民众宣示的一种方式。春秋末期郑国执政子产"铸刑书"、晋国大夫赵鞅和荀寅"铸刑鼎"，则是诸侯国公布法令的创举。"悬法象魏"、"铸刑鼎"、"铸刑书"这些向民众公布法令的举措，实际上就是后世所说的榜文。汉代时，"露布"作为官文书的公开传播方式，一般用于某些上呈的奏章或朝廷下达的诏令。汉代"露布"与后世榜文、告示都是公开发布的官方文书，其内涵不同之处是，前者包括自下而上的奏章和自上而下的诏令，后者则只是自上而下向民众发布的文告。"露布"也是官府公布法令、政令的重要载体。《后汉书·光武帝纪》唐代李贤注引《汉制度》曰："帝之下书有四：一曰策书，二曰制书，三曰诏书，四曰诫敕……制书者，帝者制度之命，其文曰制诏三公，皆玺封，尚书令印重封，露布州郡也。"②三国时期，蜀国也常运用"露布"

---

① 《周礼注疏》卷34《秋官·大司寇》云："正月之吉，始和。布治于邦国都鄙，乃县治象之法于象魏，使万民观治象，挟日而敛之。"《十三经注疏》，中华书局1996年影印清阮元校刻本，第871页。

② 《后汉书》卷1《光武帝纪第一上》，中华书局1982年版，第24页。

发布法令、政令。《三国志》卷三三裴注引《诸葛亮集》载，刘禅曾下诏曰："他如诏书律令，丞相其露布天下，使称朕意焉。"[1] 北魏以后，"露布"的形式和内容发生了变化，并被专用为军事捷报，榜文、告示逐渐成为朝廷和官府向百姓公布法令、政令经常采用的方式。如北周雍州刺史为治理窃盗，曾发布榜文曰："自知行盗者，可急来首，即除其罪。尽月不首者，显戮其身，籍没妻子，以赏前首者。"[2] 唐、宋、元时期，朝廷和地方官府长官运用榜文公布政令、法律法令的做法已很盛行。《全唐文》诸书就有许多唐代官府运用榜文发布法令的记载。《古代榜文告示汇存》[3]中所收入的宋代朱熹榜文、黄榦榜文、真德秀榜文、马光祖榜文、黄震榜文以及元代胡祗遹榜文中有关公布法令的榜文就是这类文书。

明开国之初，朱元璋在采取一系列措施恢复社会经济的同时，很注重健全国家法律制度和向民众进行法律教育。他说："民经乱世，欲度兵荒，务习奸猾，至难齐也。"[4] "不明教化则民不知礼义，不禁贪暴则无以遂其生。"[5] 认为只有把健全法律与教化结合起来，治国才会有成效。由于榜文具有晓谕事项、公布法律、教化百姓的功能，因而受到朱元璋的青睐。他在位31年间，曾颁布了大量的榜文。这些榜文中，既有晓谕、教化类榜文，也有公布法律、法令类榜文。在朱元璋以榜文形式颁布的各类法律、法令中，许多是有关治理国家特别是民间事务管理方面的"定例"，称为"榜例"。如《明会典》卷一五二载：

> 凡管马官员，洪武榜例：各卫所、府州县管马官员，职专提调马匹，不许管署卫所、府州县事务及别项差占。[6]

---

[1] 《三国志》卷33《蜀书·后主传第三》，中华书局1982年版，第896页。
[2] 《周书》卷37《韩褒传》，中华书局1983年版，第661页。
[3] 杨一凡、王旭编：《古代榜文告示汇存》（10册），社会科学文献出版社2006年影印本。
[4] 《皇明祖训序》，收入杨一凡、田涛主编《中国珍稀法律典籍续编》第3册，黑龙江人民出版社2002年版，第483页。
[5] （清）谷应泰：《明史纪事本末》卷14《开国规模》，中华书局1977年版，第196页。
[6] （明）申时行等重修：《明会典》卷152《兵部·马政三·禁约》，中华书局1989年影印本，第780页。

又据《明会典》卷一四三：

> 洪武二十七年圣旨榜例：自古到今，各朝皇帝差军守卫皇城，务要本队伍正身当直。上至头目，下至军人，不敢顶替。这等守卫是紧要的勾当。若是顶替，干系利害。拨散队伍守卫，尤其利害。且如论队伍守卫，拨那所军，若用军多，尽本所守卫；若用少，或五百、三百、二百、一百，务要整百户守卫。若军别无事故，各见在卫所，其当该管军人员不行仔细检点，照依原伍上直，致令小人卖放，或闲居在卫所，或私自纵放，不在卫所，点视不到，定将本管指挥、千百户、卫所镇抚、总小旗各杖一百。指挥降千户，调边远；千户降百户，调边远；百户降总旗，调边远；卫镇抚降所镇抚，调边远；总旗降小旗，调边远；小旗降做军，调边远。如是受财卖放，以致队伍不全，系是围宿重事，不问赃多少，处以重罪。①

这则榜例字数较多，在明太祖的"圣旨"后，列有军人守卫皇城必须遵守的18条条规，就守卫皇城的各项制度以及对于守卫军官、军士无故不行上值、当值军人顶替、军官擅自调离守值军人、不按规定交班和对出入人员认真搜检等的处罚作了详细规定。

上述记载表明，"榜例"于洪武年间已被作为法律形式的称谓。

"榜例"是明代法律形式"例"的一种，它既不同于公布对敌檄文、公示朝廷科举取士这类榜文，也不同于内容仅是表彰善行、公告案件、劝谕农桑、宣扬教化、安抚百姓这类晓示、教化类榜文，而是具有立法性质，其内容有明确的法律规范，或有禁止性规定。把所有明代榜文都说成具有法律效力，或把所有以榜文形式公布的法律文书说成榜例，都是不妥当的。本文以榜例为研究对象。

洪武朝的榜例，就内容讲，涉及吏、户、礼、兵、刑、工各个方面。其功能除其本身具有向民众宣传法律、推行教化的作用外，它在完善国家法制和社会治理中的作用主要有两个方面。

---

① （明）申时行等重修：《明会典》卷143《兵部·守卫》，中华书局1989年影印本，第730页。

一是针对国家和地方治理方面急需解决的问题，公布了不少有关行政、经济、民事、军政和学校管理类榜例，用以完善国家的各类行政管理制度。如洪武三年（1370年）二月，朱元璋曾"召江南富民赴阙，上口谕数千言刻布之，曰《教民榜》"。①《教民榜》字数如此之多，可见它是若干榜文的汇集。又如，洪武十三年（1380年）六月，朱元璋谕户部臣曰："曩者奸臣聚敛，深为民害。税及天下纤悉之物，朕甚耻焉。自今如军民嫁娶丧祭之物，舟车丝布之类皆勿税。尔户部其榜示天下，使其周知。"②洪武十八年（1385年）五月，朱元璋因"各处驿传多赋民出赀买马以应役，劳费已甚，其孳息又有司取之"，诏兵部尚书温详卿："凡陕西、山西、北平各驿马，不问官给及民自买，其孳息听其货鬻，勿禁。仍令揭榜谕之。"③洪武年间，榜文屡颁，从未间断。直到朱元璋死的前两月，即洪武三十一年（1398年）四月间，他还诏令户部把《教民榜文》刊布天下。《教民榜文》亦称《教民榜例》。其内容共41条，对老人、里甲理断民讼和管理其他乡村事务的方方面面，如里老制度的组织设置、职责、人员选任和理讼的范围、原则、程序、刑罚及对违背榜文行为的惩处等作了详尽的规定。《教民榜文》曾在明一代通行，堪称中国历史上一部极有特色的民事管理和民事诉讼法规。

二是针对社会上出现的各类犯罪行为，公布了不少律、令所不载的刑事禁例，用以惩治犯罪行为。如《明太祖实录》载："洪武三年十二月丁丑，禁武官纵军鬻贩者。敕都督府曰：兵卫之设，所以御外侮也。故号令约束常如敌至，犹恐不测之变伏于无事之日。今在外武臣俸禄菲薄而犹役使所部出境行贾，观小利而忘大防。苟有乘间窃发者，何以御之？尔其榜示中外卫所，自今犯者，罪之无赦。"④"洪武十五年冬十月壬寅，刑部尚书开济奏曰：钦惟圣明治在复古，凡事务从简要。今内外诸司议刑奏札动辄千万言，泛滥无纪，失其本情。况至尊一日万机，似此烦琐，何以悉究，此皆吏胥不谙大体，苟非禁革，习以成弊。上曰：浮词失实，浮文乱

---

① （明）谈迁：《国榷》卷4，中华书局1958年版，第408页。
② 《明太祖实录》卷132。
③ 《明太祖实录》卷173。
④ 《明太祖实录》卷59。

真,朕甚厌之,自今有以繁文出入人罪者罪之。于是命刑科会诸司官定拟成式,榜示中外。"① 又据《明会典》载,"洪武二十三年,榜谕各处税课司局巡拦,令计所办额课,日逐巡办,收于司局,按季交与官攒,出给印信收票。不许官攒侵欺,致令巡拦陪纳。违者重罪"。② "洪武二十四年,榜谕各处商税衙门、河泊所官吏:每遇收办课程,不许勒要料钞。但有字贯可辨真伪者,不问破烂、油污、水迹、纸补,即与收受解京。若官吏、巡拦刁蹬不收,及因而以不堪辨验真伪钞解京者,俱罪之。"③ "洪武三十年,诏榜示通接西蕃经行关隘并偏僻处所,着拨官军严谨把守巡视,但有将私茶出境,即拿解赴官治罪,不许受财放过。仍究何处官军地方放过者,治以重罪。"④

洪武年间,朱元璋为"治乱世",以重典为整顿之术。颁行严刑峻法,惩治奸顽,是洪武朝榜例的重要内容和特色,也是它的突出功能。《南京刑部志》卷三《揭榜示以昭大法》⑤收录了明太祖洪武年间发布的45榜榜文。把这些榜例文与当时行用的明律⑥对比考察,可知其中有不少属于重刑性质。

一是许多规定属于新的刑事立法,其内容不是为明律所未设,就是律文的规定比较笼统,榜例规定得更加具体。比如,洪武二十二年(1389年)八月二十九日颁布的榜文规定:"今后法司精审来历,设有仍前所告,动经五六十及百余人、一二十者,审出诬告情节得实,将奸词诬民凌迟于市,枭首于住所,家下人口移于化外。"洪武二十六年(1393年)八月榜文规定:"朝廷命礼部出榜晓谕,军民商贾技艺官下家人火者,并不许穿靴,止许穿皮札鞴。违者,处以极刑。此等靴样一传于外,必致制度紊

---

① 《明太祖实录》卷149。
② (明)申时行等重修:《明会典》卷35《户部·课程四·商税》,中华书局1989年影印本,第257页。
③ (明)申时行等重修:《明会典》卷31《户部·库藏二·钞法》,中华书局1989年影印本,第224页。
④ (明)申时行等重修:《明会典》卷37《户部·课程六·茶课》,中华书局1989年影印本,第267页。
⑤ (明)曹栋:《南京刑部志》,美国国会图书馆藏明嘉靖刻本。
⑥ 本文以下所引明律,均为洪武二十二年律。

乱，宜加显戮。洪武二十六年八月初三日钦奉圣旨：这等乱法度，都押去本家门首枭令了，全家迁入云南。"洪武二十七年（1394年）三月初二日颁布的榜文规定："今后里甲邻人老人所管人户，务要见丁着业，互相觉察。有出外，要知本人下落，作何生理，干何事务。若是不知下落，及日久不回，老人邻人不行赴官首告者，一体迁发充军。"洪武二十七年四月二十六日颁布的榜文规定："今后不许人于街上碾损街道，只许他于两傍土地上推行。如有故违号令，拿住，发充军。"洪武三十年（1397年）二月十三日榜文云："奉圣旨：如今军卫多有将官用战船私下卖了，工部出榜去各处张挂。但有卖官船的，凌迟处死，家迁一万里。私买者同罪。"洪武三十一年（1398年）正月十六日颁布的榜文规定："今后敢有将官船私下卖者，正犯人俱各处以极刑，籍没其家，人口迁发边远。"

二是榜例中所列刑罚苛刻，大多较当时行用的洪武二十二年律的律文或相近条款量刑为重。洪武二十四年（1391年）七月二十三日发布的榜文规定："今后若是诬指正人的，本身虽犯笞罪，也废他；但诬指人笞罪，也一般废他。本身已得人死罪，又诬指人，凌迟，都家迁化外。"依明律"诬告"条："凡诬告人笞罪者，加所诬罪二等；流、徒、杖罪，加所诬罪三等；各罪止杖一百，流三千里……至死罪，所诬之人已决者，反坐以死；未决者，杖一百，流三千里，加役三年。"① 也就是说，对犯诬告罪者，区分不同罪情分别论罪；诬告罪的最高刑罚为死刑（法定刑为斩），只适用于犯罪者本人，不株连同居亲属。榜文不仅对诬告情节轻微、按律本应处笞刑的治以重刑，而且把重惩"大恶"罪的凌迟刑、株连法，也适用于犯诬告罪者，无疑是律外加刑。洪武二十七年（1394年）三月十四日发布的榜文规定："今后敢有以弟为男及姑舅姊妹成婚者，或因事发露，或被人首告，定将犯人处以极刑，全家迁发化外。"依明律"尊卑为婚"条，这类犯罪最高刑为杖一百。② 洪武二十七年十月三十日榜文规定："在京犯奸的奸夫奸妇，俱各处斩。做贼的、掏摸的、骗诈人的，不问所得赃

---

① ［朝鲜］金祗等：《大明律直解》卷22《刑律·诉讼》"诬告"条。
② ［朝鲜］金祗等：《大明律直解》卷6《户律·婚姻》"尊卑为婚"条。

物多少，俱各枭令。"依照明律，和奸罪止杖一百，[1] 窃盗罪应计赃科断，除监临主守盗所监官钱四十贯者，均不处死刑。[2] 榜例把此类犯罪一律加重为死罪，实是过于严酷。

唐代以后各朝律典，基本上是在沿袭唐律的基础上有所损益。各朝律典的刑名、刑罚指导原则及适用范围大体一致，除明清律和元代法律把"大恶"罪的刑罚加重为凌迟刑、明清律规定对流罪最重者处充军刑外，唐、宋、明、清律的其他犯罪的最高刑也大体相同或相近。各类犯罪最高刑以下的刑罚，虽间有变化，但差异不大。由于现见的洪武刑事榜例对"事关典礼及风俗教化"（即明律较之唐、宋律用刑较轻方面的条款）的违法行为大多是以"斩"、"重罪"、"枭令"、"极刑，全家迁发化外"、"阉割"论罪，苛重无比，因此，榜例中所处刑罚重于明律者，一般也较唐、宋、元、清律为重，较之"其失在乎缓弛"的元代法律则更为加重。

在《南京刑部志》所载洪武年间朱元璋发布的45榜榜文中，最早的发布于洪武十九年（1386年）四月初七日，最晚的一榜发布于洪武三十一年（1398年）正月二十五日。其中，洪武十九年4榜，二十年（1387年）1榜，二十二年（1389年）3榜，二十三年（1390年）4榜，二十四年（1391年）3榜，二十五年（1392年）1榜，二十六年（1393年）5榜，二十七年（1394年）16榜，二十八年（1395年）2榜，二十九年（1396年）1榜，三十年（1397年）2榜，三十一年（1398年）正月2榜，无年代者1榜。阅读这些榜文可知，洪武二十七年发布的榜例最多；在洪武二十八年前发布的榜例中，许多榜例的刑罚是律外加刑，而洪武二十九年至洪武三十一年正月发布的5榜中，虽然仍有3榜较律刑罚加重，但不再使用肉刑。

明太祖于洪武二十八年（1395年）闰九月颁布的《皇明祖训》云：

朕自起兵至今四十余年，亲理天下庶务，人情善恶真伪，无不涉

---

[1] ［朝鲜］金祗等：《大明律直解》卷25《刑律·犯奸》"犯奸"条。
[2] ［朝鲜］金祗等：《大明律直解》卷18《刑律·贼盗》"窃盗"、"监守自盗仓库钱粮"条。

历。其中奸顽习诈之徒，情犯深重，灼然无疑者，特令法外加刑，意在使人知所警惧，不敢轻易犯法。然此特权时处置，顿挫奸顽，非守成之君所用常法。以后子孙做皇帝时，止守《律》与《大诰》，并不许用黥刺、剕、劓、阉割之刑。①

洪武三十年（1397年）五月，《大明律》颁行天下。明太祖所撰《御制大明律序》云："特敕六部、都察院官，将《大诰》内条目，撮其要略，附载于《律》。其递年一切榜文禁例，尽行革去，今后法司只依《大诰》议罪。"《皇明祖训》是朱元璋为朱氏天下长治久安、传之万世而给子孙制定的"家法"，也是子孙、宗室和后代必须严守的各种制度及行为规范。《祖训》所述与《御制大明律序》说的是同一个意思。结合洪武榜文考察，不难看出，律《序》中所说的"榜文禁例"，并不是泛指行政、经济、民事、军事、文化教育管理方面的各类榜文或禁例，而是指洪武年间以榜文形式发布的刑罚严苛的各种刑事禁例。

榜例在洪武朝的法律体系中属于"权宜之法"，而刑事榜例的刑罚往往较《大明律》为重，故朱元璋在《御制大明律序》中申明，洪武年间"递年一切榜文禁例，尽行革去"，明令子孙后代不许使用。

二　永乐榜例的制定及其变化

明成祖朱棣于建文四年（1402年）七月即皇帝位，他宣布废除建文帝年号，"令年仍以洪武三十五年为纪，其改明年为永乐元年"。② 朱棣发动靖难之役的借口之一，就是建文帝"更改成宪"，大加讨伐，同时为标榜正统，极力倡导"遵循祖制"。他夺取皇位后，不仅明令"凡洪武年间一应榜文，俱各张挂遵守"，③ 还仿照明太祖的做法，颁行了大量榜例。现

---

① 见《皇明祖训·祖训首章》，收入《中国珍稀法律典籍续编》第3册，黑龙江人民出版社2002年版，第484页。
② 《明太宗实录》卷10上。
③ （明）申时行等重修：《明会典》卷20《户部·户口二·读法》，中华书局1989年影印本，第135页。

见的永乐榜例，以《南京刑部志》一书所记为多。该书所记朱棣在位期间发布的 69 榜榜文中，有明成祖于洪武三十五年（1402 年）十一月二十一日申明继续实行的洪武榜文 45 榜，他在洪武三十五年七月至永乐十一年（1413 年）间发布的榜文 24 榜。这 24 榜榜文，都是中央各部院奉明成祖圣旨颁行的（见表 1）。

表 1　　　　　　　　《南京刑部志》载永乐榜例

发布衙门	榜例发布时间及内容
户部	为给还人口事，永乐二年正月十五日奉圣旨：但是各处官军下拘掳的人口，都是好百姓，不许拘留。都教放回去，依亲完聚。
	为收买马匹事，永乐十一年五月十四日奉圣旨：这换马的茶，也照旧中盐的，着客商每将官茶运去中。
礼部	为禁约事，洪武三十五年七月十六日奉圣旨：今后奏事，俱依洪武年间旧例，不要更改。
	洪武三十五年十月初八日，奉圣旨：恁礼部将洪武年间定立朝参讨、筵宴侍坐、官员出入回避等项制度，备榜申明，教天下知道，不要犯着。
兵部	为私役军人事，洪武三十五年十月初四日奉圣旨：内外卫所大小官军，中间多有不体朝廷爱军的心，往往私自役使，非法凌虐，百般生事。今后每私役一日，追工钱一贯，仍论罪如律，因而致死者偿命。但有在逃军士，论数住俸。如有百户逃军一名，住俸一石；逃十名，全住；逃三十名，降充总旗；四十名，降充小旗；五十名，发边远充军。 钦定住俸事例：千户：逃军十名，住俸一石。指挥：逃军五十名，住俸一石。 钦定卯官等项事例：指挥至佥事，每人六名，千户镇抚，每人二名，百户所镇抚，每人二名，俱许队伍正军内差拨，每三日一次差使操练。直厅六名，把门二名，看监四名，看库一名，俱许队伍正军内拣老军充当，每一月一换。
	洪武三十五年十一月二十五日，为马匹事。龙江卫中所百户周德轮、该本管旗军孙来旺关养马匹，不知朝廷正欲操练军士，演其威武，惟欲利己偷安，临事避难，公行贿赂，欺诳朝廷，同恶结成党类。似此奸顽，俱各处斩。
	为比试事，永乐六年三月二十日奉圣旨：今后军官子孙，务要如法操练，弓马惯熟，不许怠惰废弛。日后如有赴京比试不中的，发充军三年，着他知道祖父已先从军立功的艰难。三年过，再着他来比试。若再不中时，发他烟瘴地面，永充军役。别选户下有才能、有志气、有本事、有见识的儿男袭替，又不误了朝廷恩待功臣的好意。
	为恩宥事，永乐九年闰十二月二十五日奉圣旨：各处卫所军人，并为事充军，或远年，或近年，有在营逃的，有征进公差等项逃的，有懒惰不肯种田逃的，又有犯罪工役因人逃的，今要改过自新。自因惧罪，不肯出来，恁兵部出榜，限一月以里首告，与免本罪。

续表

发布衙门	榜例发布时间及内容
刑部	为禁约事，洪武三十五年十二月二十七日奉圣旨：近因在京有等撒泼的人，杀人抢夺，并强买人货物，已曾禁约，但有犯的，废了。如今在外也有这等人，低价强籴人粮米，市镇铺舍强买货物，良善的人好生被他搅扰，都做不得生理。惩刑部通行禁约，今后但有这等的，也照在京犯的一般罪他。
	为申明禁约事，永乐元年二月二十八日奉圣旨：比先有号令：但有拿住强盗的，赏银五十两，缎子四表里，钞二千贯，仍赏犯人财产。两邻知而不首者，与犯人同罪。同盗之人能出首，免罪，一般赏银。刑部出榜申明：但有被劫之家，左右前后邻人，东西各十家，南北各十家，都要出来救护捕拿。若是拿住贼人，不问几名，赏银五十两，缎子四表里，钞二千贯，仍给犯人家产均分。敢有坐视不相救护，将这四十家都拿到官，要他均陪被劫人家财物了，着一百斤大枷枷着，直等拿住强盗，方才放他。
	为禁约事，永乐元年四月十二日奉圣旨：比先免死发去充军，近来将来告那逃叛，希望升赏。似这等欺瞒朝廷，好生不便。今后不许将这等事告言绑缚。若违了号令的，重罪。果有逃叛等项的人，许他首将出来，都免他死罪。
	为禁约私卖军器事。韩三保故违号令，仍将军器货卖出境。似此玩法，原情深重，已将正犯人斩首号令，家财没官，成丁男子俱发三万卫充军。今后敢有仍将军器出卖外境，及见卖之人，知而不首，关津去处不行盘获，一体治以重罪。永乐二年八月十九日奉圣旨：是。
	为禁约事，永乐三年六月十一日奉圣旨：今后但有非奉朝廷明旨，王府擅自行移一司，及发落一应事务，随即具奏，不许承行。敢有隐匿不奏，及擅自承行者，许被害之人陈告，及诸人首发，治以重罪。的然不恕。
	为故违禁令事。都匀卫指挥佥事司华赍捧冬至表笺到京，辞回，不即前去，却于仪凤门外延住二十日余，收买纻丝花翠等项。本部将本犯情罪具奏，明正典刑。永乐九年闰十二月钦奉圣旨：比先有号令，辞了的不许在这里停住，但过了半日不去，便废了。这厮却敢故违，延住了许多日子，还着刑部将情犯出榜，各处张挂，着多人知道。
工部	为私宰耕牛事，洪武三十五年八月初七日奉圣旨：恁本部便出榜禁约，着锦衣卫与兵马司差人捉拿。
	为作弊事，永乐元年四月十一日奉圣旨：各处织造缎匹所用颜料，并不曾着百姓出备。该管官吏堂长，不守法度，往往作弊扰民，有将官物减克，有将人匠私役，以致所织缎疋，多有不堪。及致验出，关发追赔，其官吏匠作又不自行赔纳，却乃通同有司，洒派小民，揣要银钞，十分害民。工部便出榜张挂，教百姓每知道。若有被害的，许他指实径赴上司陈告，究问犯人，处以极刑。告人，不问他越诉。
	为禁约事，永乐二年二月二十一日奉圣旨：朕自即位之初，首诏不急之务，一切停罢，不得一毫妄用民力，期在休息，以臻太平。今后军民大小衙门，非奉朝廷明文，敢有妄兴造作，擅用一军一民，及科敛财物者，处以极刑，家迁化外。

续表

发布衙门	榜例发布时间及内容
都察院	洪武三十五年七月十三日，为禁约事，奉圣旨：如今军民中，有等不知道理的人，又行生事，妄将一应官员人等擅自绑缚，非理凌辱，甚至抢夺家财，因而希求升赏，似这等好生不便，有伤治体。今后敢有仍前不遵号令，妄自绑缚人来者，治以重罪。 为造言惑众事，洪武三十五年九月二十五日奉圣旨：如今有等奸诈小人，不思朝廷凡事自有公论，但不满所欲，便生异议，捏写匿名文书，贴在街巷墙壁，议论朝政，谤人长短，欺君罔上，煽惑人心。似这等文书，必有同商量写的人，也有知道的人。恁都察院便出榜张挂晓谕，但有知道有人曾写这等文书的，许他首告。问得是实，犯人全家处死，首告之人，官升三等，军民都与官职，常银一百两，钞一千贯，仍给犯人财产。 为建言事，永乐元年二月内，该江西建昌府南城县老人傅季满，假以建言为由，诬告民人曾显驴等。节该钦奉圣旨：送都察院问了，就出榜去各处禁约。今后不许于建言事内告人。钦此。 为禁约事，永乐四年十月初八日奉圣旨：有等小人，他与人有仇，要生事告那人，又怕虚了，都捏谤讪朝廷无礼的言语，假写仇人名字帖子，丢贴街市，煽惑人心，意在朝廷替他报仇。且如田瑛这等，都诛戮断没了。今后但见没头帖子便毁了。若揭将来告，见了不弃毁，念与人听的，都一般罪他。若有见人正在那里贴帖子，就便拿住，连帖子解送到官的，问得是实，依律赏他。 为禁约事。该刑科署都给事中曹润等奏：乞敕下法司：今后人民娼优，装扮杂剧，除依律神仙道扮、义夫节妇、孝子顺孙、劝人为善及欢乐太平者不禁外，但有亵渎帝王圣贤之词曲、驾头杂剧，非律所该载者，敢有收藏传诵印卖，一时拿赴法司究治。永乐九年七月初一日奉圣旨：但这等词曲，出榜后，限他五日都要干净将赴官烧毁了。敢有收藏的，全家杀了。 为钞法事，永乐十六年五月十一日奉圣旨：今后民间一应交易，除挑描剜补及字贯不全，不成张片，难辨真伪的，不许行使。其余亦依榜上所帖钞贯样，不拘大小，不分油污水迹，成边栏虽有损缺，其贯佰字样分明的，务要流通行使。敢有仍前指以新旧昏软为由，高抬物价，折准分数，沮坏钞法的，许诸人捉拿首告，犯人处以重罪，财产断没入官。如有奸顽之徒，故将挑描剜补，字贯不全，不成张片，难辨真伪钞贯，强买货物的，许被害人连人钞拿到官，一体治罪不饶。

在上述榜义中，就奉旨发布榜例的衙门来说，属于户部的2榜，礼部的3榜，兵部的4榜，刑部的6榜，工部的3榜，都察院的6榜。就其内容而言，涉及礼仪、亵渎帝王圣贤、王府擅自行移有司、官衙妄行造作科敛民财、盐茶、沮坏钞法、织造缎匹、私宰耕牛、私自下番贩卖番货、马

政、私役军人、逃军、私卖军器、军官子孙操练、拘掳人口、杀人抢夺、诬告、奖赏捕盗、军民擅自绑缚官吏、恩宥和重申洪武榜例等方面。

明成祖永乐年间发布的榜例，远不止这些，仅从《明太宗实录》、《典故纪闻》和《杨一清集》3书中录6例于后。

永乐三年春二月丁丑，巡按福建监察御史洪堪言十事……其七曰：无知愚民不谙常宪，或因小忿辄诉公庭，及论以法，方觉悔惧。推原其情，亦出愚戆误犯。（乞）令着有司，今后词讼除奸盗、诈伪、人命外，若户婚、田土、斗殴相争一切小事，依洪武年间《教民榜例》，付该管老人、里长从公剖决。若里老徇私不公及顽民不服者，有司方如律治之，庶使狱讼清简……上皆纳焉。①

永乐五年五月辛未，上闻河南饥，有司匿不上闻，命刑部悉逮置于法。又敕都察院左都御史陈瑛等曰：国之本在民，而民无食，是伤其本……比者河南郡县荐罹旱涝，有司匿不以闻，又有言雨旸时若，禾稼茂实者。及遣人视之，民所收有十不及四五者，有十不及一者，亦有掇草实为食者。闻之恻然。亟命发粟赈之，已有饥死者矣。此亦朕任用匪人之过。已悉置于法。其榜谕天下有司，自今民间水旱灾伤不以闻者，必罚不宥。②

永乐六年十二月十九日，节该钦奉太宗皇帝圣旨：陕西、四川地方，多有通接生番。经行关隘与偏僻小路，洪武年间，十分守把严谨，不许放过段疋、布、绢、私茶、青纸出境，违者处死。恁户部再出榜晓谕禁约，还差人说与都司、布政司、按察司，着差的当人去各关上省会把关头目、军士，用心把守，不许透漏缎疋、布、绢、私茶、青纸出境。若有私贩出境，拿获到官，定将犯人与本处不用心把

---

① 《明太宗实录》卷39。
② 《明太宗实录》卷67。

关头目，俱各凌迟处死，家迁化外，货物入官。钦此。①

永乐八年冬十月乙未，行在都察院左副都御史李庆言：公侯都督往往令家人子弟行商中盐，凌轹运司及各场官吏，倍数多支。朝廷申明旧制，四品以上官员之家，不许与民争利，已令罢支。今都督蔡福等妄行奏请，既付于法，其公侯有犯者，亦宜鞫治。上曰：姑勿治。令户部榜谕禁止。②

永乐十一年二月壬戌，上命刑部揭榜沿途，禁约扈从官军扰民。谕之曰：帝皇巡狩，将以安民。闻前者扈从军士往往在途扰民，威取势夺，无所不至，是厉民也。今后有犯，所管官旗皆连坐，勿恕。③

永乐十五年，成祖以洪武间天下寺观皆已归并，近有不务祖风者，仍于僻处私建庵观，僧尼混处，屡犯宪章，命礼部榜示天下，俾守清规，违者必诛。④

明永乐年间颁布的榜文，较之洪武朝而言，有两点新的变化。

其一，榜文中榜例的数量所占的比重不同。笔者把收集到的洪武、永乐榜文进行比较，结果是：洪武朝榜文中大多属于晓谕、教化类榜文，少数属于榜例，而永乐榜文大多属于榜例。

其二，洪武榜例是在朱元璋"刑用重典"的历史条件下颁布的，许多榜例规定的刑罚比较苛刻，带有重刑性质，其中不乏肉刑和律外之刑。永乐榜文除个别外，刑罚基本上属于"中制"性质，实施的时间也相对较长。

---

① （明）杨一清：《杨一清集》卷3《关中奏议·为修复茶马旧制以抚驭番夷安靖地方事》，中华书局2001年版，第81—82页。
② 《明太宗实录》卷109。
③ 《明太宗实录》卷137。
④ （明）余继登：《典故纪闻》卷7，中华书局1981年版，第133页。

三　宣德、正统、嘉靖三朝榜例举要

现见的明代榜例，除明太祖朱元璋颁布的《教民榜文》和《南京刑部志》所载洪武、永乐榜例及《军政备例》①所辑榜例外，其他散存于各种史籍中。其中，记载永乐至明末各朝榜例较多者，主要有《明实录》、《明会典》、《军政条例》、②《皇明条法事类纂》、③《条例备考》、④《军政备例》、《典故纪闻》等书。《皇明条法事类纂》、《条例备考》、《军政备例》记载的是榜例的全文，各榜例的文字较长，短则数百字，长则数千字；《明实录》、《明会典》、《典故纪闻》所记榜例，除特别重要的榜例全文照录外，多是记其要略，文字长短不一；《军政条例》则是申明"照依榜例"如何清理军伍和勾捕逃军，部分反映了原榜例的规定。上述七书中所记榜例，又以宣德、正统、成化、弘治、嘉靖五朝为多。本文因篇幅所限，不可能把诸书所记各朝榜例一一列举。为了使读者大体了解明代榜例的概貌，笔者仅就宣德（1426—1435年）、正统（1436—1449年）、嘉靖（1522—1566年）三朝制定的榜例作一简要介绍。现见的成化、弘治两朝榜例，主要记载于《皇明条法事类纂》一书。考虑到此两朝的榜例与正统朝榜例的内容大同小异，也考虑到《皇明条法事类纂》一书已点校整理出版，读者可查阅该书了解其榜例制定状况，故不再列举。另外，正统朝所制定的榜例，主要出于《军政备例》和《条例备考》两书，原文大多字数较多，为压缩行文篇幅，表中仅介绍其榜例名称。

（一）明宣宗宣德朝榜例举要

现选录《明宣宗实录》、《军政条例》、《军政备例》、《明会典》和《典故纪闻》五书有关明宣宗宣德朝颁行榜例的记载列表述后（见表2）。

---

① （明）赵堂辑：《军政备例》，天津图书馆藏清抄本。
② 《军政条例》，收入刘海年、杨一凡主编《中国珍稀法律典籍集成》乙编第2册，科学出版社1994年版。
③ 《皇明条法事类纂》，日本东京大学总合图书馆藏明末写本。收入《中国珍稀法律典籍集成》乙编第4、5、6册，科学出版社1994年版。
④ 《条例备考》，日本内阁文库藏明嘉靖刻本。

表 2　　　　　　　　　　　宣德朝榜例举要

奏准时间	榜例内容及制例背景	文献出处
宣德元年春正月甲子	严京城捕盗之禁……于是，（蹇）义等议：凡为强盗者，许诸人及四邻擒捕。如无力擒捕者，许指实赴官陈告。捕鞫是实，犯人依律处死；原捕及首者，各赏钞一千贯，仍给犯人财产；为首者，官旗军校升一级；民及工匠人等优免差役一年。如同为强盗，其中能自首及擒获者，免罪，亦给赏，仍给犯人财产。其四邻藏匿之家，知情容隐不首者，罪同。上从其议，命揭榜以示中外。	《明宣宗实录》卷一三
宣德元年夏四月庚寅	行在兵部尚书张本言：臣尝奉诏榜谕军官存恤军士。比闻各处勾解补伍新军所管官旗视为泛常，略不存恤……上曰：武人知贪利，不知教令。可再出榜晓谕，俾改过自新。凡新军到卫半月，即与之粮，容其两月修置宅舍，然后役之。若仍蹈前非，肆虐不悛，风宪及镇守官体实究治。	《明宣宗实录》卷一六
宣德二年六月丙寅	巡按浙江监察御史吴讷言……乞敕法司揭榜禁约：今后凡逃军、囚吏，除本身及其家被人杀害侵夺者，方许指实陈诉，余皆不许，诸司亦不得擅与受理。若果有冤抑，须自下而上陈诉。有越次者，准洪武中例，发回应理衙门问断……上命法司从其言。	《明宣宗实录》卷二八
宣德二年八月甲申	严反逆家属在逃之令。先是，高煦叛，官吏军民多从之者，于法全家男子斩，妇女给配。上不忍一概加刑，止戮正犯，余家属悉宥死，发戍边或京卫为匠，或给官家为奴。其发戍边者，往往谋害解送之人而逃；为奴者，亦多逃归其乡。上闻之，命五城兵马及卫、所、府、县巡检司捕之，又命行在都察院榜示中外未获者，许出首，犯者及藏匿者处死，首得实赏钞一千贯。榜出后，逃者能自首宥死，仍发原配所；或不首而自回原配所，亦免罪。	《明宣宗实录》卷三〇
宣德三年二月甲寅	行在都察院各道及六科具所举清理军伍监察御史、给事中姓名以闻……赐敕谕之曰……复以新上清理事例十一条、通前八条，榜示天下。	《明宣宗实录》卷三六
宣德二年三月壬辰	上阅行在三法司所上系囚罪状，谕之曰……受财枉法及犯榜例死罪宥死并徒流以下，论轻重如例罚输作。	《明宣宗实录》卷三九
宣德三年三月癸卯	行在户部尚书夏原吉言……今拟内外卫所仓各就一处，各筑垣墙。每仓各置一门，榜曰：某卫仓。屋三间为一厫，厫复置一门，榜曰：某卫某字号厫。若收支之际，验是纳户及应关粮之人许入，余人不许。其斗斛准洪武中制度……上从原吉言，命揭榜中外戒约。	《明宣宗实录》卷四〇
宣德三年闰四月甲午	少保行在工部尚书吴中奏：诸色工匠多有逃逸，当追捕问罪。上曰：工匠赴役，皆与粮赏，朝廷非是不恤，但管工之人贪虐害之，致其逃逸。凡事当究其本，即出榜禁约：管工匠官及作头有虐害工匠者，治以重罪；逃者许两月内自首，免罪赴工，仍与粮赏。	《明宣宗实录》卷四二
宣德三年闰四月丙申	行在都察院左都御史刘观奏：抽分场材木等料抽分，悉有定例。比来内外官员军民不循礼法，恃其豪横，凡物料当抽分者，或私隐匿，或妄称奏免。请悉禁止，违者罪之。场局官吏受贿纵容者，罪同。上从观言，命揭榜晓示。	《明宣宗实录》卷四二

续表

奏准时间	榜例内容及制例背景	文献出处
宣德三年七月戊辰	上阅三法司所进系囚罪状，谕之曰：反逆、人命、伪造印信如律，诈传诏旨、诬告人因而致死，宥死，杖一百，发戍辽东。监守自盗、常人盗仓库钱粮、盗官畜产与受枉法财，皆追赃，论重轻谪戍辽东边卫及口外。徒、流者，如例罚输作。杖以下，准钞法榜例追钞。无罪者释之。凡决遣千六百三十五人。	《明宣宗实录》卷四五
宣德三年八月乙未	行在兵部尚书张本奏……请揭榜戒谕：自今凡军民无文引及内官内使来历不明、有藏匿寺观庵院者，必执送官。仍许诸人首告，得实者给赏。里长、邻人纵容不首者，与犯人同罪。从之。	《明宣宗实录》卷四六
宣德三年十一月戊辰	命御史巡察皇城四门。时四门官军玩法怠驰……上谕都御史顾佐曰：守门官军，违法害民如此，其揭榜晓示：若不革前弊，悉处重刑。常以御史一员，往来四门巡察。	《明宣宗实录》卷四八
宣德四年三月乙亥	行在户部左侍郎李昶奏：江南官吏率民运粮至者，京师力士、军校、工匠之无赖者，多端诈伪，强索财物及揽纳诓骗，扰害非小，乞严禁止。上命行在都察院揭榜禁戒，锦衣卫遣人缉捕。	《明宣宗实录》卷五二
宣德四年夏四月丁丑	行在吏部奏：各处吏多有考满不给由……轻视国法，当严禁约，违者论罪。上谕尚书蹇义曰……其揭榜严禁之。	《明宣宗实录》卷五三
宣德四年夏四月甲午	四川按察司奏……请严禁约：果有机密重事，许实封进呈；若私事须论诉者，必自下而上陈告。有擅动实封者，令法司治之，并穷究教诱之人，皆坐以罪，连家属发戍边境。正军则仍于其家别选壮丁，于原卫补伍。庶使奸顽知惧，讼简民安。上从之，命行在都察院揭榜禁约。	《明宣宗实录》卷五三
宣德四年四月庚子	上御奉天门，谕行在都察院右都御史顾佐等曰……既已命禁约，仍榜谕天下：今后机密重事，有实迹者，方许实封奏闻。其余事应告理者，必须自下而上。若有前越诉，不问虚实，法司一体治之。仍究主使教诱及代书词状之人，俱杖一百，并家属悉发戍辽东。永为定例。	《明宣宗实录》卷五三
宣德四年六月戊子	逃军，除自首免问，责限起解外，其余拿获者，就于原籍并所在官司取问明白。初犯、再犯依律的决，差亲属、邻里管解原卫所着役。三犯者，监候申详，依律处决，先将户丁解补。里邻人等，仍照隐藏逃军榜例治罪，窝家发附近卫所充军。若窝家系军人，发边远卫分充军。其窝家如或惧罪不拿，将逃军转递他所藏躲者，不分军民，俱发烟瘴地面充军。所在官司知情故纵者，依律坐罪。	《军政条例》
宣德四年六月戊子	逃军正身未获，照依榜例，现将户丁解补，仍责限跟要正身。得获，替出户丁宁家。	《军政条例》
宣德四年六月戊子	各处有司起解逃军及军人军丁，务要量地方远近，定立程限，责令长解人等，依限管送。若长解人等纵容在家，迁延不即起程，照依榜例，违限半年之上者，依律坐罪；一年之上者，收发附近卫所充军，犯人发边远充军。	《军政条例》

明代榜例考　317

续表

奏准时间	榜例内容及制例背景	文献出处
宣德四年六月戊子	旗军有逃回原籍，或诈称病故，或更改姓名，于各衙门充当吏卒、主文、写发拨置害民；或出家为僧、为道，投充生员；或于豪强势要官员军民之家作家人伴当、看庄种田等项名色；及冒给文引，在外买卖，并于邻境别都妄作民人，另立户籍；照依榜例，许令出首改正，解赴原卫着役。敢有违者，逃军发边远充军。里邻窝家人等，照依隐藏逃军榜例问断。	《军政条例》
宣德四年六月戊子	勾补军役，若正军户下本有人丁，比先朦胧捏作无勾，即便改正勾解，与免前罪。如仍扶捏回申，照依榜例，军丁发边远充军。原保结里邻人等，收发附近卫所充军。官吏依律坐罪。	《军政条例》
宣德四年六月戊子	新勾军士，合照依宣德元年四月内奏奉圣旨榜文内事理，限半月之内收帮月粮，一个月整理房屋，候安插定，方许差操。如是不遵，生事虐害，在内监察御史，在外巡按御史、按察司官及镇守官员巡察，将故违之人、军吏、总小旗，就行拿问。军官，具奏定夺。其原降榜文，都司、卫所置立板榜，各于公厅常川悬挂，永为遵守。	《军政条例》
宣德四年六月戊子	勾军违限，合照依宣德四年二月内奏奉圣旨事意，违限二年之上者，官追俸，旗军就于户下选丁补伍。再限一年以里，将所勾军数赴京回话。一年以里又不赴京，全家调别卫。舍人余丁户下，一般起调正犯人，各该卫所挨拿解京。若官吏人等容情不行举拿，不饶。仍照榜例，许巡按御史、按察司拿解。	《军政条例》
宣德四年六月戊子	军户有等依恃豪强，因充粮里老人，每遇勾取之际，买求官吏及勾军人员，挟制小民佃户，朦胧保结，及有里老人等俱系军户，递年互相捏故回申，许照榜例首告改正。如是仍不改正，事发，正军解发原卫，户下再罚一丁，发附近卫所充军。	《军政条例》
宣德四年六月戊子	山西等处抽丁等项军士，原选并续勾军丁，俱系精壮之人。到卫不久，往往买求贪污头目人等，令户下软弱人丁，私自轮流替换，以致军伍不精。今后敢有仍前作弊替换，合照榜例，许原籍官司、里老人等捉拿，及许原卫同伍旗军并诸色人等，指实赴亲临上司及把总操备官员处陈告，依律照例问断。事内作弊人员，就行拿问。其军士果有残疾并软弱不堪差操，照例相验明白，方许勾丁替换。	《军政条例》
宣德四年六月戊子	军户之家，多有全家在逃躲避，及官司递年勾取里老邻佑明知逃避去处，暗地取索财物，容情不行拿解。今后若有此等作弊之人，照依榜例，正军发边远充军，知情保结里老、邻人等，发附近卫所充军。	《军政条例》
宣德四年六月戊子	为事编发及调卫旗军，多有更易姓名、乡贯。及到卫所，又不将原籍、原卫丁口从实供报。着役之后，或逃或故。卫所止凭原报乡贯、姓名坐勾，有司回无名籍，似此迷失者多。今后若有此等作弊之人，照依榜例，正军发边远充军，家下另佥壮丁补伍。里邻知而不首者，依律问断。	《军政条例》

续表

奏准时间	榜例内容及制例背景	文献出处
宣德四年六月戊子	今后记录军丁，年方出幼，当发补役。其原卫所离原籍千里之外，合照榜例，发附近卫所收役充军，具由申达兵部，转行原卫所开豁原伍。	《军政条例》
宣德四年六月戊子	各州县勾解逃军及补役军丁，多有于所在官司冒给家人文引供送，其实家人不行随送前来。及到卫所，不一两个月，即将冒给文引照身，逃回原籍，及影射各处潜住，或经商，或受雇于人。今后若有此等作弊之人，照依榜例，正军发边远充军，家下另选壮丁一名补伍。	《军政条例》
宣德四年六月壬寅	定塌坊等项纳钞例。初以钞法不行，命行在户部议。至是，掌部事太子太师郭资等条列具奏，请榜示中外：一、南北二京公、侯、驸马、伯、都督、尚书、侍郎、都御史及内官、内使与凡官员军民，有蔬果园，不分官给私置，但种蔬果货卖者，量其地亩果株，蔬地每亩月纳旧钞三百贯，果每十株岁纳钞一百贯。其塌坊、库房、店舍停塌客商物货者，每间月纳钞五百贯。一、驴、骡车受雇装载物货或出或入，每辆纳钞二百贯。委监察御史、户部、锦衣卫、兵马司官各一员，于各城门巡督监收。一、船受雇装载，计其载料之多少，路之远近，自南京至淮安，淮安至徐州，徐州至济宁，济宁至临清，临清至通州，俱每一百料纳钞一百贯；其北京直抵南京，南京直抵北京者，每百料纳钞五百贯。委廉干御史及户部官于缘河人烟辏集处监收。一、蔬果园并塌坊、库房、店舍，委监察御史、户部官按月催收入库。有恃势隐匿不报、不纳钞者，地、树、船、车、房舍俱没官，仍治其罪。若其地不系种鬻取利，牛车、小车止载柴草、粮米及空船往回者，俱不在纳钞之例。上从其议。	《明宣宗实录》卷五五
宣德四年八月丙申	上谕行在礼部尚书胡濙曰：祖宗时，文武官之家不得挟妓饮宴。近闻大小官吏私家饮酒，辄命妓歌唱，沉酣终日，怠废政事；甚者留宿，败礼坏俗。尔礼部揭榜禁约：再犯者，必罪之。	《明宣宗实录》卷五七
宣德四年十一月戊申	上御正朝，谓右都御史顾佐等曰……尔都察院即揭榜禁约：今后老人只依《教民榜例》行事，违者，令巡按御史、按察司鞫治。若有司故违，巡按御史、按察司罢不问者，亦罪之。	《明宣宗实录》卷五九
宣德四年	宣德四年，榜谕各仓：凡收支粮草，官吏人等有折收金银并揽纳偷盗者，许诸人首告，或拿送法司。正犯处斩，仍追原物入官，家属发边远充军。首告者，赏钞五十贯。	《明会典》卷二一
宣德四年	又令榜谕两京军民官员人等，菜园、果园及塌房、车房、店舍停塌客商物货者，不分给赐自置，凡菜地每亩月纳旧钞三百贯，果树每十株岁纳一百贯，房舍每间月纳钞五百贯。差御史同户部官各一员，按月催收送库。如有隐瞒不报及不纳钞者，地亩、树株、房舍没官，犯人治罪。其园地自种食用，非发卖取利者，不在纳钞之例。	《明会典》卷三一
宣德四年	宣德四年榜例：招募等项军士，如有彼先全户见丁充军事故，今次俱各照名勾补，合将一名先行解发，通将实有人丁开报兵部，议拟奏闻定夺。	《军政备例》

续表

奏准时间	榜例内容及制例背景	文献出处
宣德四年	宣德四年榜例：官员军民之家有家人义男、女婿等项，自愿投充军役及为己事发充军事故，止于本人当房人丁内勾解补役。若当房死绝，转达兵部复查开豁。一正军顶当祖辈军役，而余丁空闲遇例投充别卫所军役者，本户祖军户绝，着令余丁顶补祖军仍行投充卫分，开豁前役。	《军政备例》
宣德五年五月辛未	上谕行在六部、都察院臣曰：朝廷差内外官出外公干所至，多有奸狡小人投托随从，因拨置害人，而分受财物，以十分计之，差去者得一二，彼得八九。都察院即榜示禁约，仍令巡按御史、按察司官体访。再有犯者，就擒解赴京，处以重罪。盖因有司屡奏其弊故也。	《明宣宗实录》卷六七
宣德五年六月丙戌	命行在户部揭榜禁戒中官人等，不许官船夹带私盐货物。	《明宣宗实录》卷六七
宣德五年秋七月戊午	巡按直隶监察御史余思宽言：张家湾两河多有逋逃军民、工匠，或潜匿人家，或为盗贼，官谮人密察捕治。上谓行在户部曰：逃所出于无奈，逃岂人情欲，必有不得已者，可揭榜示之。令十日内，凡逃逸者，许自首，军匠还役，民还原籍，限外不首者治罪。若非逃逸而于河岸生理者，听。	《明宣宗实录》卷六八
宣德五年八月乙未	兼掌行在户部事兵部尚书张本言……仍依先行榜例：如每丁种有成熟田地五十亩之上、已告在官者，准予寄籍。有于百里之内或百里之外分房耕种、原籍谣役不误者，或远年迷失乡贯，见在居住未经附籍者，所在有司勘实，书籍送部查考。其不还者，同藏匿之家，俱发所在卫所，永充屯军。若军卫屯所容隐者，逃民收充屯军；容隐之人，依隐藏逃军例，发边卫；该管官史、旗甲、里邻徇情容隐者，俱依前榜例论罪。	《明宣宗实录》卷六九
宣德五年九月戊申	上谕兼掌行在户部事、兵部尚书张本曰：闻各处细民，多因有司失于抚字及富豪之家施贷取息过虐，以致贫窘，流移外境。既招复业，蠲负租、免更徭以优恤之。尚虑贪墨官吏并豪民仍前肆害，尔户部榜示天下严禁约之，并劝谕亲邻同里之人协助赒恤。有扰害之者，罪之。	《明宣宗实录》卷七〇
宣德六年夏四月丙辰	上闻并海居民有私下番贸易及出境与夷人交通者，命行在都察院揭榜禁戢。	《明宣宗实录》卷七八
宣德六年五月戊子	直隶松江府知府赵豫言：比户部榜谕：凡逃移人户皆限三月复业，违者与隐藏之家俱发充军。此法至严，人知畏惧，然亦有未复业者……乞敕户部备榜通行晓谕：仍令有司从实取勘逃亡民户。凡有公私欠负，俱停征三年；凡诸差徭，亦在三年之后。如是而犹不复业、人犹容隐者，依前例发遣充军，庶几逃民来归。上命行在兵部、户部参酌行之。	《明宣宗实录》卷七九
宣德七年春正月丙子	行在兵部奏：兵马司巡警不严，盗于都城闪诈梏尉，拘扎都督谭广家属，劫付而去，请付法司，责令捕盗。上有之，令榜谕：许首告，如例升赏，仍给犯人财产；如盗能自首亦免罪；匿盗不首，罪与盗同。	《明宣宗实录》卷八六

续表

奏准时间	榜例内容及制例背景	文献出处
宣德七年二月己未	行在兵部奏……清理军伍官到处，令各卫所取勘先次收到清出远年迷失等项，并二千里外带操军士数，内但有在逃者，各督有司、里邻人等拘捉到官，依律的决，差人押解原卫所着役。如里邻人等仍前窝藏不拿，依原定榜例问断。	《明宣宗实录》卷八七
宣德七年三月庚申	敕谕行在五府、六部、都察院等衙门……缘边军士，职专备御。近年多有投托总兵镇守等官作家人，及被役使种田生理等项，有一官占用数百人者。兵部即出榜禁约，巡按监察御史、按察司官时常巡察。违者，具实奏闻。	《明宣宗实录》卷八八
宣德七年夏四月戊申	行在都察院言：守皇城四门官军职专关防，搜检出入之人。其应出入者，搜检既毕，随即放行。有偷盗内府财物者，则当引奏，不当擅自棰挞。今军职多不守法……法实难容，请究罪。上曰：姑榜谕之，使改。如又不改，执而罪之，勿恕。	《明宣宗实录》卷八九
宣德七年夏四月甲寅	行在刑科给事中李原缙言：各处递运所递送犯人，无问轻重，并加桎梏，逼索财物，夺其衣食，多有冻饿死者。乞命行在都察院出榜禁约，仍移文中外诸司：自今凡发回原告及起解罪人等，必须斟酌。果情犯深重，发递运所防解。轻者，或本衙门差人押送，或送卫所、府州县递送；又轻者给引照行，不许概送递运所，庶不累死无辜。从之。	《明宣宗实录》卷八九
宣德七年十二月戊申	右副都御史贾谅以公事往甘州，遣人奏言……乞敕该司揭榜禁约，并行诸衙门，凡起关文，将应送官物填写数目，不许夹带私货。仍遣廉干京官一员，自京师抵甘州往来巡视。遇官军人等经过，除关文所开正数外，余私物令所在有司称盘，见数入官。及查不应驰驿而辄应付者，俱擒解京。庶使奸顽知惧，人亦获安。上命行在都察院出榜禁约。	《明宣宗实录》卷九七
宣德八年二月壬寅	革山东都司济南卫仓、莱州卫仓、青州左卫仓副使，以其不收粮故也。行在户部奏：征收税课有定法。今中外收税衙门多法外生事，邀阻行旅，搜捡囊箧，倍需税钱。上命刑部揭榜禁革。	《明宣宗实录》卷九九
宣德八年二月丁未	禁京城商税之弊。时有言在京权豪贵戚及无藉之徒，停积商货，隐匿官税者。上命行在刑部揭榜禁约，违者罪之。有能首者，赏钞一千贯。	《明宣宗实录》卷九九
宣德八年秋七月乙未	申明前禁榜谕：沿海军民有犯者，许诸人首告。得实者，给犯人家赀之半。知而不告及军卫有司纵之弗禁者，一体治罪。	《明宣宗实录》卷一〇三
宣德八年秋七月戊寅	命行在都察院严官吏军民隐藏逃军、逃囚之禁。定首捕赏格，揭榜示之。	《明宣宗实录》卷一〇三
宣德八年闰八月癸卯	顺天府尹李庸等言：北京城隍庙军民往往于内互市博弈，因而盗取砖石，剪伐林木及纵放孳畜作践，请禁约。上曰：事神贵清净，其揭榜禁约，敢再犯者，擒送法司治之。	《明宣宗实录》卷一〇四

续表

奏准时间	榜例内容及制例背景	文献出处
宣德八年十一月壬午	行在兵部奏：旧制公务急者给驿马，无符验不给。今太仆寺少卿刘宁言：比经直隶、永济等驿，见都指挥萧敬、指挥李英，遣人于太监刘通处计事，辄署文牒，令驰驿马。且询之，各驿类此者多。以故马无停息，往往罢死。请揭榜严禁约。从之。	《明宣宗实录》卷一〇七
宣德八年十一月丙午	顺天府尹李庸言，比奉命修筑桥道，而豪势之家占据要路，私搭小桥，邀阻行人，权取其利，请行禁革。上曰：豪势擅利至此，将何所不为。命行在都察院揭榜禁约，不悛者，具以名闻。	《明宣宗实录》卷一〇七
宣德九年冬十月丁巳	行在兵部奏：朝廷于广宁、开原等处立马市，置官主之，以便外夷交易，无敢侵扰之者。凡马到市，官买之余，听诸人为市。近闻小人或以酒食衣服等物邀于中途，或诈张事势，巧为诱胁，甚沮远人向化之心，请揭榜禁约。从之。	《明宣宗实录》卷一一三
宣德年间	宣宗闻内使韦宗盗官铜造镀金器物与外人……遂命司礼监榜谕各监局，有盗官物及僭分者，事发处死，知而不首，罪亦如之。	《典故纪闻》卷一〇
宣德年间	内官袁琦、内使阮巨队，初往广东等处公干，以采办为名，虐取军民财物。事觉，宣宗命凌迟琦斩巨队等十人，因谕右都御史顾佐等曰……尔都察院揭榜晓谕中外，凡先所差内官内使，在外侵占官民田地及擅造房屋，所在官司，取勘明白，原系官者还官，军民者还军民。中外官民人等有受内官内使寄顿财物，许首免罪，若匿不首，事觉与犯者同罪。自今内官内使出外，敢仍前有犯，令所在官司具奏，治以重罪，知而不奏，罪同。若中外军民人等，有投托跟随内官内使因而拨置害人者，悉处死罪。	《典故纪闻》卷一〇
宣德年间	宣宗尝谕右都御史熊概曰："朝廷优恤军士，给以衣食，欲其得所。比闻官旗吏胥人等，妄意诛求。多立名目，裒取月粮，克减冬衣棉花。亦有都指挥、指挥假托公事，遍历取财，乃以军粮布花，变易金银馈送，所以军士衣食不充，多致逃窜……尔都察院即揭榜禁戒，仍令巡按御史及按察司巡察，有再犯者处死，家属戍边。"	《典故纪闻》卷一〇

与洪武、永乐两朝比较，宣德朝制定的榜例有下述特色。

其一，榜例被朝廷确认为立法的重要形式，其立法数量之多，为前朝所不及。洪武年间，榜例被朱元璋视为一时"权宜之法"，许多刑事榜例刑罚严苛，并于洪武末被宣布废止不用。宣德朝时，榜例成为朝廷经常采用的立法形式，朝廷立法以榜文为主，其数量远远超过条例、则例等其他形式的法律。《实录》为明代官修史书，修史者所记均是当时认为值得一书的重大事件。就明代各朝《实录》所记榜例而言，以宣德朝为最多。在上表中，"榜例"一词出现 20 次，说明它已是朝廷通用的法律用语。宣德朝国祚较短，仅有 9 年，然《明宣宗实录》记载了如此众多的榜例，这表明榜例这一法律形式在宣德年间受到空前的重视。

其二，刑事榜例摆脱了洪武、永乐"刑用重典"的影响，立法崇尚"中制"。如果说洪武榜例中存在大量的用于"惩创奸顽"的严刑峻法、永乐榜例也程度不同地受到明初重典政策影响的话，宣德朝奉行的是"贵存中道"的立法原则，刑事榜例的刑罚属于"中制"，因而，这些榜例大多为后代所沿用。

（二）明英宗正统朝榜例举要

正统朝榜例在多种史籍中都有记载，仅把《明英宗实录》、《军政备例》两书所记该朝榜例的制定或发布时间、榜例的内容提要列表述后（见表 3）。

表 3 正统朝榜例举要

榜例制定或发布时间	榜例内容提要	文献出处
正统元年八月十二日	委官清勾	明抄本《军政备例》榜例部分
	解军有无妻小	
	供招更改名籍及诈文潜回	
	军丁互相替换	
	远年全家逃移	
	军丁口粮并司卫交割	
	役卖逼逃	
	逃住自首	
	抚恤流移	
	蒙胧勾扰	
	冒籍开户	
	带操军士	
	勾军差人不回	

续表

榜例制定或发布时间	榜例内容提要	文献出处
正统元年十月庚辰	禁京城外掘土冶窑	《明英宗实录》卷二三
正统二年九月	逃军老疾	明抄本《军政备例》榜例部分
	中途故军妻小	
	逃军户丁带操	
	委官不许别差	
	调卫军士户丁	
	混扰无勾军丁	
	妄投附近带操	
	复逃止递解	
	诉告冒解	
	起解军士不许讦告	
	未记录出幼军	
	有军有丁重勾	
	诬妄勾扰	
	附近收操	
正统三年二月庚午	申明俱照钦定榜例以次陈诉	《明英宗实录》卷三九
正统三年五月庚子	俞天下府州县修置申明、旌善二亭，复置板榜于内	《明英宗实录》卷四二
正统三年十二月乙丑	禁偷开坑穴，私煎银矿	《明英宗实录》卷四九
正统三年十二月丙寅	禁江西瓷器窑场烧造官样青花白地瓷器于各处货卖及馈送官员之家	《明英宗实录》卷四九
正统三年	山东等处军丁改补	明抄本《军政备例》榜例部分
	两广等处军丁改补	
	应天等处军丁改补	
	山东等处军丁改补（改调卫分）	
	河南等处军丁改补（改调卫分）	

续表

榜例制定或发布时间	榜例内容提要	文献出处
正统四年三月辛酉	禁虐谪戍各处罪人	《明英宗实录》卷五三
正统四年	陕西等处军丁改补	明抄本《军政备例》榜例部分
	两广等处军丁改补	
	浙江等处军丁改补	
正统五年正月壬子	禁营造各厂内官役占军夫，所遣田地拨还顺天府给民耕种，照例起科	《明英宗实录》卷六三
正统五年正月甲子	命河南、山西、南北直隶各处流民复业，不服招抚者治罪	《明英宗实录》卷六三
正统五年四月乙未	严禁违例收息	《明英宗实录》卷六六
正统五年八月乙卯	禁大同、宣府、辽东、陕西、四川诸边仓官攒斗库不得掯索纳贿，虚出仓钞通关	《明英宗实录》卷七〇
正统五年十月甲戌	复申旧例：军丁力士犯盗者皆戍边	《明英宗实录》卷七二
正统六年三月壬子	申明重造赋役黄册	《明英宗实录》卷七七
正统六年四月己巳	禁僧道伤败风化及私创寺观	《明英宗实录》卷七八
正统六年十二月乙酉	敕各处儒学刊置版榜洪武、永乐间钦定学规事例，永为遵守	《明英宗实录》卷八七
正统六年十二月甲寅	禁军民私宰牛、马、驴、骡	《明英宗实录》卷八七
正统七年二月庚子	许逃住直隶凤阳府民向所在官司报籍，三年一体当差	《明英宗实录》卷八九
正统七年十二月己丑	禁官军民习尚胡俗	《明英宗实录》卷九九
正统八年正月辛巳	申明机密重事许军民奏闻，其余私事以次陈告	《明英宗实录》卷一〇〇
正统八年四月庚戌	招居境外中国人来归，原逃叛者宥其罪	《明英宗实录》卷一〇三
正统十年十一月乙丑	禁云南左卫、临安卫等卫官军家人私采银矿	《明英宗实录》卷一三五

续表

榜例制定或发布时间	榜例内容提要	文献出处
正统十一年十月丁酉	申明先帝钦定榜例：文武官有私事，须令家人陈状，不许本人擅奏	《明英宗实录》卷一四六
正统十二年五月丙午	申明兑运粮例，不得一概尖斛	《明英宗实录》卷一五四
正统十二年十二月甲戌	禁江西饶州府私造黄紫红绿青兰白地青花等瓷器	《明英宗实录》卷一六一
正统十三年五月庚寅	禁使铜钱	《明英宗实录》卷一六六
正统十四年正月丙申	贼盗生发之处宥、奖事宜榜示各府州县	《明英宗实录》卷一七四
正统十四年二月戊寅	命兵部出榜备开官员合用皂隶数，敢有仍前多佥者依律惩治	《明英宗实录》卷一七五
正统十四年三月丁酉	命兵部备榜揭谕浙江处州诸县，对曾参与民变小民悉宥前罪	《明英宗实录》卷一七六

表3中列举的正统朝榜例，以军政和治理流民方面的事例为多。明英宗朱祁镇登基时距明开国已68年，逃军和流民问题十分突出。榜例是针对时弊而发布的，它的内容反映了当时的国情实际和立法的重点。当然，《军政备例》以记载明代军事管理和清理逃军为基本内容，《明英宗实录》记载的均是重大的立法事件，仅据此两书还不能说已全面地展现了正统朝制定榜例的全貌。但是，据表3列举的榜例可以证明，榜例的制定和发布具有很强的针对性，从各朝发布的榜例内容和数量的多少，可以判断当时带有普遍性的社会时弊和统治者的立法倾向。

（三）明世宗嘉靖朝榜例举要

现见的嘉靖朝榜例主要记载于《条例备考》、《明世宗实录》，在《明会典》、《古今图书集成》等书中也有零星记载。现把四书所记该朝代表性榜例列表述后（见表4）。

表4　　　　　　　　　　　嘉靖朝榜例举要

榜例制定或 发布时间	榜例内容及制例背景	文献出处
嘉靖年间	查处净身男子。礼部言事：净身人已有处死明禁，因见前项净身者俱得收用，遂各仿效……乞敕司礼监量拨各王府使用，惟复本部审其原系充军为民者，径送各该衙门，仍押发原卫、原籍官司，责令收管着役。如有脱逃赴部告收者，照旧发遣本部，仍将原籍经该官吏参问重罪。其新净身者，俱照例发边卫充军。今后敢有净身者，送去法司，照依先次圣旨榜例问断。庶使人知警惧，不致有伤和气。	《条例备考》都通大例卷一
嘉靖年间	正刁风以安良善。都察院题……覆奉钦依通行内外法司：今后内有前项奸徒并主使及捏写本状、教唆之人，在内听东厂、锦衣卫并巡城御史，在外听巡按御史、按察司官，一体拿问，追究明白，照依律例从重拟断。其捏词，查照见行事例，俱立案不行。本院仍将节年及近日有行禁令，出榜申明晓谕。	《条例备考》都察院卷一
嘉靖年间	亲王奏禁宗室出游生事。都察院题……覆奉钦依通行各该抚按衙门，转行各长史司启谕各宗室人等，务要恪遵祖训，检饬身心，以保全富贵。但有故犯及一应违法事情，各长史、教授指实启王，轻则申宣训旨，省改过图新，重则参奏请旨处置。各亲王、郡王亦须正色崇谦，交相敦睦，不得轻易凌忽宗室，致生疑异。巡抚衙门仍刊刻大字榜文给发晓谕。	《条例备考》都察院卷二
嘉靖年间	盗卖骑操官马。刑部题，该监督团营都督朱泰奏，为严禁盗卖官马以实军伍事……奉圣旨：马匹系军需重事。近来奸究之徒将自己及他人骑操官马偷盗，通同接手受寄贩卖，好生不畏法度。今后有违犯的，各依拟问罪，枷号充军。该枷的都着锦衣卫用一百五十斤大枷，枷在人烟凑集去处。晓谕两邻，知而不首的，事发从重治罪。还着都察院通行出榜，严加禁约。钦此。	《条例备考》刑部卷一
嘉靖元年十月	诋訾程朱。嘉靖元年十月内礼部题，该礼科给事中章侨奏，为崇正学以图治理事……奉圣旨……你部里便通行各该巡按提学官出榜晓谕，严加禁约。教人取士一遵朱之言，但有判道不经之书，不许私自刻板，互相传习，致误初学。其余俱依拟行。钦此。	《条例备考》礼部卷一
嘉靖二年三月	议茶马禁私贩。嘉靖二年三月内户部题，为清理茶法申明旧例以裕财用以安地方事……奉圣旨：是。这茶马事宜，你部里查议明白，都依拟于四川地方，私立抽税，尽行革罢。还着巡抚官出榜申明晓谕禁约，有违犯的，照依旧例从重治罪。钦此。	《条例备考》户部卷一
嘉靖二年三月壬子	固安县民张惠等九百人自宫求用。礼部言其违例奏扰，命笞之百，逐归。仍敕都察院榜示严禁。	《明世宗实录》卷二四

榜例制定或发布时间	榜例内容及制例背景	文献出处
嘉靖四年	又题准严督兵备备倭等官，将沿海军民私造双桅大船尽行拆卸。如有仍前撑驾者，即便擒拿。检有松杉板木枝圆藤靛等物，计其贯数并硫黄五十斤以上，俱比照收买贩卖苏木胡椒至一千斤以上，不分首从，并将接买牙行及寄顿之人俱问发边卫充军，船货入官。其把守之人并该管里老、官旗通同故纵及知情不举者，亦比照军民人等私出外境钓豹捕鹿等项故纵隐蔽例，俱发烟瘴地面。民人里老为民，军丁充军，官旗军吏带俸食粮差操。仍给榜文通行浙、福二省海道地方，常川张挂，晓谕禁约。	《古今图书集成·经济汇编详刑典》第三十二卷《律令部》
嘉靖五年五月乙丑	诏严禁西山戒坛及天宁寺受戒僧人并男女相混者，因令都察院给榜遍谕天下，犯者罪无赦。	《明世宗实录》卷六四
嘉靖六年	嘉靖六年，令各处板荒、积荒、抛荒田地遗下税粮，派民陪纳者，所在官司出榜召募，不拘本府别府军民、匠灶，尽力垦种，给与由帖，永远管业，量免税粮。三年以后，照例每亩征官租，瘠田二斗，肥田三斗，永免起科加耗及一应田土差役。其概县原陪税粮，即以所征官租岁报巡抚衙门，照数扣减。	《明会典》卷一七
嘉靖七年八月辛亥	户部复议：给事中陆粲等奏核坝上等马牛羊房见在头畜共二千九百七十七，岁应用料三万九千三百一十五石有奇，草九十万一千五百八十四束足矣。比之原数，该减料一十四万二千余，草四百六万一千余。盖自有马房以来，百数十年糜费侵渔，不知凡几？根盘势据，莫敢谁何！谨参酌时宜，条陈十事……上曰：各牛马房宿弊非止一端，蠹国害民，长奸惠恶，莫此为甚！既议拟明白，都准行，仍悬榜晓示。自今敢有复蹈前弊，科道官及缉事衙门即指实参奏，处以重罪！	《明世宗实录》卷九
嘉靖八年正月壬戌	户部覆：大学士杨一清等所奏恤民穷事，略言：今天下被灾地方，四川、陕西为甚，湖广、山西、南北直隶、河南、江浙、山东、广东、大同次之。自蠲免停征及动支仓库粮银之外，计所发内帑银一百六十三万二千三百有奇，盐一百五十一万八千五百引有奇。圣恩旷荡，莫此为极，但恐有司奉行不谨，民无实惠。宜如一清言，严行督治，毋事弥文。上以为然，命兵部驰谕各抚按官行令所司，具以从前恩诏，出给榜文：其除免分数并赈济救荒事宜，务从实举行；有苟且塞责及干没为奸利者，处以重典；守巡官督察不严者，抚按官以名闻。	《明世宗实录》卷九七

续表

榜例制定或 发布时间	榜例内容及制例背景	文献出处
嘉靖八年 二月	新建伯诋毁先儒。嘉靖八年二月内，吏部等衙门尚书桂萼等会题，为推用才望旧臣以抚按地方事。内议参奏新建伯王守仁缘由，奉圣旨……都察院出榜通行禁约，不许踵袭邪说，以坏人心。敢有故违，罪不轻贷。及有徇私示恩论奏者，重治弗饶。钦此。	《条例备考》 吏部卷二
嘉靖八年 十二月戊寅	盘石卫指挥梅晔、姚英、张鸾等守黄华寨，受牙行贿，纵令私船入海为盗，通易番货，劫掠地方，巡按浙江御史张问行以闻法司，拟晔等戍边。上不允，仍令巡视都御史亲诣地方勘审，从重拟罪；海道备倭等官弊多隐匿，俱查明参奏并出给榜文：禁沿海居民毋得私充牙行，居积番货，以为窝主；势豪违禁大船，悉报官拆毁，以杜后患。违者，一体重治。	《明世宗实录》 卷一〇八
嘉靖九年 五月甲午	陕西道御史郭登庸言：榆林各卫所官占种屯田，私役军卒，扣减粮廪，大为奸利，而纳级武官为尤甚。故今军士一遭凶年，死者枕藉。请重贪官之罚，罢入粟之例，则宿害可革，灾变可弭。上深然之，命都察院通行各抚按官榜谕禁革。	《明世宗实录》 卷一一三
嘉靖十年 十一月壬申	诏定军功袭替令。兵部尚书王宪言：令甲武臣非军功不得世袭，而军功亦有生擒、斩首、当先、奇功等项不同要在，分别地方、难易、时势缓急、事体轻重，有不可一律齐者，故升赏则例各年不同，而选法存革亦当因之有辨……臣谨按武臣功次立为定法，以便遵守……上诏俱如拟命纂入《会典》，永为定例，刊刻榜文，晓谕天下。	《明世宗实录》 卷一三二
嘉靖十一年正月	正文体。嘉靖十一年正月内该本部尚书夏题，为正文体以变士习事。节奉圣旨：是。文运有关国运，所系不细。近来士子经义诡异艰深，大坏文体，诚为害治。恁部里便出榜晓谕：今后会试文卷，务要醇正典雅、明白通畅的，方许中式。如有仍前钩棘奇僻，痛加黜落，甚则令主考官指名具奏处治。钦此。	《条例备考》 礼部卷三
嘉靖十一年正月	禁止有司科派以恤饥民。嘉靖十一年正月内该户部题，为荒政事。内称：近年来，有司多有不恤民穷，咨为科罚，或借公用为名而敛收银两，或因迟误小故而摊办财物，多方馈送与人，因而克落入己……题奉钦依通行各处抚按官员转行所属，一体出给榜文，严加禁约。	《条例备考》 户部卷二

续表

榜例制定或发布时间	榜例内容及制例背景	文献出处
嘉靖十一年九月	禁奸弊。嘉靖十一年九月内礼部题……题奉钦依通行各处抚按衙门，转行各王府长史司启王知会：今后但遇有公事奏理，不得听信差来人役……其批文务要定限日月、远近销缴，到京之日径报，入会同馆安歇。事完即回。口有潜住日久并在京各色人役容令安歇通同作弊者，许厂卫缉事衙门及五城兵马访拿，俱各指实参送法司，问以诓骗打点罪名。仍行都察院出榜禁约。	《条例备考》礼部卷一
嘉靖十一年	宗室擅自赴京。嘉靖十一等年，节该本部议得，郡王、将军、中尉等俱以宗室懿亲，不遵礼法，往往越关赴京陈奏。覆奉钦依移咨都察院，通行各该有王府地方，刊刻板榜禁谕：各该宗室，但有应奏事件，照例启王转奏，毋得违训玩法，擅离封域，自取卑辱。若不行悔改，仍蹈故辙者，听本部参奏。情轻者，革去爵禄；情重者，送发高墙。	《条例备考》礼部卷三
嘉靖十四年四月	禁诡异巾服。嘉靖十四年四月内礼部题。该提学御史窦一桂题，为禁革诡异冠服以昭圣制以齐风俗事……奉圣旨：这本说的是。比年冠服诡异，已有旨禁革。生儒人等乃敢违禁制用，好生不畏法度。都察院便出榜晓谕，但有巾服异样并制卖的，着缉事衙门及五城兵马即时拿送法司问罪，仍通行南京都察院及各处巡按御史，一体严加禁约。该衙门知道。钦此。	《条例备考》礼部卷一
嘉靖十五年闰十二月癸亥	上御奉天殿，以初定庙制卜两宫徽号，颁诏天下……大同军士先因被避官兵畏死走入房中逃移四外者，诏书到日，该地方总督、巡抚官即便出榜晓谕，许令回还出首复业，各与免罪，仍量加存恤……	《明世宗实录》卷一九五
嘉靖十六年三月	官员服色。嘉靖十六年三月内礼部题，为钦遵圣训慎法制以严禁借肆事。该本部钦奉圣旨，钦遵。议得在京在外文武官，除本等品级服色及特赐者外，不许借分……若有乖前借用者，在京听科道及缉事衙门，在外听巡按等官，照依律例参究。题奉圣旨：依拟便出榜文，严加禁约。钦此。	《条例备考》礼部卷二
嘉靖十七年十月乙卯	嘉靖十七年十月乙卯，上曰：天寿山，祖宗陵寝所在，培养林木，关系甚重。我英祖特降严旨禁治。近来法令纵弛，肆伐无忌，贼人敢于率众屡犯。既经御史论死，尔等却欲宽纵，又不参究。该管巡视之人具以状闻。孙纪等依原拟监候处决，家属押发辽东边卫充军。未获者严行缉捕，期于必获。更揭榜申禁。	《明世宗实录》卷二一七

续表

榜例制定或发布时间	榜例内容及制例背景	文献出处
嘉靖十七年十一月丙子	昌平州古佛寺僧田园伪造妖言惑众……都给事中朱隆禧上言：迩时妖僧倡为白莲教以惑众，谋不轨者非止一园也。缘禁令不严，人心轻玩。宜榜谕中外，申明保甲之法，庶民不敢保奸为邪。上是其言，命都察院出榜禁谕，嗣后有妖贼潜匿，酿成大患，缉事官校不预侦捕者连坐之。	《明世宗实录》卷二一八
嘉靖十九年四月	雇借骑操官马。嘉靖十九年四月内兵部题。该云南道御史胡植题，为乞申旧禁以禆军政事……覆奉钦依申明禁例，出给榜文张挂，仍转行缉事衙门并五城兵马司严加访察，但有仍前将骑操官马雇借与人骑驮等项，恣肆作贱者，即时捕获到官，转送法司，照例枷号治罪。	《条例备考》兵部卷二
嘉靖二十年十二月	正士风。嘉靖二十年十二月内吏部题，为陈言尊朝宁正士风以禆治道事。内称……伏望圣明涣发纶音通行禁革……扮戏子弟，五城地方即时逐送出京。中外往来简帖不许擅用大红洒金折简作帖，应该改除。升调官员不许擅自投见吏部，私自谋求及央求乡里势要互相请托。以上诸事，如违者，听科道官纠举……覆奉圣旨：览卿所奏，具见经济，都察院便出榜禁约。钦此。	《条例备考》吏部卷三
嘉靖二十四年十二月丙辰	南京户部复议：铺役扰民，弊在审编之始，贫富失实。今宜尽蠲贫户，籍其稍赢者隶名应天府。凡遇内府诸监局制造及太常、光禄诸祭祀厨料，先一月移文应天府按籍召买，如时价给银。其大小诸司公用物料取，具本府印票出买价银，不过三日。至于私家一切诸费，不得干扰铺行。户部复可。诏从之，仍令南京都察院出榜禁约。	《明世宗实录》卷三〇六

　　明刊本《条例备考》一书记载了明初至嘉靖年间的代表性条例。从该书所记条例截至嘉靖二十年（1541年）而此后至嘉靖四十五年（1566年）未见收录这一点看，《条例备考》应成书于嘉靖二十年以后。该书内容以记述嘉靖条例为主，应该说嘉靖朝前二十年间颁布的代表性条例不会有大的遗漏。此书所记嘉靖前期朝廷各部院奏准的20多件榜例中，以吏部、户部、礼部、兵部和都察院奏准的为多，而刑部奏准的仅有2件。《条例备考》全书为24卷，其中刑部仅2卷。考明代弘治朝前所颁榜例，以刑例为多。嘉靖朝所制榜例中，刑例所占的比重大大下降，而有关经济、军政管理和整顿社会风气方面的榜例有所增加。出现这种变化的原

因，既与当时急需解决的社会时弊有关，也反映了《问刑条例》颁行后刑事条例已比较完善，客观上不需要制定更多的刑例这一现实。

四　明代榜例制定和实施状况考析

终明一代，中经十六帝。以上已着重介绍了洪武、永乐、宣德、正统、嘉靖五朝颁布榜例的情况，那么整个明代榜例的制定和实施状况又如何呢？下面就这一问题作些考析。

（一）榜例制定情况概述

自明初到明末，虽然各朝君主对于榜例的制定和实施的重视程度有所不同，但榜例作为重要的法律形式被累朝沿相使用，从未中断。以《明实录》所记为例。

据《明英宗实录》，景帝朱祁钰在位不到8年间，曾屡颁榜例。如景泰元年（1450年）正月发布榜文，令在京官吏有马愿送官者给价；[1] 同年闰正月，榜谕严惩在逃官军；[2] 景泰元年二月，榜谕优免沿边备掳人口，奖赏杀敌有功者；[3] 景泰元年三月，出榜晓谕贵州各处军职土官，有能出米赴普定等卫缺粮仓分纳者，量纳米多少，官员分别加级，土人、民人授予不同官职；[4] 景泰元年六月，命户部榜示天下公布中盐则例；[5] 景泰二年（1451年）二月，出榜晓谕窜忚畏避差操逃散潜住官军；[6] 景泰二年三月，榜谕各布政司、府州县依正统七年定赋役黄册格式造完进呈；[7] 景泰二年七月，命都察院揭榜召谕浙江、福建贼盗遗孽藏山谷者自首；[8] 景泰二年

---

[1]《明英宗实录》卷187。
[2]《明英宗实录》卷188。
[3]《明英宗实录》卷189。
[4]《明英宗实录》卷190。
[5]《明英宗实录》卷193。
[6]《明英宗实录》卷201。
[7]《明英宗实录》卷202。
[8]《明英宗实录》卷206。

八月，出榜申谕天下，禁止传用妖书妖言；① 景泰三年（1452年）六月，出榜禁约福建沿海居民，毋与琉球国货物交易；② 景泰三年闰九月，出榜禁约朝觐官员不得借机重敛害民；③ 景泰四年（1453年）七月，出榜禁止军民越讼；④ 景泰七年（1456年）七月，出榜禁止民间自宫求进及投入王府并官员势要之家。⑤

据《明宪宗实录》，宪宗朱见深在位23年间，很重视榜例的制定和颁布。如成化三年（1467年）三月，出榜禁止贩卖私盐，若不悛改，盐徒并知情店主、牙行，正犯处斩，家属发边远充军；⑥ 成化四年（1468年）二月，命法司第赌博囚犯轻重论罪，并出榜禁之；⑦ 成化五年（1469年）十二月，禁京城九门并通州等处抽分，命都察院榜示之；⑧ 成化八年（1472年）二月，榜谕不许私藏妖书，传用惑众；⑨ 成化八年七月，命榜谕各边将不许倚势放债、卖马多收价利；⑩ 成化十年（1474年）五月，出榜禁止官吏、军民、僧道人等收藏妖书、勘合等项；⑪ 成化十年七月，降圣旨榜文，命延绥一路营堡及近边守备官军修葺垣墙墩堡，增筑草场界至，敢有越出塞垣耕种及移徙草场界至者，俱治以法；⑫ 成化十二年（1476年）六月，治修武伯沈煜等罪，以其蔑弃礼法，有伤风化，令都察院出榜禁约；⑬ 成化十二年十二月，发布圣旨榜文，命深山大谷之内复集续来及展转流徙者，并发戍边；⑭ 成化十三年（1477年）五月，出榜禁谒

---

① 《明英宗实录》卷207。
② 《明英宗实录》卷217。
③ 《明英宗实录》卷221。
④ 《明英宗实录》卷231。
⑤ 《明英宗实录》卷268。
⑥ 《明宪宗实录》卷40。
⑦ 《明宪宗实录》卷51。
⑧ 《明宪宗实录》卷74。
⑨ 《明宪宗实录》卷101。
⑩ 《明宪宗实录》卷106。
⑪ 《明宪宗实录》卷128。
⑫ 《明宪宗实录》卷131。
⑬ 《明宪宗实录》卷154。
⑭ 《明宪宗实录》卷160。

刁讼;① 成化十四年（1478年）春正月，出榜禁革仓场积弊;② 成化十四年（1478年）六月，都察院奏请京城内外强夺人财及口称圣号者，并以其事榜示禁约，从之;③ 成化十四年七月，出榜禁止人于西山凿石;④ 成化十四年八月，出榜申禁私铸造铜钱;⑤ 成化十六年（1480年）三月，禁盗伐陵园树，命都察院申明旧例揭榜禁约;⑥ 成化十九年（1483年）三月，出榜禁势家中盐，以清商利;⑦ 成化二十年（1484年）三月，榜谕官军、民匠逃伍缺工者一月内自首，讳者治罪;⑧ 成化二十二年（1486年）十一月，都察院右都御史以击鼓诉状人数有自残者，奏请重出榜牌禁约，上从之，并命锦衣卫官一员守登闻鼓。⑨

又据《明孝宗实录》，孝宗朱祐樘在位18年中，也曾颁布了不少榜例。如弘治元年正月，敕礼部把《教民榜》、《马政条例》等书疏其节要，榜谕天下;⑩ 弘治六年（1493年）五月，出榜禁约不许私自净身;⑪ 弘治七年（1494年）二月，榜谕天下，禁纵容盗贼、罚害军民、淹禁罪囚、虐害小民、科差奸弊、不遵信牌、积年民害、滥罚纸札、凶徒害人、赌博为非十事;⑫ 弘治九年（1496年）九月，揭榜禁勋戚家人扰害商贾，侵夺民利;⑬ 弘治十年（1497年）七月，揭榜严禁左道惑众;⑭ 弘治十一年（1498年）十二月，出榜令府部等衙门悉遵旧章，务从省约，严禁奢靡;⑮ 弘治十三年（1500年）正月，出榜禁徭役不均之弊，明令徭役编派须造

---

① 《明宪宗实录》卷166。
② 《明宪宗实录》卷174。
③ 《明宪宗实录》卷179。
④ 《明宪宗实录》卷180。
⑤ 《明宪宗实录》卷181。
⑥ 《明宪宗实录》卷201。
⑦ 《明宪宗实录》卷238。
⑧ 《明宪宗实录》卷250。
⑨ 《明宪宗实录》卷284。
⑩ 《明孝宗实录》卷9。
⑪ 《明孝宗实录》卷75。
⑫ 《明孝宗实录》卷86。
⑬ 《明孝宗实录》卷117。
⑭ 《明孝宗实录》卷127。
⑮ 《明孝宗实录》卷145。

册缴报，官府不得侵克；① 弘治十六年（1503年）二月，降圣旨榜文晓谕，许隐占军丁之家首官改正免罪，军丁发回卫所收补，不首者官每五丁降一级，甚者罢职充军；军发沿边墩台，永远哨了；② 弘治十七年（1504年）正月，榜谕严诬告之禁；③ 弘治十七年二月，命礼部查节次榜例，通行申明禁约奢僭事；④ 弘治十七年十二月，出榜晓谕卫所屯田营堡草场事例；⑤ 弘治十八年（1505年）二月，出榜禁止窃开密云县山中银矿，违者治以重罪。⑥

仁宗、武宗、神宗、穆宗、光宗、熹宗、思宗等各朝君主，也都曾颁布过榜例。如《明武宗实录》载，正德二年（1507年）二月，礼部奏请申明礼制榜例，武宗朱厚照圣旨："累朝榜例既查明，尔礼部即申明晓谕，令一体遵守。"⑦ 正德六年（1511年）二月，"出榜晓谕：将新铸铅锡薄小低钱，尽革不用，以洪武、永乐、洪熙、宣德、弘治通宝及历代旧钱兼行，不许以二折一，有仍蹈前弊者，各罪如律。"⑧ 又如《明神宗实录》载："万历四十年六月戊辰，抚臣以盘获通倭船犯并擒海洋剧盗奏言……乞敕法司将前项走倭者，出本者，造舟与为操舟者，窝买装运与假冒旗引者，以及邻里不举、牙埠不首、关津港口不盘诘而纵放者，并馈献倭王人等以礼物者，他如沙埕之船当换、普陀之香当禁、船当稽、闽船之入浙者当惩，酌分首从辟遣徒杖，著为例。部覆如议以请。上是之，并谕：新定条例与旧例并行，永为遵守。仍着抚按官刊榜晓谕：有违犯的，依例重处，不得纵容。"⑨ 再如《增修条例备考·兵部》卷四载，隆庆六年（1572年）五月，南京兵部因安庆府指挥马负图挟私、倡乱、违法干纪事上书穆宗皇帝，奏请将马负图等各犯"即日处决，传首枭示，仍抄招通行

---

① 《明孝宗实录》卷158。
② 《明孝宗实录》卷196。
③ 《明孝宗实录》卷207。
④ 《明孝宗实录》卷208。
⑤ 《明孝宗实录》卷219。
⑥ 《明孝宗实录》卷221。
⑦ 《明武宗实录》卷23。
⑧ 《明武宗实录》卷72。
⑨ 《明神宗实录》卷496。

内外大小衙门刊榜张挂。后又故犯，照例重处……奉穆宗圣旨：各犯依拟监候处决。钦此"。①

榜例作为明代的重要法律形式，直到明末仍被朝廷使用。崇祯皇帝朱由检很重视榜例的发布，如当他得知民间发生"小民希图财利私行阉割"的情况时，就谕礼部："宣布朕命，多列榜文。谕到之日为始，敢有犯者，按法正罪。"② 崇祯年间，榜文累颁，未曾间断。据《崇祯长编》载，崇祯十六年（1643年）十月丁丑，"户部用司务蒋臣议行钞法，条上八事：一曰速颁榜文……"③ 同日，朱由检谕礼部："迩来兵革频仍，灾寖迭见。内外大小臣工、士庶等全无省惕，奢侈相高，僭越王章，暴殄天物，朕深恶之……在外抚按提学官大张榜示，严加禁约，违者参处。"④ 这说明明亡国前五月，朝廷还在发布榜例。

认真阅读明代各朝《实录》，人们不难发现，以明弘治十三年（1500年）颁布《问刑条例》为分界线，前期各朝发布的榜例甚多，而弘治以后各朝发布的榜例数量较少。何以出现这种现象？笔者认为，很可能是出于以下原因：一是弘治朝以后，随着《问刑条例》、多个行政类条例和《大明会典》的颁布，法制已较为完善和稳定，用榜文补充成法的实际需要有所减少，《实录》以记载重要的典章制度为主，较之条例的编纂而言，榜例作为"权宜之法"，其在法律体系中的地位较前期下降，故未在《实录》上多加记载。二是榜例的编纂，经洪武到弘治130多年的实践，国家和社会生活管理需要以榜文形式确认的行为规范和禁令，基本上已颁布过。在如何运用榜例完善国家法制和应对紧急事态方面，明中后期统治者的工作重点，是重申仍适合于当朝情况的榜例，推动榜例的实施，制定新榜例的数量也会有所下降，这也是《明实录》记载榜例较少的重要原因。当然，这只是笔者阅读《明实录》后的分析，还有待进一步考证。

---

① （明）史继辰等纂修：《增修条例备考》，日本尊经阁文库藏明万历二十五年刻本。
② （明）文秉：《烈皇小识》卷1，北京古籍出版社2002年版，第8页。
③ 痛史本《崇祯长编》卷1。
④ 同上。

(二) 明代榜例的发布及实施

榜例不是随意发布的，每一榜例的制定和公布，都要经一定的批准程序。从现存榜例文献看，它的制定和发布大体分为以下三种情况。

一是朝廷各部院等中央机构或大臣、监察御史、督抚和司道长官、镇守各地的军事长官等官员针对时弊，拟定或议定榜例的内容，奏请皇帝批准。《明实录》记载的数百个榜例，大多属于这类情况。如"成化十四年八月丁未，申禁私铸铜钱。都察院奏：先因南直隶并浙江、山东有私铸铜钱者揭榜禁约，今掌锦衣卫事都指挥同知牛循奏：河南、许州民亦私铸，请通行天下禁约，其言宜从。从之"。[1]弘治五年（1492 年）十月丙辰，"户部会议各处巡抚都御史所陈事宜……乞行广东布政司出给榜文，于怀远驿张挂，使各夷依限来贡。如番舶抵岸，先赴布政司比对勘合字号相同，贡期不违，然后盘验起送。庶沿海人民不得常与外夷交通，以致起衅招寇……议上，俱从之。"[2]"弘治十七年二月辛丑，礼部覆奏：礼科给事中葛嵩所言禁奢僭事，谓官民房舍、车服、器物之类，多不循理，虽累经禁革而循习如故，请如嵩所奏裁之以制。命礼部查节次榜例，通行申明禁约。"[3]

二是君主根据时局的需要，命六部、都察院等衙门或执掌地方、军事事务的长官，就某一亟待解决的问题立法，以榜文形式公告天下。如景帝朱祁钰执政时期，"景泰元年三月辛未，命户部出榜召募军民客商人等纳米，以满各处军饷及赈济饥民"。该榜例对各地客商每名纳米石数和奖励办法作了具体规定，凡如数完成者，"俱给冠带，以荣终身"；"半其数者，赐敕旌为义民"。[4]景泰三年（1452 年）六月辛巳，命刑部出榜禁约福建沿海居民，毋收贩中国货物，置造军器，驾海交通琉球国，招引为寇。[5]嘉靖八年（1529 年）十二月戊寅，令巡视都御史"出给榜文：禁沿

---

[1]《明宪宗实录》卷 181。
[2]《明孝宗实录》卷 68。
[3]《明孝宗实录》卷 208。
[4]《明英宗实录》卷 190。
[5]《明英宗实录》卷 217。

海居民毋得私充牙行，居积番货，以为窝主；势豪违禁大船，悉报官拆毁，以杜后患。违者，一体重治"。①

三是命布政司、府州县长官或执掌军事事务的长官把朝廷制定的榜文，出榜公布。如《明英宗实录》载："景泰元年三月己未，命靖远伯王骥会同左侍郎侯琎并贵州都、布、按三司出榜晓谕各处军职土官：有能出米二百石赴贵州普定等卫缺粮仓分纳者，量升一级；三百石者，升二级。土人、旗军、舍人、余丁、民人出米二百石者，土人、民人量与驿丞、河泊等官，旗军、舍人、余丁授以所镇抚。三百石者，土人、民人授以县佐、巡检；旗军、舍人、余丁授试百户。若赴龙里、兴隆等卫缺粮仓分纳者，各减其半，授官如例。"②《明世宗实录》卷一九五载："嘉靖十五年闰十二月癸亥，上御奉天殿，以初定庙制上两宫徽号，颁诏天下，曰……大同军士先年因被官兵畏死走入房中逃移四外者，诏书到日，该地方总督、巡抚官即便出榜晓谕，许令回还出首复业，各与免罪，仍量加存恤。"

明代的榜例大多是以皇帝的名义或是中央各部院奉旨发布的，也有一些榜例是巡按各地的大臣、地方长官或军事长官奉旨发布的。然而，任何一件榜例的发布，均须经皇帝的批准或授权。也就是说，榜文的制定和发布，有严格的法定程序，朝臣不得擅自制定和发布榜文。永乐三年（1405年）七月，曾发生过周王府长史司未经皇帝批准擅自发布榜文的事件，当时有些府县抄录该榜文上奏朝廷。明成祖朱棣为此赐书胞弟周王朱橚斥责说："夫朝廷与王府事体不同，长史司专理王府事，岂得遍行号令于封外与朝廷等。一家有一家之尊，一国有一国之尊，天下有天下之尊，卑不踰尊，古之制也。今贤弟居国，如诸子擅行号令于国内，其亦可乎！若奸人造此离间，即具实以闻，当究治之。如实贤弟所命，则速遣人收还，仍严戒长史，行事存大体，毋贻人讥议。"③朱棣此举，固然有防范藩王扩张权力的用意，然从"各府县录周府长史司榜文来奏"和明成祖批评周王逾制"擅行号令"这些记载看，早在明代前期，就不允许臣下未奉皇帝圣旨擅

---

① 《明世宗实录》卷108。
② 《明英宗实录》卷190。
③ 《明太宗实录》卷44。

自发布榜文。

明代榜例的内容十分广泛，涉及吏治、安民、兵政、田粮、学政、盐禁、救荒、庶务、关防、里甲、风俗和惩治盗贼等各个方面。在明代的不同时期，因国家遇到的要解决的紧迫问题不同，发布榜文针对的时弊和对象也时有变化。明代前期，基于完善国家法制的需要，榜例涉及的治理范围比较宽泛。明代中后期，在土地兼并严重、军屯和商屯制度受到破坏、农民起义此起彼伏、"南倭北虏"交相进犯的情况下，朝廷新发布的榜例，大多是有关清理军伍、勾捕逃军、治理流民、打击强盗、奖赏有功军民方面的法令。榜例所及事项，既有适应全国的普遍性问题，也有针对某一地区、某一特定群体发生的问题。如《明英宗实录》卷一八九载："景泰元年二月癸未……参赞军务右副都御史罗通奏：请圣旨榜文于沿边谕众：凡被掳人口有能自还者，军免差役三年，民免徭役终身，官支全俸，各赏银一两、布二匹；有能杀获达贼一级者，军民人等俱与冠带，赏银五两，官升一级，一体给赏。若能杀也先赏银五万两、金一万两，封国公、太师；杀伯颜帖木儿、喜宁者，赏银二万两、金一千两，封侯。诏即行之。"这一榜例是针对沿边被掳人口发布的。《明宪宗实录》卷一七四载："成化十四年春正月丁亥，禁革仓场积弊。上谕都察院臣曰：京、通二仓并各场粮草俱国用所系，近各卫监支官多不守法度，私立大小把总名色，不肯依期守放，故为刁蹬迁延，以致军士到仓日久不得关支。其贪婪委官通同官攒人等以斛面高低为名，就中扣除者有之；军吏人等指以答应为由，于内克减者有之；及关粮到营十不得七，以致军士多饥窘失所；及有官旗舍余人等倚势用强，搅扰仓场，需索财物者。似此奸弊，非止一端。事觉之日，从重处治。巡视御史及管粮委官坐视不理者，一体治罪。其出榜禁约之。"这一榜例是针对管理仓场的官吏发布的。因地域、人文环境、习俗各异和不同时期各地出现的时弊不同，明代发布的榜文的内容也不一样。然而，具有很强的针对性，是榜例的特色之一。

榜例通常张贴或张挂在道路四通八达或人口密集之处，以便及时让更多的百姓知晓。也有不少榜例是针对官吏、军丁、书生等特定群体发布的，这类榜例通常是在被告知对象所在地公告的。朝廷对于一些重要的榜例，明令各级官府刻在木板上，悬挂衙门正厅，要求官吏永久铭记和恪守。如《南京刑部志》所载69榜洪武、永乐榜文，就是嘉靖朝南京刑部仍悬挂的板刻榜文。明代时，还有少数榜文是以铁榜、石榜的形式公布的。如朱元璋为了防止公侯及其家人习染顽风，恃其有功，欺压良善，于洪武五年（1372年）六月乙巳作铁榜申诫公侯。铁榜的内容是：

> 其一，凡内外各指挥、千户、百户、镇抚并总旗、小旗等，不得私受公侯金帛、衣服、钱物。受者，杖一百，发海南充军；再犯，处死。公侯与者，初犯、再犯免其罪，附过；三犯，准免死一次。奉命征讨与者、受者，不在此限。其二，凡公侯等官非奉特旨，不得私役官军。违者，初犯、再犯免罪，附过；三犯，准免死一次。其官军敢有辄便听从者，杖一百，发海南充军。其三，凡公侯之家强占官民山场、湖泊、茶园、芦荡及金银铜场、铁冶者，初犯、再犯免罪，附过；三犯，准免死一次。其四，凡内外各卫官军，非当出征之时，不得辄于公侯门首侍立听候。违者，杖一百，发烟瘴之地充军。其五，凡功臣之家管庄人等，不得倚势在乡欺殴人民。违者，刺面、劓鼻，家产籍没入官，妻、子徙至南宁。其余听使之人，各杖一百，及妻、子皆发南宁充军。其六，凡功臣之家屯田佃户、管庄、干办、火者、奴仆及其亲属人等倚势凌民、侵夺田产财物者，并依倚势欺殴人民律处断（抱经楼本作斩）。其七，凡公侯之家，除赐定仪仗户及佃田人户已有名额报籍在官，敢有私托门下影蔽差徭者，斩。其八，凡公侯之家倚恃权豪，欺压良善，虚钱实契，侵夺人口地、房屋、孳畜者，初犯，免罪附过；再犯，住支俸给一半；三犯，停其禄；四犯，与庶民同罪。其九，凡功臣之家，不得受诸人田土及朦胧投献物业。违者，初犯（者）免罪，附过；再犯，住支俸给一半；三犯，停其禄；四犯，与庶人同罪。①

朱元璋发布的"申诫公侯"铁榜例，通行于明代，累朝君主都一再申明，要求公侯严守铁榜。《明史·英宗后纪》载："天顺二年秋八月己未，

---

① 《明太祖实录》卷74。

禁文武大臣、给事中、御史、锦衣卫官往来交通，违者依'铁榜例'论罪。"① 明英宗为了强调这九条榜文的重要性，命臣下再次用铁板镌刻，明示天下。此外，明代还把重要的榜例刻于石板或石碑上，令人们熟读铭记。据《明会典》卷七八，"洪武十五年，颁禁例于天下学校，镌勒卧碑，置于明伦堂之左，永为遵守"。② 榜例是为了解决治理国家过程中出现的某一紧急事务或社会时弊而发布的，它的实施情况如何，成为衡量长官执政能力、功绩的重要标准，还可能与其官职的升降相关联。因此，有司衙门和长官至少在榜例颁行之初，都很重视它的实施。从《明实录》记载看，累朝颁布的榜例，对当时遇到的各类突发性或紧急事务的处理，一般都发挥了应有的作用。

为了保证榜例的实施，明王朝采取了不少行政和法律措施，要求各级官吏必须按榜例行事，不得随意曲法，还派出监察御史或其他官员巡视各地，监督榜例的实施情况，并对非议榜例或实施榜例不力的官员给予严厉处罚。据《明孝宗实录》卷七五，"弘治六年五月戊寅，先是有旨：今后私自净身者，本身并下手之人处斩，全家发边远充军，两邻及主家不举首者同罪，且令礼部出榜禁约。而安肃县人韩清等三百余人复冒禁入京，击登闻鼓求进。礼部劾之，下镇抚司鞫问，送法司拟罪。大理寺卿冯贯与刑部尚书彭韶议，以清等自宫并在五年三月初八日赦宥、并礼部近奉诏旨之前，因收回该部发审，奏词止拟违制不应杖罪发遣，寻奉旨各自引咎自陈。上以贯私嘱改拟，韶辄听从，重加诘责，于是贯、韶复上本待罪。命宥韶而停贯俸五月，少卿屠勋、马中锡各两月，其主使自宫及下手之人仍严限督捕之"。又据《明孝宗实录》卷八〇，"弘治元年十一月己巳，时有盗入贡夷人马者捕获，上命依榜例处决。户部尚书李敏言：盗马之人，律止徒罪，况夷人已去，无所示信，乞令所司械系群盗须之岁月，待夷人再来杀之未晚。若三岁之后，夷人不至，则亦姑依律治之，庶信可全而刑不滥。上曰：朝廷法令布于象魏，所以示大信于天下。盗夷马者寔之极

---

① 《明史》卷12《英宗后纪》，中华书局1974年版，第156页。
② （明）申时行等重修：《明会典》卷78《礼部三十六·学校·学规》，中华书局1989年影印本，第452页。

刑，已有成宪。今群盗故犯，处死何疑，乃欲计夷人在否而变更其法，于信安在！敏为大臣，不知大体，巧言谏阻，法当究治，姑宥之"。

在明代法律体系中，榜例较之确认国家基本法律制度、具有最高法律地位的《会典》而言，较之刑事法律《大明律》和确认国家行政、经济、军政诸方面法制的其他基本法律而言，均属于补充法。在实施榜例的过程中，如何处理它与国家大法和其他基本法律的关系，是关系到能否维护国家法制统一和榜例实施效果的重要问题。榜例通常是针对国家一时发生的紧急问题而发布的，其规定在国家大法和基本法律未备的情况下有完备法制的效应，但当两者的法律规定冲突时，就会发生有损法制统一的弊端。有明一代，因国初与其后各朝君主的治国方略和对待基本法律与榜例相互关系的态度不同，榜例对于国家法制的影响也不尽一样。明太祖洪武年间，"刑亦重，事取上裁，榜文纷纷"，[①] 往往是榜文代律而行，对《大明律》的正常实施造成了很大的冲击。"洪武末年，更定新律，刑官始得据依以为拟议，轻重归一。"[②] 明成祖朱棣发动靖难之役取代建文帝后，虽然在即位诏中宣布"刑名一依《大明律》科断"，[③] 但为力贬建文而崇祖制，仍沿用明太祖发布的一些重刑榜文，且又颁行了不少新的重刑榜文，直到永乐十九年（1421年）四月，方下诏说："法司所问囚人，今后一依《大明律》拟罪，不许深文，妄引榜文条例。"[④] 这样，重刑榜例仍对永乐年间《大明律》的实施在不同程度上产生了负面影响。宣德及其以后各朝明令宣布："诸司所问囚犯，今后一依《大明律》科断，不许深文，违者治罪。"[⑤] 在处理榜例与国家基本法律方面，各朝遵行的原则是："凡有殊旨、别敕、诏例、榜例，非经请议著为令甲者，不得引比。"[⑥] 这就是说，

[①] （明）何孟春：《余冬序录》卷1。
[②] 同上。
[③] （明）傅凤翔辑：《皇明诏令》卷4四，收入《中国珍稀法律典籍集成》乙编第3册，第104—105页。
[④] 《明太祖实录》卷236。
[⑤] （明）傅凤翔辑：《皇明诏令》卷7至卷10，收入《中国珍稀法律典籍集成》乙编第3册，第193、217、281页。
[⑥] 《明史》卷72《职官一》，中华书局1974年版，第1758页。又见《天府广记》卷20《刑部》，北京古籍出版社1983年版，第260页。

榜例在未经一定的立法程序被确认为通行全国的法令之前，只适用于发布针对的特定对象和特定事件，不能在司法审判活动中援引使用。榜例只有经请议著为法令，才能够广泛适用。榜例适用原则的确定和实施，既发挥了它在应对紧急事态方面快速有效、打击刑事犯罪方面"从重从快"的作用，又避免了对国家法制的统一造成大的影响。

在实施榜例的过程中，为了使榜例的内容始终符合国情实际和具有针对性，使民众得以遵守，明王朝于制定新榜例的同时，及时进行前朝或本朝已颁布榜例的清理工作。凡过时者适时废止，明令法司不得沿用；凡部分内容过时者，适时修订；凡适用当朝者及时重申，要求各级衙门继续遵守。明太祖于洪武三十一年（1398年）颁布的《教民榜文》，是老人、里甲理断民讼和管理其他乡村事务的重要法规，通行于明一代，几乎各朝都加以重申，要求严加遵守。如正统八年（1443年）二月，明英宗赞同直隶扬州府、通州知州的建议，依照《教民榜文》在乡里实行"木铎之教"制度，便是其中一例。① 宣德四年（1429年）颁布的33条《军政条例》中，就有12条申明依前朝榜例问断。如规定对于逃军三犯者，"邻里人等仍照隐藏逃军榜例治罪"；"逃军正身未获，照依榜例先将户丁解补，仍责限跟要正身得获替出户丁宁家"② 等。又如，洪武年间颁行的《礼部榜文》规定："庶民房舍不得过三间五架。"正统十二年（1447年）闰四月，福建福州府闽县知县陈敏奏："今福州街市民居有七架九架，其架或过于五，而一间二间其间不至于三，仇家健讼指为口实，官府丈量俱论违式，纷纭折改，不得安居。乞今后房舍架多而间少者不罪，庶刁顽息告讦之风，良善遂安居之乐事。"明英宗采纳了陈敏建议，对《礼部榜文》中这一规定的实施作了调整。③

明王朝很注意维护榜例的法律权威。由于榜例常是以皇帝圣旨的形式颁行的，对于处理一些应急事件有其权威性，有些执掌地方或军事事务的长官动辄上书乞请皇帝颁布榜例。为了防止榜文滥用，自丧权威，有些君主对榜例的制定和颁布持慎重态度。如成化十九年（1483年）八月，兵

---

① 《明英宗实录》卷101。
② 《条例备考》兵部卷1"拿获逃军"、"逃军正身未获"条，日本内阁文库藏明嘉靖刻本。
③ 《明英宗实录》卷153。

部以"京师军民闻虏众近边,讹言腾起",奏请"揭大字榜文谕止"。礼科给事中屈伸对此持反对意见,认为"今日欲息讹言,惟有君臣上下同心忧恤,内修政事,进贤去佞,外固边圉,选将练兵……若欲榜示中外,恐众愈惊疑,讹言益甚,虽曰禁之,实所以摇之"。① 明孝宗采纳了屈伸的意见,没有发布榜文。朝廷对于已发布的榜例,包括其中规定的朝廷的承诺,要求各地遵照执行,以取信于民。据《明宣宗实录》卷一〇五载,宣德八年闰八月乙亥,"行在兵部奏:密云后卫百户张政、忠义左卫百户张旺,先避事逃,今援榜例自首。稽其逃已久,请罪之以示惩。上曰:既许自首,而又罪之,令不一矣。复其职"。

在明代史籍中,也记载了一些榜例颁行后实施的效果。《明英宗实录》卷三一记载:"正统二年六月,镇守陕西都督同知郑铭募军余,民壮愿自效者四千二百人,分隶操练,人给布二正、月粮四斗。时有榜例令召募故也。"可知榜例在招募军丁方面发挥了一定的作用。《明英宗实录》记载:景泰三年(1452年)太子太保兼刑部尚书俞士悦言:"臣曩任御史之时,凡问私役军人者,俱照榜例重罪,以故人不敢犯。"② 据《天顺日录》,天顺四年,明英宗令"出榜禁约,不许与京官交通,馈送土物,亦不许下人挟仇告害。由是肃然不犯"。又据《明宪宗实录》,成化十九年(1483年)二月,有自宫求进的30人私投周府汝阳等王爷处当差役,在闻知朝廷颁发的相关榜例后,投案自首。礼部把此事上报宪宗皇帝,宪宗命发南海子充净军种菜。③ 同时,明代史籍中也记载了一些榜例未得到实施或实施不好的事例。《明宣宗实录》卷六七载:宣德五年六月,"福建长汀县学教谕陈敬宗言:伏睹户部颁降榜文,不许阻滞钞法,至今钞未通行"。《明世宗实录》卷四载:正德十六年七月,"兵部言:皇城天下根本,祖宗禁约至为严密。迩者以门禁为虚文,以榜例为故纸,杜渐防微,不可不慎,宜悬布榜文,饬守卫官军关稽出入"。由此可见,明代榜例实施的情况是复杂的,也不是一帆风顺的。与明代法律体系的建立和法律的实施经历了曲

---

① 《明孝宗实录》卷126。
② 《明英宗实录》卷223。
③ 《明宪宗实录》卷237。

折发展过程一样，在不同的历史时期和不同的执法环境下，榜例的实施情况和发挥的作用也是不一样的。从明开国到明末，朝臣乞请颁布榜例的情况从未中断。从这一点看，榜例作为具有公开、适时、针对性强等特色的法律形式，在完善国家法制特别是应对紧迫事件方面，确实有其他法律形式不可代替的作用。

鉴于榜例是具有法律和教化双重功能的法律形式，为使各级官吏和广大百姓都熟悉榜例，自觉遵守，明王朝也很注重榜例的张挂和宣示。如洪武六年（1373年）九月，明太祖"命设榜于午门外并省府台，凡有戒饬之事则书之"。① 据《明会典》，永乐十七年（1419年），明成祖令各处军卫有司张挂并遵行洪武年间榜文，"如有藏匿弃毁，不张挂者，凌迟处死"。② 又据《条例备考》，宣德四年（1429年）颁行的《军政条例》中规定，要求有司把"原降榜，都司卫所置立板榜，各于公厅常川悬挂，永为遵守"。③ 宪宗成化元年（1465年）奏准："各处修盖榜房，将洪武、永乐、正统年间节次颁降榜文，誊写张挂，谕众通知。"④ 明世宗鉴于"礼教不明，民俗奢僭"，他在登基后不久，于正德十六年（1521年）十一月，命把洪武、永乐颁榜中"服舍器用之式、婚丧傧燕之仪榜示天下"。⑤ 世宗嘉靖八年（1529年）题准："每州县村落为会，每月朔日，社首社正率一会之人，捧读圣祖《教民榜文》，申致警诫。有抗拒者，重则告官，轻则罚米，入义仓以备赈济。"⑥

（原载杨一凡主编《中国古代法律形式研究》论文集，社会科学文献出版社2011年10月版）

---

① 引自李国祥、杨昶主编《明实录类纂》宫廷史料卷《官禁制度》，武汉出版社1992年版，第19页。
② （明）申时行等重修：《明会典》卷20《户部·户口二·读法》，中华书局1989年影印本，第135页。
③ 《条例备考》兵部卷1《存恤新勾军士》条，日本内阁文库藏明刻本。
④ （明）申时行等重修：《明会典》卷20《户部·户口二·读法》，中华书局1989年影印本，第135页。
⑤ 《明世宗实录》卷8。
⑥ （明）申时行等重修：《明会典》卷20《户部·户口二·读法》，中华书局1989年影印本，第135页。

明代地方性法规编纂要略

明代是中国历史上地方法制由长期缓慢发展转向发达、成熟的重要时期。明王朝统治中国的近280年间，不断完善国家法律制度，建立起一套完整的以律例为核心、国家立法与地方立法并存的法律体系。为了把国家的法律贯彻到基层，明朝很重视地方法制建设，颁布了很多地方特别法，尤其是明代中叶以后，地方立法活动空前活跃，各级地方长官和朝廷派出巡视各地的官员颁行了大量的地方性法规、法令，地方法制建设进入了一个新的发展时期。

一　明代地方立法概述

（一）明代地方立法的繁荣及其缘由

因年代久远，明代的地方法律文献多不存世，但在各种史籍、地方志、历史档案中，仍保存了相当丰富的明代地方法律资料。近年来，为了弄清明代地方立法的概貌，我们查阅了上万部古籍，从中收集到数百种明代地方法律文献，其中，有44种收入《中国古代地方法律文献》甲编，[①] 16种收入《古代榜文告示汇存》。[②] 本部分依据已收集到的资料，对明代地方立法的概况作一简述。

从现存文献看，明代地方性法规、法令和地方特别法编纂的总体情况是：

其一，自明初到明末，地方性法规、法令的制定和颁行从未间断。查

[①] 杨一凡、刘笃才编：《中国古代地方法律文献》甲编（10册），世界图书出版公司2006年版。
[②] 杨一凡、王旭编：《古代榜文告示汇存》（10册），社会科学文献出版社2006年版。

阅做过地方长官的明人文集，不少都收有其在任职期间发布的地方法规、法令和政令。如《尹讷菴先生遗稿》载，明初永乐年间，尹昌隆巡按浙江时就发表文告，明令："所在军民人等，但有官吏贪赃坏法，卖富差贫，颠倒是非，使冤不得申，枉不能直，即便指陈实迹，赴院陈告，以凭拿问。"[①] 又据《汪仁峰先生文集》载，明中叶弘治年间，汪循任浙江温州府永嘉县知县时，颁布了《永嘉谕民教条》[②]。明末崇祯年间，祁彪佳出任御史和巡按苏州、松江府期间所写《按吴檄稿》[③] 等书中，就记载了很多地方性法规。

其二，在明代法律体系中，朝廷颁行的地方特别法与地方长官颁行的地方性法规、法令并存。有关治理地方的重要管理制度，如刑事审判、钱粮、税收、茶盐、矿业、漕运管理等，大多是用中央颁行的地方特别法规定的，地方长官颁行的法规、法令，基本是围绕如何实施朝廷法律制定的，是朝廷法律的实施细则。终明一代，中央颁行的地方特别法与地方长官制定的法规、法令有明显的此消彼长的趋势，即前期以朝廷颁布的地方特别法居多，后期以地方长官颁行的法规、法令为多。

其三，由地方长官颁行的地方性法规、法令，绝大多数是在正德至明末期间制定的。现存的明代地方法规、法令，除《宁波府通判谕保甲条约》等极少数单行本外，基本上存于明人文集和地方志中，且绝大多数是嘉靖以后编纂的。出现这种现象的原因，固然与嘉靖前文献散失较多有关，但在相当程度上反映了明代地方立法的繁荣是在明中叶后出现的这一现实。

为什么明代的地方立法到明代中叶后才出现繁荣？这是有其历史原因的。

第一，明代中叶以后社会生活中出现的大量的新问题，迫切需要进一步健全地方法制。这一时期，商品经济进一步发展，人口流动加剧，各阶

---

① （明）尹昌隆：《尹讷菴先生遗稿》，收入《古代榜文告示汇存》第1册，第415—420页。
② （明）汪循：《永嘉谕民教条》，清康熙刊《汪仁峰先生文集》本，收入《古代榜文告示汇存》第1册，第441—550页。
③ （明）祁彪佳：《按吴檄稿》，明末抄本，收入《中国古代地方法律文献》甲编第9、10册，世界图书出版公司2006年版。

层的利益冲突增多；土地兼并剧烈，赋役制度遭到很大破坏，朝廷的财政出现危机；世风日下，民俗散淳离朴，社会治安混乱；官场日渐腐败，司法审判中滥拘、滥禁、滥罚的事件时有发生；里老理讼制度衰落，健讼之风盛行，大量民事纠纷得不到及时解决。面临如此严峻、复杂的社会问题，原有的国家法律在许多方面规定缺失，很不适应各地事务管理的需要。为此，统治集团内部主张适时立法，完善包括地方法制在内的国家法律制度。各级地方官府及官员也意识到，要实现地方事务的有效治理，必须加强地方立法，及时颁布适合于本地区事务管理的法规法令。

第二，各级地方行政衙门的健全，为地方立法提供了机构上的保证。明代地方机关是省、府、县各级官府。明朝为了推动国家法律制度的实施，全面加强对地方事务的管理，很注重健全地方各级机构。明代的地方行政机构为省、府、县三级制，间或有省、州二级和省、府、州、县四级制。省是明代地方最高一级行政机构，设承宣布政使司、提刑按察使司、都指挥使司"三司"，分别统领地方行政、刑名按劾、军政事务，承宣布政使司布政使为一省行政长官，提刑按察使司按察使掌一省司法审判的监察事务，都指挥使司都指挥使为一省最高军事长官。三司又俗称为"藩司"、"臬司"、"都司"，地位平等，互不统属，共同向皇帝负责，使其彼此牵制，便于皇帝操纵。一省内又分为若干道，作为监察区而非一级行政机构，根据需要设置一些没有辖地的专职道员。府直隶布政司。省辖府的长官为知府，负责辖境内的风化、讼狱、赋役等事务。北京的顺天府和南京的应天府直隶中央，其长官称府尹。知府之下有同知、通判、推官等属官。宣德三年（1428年）时，天下共有府159个。州分为直隶州和府属州两类，前者直接隶属省，其地位与府相似；后者地位与县相似，又称为散州。其长官为知州，另有同知、判官等官职。县是明朝第三级行政机构，长官是知县，其下有县丞、主簿、典史各一人，负责一县的养老、祭祀、贡士、宣法、彰善、听讼、治安等事务。与以前各代比较，明代的地方机构更加健全，为地方立法提供了组织上的保障。

第三，督抚制的普遍实施，是地方立法活动空前活跃的重要原因。巡抚与总督之设置，是明清两代地方最高行政长官的滥觞。明代前期，虽然地方各级机构已基本健全，然而，由于省级政权以承宣布政使司、提刑按察使司和都指挥使司这三个互相制约、互不统属的机构组成,分别直接对中央各部负责,然而这一体制存在着事权不一、运转不灵、效率低下的弊端,加之中央对地方颁行法律法规控制较严,这就使地方法制建设长期没有较大作为。

督抚制度就是适应朝廷加强对地方管理的需要逐步形成的。巡抚之名,起于洪武二十四年(1391年)"命皇太子巡抚陕西"事,[①]之后,永乐十九年(1421年)四月、洪熙元年(1425年)、宣德元年(1426年)至五年(1430年),朝廷都曾派大臣到各地巡抚,然为临时性质,未有常设机构。景帝朱祁钰景泰四年(1453年)以后,改以都御史充任巡抚官,明代巡抚之制正式确定。巡抚制度普遍推行之后,偏重军事以节制地方文武的总督制度也逐渐发展起来。明宪宗成化五年(1469年),朝廷在梧州设总督衙门,两广总督率先设立。之后,又设置了蓟辽、宣大、陕西三边、两广、云贵川、湖广、闽浙两江、河南山陕川湖、凤阳、保定、河南湖广、九江、辽东宁远等总督。总督虽是临时差遣,按照当时钦差部院官的体制,地方一切官员都为其属吏,总督对地方事务有决定权。嘉靖时兵部划分督、抚职权,总督主征集官兵,指授方略;巡抚主督理军政,措置粮饷。总督可以节制巡抚,并可兼任巡抚。虽然朝廷申明巡抚、巡按御史按临之处,据其已行之事,查考得失,纠正奸弊,不必另出己见,多立法例,但由于明中后期督抚的任职已从临时派遣演变为长驻久任,开府置属;从暂设变为定设、专设,且权力甚大,这样,督抚实际上成为主管一方的封疆大吏。督抚为加强地方治理,经常发布政令、法令。省、府、州、县长官遇到的一些重大施政问题,也能够及时向督抚报告批准,得以及时解决,有关政令、法令也得以及时公布。督抚制的确立,为地方立法活动的高涨提供了广阔的平台。

第四,适时立法指导思想的确立,为各级地方长官推进地方立法扫除了障碍。"遵循祖宗成宪"是朱元璋为后嗣君主立下的一条戒规,也是他要求子孙在法律制度问题上必须恪守的基本原则。他把《大明律》确定为

---

① 《明太祖实录》卷211,台湾"中研院"史语所校印本(以下引该书不再标明出版单位),第3134页。

"万世不刊之典",死前留下遗训:"已成立法,一字不可改易。"① "群臣稍有议更改,即坐以变乱祖制之罪。"② 明成祖发动"靖难之变"夺取皇位后,为标榜正统,于永乐年间力倡"遵循祖制"。永乐之后的仁宗、宣宗、英宗等后嗣君主,也都效仿明成祖,打起"遵循祖制"的旗号。在这种情况下,朝廷在立法方面没有重大创举,地方立法也没有突出的进展。然而,随着社会的发展和各种新问题的不断出现,要求修正祖宗成法、适时变法的呼声不断增高。永乐朝之后,明代君臣经过近百年的实践和争论,到弘治十三年(1500年)《问刑条例》的制定时,逐步形成了一套比较成熟的立法思想,"适时立法"、"情法适中"成为国家立法活动的基本指导原则。在"适时立法"思想的影响下,朝廷上下形成了有利于法制建设的社会环境,以制例为中心的立法活动成为朝廷的日常工作,私家注律渐成风气,书坊刊印法律典籍的数量也空前增加。所有这些,都为地方立法活动日益活跃创造了较好的法律文化氛围。

第五,各级地方长官拥有地方立法权,是明中后期地方立法活动空前活跃的最重要原因。据史载,明代中叶以后,在朝廷对地方官员制定地方性法规、法令的做法持积极支持态度的情况下,一些有作为的地方长官和巡察地方的朝臣以完善地方立法为己任,积极付诸实践。如正德十一年(1516年)王守仁巡抚南康、赣州期间,就颁布了著名的《申谕十家牌法》,并把它作为地方立法要求官吏遵行:"本院所行十家牌谕,近访各处官吏,类多视为虚文,不肯着实奉行查考,据法即当究治。尚恐未悉本院立法之意,特述所以,再行申谕……今特略述所以立法之意,再行申告。言所不能尽者,其各为我精思熟究而力行之。"③ 嘉靖皇帝于正德十六年(1521年)三月登基以后,很重视各地地方性法规的制定,同年九月,他颁布圣旨:"命各巡按御史遵律例,著为条约,申谕诸司。"④ 这一做法为

---

① 《皇明祖训》序,收入《中国珍稀法律典籍续编》第3册,黑龙江人民出版社2002年版,第483页。
② 《明史》卷93《刑法一》,中华书局1974年版,第2279页。
③ (明)王守仁:《申谕十家牌法》,明崇祯八年陈龙正刊《阳明先生要书》本,收入《中国古代地方法律文献》甲编第2册,第405—409页。
④ 《明世宗实录》卷6。

后嗣君主所效仿。明代中后期，不仅总督、巡抚受朝廷重托总领一方事务，有地方性法规立法权，而且各级地方长官经一定审批程序，也可行使地方立法权，出现了朝廷之法与"有司之法"并存的局面。"立法"一词，在地方官府和长官颁行法规、法令过程中被广泛使用，乃至有的官员还在法规名称中写上"立法"二字。如万历末庄起元任浙江兰溪县知县上任之初发布的告示，就题名为《初立法征收田粮告示》，该告示首句为"金华府兰溪县为立法简要征收田粮事"①。各级地方长官拥有立法权，多元地方立法主体的形成，使这一时期地方性法规的制定出现了前所未有的繁荣。

（二）地方立法的载体和立法原则

明代地方法规、法令的载体有条约、告示、檄文、详文等。条约是朝廷确认的法律形式，是地方立法最主要的形式。除条约外，当时的许多地方法规、政令，是运用告示、檄文、详文等官方文书发布的。告示、檄文、详文作为地方官府通用的文书，其内容并不限于法律、政令。因此，只能说它们是明代地方法规的载体，但不能说是明代的地方法律形式。

1. 条约。条约是指以条文为约束的文件，一般是由多个条文构成。在我国历史上，清代晚期和近现代意义上的条约，从广义讲，是指两个或两个以上国家关于政治、经济、军事、文化、外交等方面相互权利和义务的各种协议，包括条约、公约、协定、换文、宣言等；从狭义讲，是指重要政治性的、以条约为名称的国际协议，如同盟条约、互不侵犯条约、友好合作互助条约、工商航海条约、边界条约等。然而，清以前各代和清代前期，条约作为一种法律载体或形式，虽然也在外交或属国交往中使用，但其基本功能是作为国家的补充法，用于国内立法实践。

至晚在唐代时，条约已成为国家的立法形式。《新唐书·南蛮中》载：（懿宗）咸通二年（公元861年），"诏殿中监段文楚为经略使，数改条

---

① （明）庄起元：《初立法征收田粮告示》，明万历刊《漆园卮言》本，收入《古代榜文告示汇存》第1册，第685—687页。

约,众不悦,以胡怀玉代之"。① 又据《新唐书》卷五四载:"(宣宗)大中初,盐铁转运使裴休著条约:私鬻三犯皆三百斤,乃论死;长行群旅,茶虽少皆死,雇载三犯至五百斤、居舍侩保四犯至千斤者,皆死;园户私鬻百斤以上,杖背,三犯,加重徭;伐园失业者,刺史、县令以纵私盐论。"② 宋代时,条约作为国家法律的补充法的一种形式,被广泛用于财务行政和租赋、盐铁专卖等经济事务管理方面的立法。北宋以三司统掌全国财政,朝廷制定了规范三司活动准则的《三司条约》。③ 除此之外,朝廷还以条约的形式制定了许多与钱、物及经济管理相关的法律实施细则。如神宗在位期间,制定和颁布了《农田利害条约》、④《青苗条约》、⑤《马政条约》、⑥《方田均税条约并式》⑦ 和《修城法式条约》,⑧ 徽宗崇宁元年

---

① 《新唐书》卷222《南蛮中》,中华书局1997年版,第6282页。
② 《新唐书》卷54《食货四》,中华书局1997年版,第1382页。
③ 《宋史》卷204《艺文三》:"《三司条约》 卷(庆历中纂集)"。中华书局1997年版,第5144页。
④ 《宋史》卷95《河渠五》:"(神宗熙宁二年)十一月,制置三司条例司具《农田利害条约》,诏颁诸路:'凡有能知土地所宜种植之法,及修复陂湖河港,或元无陂塘、圩埠、堤堰、沟洫而可以创修   民修水利,许贷常平钱谷给用。'初,条例司奏遣刘彝等八人行天下,相视农田水利,下诸路转运司各条上利害,又诏诸路各置相度农田水利官。至是,以《条约》颁焉。"
⑤ 《宋史》卷176《食货上四》:"(哲宗)绍圣元年,诏除广南东、西路外,并复置义仓,自来岁始,放税二分已上免输,所贮专充振济,辄移用者论如法。二年,户部尚书蔡京首言:'承诏措置财利,乞检会熙、丰《青苗条约》,参酌增损,立为定制。'"
⑥ 《宋史》卷198《兵十二》:"熙宁三年,乃诏泾、原、渭、德顺岁买万匹,三年而会之,以十分为率,及六分七厘者进一官,余分又析为三等,每增一等者更减磨勘年。自是,市马之赏始优矣。时海上《马政条约》,诏颁行之。"
⑦ (清)嵇璜等:《续通典》卷1《食货一》:(熙宁)五年,"帝患田赋不均,重修定方田法,诏司农以《均税条约并式》颁之天下。以东西南北各千步,当四十一顷六十六亩一百六十步,为一方。岁以九月,县以令、佐分地计量,随陂原平泽而定其地,因赤淤黑垆而辨其色。方量毕,以地及色参定肥瘠而分五等,以定税"。浙江古籍出版社2000年影印本,第1113页。又见《宋史》卷174《食货上二》:"神宗患田赋不均,熙宁五年,重修定方田法,诏司农以《方田均税条约并式》颁之天下。"
⑧ (元)马端临:《文献通考》卷221《经籍四十八》记:"《修城法式条约》二卷。陈氏曰:判军器监沈括、知监丞吕和卿等所修敌楼马面团敌式样并申明条约,熙宁八年上。"浙江古籍出版社2000年版,考1791页。

（1102年），颁行了《铸钱条约》等。① 辽、金、元三朝效仿宋代，颁布了很多条约，如《钞法条约》、②《禁外官任所闲杂人条约》③ 等。史书中曾用"条约繁多"描述这一时期制定条约的情况。

明代时，律、令、例是国家的基本法律形式，例是国家法律体系的主体。条约之所以能够成为地方立法的形式，是因为它在国家法律体系中具有其他法律形式不能替代的功能。在明代法律体系中，每一法律形式都有其特定的功能。律、令、例属于朝廷立法，由君主批准颁布。《大明律》、《大明令》和统治者长期修订而成的《问刑条例》及各种行政条例是"常经"之法，长期保持稳定不变。皇帝的诏令和则例、榜例、事例，系君主因时因事而立法，具有适时立法以补充"常经"之法不足的优点，其中，诏令、事例多是一事一立法，榜例以向百姓和特定群体公布、兼有教化与法律双重职能为特色，则例是用于与钱物和朝廷财政收入、支给、运作相关的法律实施细则方面的立法。条约与上述法律形式既有联系，又有区别。它是同时适用于中央和地方立法的一种法律形式，在结构上具有法律规范涉及面广、立法适时、兼有教化与法律双重职能三种优点。条约虽在明代法律体系中处于补充法的地位，但在完善地方法制方面具有其他法律形式无法替代的独特功能。

条约作为明代国家法的补充法，在朝廷立法和地方立法中被广泛使用。检明代法律文献，由中央制定的条约，主要用于吏治、学政、社会治安、风俗教化等领域，是针对当时官场、学校存在的弊端，为了约束官吏、生儒的行为而制定的。如成化十四年（1478年）九月，针对祭祀山川时文武官失于陪祀的问题，宪宗皇帝允准礼部尚书邹干等的奏本，制定

---

① 《宋史》卷180《食货下二》："崇宁元年，前陕西转运判官都贶复请权罢陕西铸铁钱。户部尚书吴居厚言：'江、池、饶、建钱额不敷，议减铜增铅、锡，岁可省铜五十余万斤，计增铸钱十五万九千余缗。所铸光明坚韧，与见行钱不异。'诏可。然课犹不登。二年，居厚乃请检用前后上供《铸钱条约》，视其登耗之数，别定劝沮之法。"

② （清）嵇璜等：《续通典》卷12《食货》："（金泰和）七年，敕在官：毋得支出大钞，在民者令赴库易小钞及见钱，院务商税及诸名钱三分，须纳大钞一分，惟辽东从便。时货币屡更，民多嗟怨，户部尚书高汝砺等议立《钞法条约》：凡民间交易典质一贯以上，并用交钞，须立契者，三分之一用诸物，六盘山西、辽河东，以五分之一用钞；东鄙屯田户，以六分之一用钞。不须立契者，惟辽东钱钞从便。"浙江古籍出版社2000年影印本，典1179页。

③ 《金史》卷120《忽睹传》，中华书局1983年版，第2615页。

了"条约",规定:"自今应陪祀官有故不与者,先期于本部委官处开报。其公侯、驸马、伯、都督及见任指挥故为推托者,听其首领官状闻。凡失仪并来迟者,听纠仪,并礼官劾举。"① 景泰七年(1456年)十一月,天、地坛斋宫什器被盗窃,明英宗针对太常寺官典守不严的问题,诏令礼部制定条约并出榜公示。② 万历二十二年(1594年)七月,都察院题奏要求制定以"奖廉惩贪"为宗旨的条约,神宗皇帝诏"如议申饬"。③

在地方法制建设方面,条约是地方立法的主要形式。现见的明代条约,就其内容范围而言,既有事关全省或府州、县全面治理的综合类条约,也有关于学政、军政、盐政和漕运等特定事务管理类条约,其中不少是地方长官莅任之初或推行某项重大政务之前,基于地方综合治理或某一事项管理的需要制定的。条约与明代其他地方法规载体不同之处是,其内容往往是具有纲领性或指导性的地方法规,法律的稳定性相对较长。现见的明代条约,也有一些是主守地方的军事长官发布的。《四库全书总目提要·子部·存目·类辑练兵诸书》条下记载戚继光撰有《哨守条约》,该条约已散失,但在董承诏《重订批点类辑练兵诸书》卷十二《哨守》中,收有部分戚继光撰《哨守条约》佚文。另外,天一阁藏有《哨守条约》明刻本残卷,即今存该书卷五《台墙第五》中《台墙沿革》、《分开》、《台墙军什》、《台墙军数》、《夜战》等篇目。据张金奎考证,此书与戚继光撰《哨守条约》文字有相异之处,它是否为戚继光所撰,尚存疑问。④

2. 告示。所谓告示,是指官府针对时弊或某种具体事项,向百姓或特定的社会群体发布的文告。中国古代在信息传播技术不够发达的情况下,榜文、告示成为官府向民众公布政令、法令和上情下达的重要载体。历史上告示的称谓有布告、榜文、文告、公告等多种,不同历史时期的称谓也有变化。明初及以前各代,"榜文"、"告示"、"布告"等名称混相使用。榜文、告示是官府针对时弊或某种具体事项,向百姓或特定的社会群体公开发布的文书,二者虽叫法相异,实际是同一性质的官方布告。

---

① 《明先宗实录》卷182。
② 《明英宗实录》卷272。
③ 《明神宗实录》卷275。
④ 《天一阁藏明代政书珍本丛刊》第16册,线装书局2009年版,第263—334页。

制定和发布榜文、告示在中国有悠久的历史。我国古代一直有重视发布政令、法律的传统。西周的"悬法象魏"之制，就是朝廷宣示法律和对民众进行法制教育的一种方式。春秋末期郑国执政子产"铸刑书"、晋国赵鞅和荀寅"铸刑鼎"，则是诸侯国公布法律的举措。历代为把法律和政令贯彻到基层，使臣民知法守法，都很重视法律和政令的公布。自秦汉到唐代，运用榜文、告示公布政令、法令成为官府经常采用的方式。史籍中有关这类的记载甚多，一些诏令后也有"布告中外，令使知悉"的要求。宋元时期，地方官府和长官运用榜文、告示公布政令、法令的做法已很盛行，《古代榜文告示汇存》[①] 收录的朱熹、黄榦、真德秀、马光祖、黄震、胡祗遹榜文和王恽告示等就是这类文书。

告示在明代地方立法和执法中被广泛使用。《古代榜文告示汇存》收入了文林等十多名明朝官员发布的上百则告示，从中可大体了解当时告示的内容和特征。

告示作为古代官方文书的一种形式；就其内容和功能而言，大体可分为两类：一是以告谕、教化为宗旨，内容或是晓谕某一事项，公示某一案例，或是指陈时弊，申明纲常礼教和治国之道，意在使人知晓，趋善避恶。二是重申国家法律和公布地方官府制定的政令、法令，要求臣民一体遵守。后一类告示具有法律的规范性和强制性，其作为有法律效力的文书，是国家法律体系的有机组成部分。

具有公开性，是告示的突出特点。告示是以公开的形式向全体百姓或特殊群体公布的，其内容一般都是针对某一特殊事项，文字相对简洁。以告示公布的法规、政令，针对性很强，但较之条约而言，它的法律时效往往较短。

3. 檄文。宋代以前，官方文书多用木简。如有急事，则插上羽毛，称为羽檄，后来称内容比较紧急的文书为檄文。檄文作为明代官方文书的一种，往往在军事征讨、平息民变或处理紧急公务时使用。檄文是上级对下级的行文方式，通常是由上级衙门或长官下达给下级衙门或长官，明令按檄文中的要求办理。檄文的内容比较广泛，它除了用以下达法令、政令

[①] 杨一凡、王旭编：《古代榜文告示汇存》（10 册），社会科学文献出版社 2006 年版。

外，还用以下达其他要求下级紧急办理的事务。因此，只有用以下达法令、政令的檄文，才属于地方法律法规的载体。检明代古籍，有关檄文的记载比比皆是。如《按吴檄稿》一书，记载了祁彪佳崇祯四年（1631年）八月至八年（1635年）三月巡按苏州、松江期间发布的檄文700余件，其中大多数属于法令、政令性质。檄文较之条约不同的是，它不属于法定的地方法律形式，只有部分具有法律规范的檄文才属于地方法律的范畴，且这种法令、政令往往是针对具体的事项制定的。檄文较之告示不同之处是，它是作为上级行移下级的官方文书，除少数檄文向百姓公布外，多数檄文不向百姓公布。

4. 详文。详文是明代州县官常用的官方文书形式。凡是州县正官不能决定必须请示上级的事项，须以详文请示报告。由于详文报告的是须得到上级批复、确定可否实行的事项，因此，行文中要标明"伏乞照详施行，须至详者"字样，还需要附上书册。详文是正式公文，需要备案，一经立案便成为定规。相当一部分详文类文件属于制定法令、政令性质，被上宪批准后，在本县或本州实施，这类详文，就成为地方法规的载体。

地方法规是为了实施朝廷法律而制定的，其立法精神和内容不得与朝廷法律相抵触，这是地方立法的基本原则。明代中后期，地方性法规、法令的立法依据主要是以下三个方面。

1. 君主敕谕。明代的地方法规、法令许多是总督、巡抚、巡按制定的，巡按属于皇帝临时特派外出处理重大事务的钦差大臣，总督和巡抚也都兼有兵部或都察院官衔，其巡抚地方由皇帝派遣，持有皇帝的敕谕，皇帝往往赋予他们处理地方一应军政事宜大权。以敕谕作为立法依据的条约和法令较为常见，比如：《关中奏议》记载杨一清发布的两则告示分别写道："臣已经遵奉敕谕便宜处置事理，出给告示晓谕"；[①] "已经遵照钦奉敕谕便宜处置事理，剳仰副使高公韶备云出给告示晓谕。"[②] 又如：钦差提督学校浙江等处提刑按察司副使陈儒"因卧碑及敕谕内所载事理，绎其大

[①] （明）杨一清：《关中奏议》卷1《马政类》，丛书集成续编本。
[②] （明）杨一清：《关中奏议》卷13《提督类》，丛书集成续编本。

旨"，[①]颁行《学政条约》，布诸学宫。

2. 朝廷法律。地方法规、法令是为了保障朝廷法律的实施而制定的。它的内容是根据本地实际，规定实施国家法律的细则，或者重申国家法律，或者补充国家立法的不足。因此，朝廷法律是地方立法的基本依据。譬如，《学校格式》[②]是明王朝制定的有关学校管理的重要法律，其内容编纂了洪武初年、十五年、十六年、二十年颁行的关于国子监和府州县学学规，这些学规曾在正统、成化、弘治、正德、嘉靖、隆庆年间重申颁行。明代各地发布的有关提督学政类条约或告示，其条款多少和文字表述虽各有差别，但基本精神和重要规定都是依照《学校格式》而来，只是增加了一些地方特色，因而这类条约和告示的内容大同小异。又如，明英宗正统年间颁行的《宪纲事类》，[③]就风宪官的职守、行事规则、礼仪、纪纲禁令及对违背纪纲者如何处置作了详细的规定，明中后期发布的有关督抚、巡按、御史巡视各地的事宜及发布的有关整饬官员风纪的条约、告示，内容基本上都是以《宪纲事类》为依据，或者是重申宪纲的规条，或者是对规条的实施作出更为具体的规定。再如，明代发布的有关里甲制度、乡约制度及民间户婚田土诉讼的条约和告示等，基本上贯彻了《教民榜文》[④]规定的原则和精神。详细考察明代条约、告示的具体条款，可知其内容是依据国家法律的规定并结合执法、司法的实际制定的。比如，嘉靖年间陕西等处提刑按察使陈儒制定的《总宪事宜》，就重申了《问刑条例》的规定："在京在外衙门，不许科罚纸札笔墨、银朱器皿、钱谷银两，若指称修理，不分有无罪犯，用强科罚米谷至五十石，银至二十两以上，绢帛贵细之物值银二十两以上者，纵有修理，不作花销，起送吏部，降一级叙用。"并以此为依据，制定"禁科罚"条，规定："非奉上司明文，不许擅自修理科罚，贪赃害人，及窃取赃罚纸价银两。""如省谕之后恣行

[①] （明）陈儒：《学政条约》，载《芹山集》卷24，明隆庆三年陈一龙刻本。
[②] 《学校格式》，明万历七年张卤校勘《皇明制书》本，收入《中国珍稀法律典籍续编》第3册，黑龙江人民出版社2002年版。
[③] 《宪纲事类》，明嘉靖镇江府丹徒县官刊《皇明制书》本，收入《中国珍稀法律典籍集成》乙编第2册，科学出版社1994年版。
[④] 《教民榜文》，明嘉靖镇江府丹徒县官刊《皇明制书》本，收入《中国珍稀法律典籍集成》乙编第1册，科学出版社1994年版。

无忌者,或体访得出,或被人告发,各照律例,定行从重问发施行。"① 如此等等,大量资料表明,《大明律》、《大明令》、《问刑条例》、《宪纲事类》等国家法律,是地方立法的重要法律依据。

3. 上宪立法。明代府州县长官颁布的一些告示、禁约等,是为了贯彻和实施督抚或布、按、都三司发布的法令、政令。这部分地方法规,是直接以上宪立法为依据的。嘉靖三十四年(1555年)四月,浙江宁波府通判吴允裕在刊布《保甲条约》时,在《保甲条约》的开头部分记叙了该条约制定的缘由及批准程序:"宁波府通判吴为保甲事。蒙钦差巡视海道兼理边储浙江等处提刑按察司副使刘宪牌,仰职会本府□推官、督同鄞县夏知县,遵奉总制军门原行亲诣各乡村审编保甲竣事列条晓谕遵依外,但流闻易舛而戒难周缘,拟刊行备呈本道……蒙此合就刊发施行,须至册者。"② 也就是说,《保甲条约》是按照提刑按察司副使和总制军门的指示制定发布的。又据《王阳明集》载,王守仁曾就招抚参与民变者自新发布了两则告示,一则写道:"建昌、安义二县贼首虽已擒获,遗漏余党尚多,今既奉有榜例,合与更新。仰布、按二司转行该县出给告示,许各自新,痛改前恶,即为良民。有司照常抚恤,团保粮里不得挟私陷害。如有不悛,仍旧为非者,擒捕施行。"③ 另一则写道:"即今胁从余党,悉愿携带家口出官投首,听抚安插。本职遵照兵部奏行勘合并巡抚都察院节行案牌事理,出给告示。"④

此外,前任官员所制定的地方性法规、法令也是条约的立法依据之一。如:王廷相督学四川,"相莅之初,用申告谕,是以参酌旧规,旁采群议,以为教戒条约"⑤。成法旧规能否成为地方立法的依据,关键是它的内容是否仍具有现实价值。只有仍然适应社会的发展、变化的某些成法,才可能被现任长官在制定地方法规、法令时参考或吸收。

---

① (明)陈儒:《总先事宜》,载《芹山集》卷26,明隆庆三年陈一龙刻本。
② (明)吴允裕:《宁波府通判铺保甲条约》,见《天一阁藏明代政书珍本丛刊》第19册,第339—340页。
③ (明)王守仁:《王阳明集》卷31《续编六》,中国国家图书馆藏明嘉靖隆庆年间刻本。
④ (明)王守仁:《王阳明集》卷9《别录一》,中国国家图书馆藏明嘉靖隆庆年间刻本。
⑤ (明)王廷相:《督学四川条约》,载《浚川公移集》卷3,明嘉靖至乾隆年间刻本。

二 地方性条约的编纂

条约是明代地方立法的重要形式。自明初起，朝廷就鼓励地方官员以条约的形式制定法规，完善地方法制。《明史·夏时传》记，夏时宣德年间任江西佥事时，"进知州柯暹所撰《教民条约》及《均徭册式》，刊为令，人皆便之"。①《教民条约》以皇帝命令的形式发布天下，说明朝廷对于以条约这种形式制定法规持肯定的态度。又据《明宣宗实录》载：

> 宣德六年夏四月乙巳，行在户部尚书郭敦卒。郭敦，字仲厚，山东堂邑人。洪武中自太学生擢户部主事，岁余升衢州府知府，咨访民隐，革弊兴利。郡俗贫死不能葬，皆焚尸弃江。敦相郊外，得隙地百余亩，榜曰：义阡令葬贫者。又为条约，教民患难相助。②

《明宣宗实录》为英宗正统年间所修。从《明宣宗实录》对衢州府知府郭敦制定条约的赞许态度看，明廷对制定地方条约持肯定和鼓励的态度。又据《明宣宗实录》卷九四载：

> 宣德七年八月辛亥，置苏州济农仓。苏州田赋素重，其力耕者皆贫民。每岁输纳，粮长、里胥率厚取之，不免贷于富家，富家又数倍取利而农益贫。工部侍郎周忱巡抚直隶诸郡兼督赋运至苏，有旨命以官钞平籴储偫以备岁凶，得米二十九万石分贮于属县。忱令各县于水次置场，别择人总收发运，细民径自输米赴场，粮里长不得预，遂革多取之弊，民所费视旧减三之一。凡粮当运南京仓，以备北京军官月俸者，率每石加费六斗。忱奏请军官月俸就苏州给之，而征其加费米四十万石，悉储于官，通前所籴六十九万石有奇，书诸籍而官掌之。凡粮远运有失及负欠者，悉于此给借陪纳，秋成抵数还官，而民免举

---

① 《明史》卷161《夏时传》，中华书局1974年版，第4385页。
② 《明宣宗实录》卷78。

贷多偿之害。若民修圩岸浚河道有乏食者，皆于此给之，定为条约以闻。上然之。于是苏州各县皆置仓，名"济农仓"。惟崇明阻海未置，岁歉则于长洲县仓发米一万石往赈之。①

周忱制定的条约，革除了每岁输纳粮长里胥"多取之弊"，"民免举贷多偿之害"。明宣宗朱瞻基对周忱的做法予以支持，条约在苏州各县得到实施。这件事再次表明，明廷对于从地方实际出发制定条约是持鼓励态度的。

笔者曾用几年时间，从诸多的史籍中查阅明代条约。结果表明，从明初到明末，地方性条约的制定和颁布从未间断。但就现存的内容比较完整的条约而言，嘉靖朝前的条约较少，而嘉靖以后的条约较多。之所以出现这种情况，固然与明代前期法律文献失传过多有关，但从根本上讲，这种情况是与统治者对于制定地方性条约的重视程度相适应的。明代中叶后地方立法的空前活跃，是地方性条约兴起的基本原因。

明嘉靖朝以后，各地地方长官和朝廷派出巡视地方的官员，热衷于制定地方性条约，乃至形成了"条约纷更"的局面。万历元年（1573年）三月，御史李栻为克服这一弊端上疏曰：

> 祖宗创制立法，酌古准今，极其尽善。虽法久不无偏弊，止宜随事补救，不当任意纷更。迩来内外法司条陈兴革，靡有定画，以一人之言而遽行，以一人之言而遽罢，远者不过数年，近者仅及数月。如六部、三法司诸条例方新，修《会典》不必翻阅章奏，以滋多事。至于在外督抚、巡按并各差御史，岁更一官，人各一见，条约纷纭〔条约纷纭：广本、抱本纭作更〕，吏民无所适从。诚如李栻所论，以后但有建议者，各该部院务要上稽祖制，下体人情，遵奉明旨，仔细讲究，必其永终无弊，方许如议覆请，不宜徒事依违，因取变乱之罪。仍通行各该督抚、巡按及各差御史，将历年条约及条陈事件，督同司道参酌停当，具揭本院议覆裁定，分发各差永为遵守，不得炫奇立

---

① 《明宣宗实录》卷94。

异，夕易朝更。①

由李栻的上疏可知，当时制定的地方性条约数量之多，内容变更之快，已达到了用"纷纭"、"纷更"形容的地步。为加强中国古代地方法制研究，我们把收集到的代表性地方法律文献，编为《中国古代地方法律文献》甲、乙、丙三编（共40册），由世界图书公司和社会科学文献出版社分别出版，甲编2—10册中收入明代代表性地方条约20余种。

明代的地方条约，其发布人有总督、巡抚、巡按、提督学政和省府州县长官、通判、教谕等。就这些条约的内容和适用对象而言，可分为两大类。一类是有关全省或某一地区治理的综合性条约，另一类是只涉及诸如乡约、保甲、征收钱粮、风宪、学政、军政、盐政等某一特定领域的专门性条约。现把各类条约颁行情况概述于后：

（一）综合性条约

这类条约大多是地方长官或朝廷派出巡察地方事务的官员于上任之初或推行重大的政务之前，基于加强地方的综合治理而制定的，内容比较宽泛，其中一些条约具有施政纲领的性质。在现见的诸多此类明代条约中，下述8个条约颇有代表性。

1.《巡按陕西告示条约》

此条约系王廷相正德年间以御史身份巡按陕西期间发布，见嘉靖至隆庆间刊《浚川公移集》卷三。王廷相（1474—1544年）是明代反理学最有成就的思想家之一，河南仪封人，字子衡，号平厓、浚川。弘治十五年（1502年）进士，授兵科给事中。正德初，忤中官刘瑾，谪为亳州判官。瑾败，复召为御史，出按陕西。之后曾任四川佥事、山东副按察使等职。嘉靖年间，先后任山东左右布政使、四川巡抚、兵部左右侍郎、南京兵部尚书、都察院左都御史等职。嘉靖二十三年（1544年）卒，年七十一。

该条约共13条，分别列举了有司军职大小官员、守令、各领军管事掌印官、监收钱粮官、各首领佐贰官、省祭官和年老学霸、生员及豪富、

---

① 《明神宗实录》卷11。

义官、积年主文、书手、皂隶、弓兵、门子、马夫、监生、土豪之家等各类人士的不端行为，提出警省，明令严禁。该条约以考察、整顿地方吏治和社会治安为基本内容，规定各级官员须奉公廉洁，恪尽职守，严禁贪滥不法、剥害军士、扰害平民的行为；禁止各衙门积年主文、书手、老人、皂隶、弓兵、门子、马夫久恋衙门，作弊害人；对于"军衙有司选用兵牌、机兵、快手、弓兵及巡捕、巡山、老人等名目"，"务要时加戒饬"，防止其为恶不悛，欺公玩法。条约规定严惩各类"刁民"，禁绝"无籍省祭官及年老学霸、生员、豪富、义官及罢闲吏典、退学生员等"，"出入公门，嘱托事情"；打击土豪之家挟制官府、欺害小民的恶行；对于"回贼、强贼"白昼抢劫的行为，要求各州县掌印、巡捕官兵务须全力"追袭擒拿，无得坐视贻患，致成大恶"；严禁各处"行脚奸僧"妄传法术，军卫对此类行为"务要善为提防"，防止"积妖成俗，致生他变"。条约规定广开言路，允许都、布、按三司等官、各衙门大小官员及各处军民人等，"若有他方事情，官吏弊病，利所当兴，害所当革，及本院行事过当体察不及者，许其开具条件，明白陈说"。[①] 王廷相除把该条约条目榜示各级官吏、百姓外，还在条约中规定，愿意听取各方面的意见，善加采纳，渐次施行。

2.《莅任条约》

此条约是陈儒于嘉靖二年（1523年）任山东东昌府知府之初发布，见隆庆三年（1569年）陈一龙刊《芹山集》卷二二。陈儒（1488—1561年），明锦衣卫人，字懋学，号芹山。嘉靖二年进士，自户曹出为东昌知府。先后任浙江提刑按察使司副使、山东布政使、刑部侍郎、都察院右都御史，年七十四卒。

该条约仅8条，就守令的职责、约束吏典、处刑依照律例、遵守学规、举办社学、旌善、俭朴办婚丧、禁淹滞罪囚、恤贫民孤老等方面事宜作了规定。其一，守令有地方之责。对于贪酷不悛官员，除将考语注拟及时申呈抚案等衙门参行罢黜外，若被人告发或体访得出，将参提从重问拟，决不姑息。其二，对于吏典是否尽职尽责，长官须一一亲行审处。其若渎职

---

① （明）王廷相：《巡按陕西告示条约》，载《浚川公移集》卷3，明嘉靖至隆庆年间刻本。

或玩法欺公,许被害之人即时赴府禀告,以凭照例问发充军。其三,提倡孝道。凡犯恶逆、不道、不孝、不睦之罪者,当必照律例或处以极刑,或科以重罪,决不少为姑息。其四,所属州县将本处社学速行修理,选师为教,严明学规。对优秀童生各定等第行赏,仍量免杂泛差役。其五,境内如有忠臣、烈士、孝子顺孙、义夫节妇未曾奏闻旌表,或已经奏准未曾竖立牌坊者,许各开具姓名、实迹缘由,申府以凭议奏区处施行。其六,官民商贾之家,凡一应吉凶燕会等事,俱从俭约,不得恣行侈逾,违者治罪。其七,狱禁人命攸系,将见监罪囚除强盗、人命、贪污官吏、侵盗系官钱粮重犯照旧监候外,其余户婚、田土一应小事并干审人证,或提人未齐等项,俱令召保听候。其应禁之人,亦要作急问断,应发落者发落,应申详者申详,不许一概久禁。其八,将境内一应贫民、孤老详细审查,果有残疾及委无依倚之人,照例收养,米布依时给散,房屋量与修葺,疾病时加医药,毋令失所。如吏典、甲头等人借机侵克,各问罪发落。

3. 《督抚事宜》

此条约是姚镆嘉靖四年(1525年)提督两广军务兼巡抚期间发布,见嘉靖刊清修《东泉文集》卷八。姚镆(1465—1538年),明浙江慈溪人,字英之,号东泉。弘治六年(1493年)进士。弘治、正德年间,曾任礼部主事、广西提学佥事、福建副使、贵州按察使、右副都御使。嘉靖元年(1522年),召为工部右侍郎,出督漕运,改兵部左侍郎。四年迁右都御史,提督两广军务兼巡抚,以破岑猛进左都御史。年七十四卒。

该条约共43条,其条目为:第一,修理城池;第二,滥行科罚;第三,禁约和买;第四,公差需索;第五,抚谕瑶僮;第六,严捕盗贼;第七,制御蛮夷;第八,制压盗贼;第九,禁兴炉冶;第十,戒饬骄纵;第十一,决绝嫌疑;第十二,查表功勤;第十三,开明愚惑;第十四,调兵违限;第十五,私入夷方;第十六,禁约土舍;第十七,稽考钱粮;第十八,均平直钱;第十九,委官部解;第二十,清查解户;第二十一,侵欺钱粮;第二十二,督征税粮;第二十三,收支奸弊;第二十四,寺观田地;第二十五,查理盐课;第二十六,疏通盐法;第二十七,接买私盐;第二十八,私通番夷;第二十九,审编瑶役;第三十,假托科敛;第三十一,禁革影射;第三十二,优恤军士;第三十三,悯念劳瘁;第三十四,禁革刁难；第三十五，悯恤军粮；第三十六，优恤降达；第三十七，选择精勇；第三十八，保护名节；第三十九，节省民力；第四十，清查吏役；第四十一，严禁赌博；第四十二，诬执平人；第四十三，违例放债。上述各款就相关方面存在的问题或违法犯罪行为、治理或惩处的措施等作了详细规定。

针对嘉靖初年两广经济艰窘、盗贼扰攘、贪墨之风盛行、民生益瘁的问题，姚镆制定了此《事宜》，明令"仰两广按察司抄案回司，着落当该官吏照依案验内事理，即便转行都、布二司，各行守巡清军、提学、兵备、海道、管粮、管屯、盐法、参将、守备、备倭并府、州、县、卫所土官衙门大小官员，一体查照后开条款，遵奉施行"。他还命督抚衙门把《事宜》"刊刻印刷完备，给发所属军卫、有司、驿递、巡司、铺舍，及市镇乡村人烟凑集去处，常川张挂，晓谕官吏军民人等知悉"。①

4.《晓谕齐民》

该条约是薛应旂嘉靖十四年（1535 年）任浙江慈溪知县时发布，见嘉靖刊《方山先生全集》卷四八。薛应旂（1500—1575 年），明常州府武进人，字仲常，号方山。嘉靖十四年进士，授浙江慈溪知县。先后任南京吏部考功郎中、建昌通判、浙江提学副使、陕西提学副使等职。一生笔耕不辍，著述甚多。

该禁约共 32 条。就户婚钱粮、礼仪、民俗、社会治安、学校、寺院、市廛、民间诉讼等民间事务管理的各个方面作了具体规定。如：对民间有孝敬父母、友爱兄弟、亲厚宗族、和睦乡里实迹者量加优赏；冠婚丧祭不得用巫师邪术；禁止白莲无念等社及妇人入寺观烧香；章服自有制度，不容僭滥；民间使用升斗秤尺务要较勘相同；伪造假银行使及知情买使之人者照例重治，枷号不恕；乡隅老人不许滥受词讼；里长旧有馈送供办常例，尽行革去；街市乡村诸色牙行人等不许把持行市，欺骗乡民，违者定按喇唬例问拟，军发边卫，民发口外；居民砍伐柴薪，听其依照时价自买自卖，不许仍前恃强抑勒；坡塘沟渠水利供官民田灌溉，不许豪民侵僭自

---

① （明）姚镆：《东泉文集》卷 8《督抚事宜》，明嘉靖刻本，收入《中国古代地方法律文献》甲编第 2 册，第 264—265 页。

用，或壅或泻；对代人捏写词状者照例重治；责令外里移民或躲避军匠者各归乡里，敢有容隐者究问不贷；严防盗贼，各紧要地方常加巡视，对外来可疑之人严加盘查，客店如遇投宿客人，俱要附写姓名、籍贯、来历明白，每月朔望开报送县，以凭稽考；对于不务生理、成群赌博、夜聚晓散者照律例问拟，枷号痛治不宥。

5.《总宪事宜》

该条约是陈儒嘉靖年间任陕西等处提刑按察使期间发布，见隆庆三年（1569年）陈一龙刊《芹山集》卷二六。陈儒在阐述制定《总宪事宜》的宗旨时说："祖宗成法，夫人所当钦遵而不可易者也。奈何承平既久，法令渐堕，官恣于贪残而漫无忌惮。"为此，"特申明宪纲，儆于有位，其有不公不法、贪赃害民、上负朝廷、下负百姓者，许被害人等即行赴司陈告，以凭拿问参究。"[①]

《总宪事宜》共10条，其核心内容是：其一，励庶官。规定官吏非奉上司明文，不许擅派里甲夫马骡头及置买土宜等项。如有不悛者，六品以下官径自拿问，从重究治。五品以上者，轻则注以"不职"，候考察黜退；重则定行参拿问拟。其二，励冤抑。就勘问重罪囚犯、采证、复检复勘、申报查考、逐一听审在监之囚等作了具体规定。其三，禁科罚。规定非奉上司明文，不许擅自科罚贪赃害人，及窝取赃罚纸价银两。如省谕之后恣行无忌者，或体访得出，或被人告发，各照律例定行从重问发施行。其四，禁投献。规定百姓人等仰各世守祖业办纳粮差，不许轻易卖与他人，其家长并管庄人役，亦不许乘机受其投献，减价承种，有误起科。如违，管庄人等通行参究治罪。其五，禁拨置。王府岁支禄米，坐派各该州县，俱有定额，应该有司官依期征解以备供亿，不许本府官员及管庄人等拨置多收，及用强兑支及差人催征骚扰。如违，许被害之人赴司指实陈告，以凭拿问，定行枷号照例发遣，干碍内使并辅导官一并参问。其六，禁豪右。国家禁暴保民，如有奸凶之徒仍前倚恃土豪恣行不法者，定行锁拿，照依律例从重问拟发遣。其七，重孝义。要求各府州县掌印官将境内孝子顺孙、义夫节妇、忠臣烈女等项逐一亲行查访，果有卓异志行可以追配古

[①] （明）陈儒：《总宪事宜》，收入《中国古代地方法律文献》甲编第4册，第107—108页。

人、可以激励薄俗者，即将平生始末的确缘由据实申呈本司，以凭核实奏闻旌表。其八，禁取受。申明凡告有司官吏人等取受或出受赃私等事，按《宪纲》规定处理；诫谕武职官员不得私役军人、扣除月粮或收受贿赂，索要钱财。违者，依法重罪。其九，禁吏承。规定各府州县办理公务，易完者限十日，难完者限半月或一月，并就禁止和承办吏员有关违法行为作了规定。其十，禁书算。禁止各处司、府、州、县、卫、所等衙门主文、书算、快手、皂隶、总甲、门禁、库子人等说事过钱，飞诡税粮，起灭词讼及卖放强盗、诬执平民。事发，有显迹情重者，按现行事例处理，旗军问发边卫，平民并军丁发附近俱充军；情轻者问罪，枷号一个月。

6.《续行条约册式》

该条约是海瑞隆庆三年（1569 年）至四年（1570 年）总理粮储提督军务兼巡抚应天等地方期间发布，见文渊阁四库全书载《备忘集》卷五。海瑞（1514—1587 年），明广东琼山人，字汝贤，号刚峰，回族。嘉靖二十八年（1549 年）举人。初任福建南平县教谕，继迁浙江淳安知县、兴国知县、户部主事等职，后因上疏陈时政之弊，被嘉靖皇帝逮狱论死。未几，帝死，复官。隆庆三年（1569 年）任应天巡抚，因抑制豪强招致论劾，谢病闲居家乡十余年。万历十三年（1585 年），任南京右佥都御史，寻改南京史部右侍郎、南京右都御史。万历十五年（1587 年）卒于官。

海瑞在《续行条约册式》序中说，他任应天等地巡抚后，曾颁行条约36 款，近二月稽查应天、苏州各州县一应事体，发现"废弃成法、创立新例似是而非者，其目尚繁"。为便利各地行法，因感到原条约 36 条"开载未尽，随事有感，别为禁约有九。并考语册式、钱粮册式、应付式、均徭官举等式，通皆关系治理，合行各道、各府州县官一如前约遵奉，毋得违错"。①

《续行条约册式》中禁约 8 条的主要内容是，强调各州县必须抓紧搞好里老的推选，以健全里老制度；照府县繁简编纸烛银，官事用公银，私事自付；移风易俗，返淳还朴；有告人命，府县官速拘众证审问，诬告必

---

① （明）海瑞：《续行条约册式》，收入《中国古代地方法律文献》甲编第 4 册，第 543—544 页。

加重刑；卫所官军米银支付事宜；淫祠即行改毁；事关民务治理者，府州县官先立款目，一有闻见，援笔书之，以备研处；囚犯的系亏抑者径申本院。这9条均是针对应天等地存在的弊端制定的，有很强的针对性。禁约后附有考语册式、钱粮册式、应付式、均徭官举等式。

7.《巡抚条约》

该条约是郭应聘万历年间巡抚广西时发布，见明万历郭良翰刊《郭襄靖公遗集》卷一四。郭应聘（1520—1586年）明福建莆田人，字君宾，号华溪。嘉靖二十九年（1550年）进士。嘉靖年间先后任户部主事、南宁知府、广西按察使、广西左右布政使等职。隆庆四年（1570年）擢右副都御史。万历初先后任兵部右侍郎、户部右侍郎，八年（1580年）起改兵部兼右佥都御史，巡抚广西，累官至兵部尚书，年六十七卒。

该条约共4条。其一，申饬吏治。在阐述整饬吏治系"地方安危、民生攸戚"的基础上，要求守巡各道并各府掌印官以稽查吏治为第一急务，一月内把各所属各官实迹开具简要书册及考语先行呈报，以后按季考查，本院根据官吏表现优劣确定是否破格擢用，或参劾拿问。其二，慎固兵防。认为"粤西之患莫大于瑶獞，但瑶獞之不戢由于兵防之不固，兵防之不固由于功罪之未明"，并就如何整顿边防、严明功罪作了具体规定。其三，清理赋役。针对广西通省赋役不清、奸弊日积的状况，要求各州县会同各掌印官认真清查民屯田土、粮米及一应里甲徭差，分类造册报送，刊刻成赋役成规，永远遵守。其四，修明教化。要求桂林守、巡二道严督所属，将原议训民乡约、训瑶俗谕着实遵行，务臻成效，并就其他地区修明教化事宜作了规定。

8.《总督条约》

该条约是郭应聘万历年间总督两广军务期间发布，见明万历郭良翰刊《郭襄靖公遗集》卷一五。该条约共12条，主要内容是：其一，稽核吏治。加强官吏考核制度，官吏每半年一次据实填造考语，对果有砥节励行卓然者，据实迹不时揭报。其二，申饬将领。规定对于将领优者不时密切开报，每半年备造贤否文册缴查，对于军官有无堪用据实填注考语，以凭施行。其三，清理军伍。清理逃军，勾捕军伍，对编队入操军丁按月加粮，对于隐匿、役占、私替、轮当及脱籍等弊，从重究治。其四，整饬兵防。备查原设营寨及船只,对营修和淘汰者逐一处理。海防、捕盗官各司其职,共靖地方。其五,化导顽民。认为"两广地方向称多盗",主要是因抚绥化道不力而致。要求各州县对无知之徒痛加劝诫,改行从善。对化道不从恣恶如故者,告官擒捕,以正其罪。其六,抚戢遗党。盗贼经二十年来剿平,大则诛夷,小则降附,但降附者虽云革面,未能革心。要求有司官落实各种抚化政策,令其革心从善。其七,时给兵食。督理粮储及各守巡道将各卫所军粮及各路水陆营寨兵食,查照旧规,俱要预期造册,承请批行,该道或府县委官唱名给领。其八,申饬法纪。遇有山海盗贼出没劫掠,有关首领官必督率军兵跟踪追捕,地方要坚持法纪,应究者必照格治罪,应解者必依期提解。其九,严禁接济。内地奸究勾结澳夷、东洋商贩违法贸易,明令有司官吏设法缉捕,照依律例从重惩究,获功员役从重给赏。其十,清查白役。两广地方兵兴以来,各将领滥收名色,科敛侵克无所不至,各守巡兵备等道严加细查上报,以凭处理。其十一,谨守城池。各守巡等道通行所属府州县卫所掌印正官,逐一阅视城垣垛堞濠池马道,凡不合格者即行修葺。其十二,严防库狱。近来两广所属府县侵盗库狱事件接踵而至,有司官应督令巡守人役昼夜防范,应收放钱粮俱亲自稽点登记,勿容寄顿外库。狱囚务要时加清理,强盗人命重犯牢固监禁。

综合类地方条约是总督、巡抚或地方长官为全面治理地方事务而制定的,这类条约通常有三个特点:一是条约的总体结构大体相同,开头部分阐明立法宗旨和缘由,要求所属贯彻遵守,然后分条列举各项事理和规定。二是大多采用劝诫与法律条文相结合的写法,既陈述时弊,阐明治理之道,又有比较具体的法律措施和要求。三是条约的内容比较广泛,往往涉及严明吏治、征解钱粮、缉捕盗贼、学校管理、风俗教化等多方面的事宜。然而,如把这类条约详细比较,就可以发现,制定条约的背景和针对的时弊不同,采取的法律措施各具特色。

(二) 特定事务管理类条约

特定事务管理类条约大多是由主管或巡察某项事务的长官,针对某一专项事宜而发布的,经常被运用于地方基层社会生活管理的各个方面。明中后期各地颁布的这类地方性条约较多,按其内容可分为基层行政组织管理类条约、学政类条约、经济管理类条约、地方军政管理类条约、风宪条约等。特定事务管理类条约较之综合类条约内容相对狭窄，但法律措施规定得较为具体，条款也比较多。鉴于本书篇幅所限，为了让读者对这一类条约的内容有个大体了解，我们着重就学政类条约、乡约和保甲条约作较为详细的介绍，而对其他条约的论述，仅选择一些比较典型的条约以列表的形式简要予以介绍。

1. 学政类条约

现存明代条约中，规范地方学政的条约数量较多。明代的学校之盛，为唐、宋、元所不及。明太祖说："治国之要，教化为先；教化之道，学校为本。"① 自明初起，朝廷就很重视学校教育，除在京师设立高等学府国子监以外，又令全国各地设立府州县儒学及坊厢、里甲的社学。府州县学在明代官办教育中处于基础地位，社学是官督民办性质的乡村学校。地方学校是否兴盛及教育质量如何，关系到国家人才的培养、官吏的选拔、风俗教化及政权的巩固，因此，明代各朝都很重视有关地方学校管理的立法，以完善学政制度。洪武十五年（1382年）明王朝颁布禁例15条于天下学校，命刻于"卧碑"，置于明伦堂之左。正统、成化、正德、嘉靖、隆庆诸朝都在卧碑基础上颁布《敕谕》，其中，正统元年（1436年）《敕谕》15条，天顺六年（1462年）《敕谕》18条，用以完善学政制度。明代前期，地方学政建设相对较好。明代中期以降，朝政日益腐败，地方学政逐渐废弛。为整肃儒学教育秩序，自正统元年（1436年）始，明王朝设立专门提督学政的官员，南北两京设提学御史，各省则由按察使副使、佥事充任，并建立了一套比较完整的督学制度。嘉靖、万历前期，明廷以考核提学官、考核教官、考汰生员为基本内容，先后对地方学政进行了两次集中整顿。在加强地方学校管理和整顿地方学政的过程中，地方长官和学政提调官发布了很多条约。现把6个典型的学政类条约的内容简述于后。

（1）《广西学政》

此条约系姚镆于弘治年间任广西提学佥事期间发布，见嘉靖刊清修

---

① 《明太祖实录》卷46。

《东泉文集》卷八。此条约共5条。一为严奉祀以崇重名儒事。建立书院，工成之日，行委该府掌印官每岁春秋祭丁日期，督率师生人等以礼致奠；朔、望假日，督令师生人等如期习射。二为隆师道以作兴人才事。从江西、福建等处访请素有闻望举人前来讲学，选取年少力学者二百五六十名，集中授课，日逐分讲，朔望会考以励勤能。三为禁诬构以专肄习事。要求生员严守学规，如果犯有不法事情，许令明白开写"生员"二字，前赴各上司及本道投告。如事不干生员，他人不许妄告。四为正衣冠以变风俗事。今后男子妇女俱要穿戴本等服饰，用变夷方之陋，以一华夏之风。违者每名罚米三石，该管里老人等不行呈举者一体治罪议讪。五为申明事例以禁凌辱事。凡监察御史、按察使官所至，下学讲书，教官生员不得行跪礼，不许每日伺候作揖。

（2）《社学教条》

此条约系王守仁于正德十一年（1516年）巡抚南康、赣州时发布。王守仁（1472—1529年），明中叶著名思想家、教育家。浙江余姚人，字伯安。弘治十二年（1499年）进士，授刑部主事。正德元年（1506年）因反对宦官刘瑾，被贬为贵州龙场驿丞。五年（1510年）刘瑾伏诛，起为庐陵知县。后历任考功郎中、南京太仆寺少卿、鸿胪寺卿。十一年（1516年）八月擢都察院右佥都御史，巡抚南康、赣州等地。嘉靖初，拜南京兵部尚书。嘉靖六年（1527年）总督两广兼巡抚。七年（1528年）十月以疾请归，十一月二十九日卒于南安。

社学之设始于元代，明初经朱元璋倡导在全国普遍建立。明代前期的社学，由民间自行延聘师儒，政府不直接干预。王守仁从官办蒙学的指导思想出发，自制《社会教条》，发给各学校教读，要求置诸左右，永远遵守。《社学教条》包括《训蒙大意》和《教约》，它不仅从理论上阐明了王守仁关于加强儿童道德教育、办好社学的思想观点，而且提出了实施儿童教育的基本措施。其一，王守仁从其"心"学教育思想出发，把"明人伦"即对儿童进行伦理道德教育作为社学的首要任务，明确规定："今教童子，惟当以孝悌忠信礼义廉耻为专务"。其二，从其"致良知"的教育思想出发，确立了根据儿童心理、兴趣进行启蒙教育的原则，他对传统学塾的教育方式予以批判，主张顺应"童子之情"和儿童"乐嬉游"的特点,以诱导、鼓舞儿童兴趣的方法进行教学,达到"蒙以养正"的目的。其三,坚持"知行合一",注重道德实践,把学生的教读与道德培养结合起来,使儿童养成自我反省、自觉修养的良好习惯。其四,以陶冶情操为要旨,确定教学科目,规定社学的科目是歌诗、习礼、读书三项,以歌诗陶冶情感、志向,以习礼培养待人接物之道,以读书开发智力。其五,坚持科学的教学制度和方法,对每日的课程、教学顺序、教学方法作了符合学习心理规律的安排。

(3)《督学四川条约》

此条约是王廷相于正德年间提督四川学政时发布,见嘉靖至隆庆年间刊《浚川公移集》卷三。当时,四川学政与全国其他地区一样,"为之士者,专尚弥文,罔崇实学;求之伦理,昧于躬行;稽诸圣谟,疏于体验,古人之儒术一切尽废,文士之藻翰远迩"。也就是说,崇尚空谈、言行不一的浮躁学风十分严重。为严明学政,改革学风,王廷相"参酌旧规,旁采群议",制定了《督学四川条约》①。

该条约20条,采取"教诫"和"约束"并重的写法,在陈述"列圣御制诸书及刊定礼制等书,皆修治之要"、"读书务期以治事为本"、"文事武艺不可偏废"、"读书贵在闻道"、"学校重廉耻、修德行,以为齐民表率"这些办学的基本方针的同时,就落实学政方针的重要措施作了规定。条约还就春、秋致奠先贤礼仪、生员之家冠婚丧祭礼仪、男女婚姻、修读五经四书、置簿扇填注生员德行文艺以旌贤纪过、教官为人师表、生员课业、生员考试、武生习举课程、社学等方面的事宜作了详细规定。

(4)《学政条约》

此条约是陈儒于嘉靖年间提督浙江学政期间发布,见隆庆三年(1569年)陈一龙刊《芹山集》卷二四。陈儒在《学政条约》前言中说:"当职钦奉敕谕:今特命尔往浙江巡视,提督各府州县儒学。"他"不揣愚陋,敢因卧碑及敕谕内所载事理绎其大旨,布诸学宫,将俾为师者知所以教,为弟子者知所以学"。② 所谓"卧碑",设自洪武初年,当

---

① (明)王廷相:《督学四川条约》,明嘉靖至隆庆年间刊《浚川公移集》本。
② (明)陈儒:《学政条约》,收入《中国古代地方法律文献》甲编第4册,第71—73页。

时明太祖朱元璋令天下府州县学均设卧碑，把国学监规刻于卧碑之上，令学生熟读成诵。陈儒所定《学政条约》，其内容是根据明太祖卧碑和嘉靖皇帝圣谕制定的。

该条约共15条，内容是：第一，卧碑之文刊刻成书，令师生熟读；第二，崇正学，重五经四书，不许另立门户；第三，迪正道，以迁善改过为修身之要；第四，革浮靡之习，振笃实之风；第五，崇经术；第六，正文体；第七，考德行；第八，举偏经，令民间俊秀子弟，习诵《春秋》、《礼记》，能背诵者收充附学；第九，立社学，每乡每里俱设社学，教人子弟；第十，抑奔竞，禁营求请托；第十一，求才贵广，考核贵严；第十二，教官务严督诸生；第十三，府州县提调官员将学校一切合行事宜推故不行者，量加决罚惩戒；第十四，各府州县正官有提调之责；第十五，督学之臣的责任。

(5)《行各属教条》

该条约是薛应旂嘉靖三十一年（1552年）至三十三年（1554年）年间任浙江提学副使时发布，见明嘉靖刊《方山先生全集》卷四七。薛应旂在条约开头指出，该条约是"恪遵敕谕，博采成规，亦附以平时一得之见"① 而成，全文共52条，其中，自警9条，谕提调官24条，谕教官10条，谕生员19条。在"自警"条款中，就提督学政官员熟读《卧碑》及皇帝《敕谕》、率先正己、力尽职分、崇正学、迪正道、敬敷五教、与人为善、办事公明、讲廉耻、革浮靡、振笃实、待人以诚等自我修养的要求作了规定。在"谕提调官"条款中，就提调官以学校为首务、秉公据实填写考语、督集通学生员严加考试、督责生员循礼遵法、督促有司及时维修校舍和支给师生俸粮、办好社学等作了规定。在"谕教官"条款中，就教官以师道为己任、因人施教、考核诸生、督率诸生学习礼仪、饬躬励行优良学风等作了规定。在"谕生员"条款中，就生员立崇高志向、专心治学、知而能行、尊师善友及其他自我修养、学习的事宜作了规定。该教条刊刷成书，官吏师生人手一册，以便遵守施行。

---

① （明）薛应旂：《行各属教条》，收入《中国古代地方法律文献》甲编第4册，第310页。

(6)《教约》

该条约是海瑞嘉靖三十二年（1553年）十二月任福建南平县教谕时发布，见文渊阁四库全书，载《备忘集》卷七。本条约共16条，在论述学问之道、修身之道的同时，就诸生应遵守的学规和其他行为规则作了规定。主要内容有：倡导言忠信行，迁善改过，针对生员中"册报类减年岁甚者冒他方籍、顶他人名"的问题，要求"诸生五日内一一将年甲、籍贯、三代脚色，从实写报"。严禁诸生出入衙门，把持官长，攻讦他人，逞凶图利。按照"教人六法"即"居敬持志，循序渐进，熟读精思，虚心涵咏，切己体察，著紧用力"，制定了有关诸生读书、考核的具体安排。强调学以致用，对于稍通经史者，量将边防、水利等事每月讨论一二，并由教谕另册考试。注重礼仪，言行皆必如例，其有放纵不检者，纠责重治。生员之家值冠婚等事，敢不行禀并不依礼而行者，痛治之。诸生参见教官，除拜揖外，不许更执货物以进。诸生接见上司，按《会典》诸书礼节行使，于明伦堂见官不许行跪，学前迎接亦然。一应祭祀等事，礼生并赍诏书人员俱教谕秉公自行编取，诸生但有言及者必加重责。立稽德、考学两簿，稽德簿记诸生行为得失，学簿记月日背复读书情况，以凭赏罚。学吏职在供写文案，敢有因帮补等事索取生员一钱并为生员改洗文卷，决无轻贷。

以上介绍的6个学政条约，仅是明代诸多此类条约中的一小部分。考察明代学政发展的历程，并把这些条约与朝廷颁布的《卧碑》、《敕谕》比较研究，就不难发现，各种学政条约的具体规定，虽然存在这样那样的差异，但都是依据朝廷颁布学规的基本原则和精神制定的，它们是朝廷法律的实施细则。凡是有特色的学政条约，都是在改革或整顿学政的时期问世的。王守仁的《社学教条》，是在明代社学由民办向官督民办转变过程中出现的。王廷相的《督学四川条约》、陈儒的《学政条约》等则是在学政废弛、亟待整顿的背景下制定的，这些条约对于完善当时的地方学政发挥了积极的作用。

2. 保甲、乡约条约

明代前期，以里甲为基层行政组织。明初在社会经历多年战乱、人户和田土大量流失及国家控制大量土地的情况下，在乡村推行里甲制度。在编制赋役黄册的基础上组成的里甲，是行政和徭役组织的合一，具有催征钱粮、指派徭役、监督和检查农业生产，强化国家对广大农民的控制功能，对于新生政权的巩固发挥了重要作用。但是，里甲制度一开始就存在重大弊端，它对农民人身的束缚，成为社会经济发展的障碍；里甲正役十年轮当一差的制度，也是以生产力停滞不前、劳动方式本身原始性为前提和基础建立起来的。到明代中叶时，随着商品经济的发展，里甲正役制度的变革，里甲制度原有的政治、经济职能逐渐失去，里甲、老人理讼制度也日益削弱，其职能被逐渐兴起的乡约、保甲所代替。乡约原是一种民间教化组织，保甲是以维护社会治安为中心任务的基层行政组织。由于这两种组织分别发挥着推行教化和维护社会治安的作用，故受到朝廷和一些地方长官的重视。浙江宁波府通判吴允裕发布的《保甲条约》，是关于保甲制度的规范，吕坤制定的《乡甲约》，则是把乡约制度和保甲制度融为一体的规范。明代后期，不少地方都推行过乡约制度和保甲制度，其中，以吴允裕发布的《保甲条约》和吕坤制定的《乡甲约》最为典型。

（1）宁波府通判谕《保甲条约》

线装书局出版的《天一阁藏明代政书珍本丛刊》，收入了明嘉靖刊《宁波府通判谕〈保甲条约〉》以下简称《保甲条约》[1]。该条约长达13页，是宁波府通判吴允裕发布的。吴允裕，字天和，广东南海县人，嘉靖元年（1522年）举人，历任象山知县、东安知县，嘉靖三十二年（1553年）任宁波府通判。明代通判分掌粮运、督捕、水利等事务，发布《保甲条约》是其职责。从条约末署有"嘉靖三十四年四月十八日刊行"字样来看，该条约是吴允裕任宁波府通判第三年时发布的。

明嘉靖年间，宁波府受倭寇骚扰甚繁。吴允裕任该府通判后，按照浙江等处提刑按察司长官和总制军门的指令，为组织乡民抵御盗匪和倭寇的侵扰，制定和发布了《保甲条约》。明代的保甲条约，存世者寥寥无几。该条约12条，内容齐备，不可多见，现将其内容摘要介绍于后。

其一，阐明设立保甲的宗旨和职责范围是："就近团结乡民，同心合

---

[1] （明）吴允裕：《宁波府通判谕〈保甲条约〉》，收入《天一阁藏明代政书珍本丛刊》第19册，第339—351页。

力，察奸御盗，保护身家。一乡止守一乡，并不三丁抽一拨守他处，及日后亦不据此金点大户谣年增役，大造加丁。"为防止官府或官吏借机科敛百姓，规定保甲人员造册"止呈海道衙门存照，绝无分发府县留名在官"，"其一切勾摄词讼催办钱粮等项，自有粮里公差，不许官司人等辄行着落及朔望勒取结状，致生烦扰"。

其二，规定了保长、甲长的遴选制度，即"保长、保副、甲长、甲副皆经慎选有行止为人信服者充之，各宜用心供事，不许规避及私相替代。果有事故通甲呈明，核实更换"。规定乡夫以户为单位参加训练，"每户止报户首一名，户丁自六十岁以下、十六岁以上，悉听户首率领赴团训练"。

其三，保甲实行定期训练制度。"每月初一、初二、十五、十六，保长同甲长、甲副、乡夫各于原定团所演习武艺，诸艺随便，射要兼通。如有恃顽不肯如期赴操，呈来责治"。

其四，为确保训练质量，规定"各甲俱照习定武艺，各兼弓弩，务演精通，期堪御敌"。对于训练有成效者，即行奖赏；如若出现虚应故事者，责究并罪甲长、甲副。

其五，器重有用人才。甲内如有谙晓兵法、察知寇情、深谋远计堪备攻守者，"许各开陈，以凭采择"。"如果堪用老成者，礼为上客，优免身役。"

其六，实行邻里互相觉察制度。如有人户无故出外经久不回，及停留面生可疑之人往来通同图为奸利者，即便密报保长查实，呈官究治。如知情故纵，一体治罪。

其七，严防奸细。规定"甲内遇有奸细潜来，假装官吏、生儒、僧道、商旅、星命、医卜并赶唱、乞丐等项名目，在于寺观及牙保、娼优之家探讨事情，查访得实，即便擒拿送官，照例给赏"。但不允许乘机敲诈平人，科敛钱财，违者计赃坐罪。

其八，各保长、甲长不许指称官府使用并各项名色科敛银物，蠹害人户，及不许受词武断，揽权生事，违者重治。

其九，对于接济通番者，治以重罪。对于揭发通番者，照例给赏。

其十，本甲遇有警报鸣锣为号，各甲随即鸣锣传报远近，各统乡兵策应捍御，务期克敌保境。如有自分彼此、逗留观望致失事机者，法不轻饶。

其十一，甲内如有强窃盗，并窝主、掏摸、赌博、放火抢劫、打盐卖盐，起灭教唆扛帮词讼、行使假银、投托势要、违禁下海等项有显迹者，各保长俱要会同隅头、都头、里老，谕令省改。如稔恶不悛，指实惩治，但不许假此报复私仇，起骗财物，诬陷平民，自招反坐。

其十二，保甲负有移风易俗之责。该条约申明："创行保甲固以守望相助为急务，仍须出入相友，疾病相扶持，有过相戒，有善相劝，有贫乏便与周济，有争忿便与调和，期于风移俗改，邻里雍睦，乃为尽善。"①

(2)《乡甲约》

此条约是万历年间吕坤以右佥都御史巡抚山西期间发布，见明万历二十六年（1598年）赵文炳刊《实政录》卷二。吕坤（1536—1618年），明河南宁陵人，字叔简，号心吾，一号新吾，自号抱独居士。万历二年（1574年）进士，先后任襄垣知县、吏部主事、山东参政、山西按察使、陕西右布政使，以右佥都御史巡抚山西，累官刑部左、右侍郎。晚年家居二十余年，以著述讲学为务，多有建树。

《乡甲约》是明代有代表性的规范基层行政组织的地方性法规。全书分为6卷。卷一为颁行条约申明，阐述了制定该约的必要性，指出"善风俗"、"防奸盗"是实行乡约、保甲制度的宗旨。卷二为《乡甲至要》和《会规》。《乡甲至要》指出"乡约原为劝民，保甲原为安民，行之而善，则民乐于行"。该部分提出乡约、保甲的建立必须以乡民自愿、不扰民为原则，并规定了"五不扰"的具体要求。《会规》共23条，就乡约活动的场所、仪式、内容、请假制度，约正、约副、约史、约讲的选任和更换，旌善、申明两亭的设立和使用，乡约负责人的礼遇，对遵守规约人员的奖励和对违犯规约人员的惩处，各约纪善、纪恶、纪和、纪改四簿的建立和运用，保正、保副的选任，保甲组织的职责等作了详细规定。《会规》后附《乡甲会图》、《圣谕格叶》及《填格叶法》，用以规范乡约活动。卷三为和处事情以息争讼事。这部分规定了应和条件14条，规定除徒流以上罪名

---

① （明）吴允裕:《宁波府通判谕〈保甲条约〉》，收入《天一阁藏明代政书珍本丛刊》第19册，第337—351页。

外，乡约可就婚姻、土地、骂詈、斗殴、牲畜事践田禾、债务、取赎房地、买卖货物不公、地界房界不明、走失收留人口牲畜等民事纠纷理断息讼。卷四为纪善以重良民事。这部分计21条，把为善的标准分为善、大善、中善、小善四类，对各类善的标准、纪善簿登记事宜和对行善者的优待和奖励作了具体规定。卷五为纪恶以示惩戒事。这部分计21条，把子妇冲撞父母、卑幼欺凌尊长、丈夫宠妾凌妻、信奉白莲教、结伙闹事、卖婢为娼或包奸娼妇、赌博开场、造言生事、放高利贷、酒后无德打人、使用大小斗秤骗人、纵放牲畜作践他人田禾、骗赖财物、窝藏奸民等不良不法行为列为"恶事"，并就在"纪恶簿"上登记恶事及如何惩处恶行作了规定。卷六为许改过以宥愚民事。这部分计9条，就犯大过人员改过的标准、在"改过簿"上登记及大恶限满保状、大恶除牌保状事宜作了规定。

吕坤制定的《乡甲约》，融教化、理讼、保安功能于一体，全面替代了明初以来实行的里甲制度、老人理讼制度和明中期后兴起的乡约教化制度，是全面规范基层行政组织活动的法规，这一法规为当时很多地方所效法。

3. 地方经济、军政管理及风宪类条约举要

明代中后期制定的规范特定事务管理活动的地方性条约，除上述的学政类条约、乡约和保甲类条约外，不少地方还颁行了有关地方军政、盐政、赋役、钱粮、漕运、风宪等方面的条约。这里，仅把我们编的《中国古代地方法律文献》甲编中收入的15个条约的内容和发布时间简述于后（见表1）。

表1列举的15个特定事务管理类地方性条约，颁行最早的是正德十五年（1520年），即嘉靖皇帝朱厚熜登基的前一年，最晚的是崇祯年间。其中，地方军政类条约3件，盐政管理类条约6件，赋役和钱粮管理类条约2件，商事管理类条约1件，漕运管理类条约1件，风宪类条约2件，内容涉及地方事务管理的各个方面。在这些条约中，除1件是正德末颁布外，其他都是嘉靖至崇祯年间颁行的，这说明地方性条约大多是在正德朝以后制定的，直到明末未曾中断。从颁行条约的长官而论，上述15个条约中，除1件是知县颁布的外，其他均是主持地方事务的总督、巡抚和巡察地方事务的御史等颁布的，这说明比较重要的地方性条约，大多是出于负责某一地

区事务的最高长官或负责某一专项事务且有决策权力的官员之手。

表1　　　　　　　明代中后期颁行的地方军政、经济、风宪类条约举要

条约名	条约类别	内容概要	发布官及发布时间	文献出处
巡抚事宜	地方军政	该事宜共28条，内容是：禁约管军头目，不许贪图财利，科克下人及役占军余，私管家产；违者轻则量情责治，重则奏闻区处；对于管军头目的不法行为，允许被害人指实赴院陈告，以凭究治。	姚镆正德十五年以右副都御史巡抚绥远期间发布	明嘉靖刊清修《东泉文集》卷八，见《地方》甲编第2册，第233—260页
考选军政禁约	地方军政	该禁约共6款：一曰禁钻刺以塞弊源；二曰禁诳骗以防奸伪；三曰禁私揭以全善类；四曰禁规避以惩欺罔；五曰禁奸辩以惩刁风；六曰禁科敛以省烦扰。对于考选军政过程中严禁营求嘱托、诓骗、投匿名文书诬告、托病规避、教唆陷害他人的行为及惩处办法作了规定。	郭应聘万历年间总督两广军务期间发布	明万历郭良翰刊《郭襄靖公遗集》卷一五，见《地方》甲编第5册，第147—156页
南枢巡军条约	地方军政	该条约共14条，就城内设立更鼓、夜巡军务、海巡事宜、各公宅巡军、缉拿真盗及放火强徒或奸细、不许擅自拨送差占各军、提督官及职方司官点查稽核等作了规定。	吕维祺崇祯年间巡抚南枢期间发布	清康熙二年吕兆璜等刊《明德先生文集》，见《地方》甲编第9册，第327—336页
张珩禁约	盐政	此为盐政方面禁约，共7目：一曰巡缉私盐；二曰审户均煎；三曰均平赈济；四曰清查草荡；五曰清查灶丁；六曰编审则例；七曰优免则例。	张珩嘉靖四年任两淮御史时发布	明嘉靖刊《盐政志》卷十，见《地方》甲编第4册，第181—190页
戴金禁约	盐政	此为盐政方面禁约，共7目：一曰风励属官；二曰禁革船户；三曰剿盐奸弊；四曰秤收盐价；五曰深浚卤池；六曰修理灶房；七曰囚徒加煎。	戴金嘉靖五年任两淮御史时发布	明嘉靖刊《盐政志》卷十，见《地方》甲编第4册，第190—195页
雷应龙禁约	盐政	此为盐政方面禁约，共7目：一曰戒饬司属；二曰申重教养；三曰禁治包纳；四曰体悉团灶；五曰防究掣验；六曰公收余银；七曰清查宿弊。	雷应龙嘉靖六年任两淮御史时发布	明嘉靖刊《盐政志》卷十，见《地方》甲编第4册，第195—206页
李佶禁约	盐政	此为盐政方面禁约，共5目：一曰惩戒牙行；二曰招抚逃灶；三曰究治老引；四曰赈济奸弊；五曰禁革包揽。	李佶嘉靖七年任两淮御史时发布	明嘉靖刊《盐政志》卷十，见《地方》甲编第4册，第206—209页
朱廷立禁约	盐政	此为盐政方面禁约，共15目：一曰慎委任；二曰防勾科；三曰谨给散；四曰均灶课；五曰禁窝隐；六曰勤干理；七曰禁私煎；八曰禁通同；九曰严缉捕；十曰核功过；十一曰除奸恶；十二曰慎查盘；十三曰恤盐商；十四曰谨征收；十五曰禁高价。	朱廷立嘉靖八年任两淮御史时发布	明嘉靖刊《盐政志》卷十，见《地方》甲编第4册，第209—219页

续表

条约名	条约类别	内 容 概 要	发布官及发布时间	文献出处
戒商九事	盐政	此为盐政方面禁约，共9目：一曰戒贪缘；二曰戒斗讼；三曰戒华居室；四曰戒美衣服；五曰戒饰器具；六曰戒多仆妾；七曰戒侈婚嫁；八曰戒违葬祭；九曰戒盛宴会。	朱廷立嘉靖八年任两淮御史时发布	明嘉靖刊《盐政志》，见《地方》甲编第4册，第219—221页
余干县造册事宜	赋役	该事宜共13项：（1）旧管；（2）改正；（3）收付；（4）绝户；（5）军户；（6）虚丁；（7）诡寄；（8）顶补；（9）分户；（10）减亩；（11）查弊；（12）粮总；（13）甘结。针对版册不清、丁粮不实的问题，就上述各项存在的弊端及清理、重编黄册的各项事宜作了具体规定。要求本县各里甲和编造黄册人员遵奉施行，如有故违，决拟重罪，枷号示众。	冯汝弼嘉靖间任余干县官期间发布	明刊《祐山先生文集》，见《地方》甲编第4册，第285—296页
漕政禁约规条	漕运	本规条共13条：（1）优恤军士；（2）编立保甲；（3）考察折干；（4）议处比较；（5）稽考迟慢；（6）把总繁费；（7）点选旗甲；（8）严核漂流；（9）稽核造船；（10）责成完粮；（11）查革侵欺；（12）查催空船；（13）禁纳吏承。就上述13个方面存在的弊端、健全漕运制度的措施及对违反规条的惩处等作了规定。比如：朝廷加给军士随船耗米，以示优恤；船每五只定为一甲，彼此互助互查，一船盗卖折干，四船旗甲连坐；漕运之船每年过淮，三堂比较；把总运官依规定开支，不许私自役占科敛；各卫所管旗甲严格点选，旗甲有损船粮者，卫所伍官一体拿究；等等。	王宗沐隆庆年间任总督漕运兼提督军务巡抚凤阳等处地方都察院、右副都御史期间发布	明万历元年刊《敬所王先生文集》卷三〇，见《地方》甲编第5册，第507—538页
籴谷条约	钱粮	本条约共12款，就购谷银扣留办法、谷粮质量、收粮办法、小民纳粮折耗补赔、远乡之民在近处纳谷等事宜作了规定。	吕坤万历年间以右佥都御史巡抚山西期间发布	明万历二十六年赵文炳刊《实政录》卷二，见《地方》甲编第7册，第181—192页
督抚条约	风宪	本条约36条，以禁侈靡、严吏治为宗旨，就督抚巡理过程中的一应事宜以及州县官吏的行为准则作了具体规定。如督抚到处，官吏不许出郭迎送，不许用鼓乐，住宿不用铺陈，各官参见手本用廉价草纸；督抚到处即放告，许里老见；府县驿递凡奉有勘合票牌，严加查勘；过客至驿，道府州县官不得出见；府县官侵用里甲纸牍一分一文，皆是赃犯；官府官吏不得私役民壮；禁府不许差人下州县催未完，县不许差人下乡；等等。	海瑞隆庆三年至四年总理粮储提督军务兼巡抚应天等处地方期间发布	《文渊阁四库全书》载《备忘集》，见《地方》甲编第4册，第495—540页

续表

条约名	条约类别	内 容 概 要	发布官及发布时间	文献出处
风宪约	风宪	本条约由《提刑事宜》、《按察事宜》组成,共72款。《提刑事宜》就人命案的取证和检验、盗情案的侦察、审判、追赃、确认失主和防止诬告,奸情案的慎重处理,因犯监禁中的囚粮、治病、家人探视和禁止虐囚,以及听讼、用刑事宜等作了规定。《按察事宜》列举了喜事之吏、木痴之吏、昏庸之吏、耗蠹之吏、惰慢之吏、柔邪之吏、狡伪之吏、谄媚之吏、酷暴之吏、贪鄙之吏这10种吏的恶迹,并就培养和荐举人才、行劝课之法、积贮备荒、优恤鳏寡孤独和笃废之人及依法催科收纳、注重教化、清戢衙门、去盗贼之源、祭祀神祇等作了规定。	吕坤 万历年间以右金都御史巡抚山西期间发布	明万历二十六年赵文炳刊《实政录》卷二,见《地方》甲编第8册,第1—198页
约法十事	商事	内容有:(1)客商货物见令姑照原定九则丈尺起税;(2)搭载货物各关不起税;(3)陆行货物俱不许起税;(4)出口免税不许另立小票;(5)税则丈尺要公平;(6)客商船到许令自投报单,该关亲验发放;(7)不许秤收税银擅加火耗;(8)大小船只随到随投即与放行,不许勒抑过夜;(9)客船偶尔遇夜许泊湖口内,不许漕船久占;(10)不许关役市棍恣意包揽实放船只及捏造流言,别生事端。	吕维祺 崇祯年间巡抚南枢期间发布	清康熙二年吕兆璜等刊《明德先生文集》,见《地方》甲编第9册,第321—324页

4. 地方性条约的法律效力、立法程序及其推行

地方性条约有没有法律效力,这是研究地方立法必须回答的问题。我们说地方性条约具有法律效力,是基于以下理由:

第一,它具有法律的规范性。明代的每一地方性条约都是由多个法律条款构成,无论是综合类条约,还是特定事务管理类条约,都对法规适用地区或领域的行政机构的活动、人们的行为规范作了详细规定,也明确规范了对违犯法规行为的惩处办法。虽然各地颁行的条约立法水平存在差异,但总体上说,所有条约都具有法律的规范性。

笔者曾把一些明代地方性条约与朝廷颁行的重要行政条例进行比较,两者虽然立法主体、适用范围不同,但在注意保持法律规范性这一点上是一致的。一些经过精心编纂的地方性条约,其体例、结构的严密性和内容

的规范性都达到了很高的水准。以万历二十六年（1598年）山西等处提刑按察使吕坤发布的《风宪约》为例。该条约由《提刑事宜》、《按察事宜》两部分构成，共73款。其中，《提刑事宜》53款，《按察事宜》20款。《提刑事宜》内有人命12款，盗情11款、奸情4款、监禁10款、听讼12款、用刑4款。该《事宜》就本地区风宪官的职守、行事规则、礼仪、纪纲和刑事监察、行政监察的各种规则和要求作了详尽规定。《风宪约》是以朝廷颁布的《宪纲》为法律依据，结合本地监察工作的实际制定的，篇幅相当于《宪纲》的3倍，内容多是《宪纲》所没有的、操作性很强的法律条款。《风宪约》是一部具有较高立法水平且适用于地方监察的著名法规，为后人所称道，先后在明清两代刊刻，是风宪官的必读之书。

第二，地方性条约具有权威性和强制性。这类条约不仅是由地方长官或中央派出主管某一地区特定事务的长官颁行的，而且要求所属机构、官吏及法律适用对象都须严格遵守。如王廷相在发布《督学四川条约》时下令："凡我官属师生人等，尚各协心勉力一体遵守"，并在条约各款中明确规定，如有违者，"定行究治"。[①] 冯汝弼在颁行《余干县造册事宜》时，以告示形式公布《余干县造册事宜》全文，并下令："所有合行条件开具于后，仰各遵奉施行。如有故违，决拟重罪，枷号示众。"[②] 地方性条约的许多条款都有对违犯规定进行行政处罚乃至刑事惩处的规定，是以国家暴力为后盾强制推行的。

中国古代没有现代这样立法与行政分权的专门立法机构，然而，无论是国家立法还是地方立法，都是按一定的立法程序进行的。明代地方性条约的制定和颁布，有一定的审查和批准程序。一般来说，督抚、巡抚依照朝廷授权，有制定和颁布地方性条约的权力，并接受朝廷的监督。各级地方长官制定的条约，要报请上一级长官乃至督抚、巡抚批准。地方性条约的制定，必须一遵皇帝敕书和国家成法，条约的内容要简明易行，不得与国家法律相冲突。地方性条约中如有违犯国家定制或不符合国情实际的条款，必须明令废止，并对负责立法的长官追究责任。

---

① （明）王廷相：《督学四川条约》，明嘉靖至隆庆年间刊《浚川公移集》本。
② （明）冯汝弼：《余干县造册事宜》，明刊《祐山先生文集》本。

劝谕与法律措施相结合，是条约内容结构的重要特点。与《大明律》、《大明令》、《问刑条例》等这些朝廷重要的法律是用概括抽象的条文表述不同，多数条约不仅在开头部分叙述了立法的宗旨、过程和批准程序，而且在设立的具体条款部分，也往往是分条先阐明制定某一条款的缘由或针对的社会弊端，然后叙述应遵守的法律制度及对违法行为的惩处措施。为了使条约能够让基层民众读懂，便于执行，地方官府长官和中央派出巡视地方事务的官员在制定条约时，采取了劝谕与法律措施相结合的行文方式。

明代朝廷对地方性条约的制定和推行也很重视。有关朝廷指导、监督、废止地方性条约的制定情况，在明代史籍中多有记载。仅以学政类条约为例。明太祖洪武年间，制定了国子监和府州县学学规，这些学规为后嗣君主重申颁行。明太宗朱棣在论及洪武所定学规时说："此其条约耳。为师范者，当务正己以先之，讲学渐磨，以养其心，淑其身，此为切要。"[1] 明代各级地方政府和提调学政的官员，为加强对学校和儒生的管理，制定了各种学政类条约。朝廷对各地学政类条约的制定监督甚严。比如，正统四年（1439年）八月，湖广按察司副使曾鼎针对风宪官督责学政过程中重学业、轻德行，且"督责太严"，致使生员为免除黜罚而"惟事记诵陈腐，讲习偏僻"的问题，上书要求朝廷一遵正统元年（1436年）皇帝所制敕书，制定条约，得到了英宗皇帝的批准。[2] 又如，天顺六年（1462年）二月，明英宗朱祁镇为了"严条约，公劝惩"，就学政管理提出了20条要求，其内容有崇政学、迪正道、学者读书贵乎知而能行、修己惜名节、立师道、惩处不谙文理生员、生员之家优免差役、提调官员职责、禁奔竞、武职子弟操习武艺、岁贡生员和禀膳增广生员事宜等。查阅此后各地提调学政官员颁布的众多学政管理类条约，尽管这类条约文字不尽相同，但核心内容几乎都是英宗提出的20条的翻版。因各地颁发的学政条约五花八门，有些条约内容烦琐、严苛，万历三十九年（1611年）十一月，由礼部制定了《学政条约》，明神宗朱翊钧下令："着颁行遵守，

---

[1] 《明太宗实录》卷38。
[2] 《明英宗实录》卷58。

以后提学官不许另撰。"① 从此以后，各地制定的《学政条约》被废止，由礼部制定的《学政条约》代替。

对于地方性条约的实施，除地方政府和长官采取了一系列措施外，朝廷对地方性条约的执行情况也很关注。如正统八年（1443年）二月，英宗皇帝谕旨曰："朝廷所需，每令有司买办，不无扰民。尔等即查地产所宜，于岁征存留钱粮内折收完备，差人管解直隶并山东府，分送北京、福建、广东、浙江、湖广、江西；四川府分送南京该司收贮，以备应用。其不奉条约及贪缘作弊者，罪之不宥。"② 地方性条约实施的效果，成为考核地方官吏业绩的重要标准。明朝对于中央巡视地方的官员或地方长官推行地方性条约取得明显政绩者，加官晋级，予以奖励。如陕西提学副使王云凤因"条约甚严，再升山东按察使"。③ 山西按察司副使石玠"提调学校，与士子为条约甚简，期于必行，不为文具，升本省按察使"。④ 与此同时，一些官吏因不遵守条约而受到惩处。据《明孝宗实录》载：弘治十七年（1504年）十一月辛丑，"总督南京粮储都御史邓庠奏：巡视南京各卫屯田监察御史王钦，不遵条约，所委词讼不肯勘断，屯田文册亦不类缴。今一年已满，乞下南京刑部逮问。从之"。⑤

三 以告示为载体的法规法令的发布

（一）法规、法令类告示的编纂

告示作为古代官方文书的一种形式，就其内容和功能而言，既有晓示、劝谕、教化类告示，也有公布法规、法令类告示。后一类告示具有法律效力，是明代地方法规、法令的重要载体，本文以这类告示为研究对象。

进入明代以后，不仅君主和朝廷六部以榜文形式公布国家法律法令，各级地方长官和巡视各地的朝廷命官也很重视运用告示公布法规、法令，

---

① 《明神宗实录》卷489。
② 《明英宗实录》卷101。
③ 《明武宗实录》卷143。
④ 《明武宗实录》卷196。
⑤ 《明孝宗实录》卷218。

作为治理地方事务的重要措置。明代前期，朝臣和地方长官发布的文告，其名称仍是"榜文"、"告示"混用。如永乐年间，尹昌隆巡按浙江时发布了《巡按浙江晓谕榜文》，要求"所在军民人等，但有官吏贪赃坏法，卖富差贫，颠倒是非，使冤不得伸，枉不能直，即便指陈实迹赴院陈告，以凭拿问"。① 据《黄忠宣公文集》载，永乐年间，黄福以工部尚书掌交趾布政、按察二司事，他上任之初就发布了《招抚交人榜文》，其文云：

> 官民见此榜文，即同面谕。为兵而屯聚者即散还乡，避乱而流离者即回复业。本处官吏、耆里首领官即将还乡复业里分人名，具数呈来，给凭照回，安居乐业。有司不许搜罪，官军不许侵扰。若有执迷稔恶不悛，为兵者不散，避乱者不回，许诸人擒来治以重罪，仍量所擒人数多寡、头目大小，升赏有差。若黎利并头目能自改过率众来归者，一体升赏；若不改过向善，许手下头目擒送军门，擒贼有功之人重加升赏。②

又如成化年间，文林任浙江温州知府期间，为解决民间诉讼繁多、奸弊日出的问题，经钦差督理兵备兼管分巡浙东道浙江等处提刑按察司佥事批准，发布了《温州府约束词讼榜文》。③ 该榜文19条，重申了明太祖于洪武末颁布的《教民榜文》的有关条款，又针对当时温州民间诉讼存在的问题，就老人、里甲剖决民事纠纷的范围、原则以及置立词讼簿、保举推选书状人、书状的规范、民户诉状须正身、里老听讼时限等作了明确规定。

然而，在明代史籍中，明朝前期朝臣和地方长官以榜文形式发布的地方性法规、法令寥寥无几。明代中叶以后，很可能是为了体现"上下有别"并区分其适用地域的范围，皇帝和中央机构奉旨发布的文告称"榜文"，地方各级政府和中央派出巡视地方官员发布的文告则称为"告示"。

---

① （明）尹昌隆：《巡按浙江晓谕榜文》，见明万历刊《尹讷菴先生遗稿》，收入《古代榜文告示汇存》第1册，第415—420页。

② （明）黄福：《黄忠宣公文集》卷8《招抚交人榜文》，《古代榜文告示汇存》第1册，第421—428页。

③ （明）文林：《文温州集》卷7《温州府约束词讼榜文》，《古代榜文告示汇存》第1册，第429—440页。

告示是明代官府发布地方性法规、法令、政令经常使用的形式。从总督、巡抚、巡按到布政司、府、州、县的长官，鲜有不发布告示者。因年代久远，明代告示大多不存于世，但从明人文集和其他史籍、档案、地方志中，仍可看到数量可观的当时发布的告示。我们从收集到的明代告示中，选择了100余件收入《古代榜文告示汇存》（简称《汇存》）、《中国古代地方法律文献》甲编（简称《地方》甲编），这里把其中14位明代官员发布的代表性告示的内容列表概述于后（见表2）。

表2　　明代14名官员发布的代表性告示内容概要

发布官员	告示名称	告示内容概述	发布时间及发布官员职务	文献出处
张时彻	禁革诈假关牌需索告示	该告示6条。指出驿传积弊主要是：无籍之徒诈假关文求索夫马，各衙门公差人员分外需索，各府掌印、佐贰及守备提督指挥等官滥给牌票，驿站官吏指以常例需索，各处驿递积年惯徒用强包揽等。告示申明禁约，规定今后除京职方面官员外，其余公差一应人员到彼，俱照后开则例应付，不许违例需索及阿谀奉承，违者一体究治。	嘉靖间在四川任官期间发布	明嘉靖刊《芝园别集》卷三，见《地方》甲编第4册，第297—306页
海瑞	劝赈贷告示	如仍前借贷，略无恻隐，倍称取利，许贫民指告，以凭重治。	嘉靖三十七年至四十一年任浙江淳安知县期间发布	清康熙十八年重刊《邱海二公文集合编》，见《汇存》第1册，第453—454页
	保甲告示	重申察院近行保甲法的规定，公布淳安县实施保甲法措施。违者，各治重罪。	同上	《邱海二公文集合编》，见《汇存》第1册，第463—467页
	保甲法再示	若前仍不听报申，隐下壮丁，金兵临危退缩，必以法律从事。劫村杀人，罪不容诛。各保甲要一心防捕，拒捕者，随即杀之。	同上	《邱海二公文集合编》，见《汇存》第1册，第467—473页
	招抚逃民告示	今本县丈量田山，必有一亩收成者，方与一亩差税，无则除豁。自此以后无赔赋，无虚钱粮，尔等可回还原籍，赴县告查迷占产业，取赎男女。无业者，本县将荒田给助工力，与尔开垦，区处住屋牛种，与尔安生。不能耕作者，照乡例日给银二分，或用充答应使客夫役，或用充修理夫役，各随所能使用。新回之人，给与执照，待三年之后，生理充足，然后科派尔等本身身役，多方区处。	同上	《邱海二公文集合编》，见《汇存》第1册，第473—475页

明代地方性法规编纂要略　385

续表

发布官员	告示名称	告示内容概述	发布时间及发布官员职务	文献出处
海瑞	示府县状不受理	今后凡民间小讼，州县官俱要一一与之问理。若果无情尽辞，虽小必治。甚则监之枷之，百端苦之。如有仍前宽纵，复为姑念之说，与不受理者一并治罪。	隆庆三年至四年任应天巡抚时发布	《邱海二公文集合编》，见《汇存》第1册，第460—462页
	示禁印书籍	即行各州县官，但有各院道刷印书籍，并取送乡官长夫礼物等项，即抄本院前后禁约，将原取牌面申缴。其有一意阿奉，不恤民艰、不顾国法者，定行究治。	同上	《邱海二公文集合编》，见《汇存》第1册，第462—463页
	禁革积弊告示	今后如有部议之外仍前票扰者，虽小费一分一文不及先日万分之一，亦不姑恕。自今以后，俱停止不许收，已收者自五月初一日至今给还。	万历十三年任南京礼部侍郎时发布	《邱海二公文集合编》，见《汇存》第1册，第455—458页
徐学谟	清审里甲告示	该县轮应五甲里役，悉俱限六月初一日，每里着各正身一人赴府亲自面审甲首多寡，分派上中下等则，方令备银赴府上纳。各项杂费俱在征银之内，旧日召保等项悉行痛革。违者，从重追究。	嘉靖年间任荆州知府期间发布	明万历四十年重修《徐氏海隅集》卷七，见《汇存》第1册，第479—482页
	分派等则纳银告示	各照原审上中下等则派定银数，依限赴府上纳，发县供应。本府仍给完收执照并立信，收支文簿各二扇，以一扇贮府，以一扇发县登记查考，其各里长照依派数，于该甲下通融均派，不许计数多科。甲首、每里长止许一人在县应卯，勾摄公务，仍将连续里分互相保结，以十人为一结，佥递该县。如一人不到，连坐九人。不许仍前巧立召保名色，以滋冗费及别生科取。敢有故违，密访得出或被人告发，定拿该吏问遣，职官别议，决不轻贷。	同上	明万历四十年重修《徐氏海隅集》卷七，见《汇存》第1册，第482—484页
袁黄	示谕提牢监仓吏卒	该告示8款，就优待改过向善人犯、诸囚在狱习艺、防止越狱、重罪者皆给囚粮、防止瘟疫及罪囚用水和治病等作了具体规定。	明万历十六年至二十一年任顺天府通州宝坻县知县期间发布	明万历刊《宝坻政书》卷六，见《地方》甲编第6册，第214—219页
	禁戢地方告示	该管人将本县所定图册呈览，不得混指牧地，科害平民。吾民不得冒名影射，以避差徭。凡可耕植，不拘官私地土，皆听其开垦。马房佃房皆系吾民……倘有奸顽不依者，依律问治。	同上	明万历刊《宝坻政书》卷八，见《地方》甲编第6册，第328—329页

续表

发布官员	告示名称	告示内容概述	发布时间及发布官员职务	文献出处
支大纶	谕各医生示	今着通县医生赴县关领俸资,置买药材。凡遇病者,计口给药,每早叩门赍送。俟病少愈,即将本县给去白米煎为糜粥,少加蔬盐,计口送食。其家有余丁者,听赴官关米自行煎煮。各医毋得克减,故将贱药搪塞。	明万历年间任奉新县知县期间发布	明万历清旦阁刊《支华平先生集》,见《汇存》第1册,第491页
	丈田示	示仰各乡公正书算业户人等,但有漏报垸号,及报弓报亩敢以多作少,层山复岭未经报丈等弊,听各不时赴县自首,即与照册改正,准免究罪。如怙终不悛,侥幸行险,延至正月十五日以前不行首正者,至次年正月十五日以后,本县亲行田亩,密抽严丈,查出前弊或被人出首,踏勘得实,定依律例从重究罪,仍将田尽数入官,并追四年所得花利。	同上	明万历清旦阁刊《支华平先生集》,见《汇存》第1册,第492—493页
江东之	招集流民文告	与诸父老曰:无论市井乡落,十户一保,立保长以司纠察,内有户丁流入苗巢者,招还复业,即为良民。	万历年间巡抚贵州期间发布	清乾隆八年东皋堂刊《瑞阳阿集》,见《汇存》第1册,第509—511页
	严禁宿弊文告	示仰各该卫所哨堡掌印官军等官,今后务须改过自新,抚恤军士。敢有仍蹈前弊,或指倚贺仪下程及一应节礼为名,或指称打点本道衙门人役之费,敛派屯军,以一科十,以十科百,及乘机扣克粮饷尽入私囊,访有实迹或被害首告得实者,定计赃从重参提究处,决不姑恕。	同上	清乾隆八年东皋堂刊《瑞阳阿集》,见《汇存》第1册,第513—514页
	禁约文告	示仰各卫堡站军知悉:今后凡遇经过官使到彼,止照原来勘合牌票内载定夫数拨给,不得分外阿奉多拨。如有随行从仆仍前挟索凌辱者,各军径赴本官处禀究。若纵容生事,许赴本道陈告,以凭查究不贷。	同上	清乾隆八年东皋堂刊《瑞阳阿集》,见《汇存》第1册,第517—518页

续表

发布官员	告示名称	告示内容概述	发布时间及发布官员职务	文献出处
方扬	劝农示	大约一岁之内，有易田百亩、开渠百道、种树千株者为上农，易田五十亩、开渠五十道、种树五十株者为中农，种三抛七、闲田太多不足一岁之用者为下农。上农者复其身，免其门侯火夫之役。中农者半给之，仍各赐门额号曰"力田之家"。其下农则有罚，每荒弃田亩以十分为率，弃九分者罚作公工三月，五分者二月，三分者一月，一分二分者亦减半罚之。	万历年间任陕州等地地方长官时发布	明万历四十年方时化刊《方初菴先生集》卷一六《汇存》第1册，第527—532页
	迎春示	除已行照例迎春合用春牛、芒神、花鞭、金鼓不禁外，其一切儿戏繁文，尽行革去。仍得示仰在城在乡居民知悉，自今各守尔分，各省尔财，敢有仍前纵肆张乐，携妓搬剧赛神及一应信惑异端烧香布施者，许诸人报官拿究，仍各枷号示众，决不轻贷。须至告示者。	同上	明万历四十年方时化刊《方初菴先生集》卷一六，见《汇存》第1册，第532—534页
	乡约示	乡约之设，原以劝善惩恶，助守为理，责至厚也。约正、副业已负厚责……或不遵明示，仍旧虚文抵塞，忝窃衣巾优免排火等役，此非能为约正，乃顽民也。或倚势行凶，武断乡曲，藐视圣谕，不行集讲，此豪民也。果有此等为害非细，许诸人首告，查明定行究革，决不轻贷。	同上	明万历四十年方时化刊《方初菴先生集》卷一六，见《汇存》第1册，第540—542页
	词讼示	所有应词讼，须经大堂准行。纵涉军务、盗贼急情亦须上奉院道批词……今后遇有本厅应管事理，俱要先赴大堂呈告。	万历年间任浙江嘉兴府等地地方长官时发布	明万历四十年方时化刊《方初菴先生集》卷一六，见《汇存》第1册，第548—549页
	查水陆门栅示	示仰各总小甲栅夫人等知悉：今后务宜谨守，分地昼夜巡逻，人定戒行，关锁门栅，差出巡兵哨船人等一体用心，互相讥察。未发则多方巡警，已发则极力追踪。倘事主未告而先机计擒，或事发窜逃而阻截拿获者，查实一体重赏，决不食言。若其怠玩因循，恬不加警，或知风故纵，或生事害人，查出及被人告发，一体从重究治，决不轻贷。	同上	明万历四十年方时化刊《方初菴先生集》卷一六，见《汇存》第1册，第549—551页

续表

发布官员	告示名称	告示内容概述	发布时间及发布官员职务	文献出处
郭子章	赈饥示	详列了贵阳府卫县、黄平及五司地方、兴隆东坡、龙泉司、平越、偏桥卫、镇远府卫、普定安顺州、安南永宁州、普安州卫等应赈银米数目，要求各府卫所掌印官悉照所开数目领取银米，设法赈济。如有颗粒糊涂，分毫侵染及纵容衙门吏役冒领者，依法处置。	万历二十七年与李化龙等平播州杨应龙乱后发布	明万历刊《蜕衣生黔草》，见《汇存》第1册，第564—568页
吴仁度	约束齐民告示	严禁百姓服舍违式。规定：今后再有仍前营构高厦惊骇耳目者，拿究治罪，拆屋归官；严行禁革市人及吏胥等役有方巾者，罚无赦；皂胥之室补饰无忌者，有司即行拿究胥役，重治枷号，及晓村妇庄女，敢有僭越者即坐其夫；四轿皂盖违式者，严行罚治，重则申院拿究不贷。	万历年间以右佥都御史巡抚山西期间发布	清乾隆吴炯刊《吴继疏先生遗集》卷九，见《汇存》第1册，第573—582页
刘时俊	桐城到任禁约	该告示主要是3条：一、收政柄以明画一；二、简词讼以息刁风；三、禁越诉以免拖累。	万历二十六年任庐江桐城知县到任之初发布	明万历刊《居官水镜》，见《汇存》第1册，第585—588页
	举行乡约示	本告示共18条，就约正约副的推选、讲解乡约、彰善惩恶、讲约仪式、旌善申明亭的设立、民间争讼的处理、大户和客商放债收息合依常例等作了规定。	同上	明万历刊《居官水镜》，见《汇存》第1册，第588—607页
	息盗安民示	本告示4条：一曰开自新，二曰许首发，三曰严巡缉，四曰禁盗源。就如何把盗贼转化为良善事宜作了规定，明令盗窃人者，许自首免罪；为贼行窃者许改过从新，表现好者给赏。仍前不改者，鼓励人们举报。里甲邻右之人知情不举者，一体连坐。	同上	明万历刊《居官水镜》，见《汇存》第1册，第621—635页
	平兑示	特立定规：每百石一平一尖，如不愿烦琐者，明加起尖米三石八斗，其余一概平量，确守漕规。	同上	明万历刊《居官水镜》，见《汇存》第1册，第635—642页
	清理烟门示	督令各圩甲造烟门册一本，以便清查，另编保甲。具体措施共9条，有先开正户、次开副户、又次开佃户及填写烟门册事项等。正户系有田产人家，须明详细住处及瓦房、草房间数，副户系与家住同居者，佃户为无田租人田种者。	同上	明万历刊《居官水镜》，见《汇存》第1册，第642—647页

明代地方性法规编纂要略　389

续表

发布官员	告示名称	告示内容概述	发布时间及发布官员职务	文献出处
庄起元	初立法征收钱粮告示	示仰县总速造概县虎头鼠尾册，田多者在前，自多至少俟次开明，不许紊乱，一样二本。各图总造十甲人户实在丁田册，亦一样二本。俱限五日内呈县查阅佥点。	万历年间任浙江金华府兰溪县知县期间发布	明万历刊《漆园卮言》，见《汇存》第1册，第685—687页
	禁省词讼告示	非重大事情如人命、贼盗等外，其余些微芥蒂，两释猜嫌，永无诉讼，小之融睚眦之怨，大之捐祸败之端，皆白不好讼得来。倘或仍前思逞，必以三尺从事，并将状讼焚于公庭，决不轻贷。	同上	明万历刊《漆园卮言》，见《汇存》第1册，第689—690页
	举行乡约保甲法告示	金华府兰溪县为仰遵宪谕，俯维民风，着实举行乡约、保甲二政事，发布乡约4条，保甲4条……以使法守。	同上	明万历刊《漆园卮言》，见《汇存》第1册，第699—708页
刘锡玄	运米入城示	示附近军民人等知悉：凡积蓄有米者，速运入城，或之人挑运，即刻报数赴道，给与执照。借济兵需，以便差兵搬运。俟事宁之日，执票领价。如不速遵，贼至抢失，后悔何及。特示。	天启二年正月任提学署监军道期间发布	明末刊《黔牍偶存》，见《地方》甲编第9册，第11—12页
	禁抢米示	照得乡民挑米，有渐开场市，正宜抚恤以广其来。访得兵民人等辄敢用强抢买，合行严禁。示仰各门各营兵丁并城内军民人等知悉，如遇乡民仲ま挑米赴卖，俱要彼此情愿，时价交易，方许枲买。若有仍前用强抢买者，许地方诸人即禀，以凭擒拿，立刻枭示。	天启二年六月任提学署监军道期间发布	明末刊《黔牍偶存》，见《地方》甲编第9册，第85—86页
	收养子女示	凡有能收养十三四岁以下子女者，许本家来领印照，永为家属，决不许彼亲识，日后仍来挟索。有收养贫民一人者，许赴本道报名，至贼退日总计，每养一日，照米时价还银，方许原养贫民，仍自营生。如养至多人，仍以功论有差。如亦收为家属，即不还米价，仍给印照。倘有奸民因此义上能养贫民，囚而挟索买水者，许立刻来禀，将挟索者捆打一百，重则立斩。	同上	明末刊《黔牍偶存》，见《地方》甲编第9册，第89—90页

续表

发布官员	告示名称	告示内容概述	发布时间及发布官员职务	文献出处
卢象升	禁止词讼事	照得郧属地方遭流寇焚伤特甚，本院初莅兹土，惟一意抚恤疮痍，剿除强寇，修养民力，保障地方，所有词讼一节合行停止。为此，示仰督属军民人等知悉：凡户婚田土小事务各捐忿息争，即有重大事情亦姑俟寇患削平，人民乐业之日，方赴各该衙门告理。如违，定以嚣讼刁民论罪。	崇祯七年以右佥都御史抚治郧阳期间发布	清道光九年刊《明大司马卢公奏议》卷二，见《地方》甲编第9册，第405页
左懋第	均地法则示	为清丈土地、使地均粮而发布此告示。该告示共11条，就丈量土地人员的选任、丈量工具的核准、丈地方法、精确造鱼鳞册、土地的登记以及对丈地中发生的欺隐行为的惩处等作了具体规定。	任韩城知县期间于崇祯八年十月发布	清乾隆五十八年左彤九刊《左忠贞公剩稿》卷二，见《汇存》第2册，第3—15页
	清丈地亩示	韩城县从崇祯八年十月起，由各里按照《均地法则示》丈量土地，这是知县复查前向全县发布的告示。告示共7条，规定了各项复查事宜及对复查中违规行为的惩处措施。规定本县未查之先，允许以前在丈地中有差错、隐漏者自行出首。否则，如核查出差错，定行对有关人员严厉惩处，枷号不贷。	任韩城知县期间于崇祯十年二月发布	清乾隆五十八年左彤九刊《左忠贞公剩稿》卷二，见《汇存》第2册，第15—22页
	严禁奢僭以挽风俗以息灾沴事	本告示为严禁韩城奢僭之风而发布，内容分为婚礼、丧礼两部分。婚礼部分规定了聘礼妆奁的多少和规格。丧礼部分3条，明确丧仪俱定为式，严禁妄费。告示还列举了23条有关婚礼丧礼中严禁服舍、柬帖、宴会、乘轿僭越的规定。	任韩城知县期间于崇祯九年七月发布	清乾隆五十八年左彤九刊《左忠贞公剩稿》卷二，见《汇存》第2册，第22—46页

从表2可以看出，具有法律效力的告示，以规范地方行政事务、民间事务管理等方面的法规、法令为主，其内容涉及吏治、安民、钱粮、学政、约束兵丁、盐禁、救荒、庶务、关防、驿传、狱政、词讼、乡约、保甲、风俗等社会生活的各个领域。告示所及事项，既有诸如防火、防盗、息讼、禁赌、禁杀牛、禁吏胥勒索等普遍性问题，也有因地域、人文环境、习俗各异和天灾、战乱出现的特殊性问题，如遇凶年赈济灾民，社会动荡时期强化团练，禁止某地的陋习等。这些告示生动具体地记录了地方

政府实施法律、法规和乡里治理的情况，也反映了当时的法制环境和各种社会问题。

（二）法规、法令类告示的特征、制定程序和发布形式

与其他官文书、法律、法规比较，法规、法令类告示有以下特色：

其一，切中时弊，针对性强。告示通常是针对当地的时弊或应对突发性问题发布的，其公告的事项大多单一、具体，规定的法律措施有的放矢。如支大纶于万历年间为处理永春县知县许兼善乱政、导致数千人围城事件时发布的《谕永春县乱民示》[①]，郭子章于万历二十七年（1599年）发布的《赈饥示》，就是分别针对当地发生的民变和灾荒这类突发问题发布的。明代各地发布的法规、法令类告示，大多是根据本地区的重大时弊制定的，这类告示通常是围绕要解决的问题阐明是非、利害，并有相应的处置措施，便于操作。如万历年间浙江金华府兰溪县县令庄起元上任之初，发现本县以前征收钱粮，收银依照旧规"止置三柜轮收，止管一月"，因司柜满一月后无人理事，致使前一年民间之粮未清，收银任务尚有十分之三没有完成。针对这一时弊，他制定和发布了《初立法征收钱粮告示》，规定由县里重新编制田册，一样两本；"各图总速造十甲人户实在丁田册，亦一样二本，俱限五日内呈县查阅"。该县的收银办法，改为"柜头分图收银，每一柜收儿图该银若干，收完乃止，不许坐守一月"，并对未全部缴纳税银者，规定了分期、限时缴纳的具体办法。

其二，直接面对民众公开发布，具有快捷地把法规、法令贯彻到基层的优点。明代和历代一样，制定的法律种类甚多，条目冗杂。在一般情况下，国家重要法律的制定往往需要较长的时间，法律的公布又要自上而下逐级行移公文，效率较差。明代统治者在治理国家的过程中，主要靠各级官府和官吏行使法律，除部分适用于基层社会治理的法律法令外，并不都向百姓公布。明代官府发布的法规、法令类告示，其发布的对象基本上是乡村百姓，也有一些告示是面向学校生员、流民、前线士兵等特殊群体发布的，其内容都是亟待解决和必须让民众知晓的事项。在古代地方官府官

[①] （明）支大纶：《谕永春县乱民示》，明万历清旦阁刊《支华平先生集》本。

吏有限、信息传播不便的条件下，以告示形式公布法规法令，能够以最快的速度把官方意志及其有关规定传达到基层，这是加强官民沟通、提高办事效率的有效方式。

其三，内容融劝谕与强制于一体，具有教化和法律的双重功能。法规法令类告示的内容以地方行政事务、民间事务管理活动为规范对象，以官吏和百姓守法为法律实施的目的，执法和守法者是否理解和通晓法律，是这类法规、法令能否得到贯彻的关键。因此，官府和长官颁行的这类告示，内容大多是以"明理导民"为主、法律惩处为辅，向人们反复讲明时弊和立法的必要性，充分陈述立法遵循的指导思想。多数告示规定的法律措施，基本上是正面的积极性规范。对于违背法规、法令行为的惩处，除触及刑律和对社会有较大危害的犯罪外，一般都采取行政性处罚的办法。也有许多告示，只笼统地规定"各宜遵守"、"违者从重究治，决不轻贷"、"如律定罪"，没有具体的惩罚规定。

其四，文字比较简洁，往往带有书写人员的语言风格。告示大多篇幅较小，围绕陈述事项条分缕析，申明法之所禁。也有少数告示篇幅较长，条款较多，如前表中列举的刘时俊发布的《举行乡约示》，长达18款。也有一些文字较长的地方性条约，如王廷相发布的《巡按陕西告示条约》，是以告示形式发布的。然而，法规、法令类告示都是针对某一特定事项发布的，规定的法律措施简明、具体，读后一目了然。出于不同官员之手的告示，文风各异，讲究修辞者有之，朴实无华者有之，用口语写成者亦有之，但语言一般都较为精练、通俗，易于为基层民众所理解。

其五，规范性较差，适用时效较短。告示一般是应急而发，通常是在短时期内发挥作用，其效力往往不能持久。特别是赈灾、应对突发事件这类告示，事情过后即失掉效力。告示是以长官个人名义发布的，该官员一旦离任，告示规定的法律措施往往是人去政息。

各级地方政府和长官用以公布法令、法规的告示，不是官员随意可以发布的，它的制定和公布有一定的审核、批准程序。其程序以制定权限的不同分为以下几种情况：一种是下级针对某种事项拟定的告示文本，经呈报上级批准后，以下级长官名义发布。另一种是由上级针对某种事项制作告示文本发给下级，以上级长官名义发布，或授权以下级长官名义发布。

还有一些属于劝农、观风、丧葬、育婴、禁赌、防盗、风俗等方面的告示，均因有规可循，各级地方官府可依照朝廷授权或上级的指示，或有关国家法律和政策的精神自行制定发布。

从我们收集到的数百件明代地方官府发布的法规类告示看，相当一部分是地方长官根据上级的要求发布的，比如，嘉靖年间荆州知府徐学谟发布的《清审里甲告示》，是在"近奉院道明文"，根据院道"里甲已经条议二十款，大抵主于搜剔奸蠹，蠲豁繁苛"的精神制定的①。崇祯年间，韩城知县左懋第发布的《均地法则示》，是"奉本府帖文，奉陕西布政司扎付，蒙钦差巡抚陕西都察院右佥都御史甘批，据本司呈蒙本院李宪票前事"制定的②。另外，上级长官制定的地方性法规法令，只要在文书结尾写明"须示"、"须至示者"这类字样者，下属官府必须在管辖区内以告示形式将其广泛发布，汪循发布的《永嘉谕民教条》，江东之发布的《严禁宿弊文告》，方扬发布的《迎春示》等就是这一类告示。

告示通常是张贴或悬挂在道路四通八达或人口密集之处，以便及时让更多的百姓知晓。有一些告示是专门针对诸如吏胥、兵丁和书生等特定群体发布的，这类告示一般是在被告知的对象所在地公告或张贴的。少数告示是刊印成册下发给下属官吏和百姓的，如陕西韩城知县左懋第于崇祯年间制定的《严禁奢僭以镯风俗以息灾沴示》达3000余字，该告示被刻为一册下发，以《约书》为书名，又名《崇俭书》，告示正文前有左懋第自制序③。还有一些告示是刻于木匾、石碑之上，要求人们永久铭记和恪守。

---

① （明）徐学谟：《清审里甲告示》，明万历五年刊四十年重修《徐氏海隅集》本。
② （明）左懋第：《均地法则示》，清乾隆五十八年左彤九刊《左忠贞公剩稿》本。
③ （明）左懋第：《严禁奢僭以镯风俗以息灾沴示》，清乾隆五十八年左彤九刊《左忠贞公剩稿》本。

主要科研成果目录

著作·法律古籍整理:

1. 《学习新宪法讲话》,与王奕文、罗锋等编著,湖南人民出版社1983年1月版。

2. 《明初重典考》,湖南人民出版社1984年4月版。

3. 《中国古代法律史知识》,与刘海年编著,黑龙江人民出版社1984年7月版。

4. 《中国的法律与道德》,与刘笃才合著,黑龙江人民出版社1987年10月版。

5. 《政治体制改革答问百题》,与甘功仁等编著,中国政法大学出版社1987年11月版。

6. 《明大诰研究》,江苏人民出版社1988年12月版。

7. 《中国法学新思维》,与甘功仁、刘翠霄等合著,陕西人民出版社1989年12月版。

8. 《中国法律史国际学术讨论会论文集》,主编,陕西人民出版社1990年9月版。

9. 《洪武法律典籍考证》,法律出版社1992年8月版。

10. 《中国珍稀法律典籍集成》,14册,与刘海年主编,科学出版社1994年8月版。

11. 《洪武法律典籍》,与曲英杰、宋国范点校,科学出版社1994年8月版。

12. 《明代条例》,与曲英杰等点校,科学出版社1994年8月版。

13. 《皇明诏令》,与田禾点校,科学出版社1994年8月版。

14.《皇明条法事类纂》，3册，与齐钧等点校，科学出版社1994年8月版。

15.《中外法律史新探》，主编，陕西人民出版社1994年12月版。

16.《中华人民共和国法制史》，与陈寒枫主编，黑龙江人民出版社1996年11月版。

17.《古今官名异同考》，与田禾点校，收入《沈家本未刻书集纂》，中国社会科学出版社1996年12月版。

18.《中国法律思想通史》明代卷，与饶鑫贤等著，山西人民出版社1998年6月版。

19.《中华人民共和国法制史》，修订本，与陈寒枫、甘功仁主编，黑龙江人民出版社1998年10月版。

20.《中国珍稀法律典籍续编》，10册，点校本，与田涛主编，黑龙江人民出版社2002年11月版。

21.《明代法律文献》（上），黑龙江人民出版社2002年11月版。

22.《明代法律文献》（下），与田禾等点校，黑龙江人民出版社2002年11月版。

23.《中国法制史考证》，甲、乙、丙编，15册，总主编，中国社会科学出版社2003年9月版。

24.《隋唐法制考》，与尤韶华主编，中国社会科学出版社2003年9月版。

25.《明代法制考》，与尤韶华等著，中国社会科学出版社2003年9月版。

26.《法史考证重要论文选编》，4册，与刘笃才主编，中国社会科学出版社2003年9月版。

27.《中国律学文献》第一辑，4册，影印本，黑龙江人民出版社2004年12月版。

28.《中国律学文献》第二辑，5册，影印本，黑龙江人民出版社2005年6月版。

29.《新编中国法制史》（法律硕士研究生通用教材），主编，社会科学文献出版社2005年10月版。

30. 《历代判例判牍》，12 册，点校本，与徐立志主编，中国社会科学出版社 2005 年 12 月版。

31. 《古代乡约与乡治法律文献十种》，3 册，影印本，黑龙江人民出版社 2005 年 12 月版。

32. 《中国律学文献》第三辑，5 册，影印本，黑龙江人民出版社 2006 年 10 月版。

33. 《古代榜文告示汇存》，10 册，影印本，与王旭编，黑龙江人民出版社 2006 年 12 月版。

34. 《中国古代地方法律文献》甲编，10 册，影印本，与刘笃才编，世界图书出版公司 2006 年 12 月版。

35. 《中国律学文献》第四辑，5 册，影印本，社会科学文献出版社 2007 年 5 月版。

36. 《中国监察制度文献辑要》，6 册，影印本，红旗出版社 2007 年 12 月版。

37. 《刑案汇览全编》，15 册，与尤韶华等标点，法律出版社 2007 年 12 月版。

38. 《中国古代地方法律文献》乙编，15 册，影印本，与刘笃才编，世界图书出版公司 2009 年 1 月版。

39. 《中国法制史考证续编》，13 册，主编，社会科学文献出版社 2009 年 8 月版。

40. 《历代例考》，与刘笃才合著，社会科学文献出版社 2009 年 8 月初版，2012 年 11 月再版。

41. 《明大诰研究》，修订本，社会科学文献出版社 2009 年 8 月版。

42. 《中华人民共和国法制史》，修订本，与陈寒枫、张群主编，社会科学文献出版社 2009 年 12 月版。

43. 《中国古代法律形式研究》，主编，社会科学文献出版社 2011 年 10 月版。

44. 《历代珍稀司法文献》，15 册，点校本，主编，社会科学文献出版社 2012 年 1 月版。

45. 《新编文武金镜律例指南》，点校本，社会科学文献出版社 2012

年 1 月版。

46. 《中国古代地方法律文献》丙编，15 册，影印本，与刘笃才编，社会科学文献出版社 2012 年 4 月版。

47. 《古代判牍案例新编》，20 册，影印本，社会科学文献出版社 2012 年 7 月版。

48. 《重新认识中国法律史》，社会科学文献出版社 2013 年版。

49. 《皇明制书》，4 册，点校本，社会科学文献出版社 2013 年 7 月版。

论文

1. 《封建官吏考核制度述论》，与刘笃才合写，《人文杂志》1980 年第 4 期。

2. 《明〈大诰〉初探》，《北京政法学院学报》1981 年第 1 期。

3. 《明〈大诰〉与朱元璋的重典治吏思想》，《学习与探索》1981 年第 2 期。

4. 《洪武三十年〈大明律〉考》，《学习与思考》1981 年第 5 期。

5. 《太平天国的官吏铨选升降制度》，《法律史论丛》第 1 辑，中国社会科学出版社 1981 年 6 月版。

6. 《切实保证公民在法律面前人人平等》，《黑龙江日报》，1979 年 2 月 6 日。收入中国社会科学院法学研究所编《论法律面前人人平等》一书，法律出版社 1981 年 8 月版。

7. 《论〈大明律〉与〈大明律诰〉的关系》，北京市法学会首届年会论文集编辑组编《法学论集》，法学杂志社 1981 年版。

8. 《论明初的重典政策与让步政策》，《中州学刊》1982 年第 2 期。

9. 《中国最早的有关自然环境保护的法律规定》，与刘海年合写，《人民司法》1983 年第 4 期。

10. 《论北宋的冗官问题》，与刘笃才合写，《学习与思考》1983 年第 5 期。

11. 《明初重典治民考实》，《法律史论丛》第 3 辑，法律出版社 1983 年 11 月版。

12. 《明初重典与朱元璋治国的两手策略》，《法史研究文集》（中），西北政法学院科研处 1983 年 12 月。

13. 《论先秦自上而下的监察》，与曲英杰合写，《求是学刊》1985 年第 6 期。

14. 《儒家伦理道德对封建司法的影响》，《学习与探索》1987 年第 1 期。

15. 《明〈大诰〉的版本》，《法学研究》1988 年第 2 期。

16. 《明〈大诰〉的颁行时间、条目和诰文渊源考释》，《中国法学》1989 年第 1 期。

17. 《明〈大诰〉与朱元璋的明刑弼教思想》，《烟台大学学报》1989 年第 1 期。

18. 《明〈大诰〉的实施及其历史命运》，《中外法学》1989 年第 3 期。

19. 《五四运动与中国法律文化》，与乔丛启合写，《法学研究》1989 年第 3 期。

20. 《明弘治〈问刑条例〉考析》，与曲英杰合写，《现代法学》1989 年第 5 期。

21. 《〈大明律〉修订始末考》，《政法论坛》1990 年第 2 期。

22. 《明代〈问刑条例〉的修订》，与曲英杰合写，《中国法律史国际学术讨论会论文集》，陕西人民出版社 1990 年 9 月版。

23. 《明代中后期重要条例版本略述》，《法学研究》1994 年第 3 期。

24. 《中国社会主义法制建设的发展道路和基本经验》，与陈寒枫合写，《走向法治之路——20 世纪的中国法制变革》，中国民主法制出版社 1996 年版。

25. 《中国古代瓯函制度考略》，与刘笃才合写，初稿刊日本《立命馆大学法学》，1992 年 9 月；修订稿刊《法学研究》1998 年第 1 期。

26. 《22 种明代稀见法律文献版本述略》，《法律史论集》第 1 卷，法律出版社 1998 年 9 月版。

27. 《明代三部代表性法律文献与统治集团的立法思想》，《法律史论集》第 2 卷，法律出版社 1999 年 10 月版。

28. 《明代法律史料的考证和文献整理》，《第八届明史国际学术讨论会论文集》，湖南人民出版社2001年8月版。

29．《法史学科体系探讨之我见——兼谈与此相关的几个理论问题》，《法治论丛》2002年第5期。

30．《中华法系研究中的一个重大误区——"诸法合体、民刑不分"说质疑》，《中国社会科学》2002年第6期。

31．《中国律学文献序》，《中国律学文献》第1辑第1册，黑龙江人民出版社2004年12月版。

32．《十二种明代判例判牍版本述略》，《中外法律文献研究》第1卷，北京大学出版社2005年8月版。

33．《历代判例判牍》前言，与徐立志合写，《历代判例判牍》第1册，中国社会科学出版社2005年12月版。

34．《古代榜文告示汇存》前言，与王旭合写，《古代榜文告示汇存》第1册，黑龙江人民出版社2005年12月版。

35．《明太祖与洪武法制》，《东方法学》2006年第2期。

36．《中国古代地方法律文献》前言，与刘笃才合写，《中国古代地方法律文献》甲编第1册，世界图书出版公司2006年12月版。

37．《秦简廷行事考辨》，同刘笃才合写，《法学研究》2007年第3期。

38．《重新认识中国法律史》，收入《纪念中国社会科学院建院三十周年学术论文集·法学研究所卷》，方志出版社2007年4月版。

39．《刑案汇览全编》整理说明，与尤韶华合写，《刑案汇览全编》第1册，法律出版社2007年12月版。

40．《中国监察制度文献辑要》序，《中国监察制度文献辑要》第1册，红旗出版社2007年12月版。

41．《明代榜例考》，《上海师范大学学报》2008年第5期。

42．《明初榜例初探》，韩国《东亚文献研究》2008年第6期。

43．《明代赎罪则例刍议》，收入陈金全、汪世荣主编《中国传统司法与司法传统》下册，陕西师范大学出版社2009年7月版。

44．《注重法律形式研究，全面揭示古代法律体系和法制的面貌》，收入霍存福、吕丽主编《中国法律传统与法律精神》，山东人民出版社2010年9月版。

45.《明代条约的治吏功能》,收入汪世荣等主编《吏治与中国传统法文化》,法律出版社 2011 年 10 月版。

46.《清代则例编纂要略》,收入杨一凡主编《中国古代法律形式研究》,社会科学文献出版社 2011 年 10 月版。

47.《利用新材料,发展新思维,重述中国法律史》,《法学研究》2011 年第 6 期。

48.《中国古代法律形式和法律体系》,收入杨一凡著《重新认识中国法律史》(论文集),社会科学文献出版社 2013 年 4 月版。

49.《关于中国古代地方法制的几点认识》,与刘笃才合写,收入杨一凡著《重新认识中国法律史》(论文集),社会科学文献出版社 2013 年 4 月版。

50.《〈皇明制书〉及所载法律文献的版本》,收入杨一凡点校《皇明制书》,社会科学文献出版社 2013 年 7 月版。